日本が生んだ
偉大なる
経営イノベーター
小林一三《こばやしいちぞう》

鹿島 茂

中央公論新社

目次

序章

なぜ今、小林一三なのか？

第一部●青雲立志 25

第一章

実業家なんてなりたくなかった？

第二章

銀行員時代①
仕事より舞妓の日々

第三章

銀行員時代②
耐えがたき憂鬱の時代

第四章

鉄道篇①
鉄道事業との予期せぬ出会い

第五章

鉄道篇②

鉄道と住居が民主主義を育む

第六章

鉄道篇③

アミューズメントで客を呼べ

第七章

劇場篇①

少女歌劇団を発明する

第十一章

鉄道篇⑥

阪急vs.阪神

第十二章

番外篇①

「阪急」が文化になりえた理由

第十三章

百貨店篇①

ターミナルデパート「阪急百貨店」の誕生

第十七章
国政篇⑤
怪物次官・岸信介との仁義なき戦い

第十八章
国政篇⑥
小林、大臣を「落第」する

第四章
戦後篇③
新東宝とのバトルを経て、社長復帰

第五章
戦後篇④
天才実業者の後継者

第六章
戦後篇⑤
小林一三が遺したもの

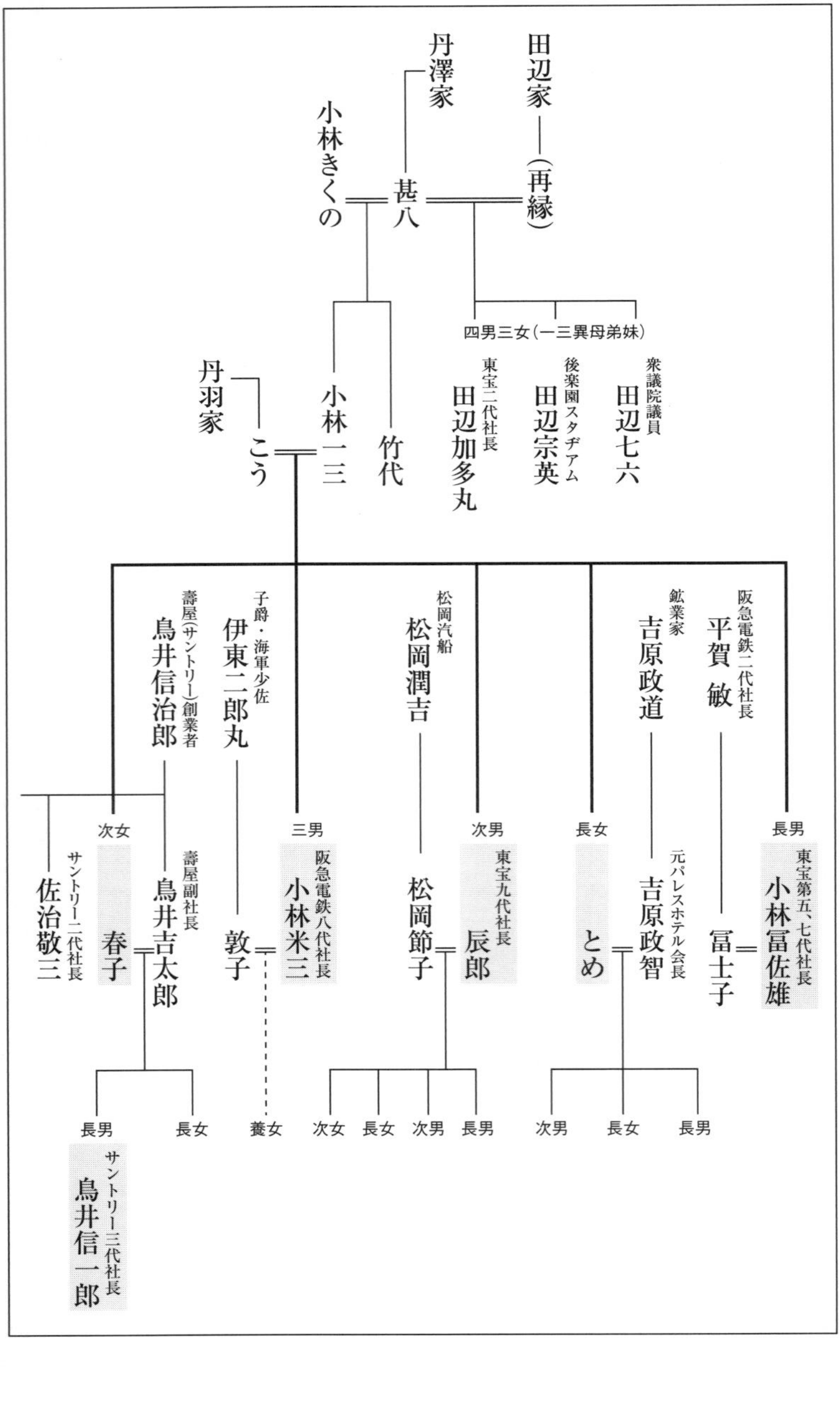
田辺家
（再縁）
丹澤家
甚八
小林きくの
四男三女（一三異母弟妹）
衆議院議員
田辺七六
後楽園スタヂアム
田辺宗英
東宝二代社長
田辺加多丸
竹代
小林一三
こう
丹羽家
阪急電鉄二代社長
平賀敏
鉱業家
吉原政道
松岡汽船
松岡潤吉
子爵・海軍少佐
伊東二郎丸
壽屋（サントリー）創業者
鳥井信治郎
長男
東宝第五、七代社長
小林冨佐雄
冨士子
元パレスホテル会長
吉原政智
長女
とめ
次男
東宝九代社長
辰郎
松岡節子
三男
阪急電鉄八代社長
小林米三
敦子
壽屋副社長
鳥井吉太郎
次女
春子
サントリー二代社長
佐治敬三
長男
長女
次男
長女
次女
長男
次男
長女
養女
長女
長男
サントリー三代社長
鳥井信一郎

日本が生んだ偉大なる経営イノベーター

小林一三

凡例

引用資料の表記は読みやすさを考慮し、以下のようにした。

一、引用文の仮名遣いは底本のままとし、ルビは現代仮名遣いに揃えた。

一、漢字の異体字は原則として通行の字体に改め、常用漢字・人名用漢字に新字体の定められたものは、一部の固有名詞を除き、これを採用した。

一、読みにくい漢字は、仮名に改めたり送り仮名を補ったりすることはせず、ルビを付した。なお、底本にあるルビのうち本書で付さなかったものがある。また、今回新たに付したものがある。

一、洋数字を漢数字に置き換えたところがある。

一、（ ）内の注記は底本にあるもの、〔 〕内の注記は著者が付したものである。

引用文献の中には、今日の人権意識に照らして不適切な字句や表現があるが、本書の性格および引用文献が執筆された時代状況を鑑み、原文のままとした。

序章　なぜ今、小林一三なのか？

正しい損得勘定のすすめ

まえまえから、小林一三《いちぞう》について書いてみたいと思っていた。

小林一三というのはもちろん、阪急をつくり、沿線の分譲地をつくり、宝塚歌劇団をつくり、阪急百貨店をつくり、東宝《とうほう》をつくり、阪急ブレーブスをつくり、第一ホテルをつくり、東京電燈（後の東京電力）を再建し、昭和肥料（後の昭和電工）や日本軽金属をつくった、あの小林一三のことである。

なぜかといえば、小林一三ほど、デカルト的な合理的精神を体現した企業家は日本にはいないと感じているからである。ちなみに、デカルト的合理的精神というと随分難しい言葉のように響くかもしれないが、なんのことはない、「正しい損得勘定」ということである。

小林一三のこの「正しい損得勘定」については、ダイヤモンド社の創業者・石山賢吉《けんきち》が伝える次のようなエピソードが理解の一助となるだろう。

あるとき、小林一三がうなぎで有名な料亭から招待を受けた。石山もそのとき御相伴にあずかったが、招待の目的は店の経営にアドバイスしてほしいということだった。小林は決算報告書を一瞥《いちべつ》すると、「相当に儲かっている。この上、儲ける必要はない。これから、儲けをお客にお返しなさい」とアドバイスした。主人が納得できないという顔をすると、新富町《しんとみちょう》の本店は儲かっていないが、牛込の支店は儲けている。理由は牛込店は五〇銭のうなぎ弁当を売る大衆店なのにチップを取っているからだと見抜き、「チップなんていうものは、客のいやがるものだ。出せば馬鹿々々しいし、出さねばケチと見られる。いやいや出すのがチップである。客のいやがることをしては、店は繁昌しない。チップを廃しなさい」と言った。主人がチップは女中の給料になっていると言うと、小林一三はこう答えた。「女中の給料は、店費から出せばいいじゃないか。それがすなわち、利益をお客に返すのだ。お客に利益を返せば、お客は又利益を持って来る。チップを廃せば、よい店だとなって、お客が多く来る。その利益は、チップ廃止の損失に優る」（石山賢吉「小林さんを追慕す」『小林一三翁の追想』小林一三翁追想録編纂委員会）。

だから、「合理的精神の人　小林一三」という観点から評伝を書いても十分に許されるのだが、私としてはそれだけではどうも物足りない気がするのだ。

というのも、小林一三の生涯と業績についてはこうした観点から伝記や評伝がいくつか書かれているし、また生前の自宅に阪急文化財団が設けた「小林一三記念館」「逸翁《いつおう》美術館」「池田文庫」においてはその多彩な活動にスポットを当てた展示が行われているからだ。つまり、よほどの斬新な切り口でも見つからない限り、屋上屋を架すことになりかねないのである。

だが、その新しい観点というのがなかなか見つからなかった。

ところが、小林が独立して最初に手掛けた事業である箕面有馬《みのおありま》電気軌道株式会社（阪急電鉄の前身）の開通に際して、明治四十二（一九〇九）年に発行したパンフレット「住宅地御案内――

如何《いか》なる土地を選ぶべきか・如何なる家屋に住むべきか」を一読したとき、突如、ひらめくものを感じた。「これだ！」と思ったのである。とりあえず、そのテクストを引用してみよう。

如何なる土地を選ぶべきか

美しき水の都は昔の夢と消えて、空暗き煙の都に住む不幸なる我が大阪市民諸君よ！出産率十人に対し死亡率十一人強に当る、大阪市民の衛生状態に注意する諸君は、慄然として都会生活の心細きを感じ給ふべし、同時に田園趣味に富める楽しき郊外生活を懐《おも》ふの念や切なるべし。

郊外生活に伴ふ最初の条件は、交通機関の便利なるに在りとす、今や、大阪市内電車の縦横に開通せんとするに際し、阪神、南海の既成線、並《ならび》に京阪、箕面有馬の各電車は東西南北より市の内外を結びつけ、各々其《おのおのその》沿道における特色を発揮し、諸君の希望を満足せしめんとするものの如し、この時において箕面有馬電車たるものは、風光明媚なる其沿道住宅地を説明し『如何なる土地を選ぶべきか』の問題を諸君に提供すべき義務あるを信ぜんとす、何となれば、最も適当なる場所に三十余万坪の土地を所有し、自由に諸君の選択に委《まか》し得べきは、各電鉄会社中、独り当会社あるのみなればなり。

有名なテクストであり、小林一三伝にはかならず引用されている。げんに、私も雑誌『東京人』で小林一三のミニ・バイオグラフィーを書いたときに一部引用している。だが、そのときには、最も重要なことに気づかなかった。

それは何か？

大阪市民に「空暗き煙の都」から脱出し、緑豊かで空気の澄んだ郊外に移り住むよう勧誘する根拠として、小林が「出産率十人に対し死亡率十一人強に当る」と、大阪の死亡率の異常な高さを強調している点である。

だが、なにゆえに、出生率に対する死亡率の高さの強調がそれほどに重要なのか、まずこれから説明する必要があるだろう。

人口的視点から

近年、歴史人口学の発達により、出生率と死亡率の相関関係が、その国や地域の文明の進捗度（栄養状態、医療・衛生状態）などを計る最も確実な指標として浮上してきている。いまや、この二つの指標の相関値の推移を観察すると、その国や地域の「過去」ばかりか「未来」まで予測できるようになっているのである。

典型的な例をひとつあげよう。

歴史人口学者のエマニュエル・トッドは一九七〇年代のブレジネフ体制下におけるソ連の人口統計を観察して、変死死亡率と乳児死亡率の相関関係に注目した。一般に、ヒトラー体制のドイツやスターリン体制のソ連のような全体主義体制においては、変死死亡率が上昇する。変死死亡率というのは粛清裁判や強制収容所など国家の中央権力による暴力支配を示す指標であるからだ。しかし、こうした体制においては、中央権力によって保健衛生も厳しく管理されるから乳児死亡率は低下するのが一般的である。ところが、ブレジネフ体制下では変死死亡率が上昇する一方、乳児死亡率も再上昇していたのである。トッドはこの指標により、一九七八年の時点で近未来におけるソ連の崩壊をこう予測したのである。

「ブレジネフ治下」のソ連では、変死死亡率が増加する一方で、乳児死亡率の上昇がみられるという、新たな現象が起こっている。乳児死亡率の上昇は、医療・保健衛生の退行を背景として起こる。国家はもはや、プラスの行動をする力がないのである。（中略）保健衛生条件の退行と変死死亡率の上昇は、まさに危機の最初の顕現に他ならないということは、今からすでに断言することができる。（「ソ連、その現在の危機──死亡率に関する諸現象の分析による記述」『最後の転落──ソ連崩壊のシナリオ』石崎晴己監訳、藤原書店）

これは極端な例だが、人口統計学の理論においても出生率と死亡率の相関関係は未来を占う最も確実な指標と見なされている。それは次のような人口増減原理によって説明される。

一般に一国ないし一地域の人口状況は、社会の経済発展にともなう医療・保健衛生の整備により、多産多死型（高出生率・高死亡率）から少産少死型（低出生率・低死亡率）へと移行するが、その過程は以下の四段階をもって完了する。

第一段階。前工業化社会においては、医療・保健衛生状態と栄養状態の悪さゆえ、乳児死亡率が非常に高い。全体の高死亡率はこれによってもたらされる。すると、この幼児死亡率の高さを、集団の無意識がフィードバックして高出生率をもたらす。この第一段階では、出生率から死亡率をマイナスして得られる自然増加率は低水準に止まっている。

第二段階。工業化社会の到来で医療・保健衛生状態と栄養状態が改善され、死亡率、とりわけ乳児死亡率が大きく低下する。これを「死亡率（あるいは死亡力）転換」と呼ぶ。しかし、集団の無意識はその変化をなかなか察知できないから、出生率は第一段階のまま高止まりしている。その結果、自然増加率はどんどん高くなる。

第三段階。工業化社会の進展により、出生率が死亡率（特に乳児死亡率）を大きく上回るため人口圧力が高まるが、あるポイントで集団の無意識がそれを察知したことで、出生率が一気に下がる。そのポイントを「出生率（出生力）転換」と呼ぶ。この出生率転換ポイント以後を第三段階とする。自然増加率は低下し始めるが、人口そのものは第二段階の影響が残り、なお増加を続ける。

第四段階。出生率も死亡率もともに下がり続け、自然増加率は低水準で推移する。出生率を死亡率が上回ると、自然増加率はマイナスとなり、少産少死型が完了して、総人口はやがて減少に転ずる。

以上の四段階を近代日本に当てはめるとどうなるのか？

明治維新後しばらくは、江戸時代の続きで第一段階の多産多死型であったが、明治八（一八七五）年を境に死亡率転換が起こり大正九（一九二〇）年に一時的に上昇するのを除くと、死亡率は平成二（一九九〇）年まではほぼ一貫して右肩下がりの低下を続ける。いっぽう、出生率はというと、明治二十三（一八九〇）年までは死亡率と同じカーヴを描いて下がるが、そこから上昇に転じ、多少のデコボコはあるものの明治四十三（一九一〇）年に一回目のピークに達する。よって、一八九〇年から一九一〇年までの明治時代後半は、死亡率は低下するが出生率は高止まりするという典型的な第二段階と見なすことができる。

まとめると、明治前半は第一段階そのものではないが、人口増加の少ない準第一段階、明治後半からが典型的な第二段階ということになる。

日本の場合、大正期からはそのまま第三段階に移行するのかと思いきや、一九二〇年頃に、少し不思議な変化が起きる。死亡率が再び上昇に転じたのだ。出生率も上昇しているが微増である。これは、第一次大戦中から流行が始まったスペイン風邪（インフルエンザの大流行）で約四〇万人が死亡したことが原因である。

しかし、この時期を過ぎると死亡率、出生率とも順調に低下の一途を辿《たど》るから、もし、日本が第二次大戦に参加しなければ、大正後期から昭和前期が典型的な第三期となったはずなのだが、現実には太平洋戦争があったため、戦後にベビーブームが発生し、出生率は昭和二十二から二十四（一九四七―四九）年にかけて急上昇する。しかし、昭和二十五（一九五〇）年からは出生率は急激に低下し、以後、再び戻ることはない。この間、死亡率は戦争とはほぼ無関係に低下を続けているから、長いスパンで見れば、ベビーブーム世代という突発的要因があったにもかかわらず、日本は大正九（一九二〇）年からすでに第三期に入っていたということができるのである。

そして、一九九〇年以後は出生率と死亡率の差がどんどん縮まっていることから第四期に入ったと見なすことができる。

人口が全てを決める

さて、こうした人口学的動態と小林一三がどう関係しているというのだろうか？

第一に言えることは、小林一三の企業家としてのスタートが明治四十（一九〇七）年の箕面有馬電気軌道の設立と専務取締役就任だとすると、それは日本の人口状態が、死亡率が順調に低下していったのに対し、出生率は高止まり（ないしは上昇）して自然増加率が最大になった第二期に相当していたということである。

つまり、小林一三は、日露戦争後の、日本の若年人口がどんどんと増加していく最も良い時期に箕面有馬電気軌道を始めたということなのだ。

これは、明治の前半に企業活動を開始した渋沢栄一、岩崎弥太郎、五代友厚《ごだいともあつ》、三野村利左衛門《みのむらりざえもん》、浅野総一郎、古河《ふるかわ》市兵衛といった明治第一世代と好対照をなしている。というのも、これら明治第一世代が起業に挑んだのは、人口学的に見ると、江戸時代の第一期の延長で自然増加率が低い人口停滞期だったからである。彼らは、明治第一世代の特徴である山師（アヴァンチュリエ）的なスピリットで起業したにもかかわらず、人口増加という後押しがなかったため、それなりに苦労を強いられ、激しい浮き沈みを経験することとなった。

これに対し、自然増加率が最大になった第二期の起業家である小林一三には、人口増という強力な後押しがあった。小林一三はつねづね「自分は運がいい人間だ」と語っていたと伝えられるが、その「運」のかなり多くの部分はこの人口増にあったといえる。

しかし、それはいうまでもなく、小林一三以外の誰かであっても同じような業績を残せたという意味ではない。むしろ、その反対である。というのも、人口増という要因をビジネスの浮揚力として利用することを思いついたのは、ひとり小林一三だけであったからである。

だが、こう言うと、小林一三が人口増をビジネスチャンスの要因と捉えていたという証拠はどこにもないではないかという反論が出るだろうが、実は、その反論に対する反証となるのが先に引用した「住宅地御案内――如何なる土地を選ぶべきか・如何なる家屋に住むべきか」にほかならない。というわけで、先のテクストを人口学的観点からもう一度、検証してみよう。

まず冒頭に掲げられた刺激的な惹句について。

「美しき水の都は昔の夢と消えて、空暗き煙の都に住む不幸なる我が大阪市民諸君よ！

出産率十人に対し死亡率十一人強に当る、大阪市民の衛生状態に注意する諸君は、慄然として都会生活の心細きを感じ給ふべし」

これは明治三十年代後半から四十年代にかけての大阪の現状をかなり正確に反映した言葉である。というのも、明治元（一八六八）年に二八万人だった大阪市の人口は、同十九（一八八六）年には三六万人、二十二（一八八九）年には四七万人、四十一（一九〇八）年には一気に倍増して一二二万人強というように急激に膨張し、当然のように、都市の住環境、衛生環境は激しく劣化していた。

小林一三は「出産率十人に対し死亡率十一人強に当る」と具体的に数字を挙げているが、たしかにこれだけ短期間に人口が急増すれば、乳児死亡率が上昇して死亡率が出産率を上回ることは十分に考えられたのである。

では、小林一三は、大阪の人口過密状態を出産率と死亡率の比率で表現するという人口学的な発想をどこで得たのだろうか？　おそらく、生命保険からではないかと思われる。というのも、生命保険なるものは十七世紀にイギリスの裕福な商人だったジョン・グラントが教会の死亡表に潜む情報を割り出して「死亡表に関する自然的および政治的諸観察」という論文を発表したことから始まり、これにハレー彗星の発見で知られるエドモンド・ハレーが手を加えて生命保険料の合理的算出法を編み出したことで確立されたからである。小林は三井銀行の調査課に勤務していた時代に生命保険の知識を多少とも仕入れて、出生率や死亡率にも関心を抱いていたに違いない。

しかしながら、小林に生命保険的な思考法が備わっていたとしても、それだけでは超過密都市・大阪の現状を見てそこにビジネスチャンスを発見するところまではいかなかったかもしれない。きっかけは別のところにあった。

それは、三井銀行大阪支店時代の上役（支店長）であった北浜《きたはま》銀行頭取・岩下清周《きよちか》に誘われて証券会社設立の夢を抱き、明治四十（一九〇七）年一月に三井銀行を退職して、一家そろって大阪にやってきたときのことである。大阪に着いたその日に日露戦争後のバブルが崩壊し、妻子を抱えたまま浪人生活を余儀なくされた小林は家でぶらぶらしていたが、そこに天下茶屋《てんがちゃや》に住む友人の宗像半之輔《むなかたはんのすけ》が遊びにきて、不動産の購入を勧めたのだ。

「僕は今、この附近一帯の土地を三万坪ばかり持ってゐる。はじめ、茲《ここ》に家を新築して高麗芝《こうらいしば》の庭をつくったところ、その芝が一坪七八十銭だ。その芝をつくってゐる土地が一坪一円五十銭から二円だ。こんな馬鹿げた理窟はないと思って、出来るだけ土地を買ひあつめた。僕が買ってからこの附近は多少値上りしてゐたさうだが、ほしければ二三円も出せば、いくらでも買へる。君も大阪人になる決心してゐる以上は、この天下茶屋に邸宅を新築してはどうか」（小林一三『逸翁《いつおう》自叙伝――青春そして阪急を語る』阪急電鉄）

小林は強い誘惑を感じたが、事情があってそのときは購入を見合わせた。

しばらくして、岩下清周に呼び出されて阪鶴《はんかく》鉄道に監査役として入社したのだが、その直後に、阪鶴鉄道は国有化されたため、小林は清算人として本社のあった池田まで通うこととなった。これが大きな転機となった。というのも、阪鶴鉄道の経営陣は国有化直前に、大阪梅田から池田を経て箕面・宝塚・有馬に通じる箕面有馬電気軌道の設立を計画し、許可申請を行っていたからである。小林は阪鶴鉄道の清算業務を続ける一方で、池田周辺の土地を調べて歩いているうちに、箕面有馬電気軌道設立を手掛けてみたくなった。

そのとき小林がこの鉄道が有望だと見抜いたのは、不動産の格安さであった。小林は池田山に通う道すがら、箕面有馬電気軌道の大阪─池田間の計画線路敷地を二度ばかり歩いて往復し、「その間に、沿道に於ける住宅経営新案を考へて、かうやれば屹度《きっと》うまくゆくといふ企業計画を空想した」(『逸翁自叙伝』)。

つまり、小林は、多くの伝記で書かれているのとは異なり、箕面有馬電気軌道を計画してから分譲地開発を思いついたのではなく、分譲地となるべき土地の安さと優良さに気づいていたがために箕面有馬電気軌道は行けると判断したのだ。発想の原点にはまず優良な不動産があったのであり、その不動産を開発しようと考えたのは大阪市内の超密集状態があったからなのだ。つまり、大阪市内に人口が密集しているのは市内にしか移動手段(市電)がないためで、もし郊外への移動手段が整備されたら、人々は大阪を脱出して環境のいい郊外に移動するだろうとひらめいたのである。まさに人口学的な発想というほかない。

小林は岩下から「仕事自体は大丈夫か」と問われたのでこう答えた。

「屹度《きっと》うまくゆくだらうと思ふ事は、この会社は設立難で信用はゼロである。（中略）沿線一般の人達から馬鹿にされてゐる。それを幸ひに沿線で住宅地として最も適正な土地――沿線には住宅地として理想的なところが沢山あります――仮に一坪一円で買ふ、五十万坪買ふとすれば開業後一坪に就《つ》いて二円五十銭利益があるとして、毎半期五万坪売って十二万五千円まうかる。五万坪が果して売れるかどうか、これは勿論《もちろん》判らないけれど、電車が開通せば一坪五円くらゐの値打はあると思ふ。さういふ副業を当初から考へて、電車がまうからなくとも、この点で株主を安心せしむることも一案だと思ひます」（『逸翁自叙伝』）

ふーむ。これぞまさに人口増大期の第二期的な発想そのものである。小林は、事業を人口増大という大原理に照らして有望か否かを判断していたのだ。

さて、以上で、われわれが冒頭で人口学的観点から小林一三の業績を照射してみたいといったことの意味がおわかりいただけたかと思うが、それは当然、二十一世紀のわれわれが人口状況の第四期にいることを念頭においているためである。すなわち、人口増加が最も著しかった第二期に事業を手掛けた小林一三の偉さをそのまま礼讃しても、今日のわれわれにとってはあまり益することはないが、しかし、ちょうど鏡で画像を反転させるように「対偶的思考」を用いてこれを検討したら、あるいは人口減少期に生きる日本人のヒントになるようなことが見つかるかもしれない。

小林一三は、当時、都市郊外の土地が交通手段がないために無価値と見なされているという前提から出発してこれに価値を付加することで阪急コンツェルンを築き上げたが、いまや、ベクトルは小林の時代とは反対方向を向き、人口の都市部集中が始まり、郊外の土地は価値を減らしている。よって、小林一三の全業績を再検討するに当たっては、それを人口学的観点から辿り直したときにはじめて意義あるものとなるはずだ。

人口はすべてを決める。この点を忘れてはならない。

第一部　青雲立志

若かりし日の小林一三（19歳当時）

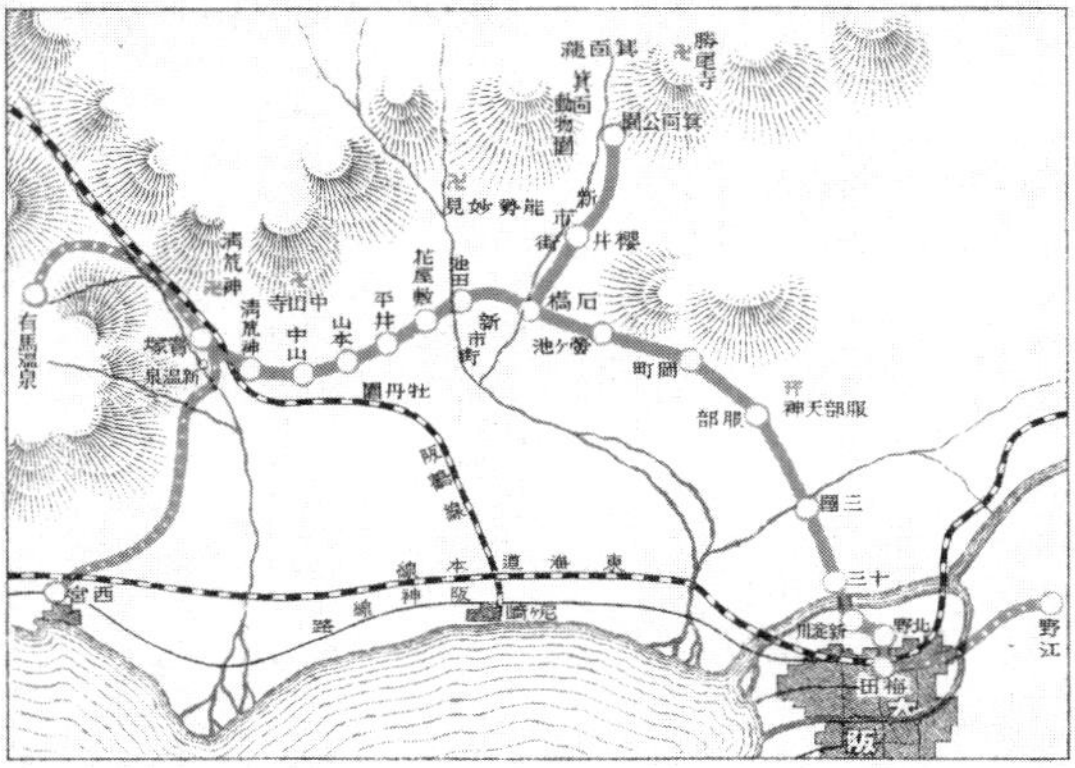

箕面有馬計画路線図
（山容水態より）

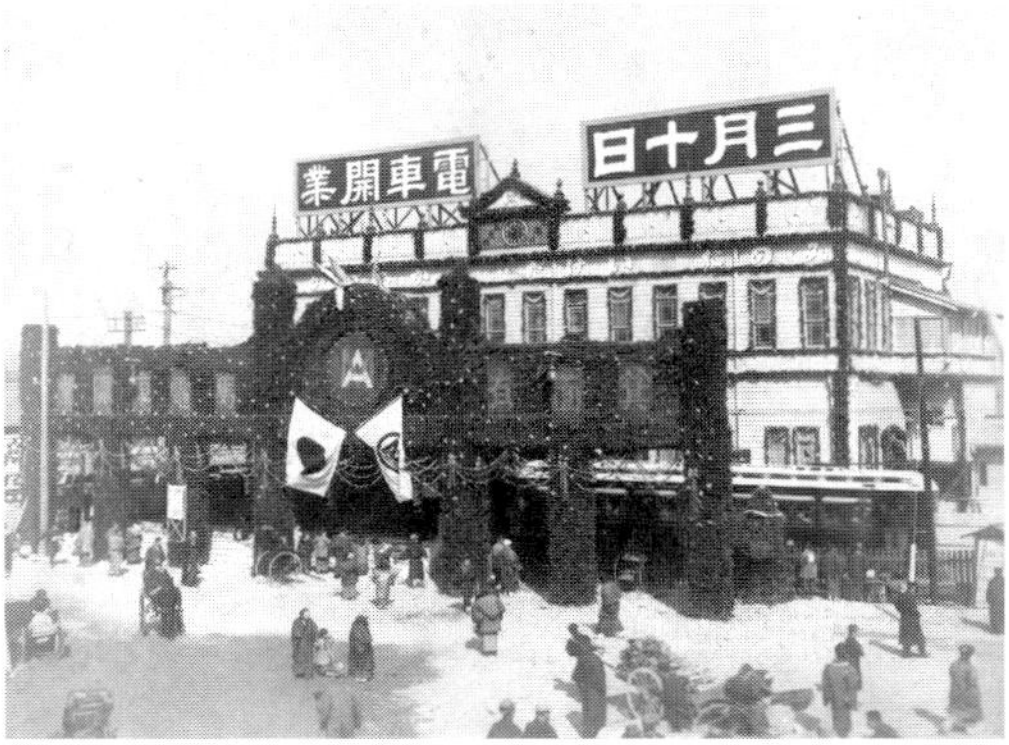

開業当日の梅田駅（1910年）

【小林一三語録①】

（アメリカでは鉄道は斜陽産業であるという意見に対し）「君、人間を運んで金儲けをしようというのは、そりゃ人力車夫の仕事だよ、米国の鉄道業者も人力車夫の域を脱せないかねえ。鉄道が敷ければ、人が動く。人には住宅もいる。食料品もいる。娯楽機関も社交機関もいる。それ等は自由競争である。其処に金儲けの途を考えるのが、鉄道事業をやる人の特権じゃなかろうか」（高碕達之助「小林一三さんを偲ぶ――人生の燈台」）

「いま出社の途中、麴町附近を通って来たが、あの一帯に櫛比する大邸宅を眺めていると、日本という国の貧富の差をつめることを考えておかないと、思想的にもよくない」（前田久吉「逸翁を偲びて――カレーライスが機縁」）

第一章　実業家なんてなりたくなかった？

生誕——複雑な家系図

小林一三は明治六（一八七三）年一月三日、山梨県北巨摩《きたこま》郡韮崎《にらさき》宿河原部《かわらべ》村（現在の韮崎市本町。河原部村から韮崎町となったのは明治二十五年）二四〇二番地に生まれ、生まれた日付から一三と命名された。

小林一三の自伝『逸翁自叙伝』は、十五歳のときに慶應義塾入塾のために上京したときの印象から書き出されていて、出生と幼少時についてはまったく記載されていないが、それは後に述べるような複雑な家庭事情によるものと思われる。

しかし、その前に甲州という土地柄から記しておこう。甲州は関ヶ原《せきがはら》の戦い以後、藩主が入って甲府《こうふ》藩となったり幕府直轄地となったりしていたが、第八代将軍・吉宗《よしむね》によって天領化され、幕末に至るまで甲府勤番二名のもと約二七〇名の幕府役人が勤務する重要な幕領となった。

とはいえ、その実態は、甲府勤番が「山流し」と呼ばれたことからも明らかなように、完全な左遷であり、勤番の勤務地である甲府城はやる気のない幕僚の吹きだまりと化していた。中里介山《なかざとかいざん》はこの甲府勤番の覇気のなさを巧みに用いて、『大菩薩峠《だいぼさつとうげ》』でゴロツキ役人・神尾主膳《かみおしゅぜん》やロマンティスト駒井能登守《こまいのとのかみ》などおもしろい登場人物を造形している。

甲州の政治状況は、窓際族ばかりでレベルが非常に低かったのに対し、商業は、生糸、煙草、果樹などの商品作物の栽培が盛んで、これら商品を商う大商人の出現を見た。それに加えて、富士川の舟運を使って駿河《するが》湾に出てから江戸に回る廻米と下りの空船を利用した塩の運送など、天領ならではの事業も起こり、こちらも有力商人の誕生を促した。

彼らは開国と同時に、横浜で生糸売込商人として大活躍し、明治・大正期には、若尾逸平《いっぺい》、雨《あめ》宮敬次郎《みやけいじろう》、根津嘉一郎《かいちろう》、小野金六《きんろく》など「甲州財閥」と呼ばれる連携の緩い実業家集団を形成するに至ったのである。

小林一三の実家である小林家は「布屋」という屋号で、絹卸しや酒造業を営む大商人に発展した。事実、明治期には他の甲州商人と同様、製糸業にも進出し、「『金鵄《きんし》』『銀兎《ぎんと》』という商標の生糸をてびろくあきなって、横浜の原商店（のちの原合名会社）をつうじて海外へも輸出していた」（三宅晴輝『小林一三伝』東洋書館）。

だから、小林家も一三が当主となってこれを大きく発展させれば甲州財閥の一隅にポジションを得たかもしれない。だが、一三の二代前の祖父の時代に、一族に早死にする者が多く出て、発展は止まり、そして、同時に一三の家系図も複雑になったのである。

まず、河原部村の上宿にあった小林本家を継いだ長男の小林維清《これきよ》（一三の大伯父）が三十六歳の若さで一女を残して逝去してしまう。次男の維賢《これかた》は当時の習慣に従って保坂《ほさか》家に養子に入っていたが、これも安政《あんせい》六（一八五九）年に死去する。一三の祖父に当たる維明《これあき》（独立前は小平《こだいら》治《おさむ》）は河原部村中宿に別家を立てて独立していたため、本家は四男の維百《これもも》が相続することとなる。とところが、三男で小林分家の当主となっていた維明が慶應二（一八六六）年七月に二人の女の子を残して早世するという悲劇が一家を襲う。維明の妻は文久元（一八六一）年に死去していたため、本家を継いだ四男維百は、長男・維清の未亡人とその長女、および三男・維明の二人の遺児を自宅に引き取ることになる。この二人の女の子のうち長女が一三の母となるきくの（小林一三が記した過去帳にはきくのとあるが、三宅晴輝は「フサ」としている）で、次女の松代は清水家に養子にやられたため、きくのだけが維百の本家で叔父夫婦によって育てられることになる。きくのは長じて、叔母・房子の実家である甲州の大素封家・丹澤《たんざわ》家から甚八《じんぱち》を婿養子に迎え、河原部村の下宿に分家を構えて、一女一男（姉の小林竹代と一三）を産んだが、産後の肥立ちが悪かったらしく、生後七ヵ月の一三を残して明治六（一八七三）年八月二十二日に死去する。

これにより養子縁組は解消、小林の父・甚八は実家に戻り、一三と姉の竹代は大叔父・維百夫妻によって育てられることとなる。

ちなみに、甚八は現在の甲州市で酒屋を営んでいた田辺《たなべ》家に七兵衛《しちべえ》と名を改めて婿養子に入り直し、三人の息子をもうけたが、長男の田辺七六《しちろく》は姫川電力や日本軽金属の社長を歴任し、衆議院議員を七期務めた大物政治家。次男の田辺宗英《むねひで》は後楽園スタヂアム社長や新東宝社長を務め日本ボクシングコミッションの初代コミッショナーに就いた興業界のドン。三男の田辺加多丸《かたまる》は、戦後、一三に見込まれて東宝争議のさいに東宝社長となったが、争議解決に失敗し、社長を退くことになる。これについては、第三部第三章で後述する予定である。

父・甚八と一三との関係だが、韮崎市のウェブサイトに掲載された「小林一三翁生誕一四〇周年記念特集　小林一三ものがたり」（山梨大学客員教授・向山建生氏執筆）によると、一三が思春期を迎えた頃、丹澤家の一つ年下の従弟で一三の遊び友達だった雅一郎《がいちろう》の父親が現れ、「お父さんは、子どもたちを見捨てたのではない。理由があって二人の子どもを残し、育ててくれるように叔母に頼んで家を出たが、お父さんはビタ一文持ち出していない。だから子どもたちは、大した財産家なのだ」「お父さんはすごい財産を持って小林家に婿入りしたんだよ。その財産をそっくり君たちに残して家を出たのだから、君はそれを好きなように使い、好きな勉強して、立派な大人になりたまえ」と父・甚八からの伝言を託したという。

事実、一三は明治八（一八七五）年、わずか二歳（以下、一三の年齢は引用以外は満で計算）のときに、祖父・維明の立てた小林家中宿分家の家督を相続している。中宿の分家は実際には大叔父の三男・小六《ころく》が継いだが、一三が若いときに遊びすぎて借金をこしらえたときには、一三に残されたこの家督の取り分が借金の清算にかなり役立ったようである。

もっとも、一三は物心つくまでは、大叔父と大叔母を「おじィやん」「おばァやん」と呼び、自分を本家の嫡流だと信じていたようだ。ところが、あるとき、大叔父夫妻の長男の子どもで一三よりも四つほど年下の娘が「おばァやんは私のおばァやんだ、兄やんのおばァやんじゃないよ」と言ったので一三がムカついて苛《いじ》めたところ、その娘の父親が一三の耳をいきなり引っ張って凄《すご》い顔で睨《にら》みつけた。一三は『楳泉亭由来記』で「その眼の恐ろしさは今でも忘れることの出来ないイヤな思い出である」と書いている。

親類の中の「孤児」

このように、本家を継いだ大叔父の大家族の中に暮らしながら、一三は次第に自分の居場所がどこにもないと気づくようになる。そんな一三を心配した大叔母の房子は、中宿分家に養子に入った(ということは一三の息子として縁組みした)小六に命じて分家の中に一三の部屋を設け、一三が好きなように読書に耽《ふけ》ることができるようにしたようだ。

こうした観点から眺めてみると、地方の豪商の大きな屋敷に、ある意味「孤児」として育った環境が小林一三の性格形成になんらかの影響を与えたことは確実である。

具体的にいうと、第一に、周囲の人間たちは何かしらのかたちで親類ではあるが、直接の肉親ではない。そのため、子供は、この人は果たして自分にとって安全な人か否かを瞬時に見抜いて行動しなければならなくなる。その基準となるのはたいてい顔である。顔に表れた情報を見て善悪の判断を下すのを日常としていたのだから、勢い、人物鑑識眼が鍛えられることになるのである。

第二は、幼くして母を亡くし、父と別れたため、思春期に達するや、二十二歳で身罷《みまか》った母の面影を恋人に求めるのは当然として、父に対しても似たような憧憬を抱いていたこと。すなわち、一三は、「代父」のような存在を先輩の実業家のイメージに探すようになる。北浜銀行を率いて関西に覇を成した岩下清周が疑獄事件に見舞われたとき、小林一三は最後まで見捨てなかった一人だが、それは彼が岩下の中に「代父」を見ていたからだと思われる。

第三は、孤独な環境から来る読書への惑溺《わくでき》である。一三は後述のように慶應義塾在学中の明治二十三(一八九〇)年、『山梨日日新聞』に、東洋英和女学校校長の夫殺害事件に題材をとった連載小説を書いたが、十七、八の若者にこれだけの文章が書けたのは慶應入学前から読書の蓄積と自己表現への渇望があったからにほかならない。

いずれにしろ、親類の中に置かれた孤児という境遇は、思春期を迎える頃になると、一三の進路をおのずから定めるようになる。すなわち、公立小学韮崎学校の小学高等科を明治十八（一八八五）年に卒業した一三が東八代《ひがしやつしろ》郡南八代村で加賀美嘉兵衛《かがみかへえ》が経営していた家塾「成器舎」に十二歳で入って寄宿生となったのは、実家から離れたいという思いが強かったのに加えて、学問を身につけて早く独立したいと願っていたからだ。

ついでに言っておくと、この時代には日本の学校制度は小学校と大学が整備されただけで、中等教育については、旧制一高の前身である第一高等中学校が明治十九（一八八六）年に創設されたものの、ほとんどが民間に委託されていた。そのため、全国各地には受験に必須の英語教育を謳《うた》う私塾が乱立し、「〇〇舎」「〇〇学校」と名乗る私学が覇《は》を競っていたのである。一三は、翌年に腸チフスにかかり「成器舎」を退学することになるが、その後第一高等中学校を目指すために他の私塾には再入学しなかった。進路を変更して慶應義塾に入学したのは、本家の次男である小林近一《ちかかず》（第九十五銀行頭取）がおそらくは慶應出身で、慶應を強く薦《すす》めたからと思われる。一三自身も福沢諭吉の掲げる独立自尊というモットーに引かれるものを感じていたにちがいない。

明治二十一（一八八八）年の二月、慶應義塾に入学するために上京した一三は神田明神下の親類の家に泊まった。

その間に浅草見物につれていかれたところが、ジンタ音楽が気に入って、三、四日もつづけて浅草の見世物小屋へでかけていった。そして、低い桟敷の筵《むしろ》の上に坐《すわ》って、茫然と舞台を眺めながら、ジンタ音楽に涙を流していた。それは郷愁の涙であったのかもしれないが、それ以来数十年たった今日でも、小林はジンタの音楽をきくと、眼頭に涙を浮べるということである。（三宅晴輝『小林一三伝』）

あるいは、一三が後に宝塚歌劇団を創設する原点も案外、このあたりにあったのかもしれない。実業だけでは生きていけない人間だったのだ。

慶應義塾時代のこと

では、慶應の第一印象はどうだったのだろう。

三田通りで人力車を降りて、正門を見上げながら坂をのぼり、義塾の高台に立って、生れて初めて海を見たのであるが、其時、どういふわけか、海は真白く、恰《あたか》も白木綿を敷いたやうに鈍《に》ぶい色で、寒い日であったことを記憶してゐる。それは今から六十五年前、十六歳の春、明治二十一年二月十三日である。

赤煉瓦の講堂の入口から左手の塾監局の一室にて、益田英次《ますだひでつぐ》先生におめにかかり、それからその日の中《うち》に、運動場の前から坂を下った益田先生のお宅に寄宿することになった。（中略）十四日、入学試験を受けた。（『逸翁自叙伝』）

結果は、合格。予科四番の一に編入された。

翌々日から生徒一同が新規則に反対してストライキ（自主的授業放棄）を打ったため授業がな

かった。この時代には、第一高等中学校でもどこでも、生徒たちは、寮の賄い食堂で出される食事が貧弱だといっては騒ぎを起こしたり（これを「賄い征伐」と呼んだ）、規則が一方的だとかいってはしばしばストライキを打っていたのだ。

ストライキという言葉が出たついでにいっておくと、時代の出生率とストライキとは明らかに相関関係があるような気がする。つまり、出生率が急カーブで上昇する世代においては、なにか不満がたまると、集団的無意識が働いて大学や高等学校に対して集団的抗議行動を取ることが多いのだが、出生率が低下に転じるや、ストライキはパタリとなくなるというのが普通である。明治の二、三十年代に頻発したこうしたストライキはまさに人口的圧力によるものであり、一三は入学早々、その洗礼を受けるかたちになったのだ。

もっとも、入塾したばかりで事情が分からないということもあって一三はストライキには参加しなかったが、そのうちに妥協が成立してストライキも解除となり、和解の親睦会が運動場で行われた。

秋からは少年用の「童子寮」に入ったが、その寮には『寮窓の燈』というコンニャク版（ガリ版印刷の一種）の機関雑誌があった。一三は投票によりその主筆に選出された。益田英次の家にいたときにも回覧雑誌『鶴鳴《かくめい》雑誌』があり、一三の文才は寮生にすでに知られていたので、入寮と同時に主筆に選ばれたのである。

「童子寮」では平等を期すためにときどき部屋替えが行われたが、人気があった部屋は二階南端の一六号室。というのは、そこの窓からは福沢諭吉の自宅の玄関が見え、諭吉が令嬢と馬車に同乗してゆく姿を覗くことができたからである。

もしかすると先生と同乗して居られるお嬢さん二人、志立《しだち》さんの奥さんになられたお瀧《たき》さんは其頃《そのころ》十六七であったらう。小肥りに血色のよい潑剌《はつらつ》たる洋装の女性で、今日でも恐らく現代的美人の標準であるかもしれない。（中略）この二人の女性のお姿が現れると、十六号室の南窓には数十人が押すな押すなに集って来る。シッシッ！　騒いではいけないと騒ぐのである。私としては其時代《そのじだい》が一番なつかしい、思ひ出の多い義塾生活であった。（『逸翁自叙伝』）

実は小説家志望だった

明治二十三（一八九〇）年、十七歳のときに、一三は「外塾」と呼ばれた寄宿舎に移ったが、その頃から学校の勉強がいやになり、文学青年、演劇青年の怠惰な生活を送るようになる。とくに、一三は後に三井銀行で彼の上役となる高橋義雄《よしお》（箒庵《そうあん》）や『大阪毎日新聞』の主筆となった渡辺治《わたなべおさむ》（台水《たいすい》）と親しくなり、いろいろな文芸サークルにも出入りしていた。そのため、自分でも創作をものにしてみようという野心を抱くようになっていた。

そんなとき、四月四日に東洋英和女学校の校長の夫ラージ氏が何者かに殺害されるという事件が起きる。一三は事件を翌日の新聞で知るやただちにインスピレーションを得て小説の執筆を開始。郷里の『山梨日日新聞』に四月十五日から二十五日までの間、九回にわたって「練絲痕《れんしこん》」というタイトルで連載を行った。ペンネームは靄渓学人《あいけいがくじん》である。

すると、連載が三、四回続いたある日、塾監局から呼び出しがあったので出向いてみると、刑事が二、三人いて、この小説を書いたのはお前かと尋ね、取り調べのために麻布《あざぶ》署まで同行してもらいたいというのである。

結局、塾監局の人が身分を証明してくれたおかげで連行は免れたが、いろいろと根掘り葉掘り尋問された。山梨の新聞社にも警察が訪れて大変な騒ぎとなったため、連載は九回で取りやめとなった。

六十三四年後、友人の宮武外骨《みやたけがいこつ》君の仕事場である東大の新聞研究室で、外骨翁に此《この》追憶談をしたところが、直ちにその新聞紙を探し出して送ってくれた。一読して其拙《そのま》づいのに驚いた。如何《いか》に若気の至りとは言へ、こんなものを書いて、それで小説志願者であったといふ過去を顧みると、何と無茶であったかと、苦笑せざるを得ないのである。(『逸翁自叙伝』)

この小説を読んだ明治文学研究家・柳田泉は、筋の運びに性急なところはあるものの、十七歳の少年が書いたとはとうてい思えない達者な出来栄えで、「この作者が若《も》しこのまゝ小説道に入ったら、勉強次第では或は明治文学華やかなりしころの紅露鷗《こうろおう》〔尾崎紅葉、幸田露伴《こうだろはん》、森鷗外《おうがい》〕とは列伍されぬまでも、十指の中にはいる大物となったかも知れない」(「連絲痕の読後に」『逸翁自叙伝』)と高く評価している。たしかにもし、警察の捜査という横槍《やり》が入らなかったら、実業家・小林一三ではなく、小説家・小林一三が誕生していたかもしれないのである。

タイムマシンの針をこの明治二十三、四年にセットして、一三が辿りえたかもしれないオルタナティブを探ると、もう一つ、演劇人という選択肢が出てくる。というのも、この頃、「外塾」

から赤羽橋の工場街を抜けた麻布十番の三座（森元座、開盛座、寿座）に足しげく通い、川上音二郎のオッペケペーをはじめ、女優市川九女八《くめはち》一座や坂東勝之助一座の芝居を見まくり、木挽町に新設された歌舞伎座にも出入りして、いっぱしの演劇通を気取るようになっていたからだ。

あるとき国民新聞の金子春夢《かねこしゅんむ》という記者と一緒に歌舞伎座を見学したところ、二階桟敷に東京朝日新聞の饗庭篁村《あえばこうそん》（別号・竹の舎）、時事新報の竹下権次郎など、有力各紙の劇評家がかたまっている一郭があった。一三は記者見習いのふりをして平然とその一部に加わった。

彼等《ら》の冗談駄弁を聞きながら私は考へた。芝居を見ることをやめて彼等の一挙手一投足と、その細語雑説を書留めたのである。そして「歌舞伎座に劇評家を見るの記」を書いた。私の写生は必ずしも皮肉ではないけれど、楽屋落ちの実態をさらけ出したことは、我ながら痛快だと信じて居った。然《しか》しながらそれは同業者の仁義として、掲載は出来ないといふので没書になった。その原稿はどうなったか知らないが、若し存在するものとせば、其《その》時代の劇評家なるものの風貌を知悉《ちしつ》し得るであらうと信じてゐる。（『逸翁自叙伝』）

もしこの記事が『国民新聞』に掲載されていたら、明治二十七（一八九四）年に三文字屋金平《さんもんじやきんぺえ》なる著者（じつは内田魯庵《ろあん》）が右文社から世に出した『文学者となる法』の演劇版になったことは間違いない。

ところで、一三とほぼ同じ時期に東京日日新聞の劇評家見習いとして東京中の劇場を回っていた同年配の記者がいた。後に新歌舞伎『修善寺物語』や探偵小説の元祖『半七捕物帳』を著す岡本綺堂《きどう》である。岡本綺堂『明治劇談――ランプの下にて』の「昔の新聞劇評家」には、一三が意図したよりもずっと穏やかな口調で当時の劇評家たちの生態が語られている。興味を持たれた方はご一読を。もしかすると、一三は岡本綺堂と劇評家席で隣り合ううちに意気投合し、劇評家から劇作家へ、さらには初志貫徹して小説家への道を歩んだかもしれない。

実際、その可能性は十分にあった。

明治二十五（一八九二）年十二月に慶應義塾を卒業した一三は、一月から慶應の先輩・高橋義雄の引きで、三井銀行に入行する予定になっていた。だが、就職したくないという無意識が働いたのか、正月を韮崎で過ごした後、富士川を下り、岩淵から汽車で熱海まで出掛けたところ、その宿でアーノルドという外国人とぺらぺら（英語で？）会話している女性（外国人？）と親しくなり、一月二十日の慶應の卒業式にも出席せず、三井銀行への入行も遅らせたまま長逗留を決め込んでしまうのである。

一三が三井銀行入行をためらっていたのにはもう一つの理由があった。当時、一三は塾生ながら、『上毛新聞』に新進作家・田山花袋《たやまかたい》と交替で連載を持ち、時代小説を担当していた。おそらく、それを読んだ渡辺治が大阪毎日新聞から都新聞に移籍するに際して後輩の一三を連れて入社しようと目論んだのだろう。つまり、一三は都新聞に入社できる可能性が高かったので三井銀行入行を遅らせていたのである。

ところが、渡辺治は結局、大阪毎日を離れることができず、都新聞入りも取りやめとなり、同時に一三の都新聞入社も絵に描いたモチとなった。

かくて、一縷《いちる》の希望を断たれた一三は三井銀行入行を決意し、明治二十六（一八九三）年四月四日から、東京本店に出勤することとなる。

こうして、われわれは岡本綺堂あるいは田山花袋のライバルとなり得たかもしれない小林一三ではなく、実業家・小林一三をようやく持つことができたのである。

いやいやながらビジネスマンになった一三、これを期に変わっていくのだろうか?

第二章　銀行員時代①　仕事より舞妓の日々

三井銀行に入行する

明治二十六（一八九三）年四月四日から小林一三は一〇等席の資格で、三井銀行東京本店に出勤することとなった。配属先は秘書課で、月給は一三円だったが、親戚の家に寄宿していたので下宿代はかからず、半年後に大阪に転勤したときには一〇〇円近い貯金ができていた。

三井銀行東京本店があったのは三井両替店発祥の地である日本橋区駿河町（現・中央区日本橋室町《むろまち》）である。建物は三階建ての洋館で、一階が営業場、二階が重役室と応接室と秘書室、三階が会議室だったが、小林一三は『逸翁自叙伝』の中でこれを「小さい洋館」と描写している。大三井のヘッドクオーターにしてはいささか貧弱な建物だったようだ。なぜなのだろう？

それは、この三井銀行東京本店が「ただで」建った建物だったからである。

時は、明治四（一八七一）年に溯《さかのぼ》る。三井家の大番頭だった三野村利左衛門《みのむらりざえもん》は、大蔵省紙幣頭の渋沢栄一が西欧的なバンク（このときはまだ銀行という呼び名は採用されていなかった）創設の準備を進めていることを聞きつけると、同年七月に三井組バンク設立と兌換《だかん》券発行の願書を提出し、太政官から准可《じゅんか》を得て、海運橋のたもとの通商司跡地（現・中央区日本橋兜町《かぶとちょう》）に二代目清水喜助《きすけ》の設計・施工になる洋風五階建ての堂々たる三井組ハウスを建設した。明治五(一八七二)年六月のことである。明治浮世絵にも描かれたあの名高い建築である。

ところが、三井組ハウスは、なぜか三井組バンクの建物とはならなかった。落成式の翌日に現れた大蔵大輔・井上馨《かおる》と渋沢栄一の使いが大蔵省指導で設立する「三井小野組合銀行」に譲れと命令したからだ。寝耳の水の三野村はいったんは拒否したが、大蔵省為替御用から外すぞと恫喝されたので、泣きの涙で理不尽な要求に屈し、しかたなく「三井小野組合銀行」の責任者の地位に就いたのである。

ではなにゆえに、井上馨と渋沢は三井組バンクの設立を中止させて「三井小野組合銀行」へと転換を図ったのか? この謎については、拙著『渋沢栄一』(文春文庫)で詳説したので、繰り返しは避けたいが、簡単に結論だけを述べると、大蔵省でのバンク設立準備の過程で、井上と渋沢、とくに渋沢の心の中でバンクの概念が変化し、バンクは合本組織でなければならないという「理念」が強くなったためである。三井組バンクは三井家が全額出資するものだから、渋沢の理念に合わなかったのだ。

そして、それから一年後、運命のいたずらか、渋沢は井上馨と袖を連ねて大蔵省を辞職し、「第一国立銀行」と名を改めた「三井小野組合銀行」に総監役として入行することになるが、じつはこのとき、三野村と渋沢の間には、自我の強い大物同士の確執と相互理解のドラマが起こっていたのである。

すなわち、渋沢が大蔵省を辞するのを聞きつけた三野村は渋沢のもとに赴いて三井の総理事への就任を慫慂《しょうよう》したが、渋沢が要請を断るとこれをあっさり了とした。それどころか、渋沢が第一国立銀行の経営に色気を見せているのをすばやく察知して、自分は設立許可を得た「為換バンク三井組」の経営に専念するから第一国立銀行は渋沢に譲りたいと申し出たのである。これは三野村の太っ腹を示すエピソードとして渋沢栄一本人が語っているものだが、実際には、三野村は渋沢に恩を売ると見せかけて、したたかな計算を働かせていたのだ。それは、三野村によって第一国立銀行に派遣されて渋沢のもとで働いた斎藤専蔵が打ち明けているところである。

此時《このとき》〔注・為換バンク三井組が明治七年二月に駿河町に完成したとき〕三野村氏ガ笑ッテ私ニ云フタコトガアル。駿河町ノ家ハヒトリデニ不図《ふと》出来タノデアル、空中楼閣デ出来タノダト云ッテ笑ヒマシタガ、ソレハ前ノ兜町ノ建築〔注・海運橋の三井組ハウス〕ヲ十二万八千円デ第一銀行ニ売リマシタ。五万八千両〔注・両と円は同じ貨幣価値〕許《ばか》リデ出来タモノヲ、十二万八千円ニ売ッテ、其残リデ駿河町ノ建築ヲ総支弁シテ、マダ幾千残ッタ位デアリマスカラ、駿河町ノ家ハ只《ただ》デ出来タヤウナモノデス。（三野村清一郎『三野村利左衛門伝』三野村合名会社）

渋沢栄一の大演説

さて、これで、小林一三が勤務を始めた三井銀行東京本店が第一国立銀行と比べていささか見劣りする「小さい洋館」である理由がおわかりになったかと思うが、読者の中には、なぜそんな小さなことにこだわるのかと不思議に感じる方がおられるにちがいない。そこで種明かしをしておくことにしよう。この東京本店秘書課勤務時代、小林一三は、三井銀行の外部理事を務めていた渋沢栄一の謦咳《けいがい》に接して大いなる感銘を受けるという「事件」があったのである。

当時、三井家には、三井仮評議会という最高機関があり、毎週一回、三井銀行東京本店の三階会議室に集まって会議を催していた。メンバーは三井本家の三井八郎右衛門、三井銀行の三井高保《たかやす》社長と中上川《なかみがわ》彦次郎専務、三井鉱山会社の三井三郎助社長と益田孝専務、それに外部の渋沢栄一、三野村利助《りすけ》（利左衛門の婿養子）などである。

仮評議会の決議録は秘書課長が担当していたが、小林は秘書課員として給仕するほか、欠席した評議員に対しては翌日書類を持参し、押印を受ける役割も担っていた。

私はこの仕事を無上の光栄として、直接渋沢、三野村、といふが如きえらい人達にお眼にかかって、その書類に印判をいただいて帰る。時々、御意見付の返書があった、その状袋を記念として今日まで保存してゐる。（『逸翁自叙伝』）

このように、サラリーマン一年生の小林一三は渋沢栄一や三野村利助といった「雲上人」の御親筆をひそかにコレクションしていたのであるが、「事件」といったのはこれではない。明治二十六（一八九三）年に三井銀行が資本金を二〇〇万円から五〇〇万円に増資したさいに、商法が発布されたのに伴い、正式な銀行名を登記する必要が生まれたのだが、これを決める三井仮評議会で、小林が渋沢の大演説を聞いて深い感動を味わったことである。

中上川氏によって、資本金五百万円の銀行案が、仮評議会の議案に提出された時、私は渋沢栄一氏の堂々たる議論を拝聴して驚いた。中上川氏の原案は「合資会社三井銀行」であったのである。（中略）渋沢氏が「そもそも我国の商法は」と説き出された時、又しても無味乾燥の法律論をきかざるを得ないかと、不安の思ひで給仕の腰掛に控へて居ると、滔々《とうとう》として三十分余り演説をしたのである。議論明快、実に素人にわかりやすく、恐らくこれは三井家の主人一同に理解せしむるのを目的としたからであらう。私は成程《なるほど》、さもあらんかと敬服した。（『逸翁自叙伝』）

では、小林が聞き惚《ほ》れた渋沢栄一の演説とはどのようなものであったかというと、今回、商法が起草された目的は、三井、三菱のような資本家の財産保護と、その資本の正しい運用による富国強兵を目指したものであるが、なにゆえに、合資会社と合名会社との区別があるかといえば、それは、三菱は合資会社、三井は合名会社にふさわしいと見なしたからで、三井が合資会社ということになったら、合名会社なる項目は必要なくなってしまう。というのも、三井家は個人事業の事業主が複数化したに過ぎず、資本と経営が分離していないのだから、これは、社員（出資者であると同時に業務執行者）が無限責任を負う合名会社とすべきであると主張したのである。

外国の例をひいて、英国ではこれこれと原稿もなく、雄弁に説き去り、説き来《きた》る渋沢氏の名調子に驚いたのである。

その頃演説といふが如きものは、政治家か、新聞記者でなければ出来るものではない。実業家などは、口先でモグモグしてゐるくらゐに考へて居ったのであるから、実に驚いたのである。

中上川氏は「只今《ただいま》、渋沢さんの御話を承って、原案を訂正したいと思ひますが、皆さんに御異議がなければ」と、丁寧に感謝したのである。席に一言の質問もなく、その夜の中《うち》に原案全部が改刷されて、翌日には「合名会社三井銀行」資本金五百万円として発表されたのである。『逸翁自叙伝』)

と、このように、小林一三は秘書課勤務時代の印象的な思い出として、この渋沢の大演説を書き留めているが、では、秘書課員として大いに活躍したかといえば、まったくそんなことはなかったようだ。お茶くみと書類の整理くらいしか仕事がなく、暇を持て余していたからである。

秘書課勤務五ケ月半の間に、私の与へられた仕事は、毎週一回、銀行にあった仕事の中で、重役に御覧に入れる要目の記録帳で、半紙一枚位に筆書する。たとへば、鐘紡配当金何万円入金、王子製紙何月総会無事終了といふが如き種類のものであったが、中上川専務は鐘紡株配当金云々と書くと、朱書で鐘淵《かねがふち》紡績株式会社配当金と丁寧に加筆訂正するのであった。私が中上川専務理事から、直接教はったことは、ただこれだけである。(『逸翁自叙伝』)

この最後の言葉からもわかるように、サラリーマン一年生の小林は仕事の少ない部局に回されて腐っていた。中上川専務に気に入られていたようにも見えない。しかし、実際には、慶應から三井銀行に入社した五〇から六〇人の新入社員のほとんどが主要都市以外の地方の支店や出張所に飛ばされていたことから考えると、本社の秘書課配属というのは小林が将来を嘱望されていたことの証拠だったのである。

しかし、そんなこととはつゆ知らぬ小林は、恩人である大阪支店長・高橋義雄《よしお》（箒庵《そうあん》）からの増員要求通知が秘書課に届くと、これ幸いと自分を売り込んで、ちゃっかり大阪支店勤務というエリートコースを歩むことに決める。

ところが、喜び勇んで赴任しようとしていた矢先、秘書課長からこんな注意を受ける。

「大阪へ行った連中は、必ず初めの間の一二ケ月は、北浜の御野《おんの》といふ素人下宿に落着く、その間にわるいことを覚える。どうも評判がよくない。菊本君だけは確かだ。その菊本君にお頼みしてあるから、すべて同君にお願ひし給へ」（『逸翁自叙伝』）

小林、ついに大阪へ

かくて、小林は秘書課長からの紹介状を携えて、明治二十六（一八九三）年九月、大阪・梅田駅に降り立った。

荷物を片付けて、独りぽっち梅田のステーションに降りた時は心細かった。人力車に乗って暫《しばら》くゆくと「曽根崎《そねざき》警察署」といふ看板が眼につく。曽根崎といふ文字は、近松門左衛門《もんざえもん》の戯曲から文学的に深く印象づけられて居った私に取っては、何といふ野暮な看板であらう、と感じたのである。（『逸翁自叙伝』）

しかし、さらに行くと両側に「曽根崎貸座敷」という行灯が掛けられているのが見えた。ここが近松の曽根崎新地かと、嬉《うれ》しい気持ちがこみあげてきた。やがて人力車は淀屋橋《よどやばし》を過ぎて大川筋浜側の「島平」という高級旅館についた。風呂を浴びると、宿の浴衣のまま外にさまよい出て、川沿いの手摺《てす》りにもたれて、夕日に赤く染まる川面に浮かぶ涼み船や淀屋橋を行き交う人々を眺めていた。

この時、けたたましき人力車の雑音、それはこの時代に流行《はや》った花街特色の人力車で、車の心棒には鉄の丸輪のいくつかがはめ込まれて、走るにつれてガランガランと鳴り響くのである。二台三台四台とつづく。人力車の勇《いさま》しい音に驚いて、私は振返って見た。車上の人は艶色嬌態、満艦飾の舞妓姿である。芝居の舞台と絵画とによって知ってゐる活きた舞妓を初めて見たのである。その影を追ふが如くに飄然《ひょうぜん》として二三歩進出したと見えて「あぶない」と大声に叫ぶ車夫の叱声と共に、車上の人の嘲《あざ》けるが如き笑顔を目送したのである。私は大阪に着いたその第一日に於いて、浪花《なにわ》美人の権威に威圧されたのである。(『逸翁自叙伝』)

なにやら意味深な、自叙伝の「その頃の大阪」の書き出しである。事実、大阪支店勤務時代の小林は、この初日が象徴するごとく、仕事よりも舞妓に惑溺《わくでき》する日々を送ることになる。

翌日から出勤した三井銀行大阪支店は高麗橋《こうらいばし》通二丁目にあった。土蔵造りの日本家屋で、表は一階、奥が二階建てと三階建てになっていた。配属は現金出納を扱う金庫係。支店には、高橋支店長の方針で珍しく女子社員が雇われて、「銀行界の名物」となっていた。女子行員が紙幣を巧みに数え算盤《そろばん》を見事に弾くのを見て、小林はひたすら感心ばかりしていた。

一年後には抵当係となり、月給も一四円に昇給していたが、すでにその頃には、秘書課長が心配したとおり、小林は大阪の花街の虜《とりこ》となっており、慢性的な金欠病に苦しめられていたのである。

お茶屋通いの日々

小林が魅入られたように花街に出入りするようになった理由はいくつかある。

第一は、支店長だった高橋義雄自身が「銀行に出勤する平素の服装は和服で、折鶴三つ紋黒縮《くろちり》緬《めん》の羽織といった、役者のやうに美男子で」、花街の名士として通り、「後年三越呉服店専務理事として、茶道の指導者であり、美術工芸界の後援者であり、謡《うたい》や、能や、東明《とうめい》ぶしの家元として等々、一生を風流才人で終ったくらゐであったから、銀行の支店長として預金増加の運動や得意先との交渉などには頗《すこぶ》る無頓着であった」(『逸翁自叙伝』)からである。ようするに、支店長が範を示して花街通いに精を出していたから、支店員もみなこれにならったのである。

第二は、理の当然として、同僚たちがみんな花街好きだったこと。たとえば、東京本店の秘書課長に紹介された菊本君は堅物であるとの評判どころか大変な遊び人で、小林もひそみにならって花街に繰り出すようになったのである。

第三は、大阪には慶應時代の旧友が多くいて、いずれも遊びのプロだったために、新米の小林も手ほどきを受けざるをえなかったこと。そのうちの一人、北浜株式店の若主人だった濱崎健吉《はまさきけんきち》は大阪に着任したばかりの小林をさっそくお茶屋遊びに誘いだした。場所は築地の「竹式」という料亭だった。

私達二人に対して、たった一人の舞妓と附添の仲居が、いろいろと話す。その大阪言葉が実に嬉しかった。この舞妓が真白く厚化粧して、笹色紅の唇や櫛かんざし、うすものの長い振袖など、珍らしい容姿をまのあたり近く、初めて舞妓さんといふものに接したので、こんな嬉しいことはなかった。(『逸翁自叙伝』)

この舞妓はじつは濱崎健吉の愛妓・呂之助《ろのすけ》で、小林が後に大阪を代表する財界人となったとき、北陽第一の俠妓として小林の友人グループをもてなす役を買って出ることになるのである。

もう一人の学友の甲谷《かぶとや》長三郎は関西の大富豪である平瀬露香《ろこう》の大番頭・甲谷権兵衛の養子だった。小林は彼の紹介で「信用取引」による遊びができるようになったのである。

平瀬露香翁を、私は二三度襖越しにぬすみ見た。まことに上品な痩形の老人で、取巻きの老妓に囲まれて、しめやかに語る。時に三味線の静かな音色、つづみの音、笑ひ声、粋な小唄、——勿論まのあたり見たのではないが、小説的に感興し得る私の想像力は、春信の浮世絵のやうな夢の世界を描いて、その法悦を味《あじわ》ひ得る嬉しさを禁ずることが出来なかったのである。(『逸翁自叙伝』)

実際、大阪は花街でもっていると言われたほど、いたるところに花街があった。花街にもおのずとランクがあり、上流階級は南と北の新地、問屋や商店の経営者などのミドルクラスは新町・堀江、労働者階級は松島遊郭というように階級ごとに分散していたが、いずれも大繁盛していたことに変わりはなかった。

若《も》し、大阪から色街を取除けるものとせば、即ち大阪マイナス花街、イクオール零である、と言ひ得るほど、花街の勢力は傍若無人であったのである。(『逸翁自叙伝』)

小林はまだ安月給取りだから、大阪の財界人が遊ぶような北新地の「瀧米」「瀧光」といった一流の取引茶屋はとうてい無理だったので、先に述べたように、北浜在住の学友の保証による「信用取引」で一段格下のお茶屋通いに精を出したのだった。

ことほどさように、大阪支店時代の小林はまだ仕事の面白さに目覚めることなく、小説家志願の慶應ボーイの夢の続きを見ていたのである。

だが、明治二十七(一八九四)年に日清戦争が起こり、その軍需景気で大阪経済界が活況を呈するようになると、小林の運命も大きく変わることになる。とりわけ、明治二十八(一八九五)年に、高橋義雄に代わって岩下清周《きよちか》が大阪支店長に就任するに及び、小林はその強い影響のもと、文学青年からの脱皮を余儀なくされるのである。

第三章　銀行員時代②　耐えがたき憂鬱の時代

岩下清周との出会い

明治二十七（一八九四）年七月に勃発した日清戦争は、軍都・大阪に空前の経済的発展をもたらし、日本貯金銀行、大阪実業銀行、住友銀行、天満銀行など新しいタイプの銀行を続々と誕生させた。

こうした〝金融ビッグバン〟に合わせたかのように、三井銀行大阪支店にも、手堅い経営を旨とした高橋義雄に代わって、積極経営論者の新しい支店長が翌二十八（一八九五）年九月に赴任してきた。岩下清周《きよちか》である。小林一三はこの岩下支店長のもとで初めてビジネスの面白さに目覚めることとなる。

岩下氏は大阪支店長として、取引先の拡張に、初めて事業と人といふ近代的感覚を織込んだ行動を実行した。銀行は預金を取扱ふ、商業手形を割引する、担保を預かって貸付金をするといふ千篇一律の取引より、一歩進んで事業と人といふ取引関係を開始した。また日清戦争の勝いくさに伴ふ自然の膨張と其《その》充実とは、軍艦建造に関連する商人としての薩派海軍に結ぶ薩州系川崎造船所、軍需品供給事業による長州系藤田組が、岩下氏によってクローズアップされた三井銀行の取引先であった。(『逸翁自叙伝』)

では、小林の運命に大きな影響を及ぼしたこの岩下清周とはいかなる人物であったのか？

三宅晴輝・斎藤栄三郎監修『日本財界人物列伝』(青潮出版)ほかによると、岩下清周は安政四(一八五七)年五月二十八日に信濃国松代《まつしろ》城下代官町に松代藩士の次男として生まれた。三歳で父を失ったため叔父の岩下清儀の養子となる。松代藩兵制士官学校を卒業して上京、慶應義塾、築地英学校(立教大学の前身)に在籍したあと、明治九(一八七六)年に大学南校の受験勉強をしていたときにたまたま通りかかった木挽町の商法講習所(一橋大学の前身)の規則書を求めたことからこの新設校で学ぶこととなる。

そのきっかけというのが、いかにも明治人らしい。すなわち、規則書に東京在籍者よりも他府県出身者のほうが授業料が高いという記載があることに激怒した岩下が事務局員を難詰したところ、応対に現れた所長の矢野二郎にその意気込みを買われ、矢野宅から商法講習所に通うことになったというのである。なお、岩下の最終学歴が三菱商業学校卒業となっているのは、明治十一(一八七八)年に、商法講習所の経営母体である東京府が予算半減という暴挙に出たため、矢野校長が退陣し、岩下も袖を連ねて中退して三菱商業学校に転じたためである。

明治十一年十一月、岩下は矢野の推薦で三井物産に入社し、十三(一八八〇)年にアメリカ支店勤務、十六(一八八三)年にはパリ支店長となった。パリ支店長時代に、駐仏臨時代理公使だった原敬《たかし》と知り合い、強い絆で結ばれることとなる。しかし、岩下のキャリアに与《あずか》って力あったのは、パリの彼の自宅が、欧州視察の途中にパリに立ち寄る政府の大物たちの遊楽の拠点となったことである。

在仏中、彼の居宅（三井物産支店長社宅）は、日本人倶楽部の如き観を呈し、伊藤、山県、西郷、鳥尾、樺山、品川、西園寺等諸名士を相知ることとなった。（『日本財界人物列伝』第一巻）

素っ気ない書き方をしているが、実際には、岩下はこれら大物あるいは将来の大物たち（桂《かつら》太郎、寺内正毅《まさたけ》など）がパリで羽目を外して「飲む・打つ・買う」の遊興三昧にふけるときのアテンドを引き受けることで将来のコネクションを築いたのである。とくに、桂と寺内に対しては、彼らが賭博場で大損を被ったときに借金も肩代わりしてしっかりと恩を売っておいたのが役に立った。

しかし、三井物産パリ支店長時代に岩下が摑《つか》んだのはこうした大物たちとのコネクションだけではなかった。ナポレオン三世の第二帝政期にそのシステムが確立し、第三共和政の時代に大発展を遂げたソシエテ・ジェネラルやクレディ・リヨネなどといった産業投資銀行、すなわちベンチャーキャピタルの積極策を目の当たりにし、社会の発展の秘訣はここにあると正しく理解したのである。

そのため、一時帰国した明治二十一（一八八八）年には、日本に一大製鉄所を興そうと画策したが、三井物産本社に容れられず退社。翌年、品川電灯会社を設立し、社長におさまったが、経営不振でこれを手放して浪人中、中上川《なかみがわ》彦次郎に才能を見出され、二十四(一八九一)年十一月三井銀行本店副支配人となった。すぐに支配人に昇格し、二十八(一八九五)年九月には大阪支店長に抜擢されたのである。

岩下が大阪赴任早々に手掛けたのは、時間厳守の励行である。当時、大阪商人は時間の観念に乏しく、午後五時に約束しても平然と七時に現れるという有り様だったが、岩下は五時を過ぎると面会を拒絶し、相手に時間厳守の習慣を身につけさせた。

また、大阪商人は門地門閥を尊重し、株式仲買人などは山師と決めつけて会おうともしなかったが、岩下はビジネスはビジネスと割り切り、差別的待遇を改めて実力本位の扱いを心掛けたので、やがて大阪財界もこれにならうようになった。

遊蕩児、生涯の妻と出会う

こうして岩下は大阪で着々と地盤を固めていったが、そうなると、大阪支店の貸出限度額が一五〇万円であるのは大きな制約である。そこで岩下はこれを五〇〇万円まで引き上げるよう稟議したが、本社が容認しなかったため、独断専行による貸し出しをあえてした。これが中上川専務の逆鱗に触れたのである。小林一三は岩下の直接の部下だっただけに、事情をよく知っていたようである。

その一は、北浜株式市場に対する取引関係である。二十七八年戦役〔注:日清戦争のこと〕による経済界の膨張と事業会社の勃興は株式市場を殷盛《いんせい》ならしめたが、二十九年下半期には、早くもその反動による北浜方面の混雑に取引所理事長磯野小右衛門《いそのこえもん》氏、仲買人筆頭濱崎永三郎氏等と共に、岩下氏を中心に其《その》安定策に引張り出されたことなども三井の使用人としては許されなかったかもしれない、然《しか》も黒幕に藤田傳三郎《でんざぶろう》氏の存在せることは、中上川氏をして岩下氏左遷を断行せしめたのかもしれないといふのである。(『逸翁自叙伝』)

左遷というのは、大阪赴任から一年もたたない明治二十九(一八九六)年八月に岩下が横浜支店長の辞令を受け取ったことである。岩下はこの転勤を潔しとせず、直ちに三井銀行を辞職して、右の引用にある三人の大阪財界人らと語らって北浜《きたはま》銀行設立に取り掛かったのだが、このとき、小林に連袂するよう強く誘った。小林の有能さを認めていたためである。

私と同勤であった三井銀行堂島出張所主任の小塚正一郎君は、直ちに参加した。小塚氏が支配人、私は貸付課長といふ陣立であったといふのである。私は参加すべきかどうかに就《つ》いて非常に迷った。そして新支店長上柳清助氏から「君は岩下君の新銀行に行くのか、ゆかぬのか、態度をハッキリして貰ひ度《た》い、店内が動揺して困るから」と言はれて閉口した。(『逸翁自叙伝』)

この調子だから、大阪支店での出世はもはや諦めなければならなかった。事実、支店の補強に本店から池田成彬《しげあき》が支店次長として赴任してくると、小林は貸付係から預金受付という閑職にまわされてしまう。

しかし、それでも小林は三井銀行を辞職して北浜銀行に行く決心がつかなかった。その理由というのが、いかにも遊蕩児時代の小林一三らしく、ユニークなものであった。

その当時、私は二十四歳で勿論《もちろん》独身であったが、十六歳の可憐なる愛人があった。依然として大阪にとどまるものとすれば、彼女を振り捨てる勇気はないのみならず、私の生活には沈落する危険性が多分にあったから、これを機会に、その生活を一変したい慾望が旺《さか》んであった。この際、寧《むし》ろ大阪を離れて、私自身の建直しに猛進するのが、正しいゆく道であると決心したのである。私は東京本店に帰って、文学青年的恋愛生活を洗ひ清めようとしたのである。（『逸翁自叙伝』）

つまり、自分の意志ではどうにも別れられない恋人がいたので、もし北浜銀行に入って大阪にとどまれば、その恋人と結婚するほかなくなる。しかし、それでは北浜銀行での出世はおぼつかない。それというのも、恋人というのは十六歳の舞妓であったからだ。しかし、もし東京本店への転勤命令が下ったとしたら、エリスを断ち切った『舞姫』の主人公のように別離は可能になるかもしれない。かくなる上は三井銀行にとどまって東京本店への転勤を画策するのが上策と思い定め、三井呉服店専務理事に転じていた恩人の高橋義雄に懇願したところ、そんな我がままは許されないという手紙が届き、名古屋支店への転勤が決まったのである。

私は明治三十年一月下旬、独り悄然《しょうぜん》として笹島駅に着いた。（『逸翁自叙伝』）

小林は、偶然同行した三井物産大阪支店の社員の定宿である伏見町の「三嘉」という旅館に落ち着き、翌日から計算課長として勤務を始めた。支店は古い土蔵造りの黒壁二階建てで、伝馬町と桑名町の角にあった。

小林は、名古屋では大阪の過ちは繰り返すまいと心に誓っていたが、当時の名古屋は大阪に勝るとも劣らない「淫蕩の都会」で、支店長の平賀敏《さとし》も粋人であったから誘惑も大きかった。なんとか踏みとどまったのは、週末になると名古屋から午後五時の急行に乗って大阪の恋人のところに通い、月曜の午前中に名古屋に舞い戻るという「二都物語」を生きていたからである。ときには、恋人の方が名古屋まで来ることもあったため、「小林は三嘉に大阪の女を囲っている」という風説が立ってしまった。

平賀支店長から早く所帯を持つよう再三忠告されていたこともあり、小林は三嘉を引き払って北鷹匠町に一軒家を借りることにした。そのとき、三嘉の常雇いだった四十前後のお針さんという女性を女中に雇った。

郊外の夜色、静閑にして、庭前に飛ぶ蛍の光、縁先に迫る蛙のなき声、お針さんを相手では如何《いか》にも物足らない。十六歳の愛人は新世帯のもの珍らしさに大阪から飛んで来る。新しい寝具の出し入れもなまめかしい。然《しか》しそれもしばらくの夢で、私の良心は堅実なる家庭への望みに懊悩してゐた。(『逸翁自叙伝』)

そうこうしているうちに三年がたち、平賀支店長が大阪支店に転ずることとなった。平賀は、君も大阪に行かないかと誘ってくれたが、大阪転勤は結婚が条件とクギを刺すことを忘れなかった。

こうなったら、所帯を持つほかはない。小林は慶應時代の保証人である小林近一《ちかかず》の夫人の妹夫妻の紹介で、下町の娘と見合いをして結婚することに決めた。ただし、そのとき、もう一枚の見合い写真にも心ひかれていたことからもわかる通り、積極的な選択ではなかったようだ。

想像して居った通りうひうひしい丸々肥《ふと》った小娘で、さして別嬪といふのではないが、感じのいい下町の娘であった。（『逸翁自叙伝』）

名古屋の借家を引き払って大阪の友人の持ち家に居宅を構え、新妻を迎えるべく上京した小林は、小林近一宅の大広間で結婚式を挙げると、新妻とともに車中一泊して大阪に着いた。翌日、新妻と一緒に納涼船で船遊びをして帰宅すると、お針さんから留守中に愛人が訪れ、悄然として帰ったと知らされて驚愕する。

あわてた小林は、妻には銀行の友人と旅行に行く約束をしてしまったと言い訳して、新妻を一人残したまま、有馬温泉に愛人と最後の旅行に出掛けた。なんともひどい男である。

眼と眼が合ふと鋭く何かに射られたやうに私の良心は鼓動するのである。そして彼女の眼底から、玉のやうに涙が溢《あふ》れてくる、頬に伝ふ幾筋かの流を拭きもせず、ジッと私を見守るのである。(中略)私は夏の夜の明けやまない暁近くまで転々反側した。(『逸翁自叙伝』)

このあたりは、小説家・小林一三が顔を出し、「私小説」を書きたがっているように見受けられる。それくらい愛人の涙が愛《いと》おしかったのだろう。果たせるかな、送り届けた愛人宅でも別れられずに一泊してしまう。

翌朝早く帰宅すると、なんとしたことか、新妻は一昨日の夜行で東京に帰ってしまったという驚くべき知らせをお針さんの口から聞かされる。お針さんは、小林が二股かけていることが許せず、何も知らずに嫁いできた新妻に同情したのかもしれない。いずれにしろ、ショックを受けた新妻は東京の実家に戻り、それきり帰ってこなかった。

しかし、これによって踏ん切りがついたのか、小林はついにこの十八歳の愛人である舞妓・丹《に》羽《わ》こうとの結婚を決意する。時に明治三十二(一八九九)年十一月、小林は二十六歳になっていた。二度目の結婚だから、一水庵という料亭の二階広間で「一家団欒的のお祝ひを開いて式をあげた」。小林は、こうについて次のように臆面もなく絶賛している。よほど惚れぬいていたにちがいない。

明眸皓歯《めいぼうこうし》、鼻は高く、色は白く、丈はすらりとして品位高雅、うひうひしき丸髷《まるまげ》を紫縮緬《むらさきちりめん》のお高祖頭巾《こそずきん》に包んで、外出する時は昔風の浮世絵を見るやうに愛らしかった。(『逸翁自叙伝』)

ところで、丹羽コウは、小林は絶対に自分を捨てないというひそかな自信を持っていた。五、六歳のころ、天満の実家で遊んでいると、大峰山の行者風の男が現れ、お嬢さんは一〇〇万人に一人しかない幸福な男のお嫁さんになれる人相をしている、また、男はお嬢さんを嫁にもらえば必ず出世するだろうと母親に告げたというのである。この話を幼い頃から母親に聞かされて育ったコウは、どんなことが起ころうとも自分の運命を強く信じていた。

「耐へがたき憂鬱の時代」

実際、長いスパンで見ると、小林は丹羽こうとの結婚に踏み切ったことで上昇運に転ずるのだが、しかし当分の間は、結婚騒動で一度地に落ちた銀行内の評価が挽回できなかったこともあり、低空飛行を余儀なくされる。恪勤精励《かっきんせいれい》、日々仕事に打ち込み、ビジネスマンとしての自信もついてきたにもかかわらず、「ダメな奴」という上役の評価、とりわけ先の大阪支店時代に直接の上司だった池田成彬によって「行員失格」の烙印を押されたことが大きく響いた。

そこで、同じく池田成彬から邪魔者扱いされていた平賀支店長に転職の希望を伝えたところ、平賀は内密の話だがと前置きして、実はいま住友銀行が増資して営業拡大を図っている最中なのだが、支配人の田辺貞吉《ていきち》は君を副支配人として欲しがっている、どうだ行く気はあるか、と尋ねた。小林は一も二もなくこれに同意したが、結局、この移籍話は流れてしまう。

次いで、明治三十三(一九〇〇)年十二月には三井銀行東京支店所属の倉庫を分離独立させて箱崎倉庫を新設するという計画が持ち上がり、小林は箱崎倉庫主任に決まったという内示を受ける。主任になると月給と同額の五〇円の住宅手当が支給されて一〇〇円になるので生活も楽になると大いに期待していたが、なかなか辞令がおりない。中上川専務理事が病気だからという理由である。

そこで、小林は借家探しを友人に頼み、辞令を待たずに明治三十四（一九〇一）年の一月に単身上京したところ、本店の秘書課長から辞令を見せられて、明日渡す手筈になっていると告げられる。下根岸の小林近一宅に泊まり、翌朝、起きがけに新聞を開くと、なんとしたことか、箱崎倉庫主任には高津次盛という小林の知らない男が就任するという記事が出ているではないか。出社して問いただすと、秘書課長は「昨日の中《うち》にスッカリ変って君は次席だ」と告げた。小林は「どうして一夜の中にかくも急転したのかは、そののち誰にきいても判らない」と自伝に記しているが、その口ぶりから察するに、中上川専務理事の容態悪化を受け、池田成彬が東京本店に舞い戻り、一種の宮廷クーデターを起こして実権を掌握したことが関係しているらしい。池田から快く思われていなかった小林はワリを食ったのだ。

中上川が十月に死去すると、池田成彬は官僚上がりの早川千吉郎《せんきちろう》を傀儡《かいらい》にして専務理事に祭り上げ、自分はパペット・マスター（人形遣い）として権勢をほしいままにし始める。

すっかりやる気をなくした小林は箱崎倉庫の高津主任からも疎んじられ、一年後に三井銀行本店に舞い戻るが、与えられたのは本社調査課という左遷ポストだった。以後、明治四十（一九〇七）年の退社まで不遇の時代が続く。小林は「東京における三井銀行時代は、私にとっては耐へがたき憂鬱の時代であった」と回想している。

しかし、最愛の妻と営む家庭生活はいたって円満で、明治三十四（一九〇一）年には長男・冨《ふ》佐雄《さお》が、三十六（一九〇三）年には長女とめが、三十七（一九〇四）年には次男辰郎が、というように次々と子宝に恵まれた。社宅のあった芝浦に移り住んだ小林は家庭生活を生きがいに不遇時代をやり過ごしていたようだ。

秋の夕暮方、私は子供をだっこしてこの海岸に立ち、ハゼを釣る人達の中に交って、散歩するのが楽しみであった。（中略）この簡素な親子五人の生活は、銀行の不平を忘れて、誠に潔白な純情そのものであった。（中略）私としては芝浦六ケ年の生活は、到底忘れることの出来ない思ひ出である。（『逸翁自叙伝』）

とはいえ、池田成彬が明治三十七（一九〇四）年に本店営業部長となって、ほぼ全権を掌握したとなっては、もはや小林に出世の望みはない。調査課検査主任といえば聞こえはいいが、実際には、北は北海道から南は九州まで全国の各支店を回り、行内規律違反がないかをチェックする損な役回りだった。

調査課は紙屑の捨て場所のやうに一般から軽視されて居ったのである。この紙屑の中に私は明治四十年一月まで在勤したのである。（『逸翁自叙伝』）

そこで、再びひそかに転職活動を開始したが、まず舞い込んだのが三井物産への移籍の口。ほぼ同じ時期に、高橋義雄が専務をつとめている三越呉服店からも誘いがあった。三越は増資に伴い、体制を一新するので、副支配人待遇で招きたいというのである。小林は渡りに船で三越からの移籍話に応じ、増資で公募された株をかなり買い込むことにした。資金は、大阪支店の貸付課長時代にタバコ販売の国有化問題に絡んで融資に尽力した村井商会（すでにこの時は村井銀行に改組）が、小林が三越に栄転するならと、喜んで融資してくれたのである。

ところが、いよいよ辞表提出という段になって、三越から断りが入った。後年、小林は「その御蔭で、私は独立的立場に行動すべき運命になった。何といふ不思議な人生の行路であらう」（『逸翁自叙伝』）と、あざなえる縄の如き自分の運命を顧みているが、そのときの落胆は相当に大きかったにちがいない。

かくて三越移籍の話は消えた。それなら借金までして三越株を保有している必要もないと市場で売却したところ、日露戦争後の株式暴騰で思わぬ儲けとなった。これなら宮仕えしなくとも食べていけると、小林はいよいよ独立の意志を固めたが、そんなとき、北浜銀行を率いて日の出の勢いの岩下清周から証券会社設立の話が舞い込んだのである。

第四章　鉄道篇①　鉄道事業との予期せぬ出会い

三井銀行を飛び出し、証券会社設立へ

三井銀行の調査課というのは軍隊における憲兵隊、警察における警務部のような部門で、小林一三は調査課検査主任として全国の各支店を巡って不正に目を光らせていたが、仕事自体は創意工夫の余地がないルーティン・ワークだから、まったく働きがいがない。唯一の楽しみは、大阪に立ち寄ったとき、以前の上司・岩下清周の家で談論風発に耳を傾けるくらいだった。

三井銀行を飛び出して岩下がつくったベンチャー・キャピタル北浜《きたはま》銀行は日清戦争後の好景気に支えられて大発展を遂げていたが、さらに日露戦争という追い風が吹いたため、各種大規模事業（大阪瓦斯《ガス》、大林組、大阪合同紡績等）の資金的バックアップをするばかりか、大阪の株式取引所、米穀取引所、三品取引所などと独占的関係を結んで、関西金融界に一大勢力を築くまでになっていた。岩下はまた、三井物産パリ支店長時代からの盟友・原敬を大阪毎日新聞社長に、原敬配下の山田敬徳《たかのり》を大阪新報社長にそれぞれ据えて、マスコミ業界にも睨みをきかせていた。

小林はいまだに岩下の配下の一人を自任しているので、いつでも三井を辞めて馳《は》せ参じる心づもりでいたが、岩下から「大阪へ来ないか？」と誘われることはついぞなかった。ところが、明

治三十九(一九〇六)年のある日、九州出張のついでに北浜銀行を訪問したところ、岩下からこんな話を聞かされたのである。

すなわち、パリ在勤中に親しくなった桂太郎から日露戦争後の満洲経営を睨《にら》んで外債募集の計画を打ち明けられたが、そうなると、外債ばかりか公債や社債の取引をする証券取引が行われるようになる。ところが、日本には株屋はいるが、外国にあるような外債、公債、社債などの債券の引受・募集を行う証券会社は一つも存在していない。よって、そちらの方面にも手を伸ばさなければならない、云々。

この話を聞いた小林は、では北浜銀行はその方面も手掛けるのですかと尋ねたが、岩下はイエスともノーとも答えなかった。

小林はそのまま東京に戻ったが、その三、四日後、三井物産の常務の飯田義一《ぎいち》から話があると呼び出しを受けた。大阪支店勤務時代に三井物産大阪支店長の飯田と昵懇だったので、これは三井物産への誘いかなと思って出向いてみると、こんな話を切り出された。

じつは、大阪の大手株式仲買人の島徳蔵《とくぞう》が、日露戦争の大相場で儲けた金で徳島の持部《もちべ》銅山を買収し、堅気の実業家への転身を図っている。そこで北浜銀行がその仲買商店「島徳」を一〇〇万円で買収し、岩下が理想とする近代的な証券会社に転換することになったが、ひとつこの証券会社の経営を引き受けてもらえないか、というのである。

小林は、長年銀行で働き、投機はしない点が信用されたのだろうと思い、引き受ける気持ちになった。島徳蔵とは親しくはなかったが、弟の島定治郎《ていじろう》は慶應の同窓で、在阪時代には親密に交際していた。決意を固め、東京に戻ってから妻に話すと、「大阪に行くのは気がすすまない。イヤですなア」と反対された。大阪の芸妓だったから、大阪には戻りたくなかったのだろう。しかし、小林は三井銀行にいては一生うだつが上がらないと判断したので、ついに決断を下す。

決意を早川千吉郎専務に話すと、早川は「暫くだ、もう少し辛抱し給へ。今に君等《ら》の時代が来るよ、君等が待ちくたびれて居ったのも能《よ》く判ってゐる、必ず大改革をする」と引き留めたが、小林は早川専務が八方美人で優柔不断な経営者であることを知っていたので、翻意せずにそのまま辞職した。

実際、小林が三井銀行に留まっていても、出世の目はなかっただろうと予想される。それは小林の天敵だった池田成彬による次のような小林一三評からも明らかである。

> 小林君は、〔私が〕三井銀行に行つた時調査係というところに居り、私は余り懇意でなかつたが、評判はよくなかつた。文学物ばかり書いて居るというので、その時分から文学青年だつたね。だから『小説家のような男だね』と皆が言つたものです。従つて銀行家としては余り持てなかつた。これはずつと後の話だが、私は小林君に、『あなたが若《も》し三井銀行に居つたら、支店長にならずに辞めさせられたでしょうね』と言つたことがある。先生銀行に居てもうだつが上らないと考えてか、さつさと見切りをつけて、岩下〔清周〕の所に行つたのです。〔柳澤健編『故人今人』世界の日本社〕

つまり、三井銀行時代に小林が冷や飯を食わされていたのは、結婚騒動もさることながら、小説を書く文学青年であるという評判が祟っていたからなのだが、この点について、三宅晴輝は

『小林一三伝』でこんな指摘をしている。

元来銀行の仕事は、事業家の場合に比べれば、独創性を発揮する余地の少い仕事である。小林はそういう仕事にはむかない。小林の書いた小説の巧拙は問わないにしても、小説を書くということ自体は、創作である。創作というのは、今まで他人のつくらなかったものを、新しくつくりだすということで、小林の本領は、実業の分野においても、その創作、独創にある。（三宅晴輝『小林一三伝』）

では、もし小林が三井銀行に勤めず、いきなり実業の世界に飛び込んでいたら、成功を収めえたのだろうか？　言いかえると、足掛け一五年の銀行員生活はまったく無駄だったのだろうか？　この疑問に対して、同じく、三宅晴輝はこう答えている。

十五年間の銀行生活で、彼は計数を身につけた。文学の好きな者は概して計数を嫌うものであるが、文学好きな小林は、銀行員生活のうちで、物事を計数的に考え、また計数を速く、正確にみぬくという修練を身につけた。これが後の事業家としての小林の大きなつよみになっている。（三宅晴輝『小林一三伝』）

そう、どんな経験であっても、まったく無駄というものはないのだ。計数の得意な創造的起業家という小林の特質は、三井銀行時代の下積みがなければ養われることはなかったのである。

株価大暴落でいきなり路線変更

かくて、岩下から島徳商店の買収のため一日も速く来阪せよと請われた小林は愛惜の書画骨董だけを残して世帯道具すべてを売り払い、明治四十（一九〇七）年一月、夫婦と二男一女の一家五人で芝浦の家をあとにした。一月二十日に夜行列車に乗り込み、翌二十一日早朝に梅田駅に着いて、瓦町か安土町の藤井旅館で旅装を解いたが、なんとしたことか、大阪に着いたその日に、日露戦争以来大暴騰していた株式市場で反動暴落が起こったのである。

実際、この日までの暴騰ぶりはバブルと呼ぶのにふさわしかった。代表的な投機株であった大阪株式取引所株は、明治三十九（一九〇六）年五月につけた一五一円の高値が、その年の十二月には四二一円に上がり、小林が大阪に着く前日の明治四十年一月十九日には、なんと七七四円まで上がっていた。

こうした株価暴騰のきっかけになったのは、昭和のバブルがＮＴＴ株の一般公募で始まったように、南満洲鉄道株の公募だった。九万九〇〇〇株の公募に対してその一〇七八倍の応募があり、五円払い込みの権利株に三七円のプレミアがついたのだ。

ところが、小林一家が梅田駅についた一月二十一日に大暴落が始まり、大阪株式取引所株は六六〇円一〇銭に値下がりし、二月初旬には九二円にまで大幅下落したのである。平成のバブル崩壊にも匹敵する恐慌であった。

私の甘い夢は、商人宿の一室に、三児をかかへた世話女房疲れの細君から、借家検分の報告を受けて、一日も早くと安住の塒《ねぐら》をさがしつつあったけれど、実は証券会社設立どころの話ではない。買収すべく計画して居った島徳株式店は、買方客筋の有力店であっただけに、連日の暴落に追ひつめられて、その整理に死物狂ひの情勢であったから、またその大波瀾の中心地点にある北浜銀行は、私などの話に取合ふ余裕のあらう筈もなく、岩下氏、小塚〔正一郎〕氏をはじめ、島君兄弟などに面会する機会も与へられず、一日、二日、三日、四日と、茫然自失するのみであった。(『逸翁自叙伝』)

こうなったら、一足先に三井銀行を飛び出した平賀敏《さとし》・元大阪支店長を頼るほかないと訪ねてみたが、往年の勢いはどこへやら、平賀は、計画した事業がことごとく頓挫し、一番厄介な桜セメント会社の社長として苦労を重ねている最中だった。小林は証券会社設立の話を切り出すこともあたわず、ただ、平賀が借りている天王寺烏ヶ辻町の藤井別荘の邸内に借家を求めるに止《とど》めた。

こうして一家を挙げて大阪に引っ越したはいいが、一月、二月と浪人生活が続く。そんなとき、再び三井物産の常務飯田義一から阪鶴《はんかく》鉄道の監査役にならないかというオファーを受けたのである。

阪鶴鉄道というのは、尼崎《あまがさき》港駅(現在は廃止)と新舞鶴《しんまいづる》駅(現・東舞鶴駅)を結ぶ鉄道として計画・建設された私有鉄道で、現在のJR福知山《ふくちやま》線(尼崎―福知山)と舞鶴線(東舞鶴―綾部)にほぼ相当する。だが、池田(現在のJR川西池田)と宝塚を結ぶ路線が営業を開始した段階で早くも経営不振に陥ったため、大株主だった三井物産が飯田義一を役員に送り込んで経営の刷新を図っていた。そうしているうちに、日露戦争で戦時輸送の必要を痛感した政府・軍部が明治三十九（一九〇六）年の三月三十一日に鉄道国有法を公布したため、阪鶴鉄道も明治四十（一九〇七）年八月一日をもって政府に買収されることが決まった。

だから、形式的には、小林は残務処理の責任者として雇い入れられたにすぎないのだが、実際には、阪鶴鉄道の重役たちが別に計画していた新しい私有鉄道、すなわち大阪梅田から池田を通って宝塚・有馬《ありま》へ至る線、および宝塚から箕面《みのお》・西宮《にしのみや》に至る線からなる「箕面有馬電気軌道株式会社」の設立準備スタッフとして雇用されたのである。

この「箕面有馬電気軌道株式会社」は、発起人に阪鶴鉄道社長・土居通夫、監査役の野田卯太郎など阪鶴鉄道関係者が名を連ね、明治三十九年十二月二十二日には内務大臣の認可を得て、資本金五五〇万円、株数五〇円券一一万株の会社として創立されることが決まり、明治四十年一月から株式を公募する段取りになっていた。

折から、株式市場は大暴騰中で、「箕面有馬電気軌道株式会社」の権利株も二〇円に達していたため、阪鶴鉄道の株主などに対する割り当て株をめぐって重役たちの間で意見が分かれ、創立事務に遅滞を来していた。それに加えて、今度は、株式市場が大暴落し、新会社の創立そのものが怪しくなり、重役会議はますます紛糾したため、大株主の三井物産は、調整役として小林を送り込むことにしたのである。

したがって、小林は阪鶴鉄道の清算事務を引き受けるかたわら、「箕面有馬電気軌道株式会社」の創立準備にも奔走せざるをえなくなる。

このうち、当面、小林が打ち込んだのは阪鶴鉄道の清算事務の方である。問題は、会社清算に伴う慰労金を重役と社員でいかに分配するかということだったが、小林は次のように正論を堂々と展開した。

「凡《およ》そ会社の経営と其の責任に考へ、看板の重役よりも、社員一同に厚く酬《むく》いるのが本筋だ、当会社の如きでは田〔艇吉〕社長は会社の代表者であるから第一等、その他重役諸君は名誉職といふので無いかもしれないが、此《こ》の会社によって生活をしてゐたのではないから、少額でよいと思ふ。速水〔太郎、取締役支配人〕、上田〔寧、技師長〕両君は此の会社の仕事に一生を捧げて居った、解散慰労金は十分に奮発すべきである」(『逸翁自叙伝』)

ところが、看板重役の一人で、有徳・温厚な紳士として評判の関西財界の大物・土居通夫《みちお》(大阪商業会議所会頭、大阪電灯会社社長)が、ある日、重役会に現れて、「私は田社長の原案はまだ見ないが、解散によって消えてゆく重役は沢山に分配にあづかるべきである。其《そ》の中でも私には特別に、私の看板料を請求する権利があると信じてゐる」と堂々と言い放ったのである。小林は、土居の大演説を聞いているうちに、勢いに呑《の》まれ、妙に納得して、意見を取り下げてしまった。

平生はいやな文句に触れないが、いざといふ場合には、解散手当お手盛りの芸を打つ度胸のあるのに驚いたのである。大阪人としては、珍らしい無慾恬淡のその裏芸に苦笑せざるを得ないのである。(『逸翁自叙伝』)

もともとはボロ鉄道だった⁉

阪鶴鉄道の清算事務の方は、こうして意外なかたちで一件落着したが、「箕面有馬電気軌道株式会社」の創立準備はというと、こちらは大きな障害がいくつも道を塞いでいた。

一つは、株式暴騰の後に続いた大暴落によって、一般公募をしても、とうてい応募者が現れないだろうと予想されたことである。

しかも、「箕面有馬電気軌道株式会社」は他に計画されていた関西の私鉄に比べて大きなハンディキャップを背負っていた。

株式暴騰の時代、関西では、鉄道国有化が進められる一方、阪神電気鉄道、京阪電気鉄道、神戸電気鉄道（後の神戸市電）、兵庫電気軌道（後の山陽電気鉄道）、奈良電気鉄道（後の大阪電気軌道）、南海鉄道などが計画されていたが、このうち、阪神電気鉄道が明治三十八（一九〇五）年四月から営業を開始すると、その好調ぶりを見た投機家がそれぞれの私鉄の権利株を買いあさり、いずれもプレミアがついて取引されるまでになっていた。

箕面有馬電気軌道株式会社もこのバブルの余波にあずかって、先述のように割り当て未定の権利株に二〇円という高値がついていたのだが、大暴落が襲うと、他の鉄道と比べても、株の下落はすさまじく、権利株以外の株には引き受け手が現れそうもない状況に立ちいたった。他の鉄道はいずれも都市間鉄道か市内電車であったのに対し、箕面有馬電気軌道株式会社は終点が箕面公園や有馬温泉という行楽地であったため、「到底見込なしといふ世論が強く」（『逸翁自叙伝』）なったからである。

さらに事態を紛糾させていたのは、解散しようにも、すでに創立準備のために二万何千円かを消費してしまっていたことである。解散となったら、その金をだれかが負担しなければならないが、それをだれにするかで重役会は大いに揉《も》めたのである。

このように、箕面有馬電気軌道株式会社は、創立前から前途が危ぶまれるボロ鉄道だったわけだが、ひとり、小林だけはまったく違う見方をしていた。

阪鶴鉄道会社の本社は、現在の省線池田駅の山手の丘上にあった。そこでいつも発起人会や、会社の重役会が開かれてゐたので、私は、そこに出席する機会に、大阪から池田まで、計画の線路敷地を、二度ばかり歩いて往復した。その間に、沿道に於ける住宅経営新案を考へて、かうやれば屹度《きっと》うまくゆくといふ企業計画を空想した。(『逸翁自叙伝』)

そう、「沿道に於ける住宅経営新案」なのである、小林の頭にあったのは！　この点はいくら強調しても強調しすぎるということはない。

なぜかというと、当時、計画されていた私鉄のほとんどが都市間鉄道か市内電車であったことからも明らかなように、鉄道経営を企てていた企業家の大部分が鉄道を利用する「乗客の数」だけを考えて採算ラインを計算していたのに対し、小林は沿線に住宅を構える「住人の数」を考えていたのである。土台、発想が違うのである。

健全なる住環境が、健全なる精神をつくる

では、小林はどこで、鉄道そのものよりも沿線の不動産で「鉄道の価値」、いまでいう沿線イメージが決まるという着想を得たのだろうか？

一つは、序章でも指摘したように、人口学的な発想である。この人口学的発想については、三宅晴輝が具体的な数字を挙げて解説しているのでこれを借りることにしよう。

もともと小林は、日清、日露両戦役後の経済的発展により、大阪市の人口が急激に増加する事実を目前にみていた。実際、大阪市の人口は、明治二十六年末の四十八万人から、日清戦争を経た明治三十一年には八十二万人にふえ、さらに日露戦争を経た明治四十一年末には百二十三万人にふえた。十五年ばかりの間に三倍に激増している。東京市の人口は明治二十六年の百二十一万から、明治四十一年には二百十九万にふえているが、しかしその増加率は二倍たらずで、大阪のような三倍というふえ方は示していなかった。

こうして増加していく大阪市の人口を収容する所は、もはや市内ではなく、郊外住宅地でなければならない。その郊外居住者を大阪市内へ運ぶことになれば、箕面有馬電軌は経営が成りたつにちがいない。（三宅晴輝『小林一三伝』）

もう一つは、住環境に対するアメニティー的発想である。すなわち、「健全なる精神は健全なる住環境に存する」とでもいうように、ただ住めればいいというのではなく、住むのだったら健

康的で快適な住環境でなければいけないという考え方に基づいているのである。それは、小林が明治四十二（一九〇九）年秋に、池田の分譲地募集に際して発行したパンフレット「住宅地御案内――如何《いか》なる土地を選ぶべきか・如何なる家屋に住むべきか」に如実にしめされている。いささか長くなるが、企業家・小林一三の最も中心的なコンセプトが込められているので、あえて引用しよう。

家屋は諸君の城砦にして安息場所なり。古《いにしえ》より衣食住といへど、実は住食衣というが自然の順序なるべし、家庭の平和、人体の健康等、家屋の構造に原因すること尠《すくな》しとせず、世人の家屋に意を払ふこと、切なる理ありといふべきなり。（中略）凡そ烟塵《えんじん》の大阪を去りて郊外に居住を構へんと企画せらるる諸君は、現在各電車の沿線に在る所謂《いわゆ》る郊外生活の家屋を一覧せられよ、其《その》設計が人家の稠密《ちゅうみつ》せる大阪市街の家屋と同様型にあらざれば、棟割長屋的の不愉快なるものにして、且《か》つ塀を高くし垣を厳にせる没趣味なる、如何《いか》に諸君の希望に添はざるの甚だしきかに驚かるべし。（中略）郊外に居住し日々市内に出でて終日の勤務に脳漿を絞り、疲労したる身体を其《その》家庭に慰安せんとせらるる諸君は、晨《あした》に後庭の鶏鳴に目覚め、夕《ゆうべ》に前栽の虫声を楽しみ、新しき手造りの野菜を賞味し、以て田園的趣味ある生活を欲望すべく、従って庭園は広きを要すべし、家屋の構造、居間、客間の工合、出入に便に、日当り風通し等、屋内に些《いささ》かも陰鬱の影を止《とど》めざるが如き理想的住宅を要求せらるるや必せり。

若《も》し斯《か》かる理想的家屋が、諸君の眼前に提出せられたりと仮定せんか、諸君は躊躇《ちゅうちょ》なく、郊外生活を断行せらるるに至るべし、果然！　諸君の眼前に模範的新住宅地、理想的新家屋は提供せられたるに非ずや。諸君は即ち『模範的郊外生活、池田新市街』を精読せざるべからず。（『逸翁自叙伝』）

イギリスの名高い都市計画家エベネザー・ハワードが自然との共生を謳った田園都市構想を『明日――真の改革にいたる平和な道』というかたちで世に問うたのが一八九八（明治三十一）年、その改定普及版の『明日の田園都市』の出版が一九〇二（明治三十五）年だから、小林がこの本を読んでいた可能性を排除することはできない。しかし、当時の洋書の流通から考えて、右の〝模範的郊外生活宣言〟は、ロンドンと大阪というよく似た環境汚染都市から発想された同根のアイデアであったと考えるべきである。つまり、小林はハワードに影響を受けたというよりも、同じ原因から発して同じような結論に達したにちがいない。

そして、この点を押さえておくと、小林一三的な郊外都市開発型ビジネス・モデルは人口増加社会だからこそ可能だったのであり、人口減少社会には適用できないとする批判を封じることも可能になるのである。

なぜなら、小林の中核的アイデアが「健全なる住環境が生み出す健全なる精神」の方にある以上、人口減少で都市密集がふたたび始まりそうな二十一世紀こそ、小林一三のグランド・デザインを再検討する必要が出てくるということになるからだ。

いくら人口が減っても、その少ない人口が都市の限られた空間にふたたび無秩序に密集したならば、郊外への拡大が開始される前と少しも変わらないということになってしまう。現在検討されているコンパクト・シティー構想においても「健全なる住環境が生み出す健全なる精神」の問題が解決されていない限り、振り出しに戻ったというだけで、一世紀間の都市圏の拡大と縮小は潮の満ち引きに過ぎなかったということになる。

この意味で、少子高齢化が明らかになった二十一世紀こそ、「健全なる精神」を生み出すための「健全なる住環境」の整備という、小林一三的問題を徹底的に考え抜くことが必要になるのである。

第五章　鉄道篇②　鉄道と住居が民主主義を育む

まずはいかに新しい株主を集めるか

小林一三が箕面有馬《みのおありま》電気軌道株式会社の経営を引き受ける気になったのは、第一に沿線の農地や森林が良質な住宅地となることを見抜いたからであったが、それだけではなかった。開通しさえすれば、鉄道会社としても確実に利益を生み出すことも確信していたのである。この点を忘れてはならない。

問題は、「開通しさえすれば」というこの一点であった。というのも、この条件が箕面有馬電気軌道にとって一番クリアしにくい条件であったからだ。

では、小林は実際にこの箕面有馬電気軌道の難題をどのように解決したのだろうか？

なんと、箕面有馬電気軌道は絶対に開通しないだろうという人々の予想を逆に利用することを思いついたのである。小林が明治四十（一九〇七）年に箕面有馬電気軌道を引き受ける決意を固めたとき、岩下清周に向かって説明した内容は二二ページに引用したとおりである。

箕面有馬電気軌道のアポリアを解くキーが「開通」なら、問題はいかに新しい株主をかき集めるかという一点にかかっている。従来のような設立趣意書ではダメだ。好況時にさえ、箕面有馬電気軌道は他の鉄道会社に比べて不人気だったのだ。不況時においてはなおさらである。

だが、不況時においてはダメなことばかりではない。一つは不動産価格が下落して土地が安く手に入ること、もう一つは鉄道建設のための資材費が安く調達できること。だから、不況の今こそ沿線予定地の買収を安価に済ませておいて、直ちに鉄道建設に取り掛かれば、無から有を作り出すことができるし、初期に株主となった者には大きな配当が保証される。つまり、小林は新たに株主になってくれそうな人たちを説得するのに、鉄道本体の価値ではなく、その含み資産（まだ開通していないのだから、正確には潜在的含み資産）をもって説得を試みようとしたのだ。

狙うは未来の新興階級

これは、セールストークの技術指南書いうところの「時間軸での説得」に当たる。つまり、現在という時点では価値はゼロだが、未来における価値は無限だから、今すぐ買っておけといって説得する方法だが、まかり間違えば詐欺師商法へと転落しかねない。

では、時間軸での説得と詐欺師商法のどこが違うかといえば、やがて来る未来を予測するデータの確実性、これに尽きる。

小林にとって最も確実な未来のデータと思われたもの、それは都市の人口であったに違いない。小林は不遇なサラリーマン生活を送る間、東京、大阪、名古屋、そして東京という転勤生活を余儀なくされた。また、調査課課員として全国の支店をくまなく歩かされた。その結果、明治三十年代から、さらに言うなら一九〇〇（明治三十三）年を境に日本の人口が急激に増加してきていることに気付いたはずである。

東京に市内鉄道が三系統走って移動が急に便利になると同時に、維新以後、武家階級の地方転出で投げ売り状態になっていた地価が上昇を始めているが、原因は大量の人口が東京に流れ込んできたことにある。

流入人口は大きく二つに分けられる。一つは日清戦争の賠償金によって急激な勃興を見た重工業を支えるために流れ込んできた農村の余剰人口。江戸から明治二十年頃までは農村人口は停滞していた。ところが、二十年代から衛生状態と栄養状態が改善されたため人口は上昇に転じたが、農村部では生産性が向上していなかったので、食い詰めた次男坊・三男坊は東京に流れ込み、一部は横山源之助が『日本之下層社会』、松原岩五郎が『最暗黒の東京』で描いたような貧民街を東京市内各地に形成していたのである。

もう一つは、没落した旧武家階級が階級再上昇には子弟に学歴をつけさせるしか道はないと判断して彼らを東京の学校に送り込んだことである。彼らは卒業すると、役人あるいは企業のサラリーマン（いわゆる腰弁階級）となって市内に所帯を構えるに至ったこと。彼らは夏目漱石の『それから』『門』『行人』などに描かれたように、多くは市内電車の開通で交通の便が良くなった新興の山の手（牛込、青山など）に住み、小さくて安普請ながらも一戸建てを購入し、新聞を購読して政治意識を磨くと同時に文化的事象にも興味を抱き、新聞読者という受け身の存在であるとはいえ、従来の日本になかったような新しい階級を形づくったのである。

小林が注目したのは自分と同じようなこの新興の有知識階級である。というのも、彼らは学校で外国語を初めとする新しい知識に触れているため、外国式の生活様式に抵抗がない。それどころか、可能ならそれを模倣しようと思っている。

ところで、東京には武家階級の地方転出で生まれた広大な旧大名屋敷や旧武家屋敷が存在するので、こうした新興階級の住宅需要を満たすだけの供給はまだ十分にできた。牛込、青山といった新山の手は大名の下屋敷が多かったところである。

対するに大阪はというと、天領だったにもかかわらず、旧武家地というものがあまりなかった。それは大阪の幕府役人や各藩の役人が蔵米の集散を町人に丸投げしていたため、地域的に階級をなすほどの武家人口がいなかったからである。

その結果、東京で起こった新興階級の集中が大阪でも起こったら（それは社会構成の変化ゆえに必ず起きる）、彼らが欲しがるような健康的で衛生的な住宅を求めるべき土地はどこにもないことになる。ビジネスチャンスはまさにここにある。

人生を賭けた会社設立

このように小林は状況を分析し、新たに株主を獲得できさえすれば箕面有馬電気軌道の開通は可能であり、開通すれば、あとはすべてうまくいくと結論し、その結論を携えて岩下清周を訪ねたのだが、ここで思ってもいなかった質問をされて大いにたじろぐことになる。小林が鉄道敷設に関する機械および材料を三井物産から買うことができれば開業は可能なので、自分にこの仕事をやらせてもらえないかと願い出ると、岩下はこう答えたのである。

「（中略）問題は、君が私に仕事をやらせて頂き度《た》いといふやうな申条《もうしじょう》では駄目だ。君も三井を飛び出して独立したのであるから、自分一生の仕事として責任を持ってやって見せるといふ決心が必要だ。その決心があるならば面白い事業だと思ふが、全体仕事自体が大丈夫かい」（『逸翁自叙伝』）

小林は言葉に詰まった。というのも、サラリーマン生活が長かったので、事業展開の可能性や見通しといった分析はお手のものだったが、自分一生の仕事として、さらにいうならリスクを全面的に背負い込んでも会社を経営してみたいという覇気と貪欲さに欠けていたのだ。具体的に言えば、資本集めは岩下がやってくれるものと当てにして、自分は〝雇われ社長〟ないしは重役として給料がもらえればいいと虫のいい考えでいたので、経営するなら、とりあえずは資本集めから何もかも自分でやってみろといわれて、グッと詰まってしまったのである。

しかし、小林は事業見通しには絶対の自信をもっていたので、「全体仕事自体が大丈夫かい」という岩下の言葉にすがるようにして展望と決意を語ったところ、岩下は、小林が甲州財閥に頼んでも足りなければ不足分は北浜《きたはま》銀行で引き受けると確約してくれた。

こうして小林は、いよいよ仕事に取り掛かる決意を固めたが、それでも心配がまだ二つあった。一つは、田艇吉委員長以下の発起人たちが経営に容喙《ようかい》してくることだが、これについては小林は契約書に次のような条項を入れることによってこれを完全に排除することに成功した。ちなみに甲とは小林一三、乙とは発起人および創立委員である。

第三条　来《きた》ル七月十日ヨリ会社創立ニ関スル一切ノ事務（合併解散等ヲ包含ス）ハ甲之《これ》ヲ専行ス　乙ハ何事ヲモ関渉ヲナサス又ハ異議ヲ唱ヘサルモノトス

しかし、同じく契約書の第四条には、小林がすべての責任を負うべきことが明記されていた。

第四条　前各項ノ権利ヲ甲ニ附与スルニ付テハ万一不幸ニシテ本会社成立セサルカ又ハ解散セサルヲ得サル場合ニハ創業費其他《そのた》発起人並ニ創立委員ニ於《おい》テ負担スヘキ金銭上ハ勿論其《もちろんその》外《ほか》一切ノ責任ハ甲ニ於テ之《これ》ヲ負担シ乙ニ何等《なんら》ノ煩累ヲ及ホササルモノトス

さらに小林は、会社解散の場合には株主への証拠金の返還義務も負わされたうえ、自己負担金の明記までも確約させられた。つまり、会社創立に失敗したら、五万円を賭け金として没収される一六勝負を余儀なくされたのである。

小林は賭けに乗る決意は固めたものの、万一失敗した場合の負債を切り詰めるため、阪鶴《はんかく》鉄道の事務員全員を解雇し、会社設立事務所を平賀敏が社長を務める桜セメント会社の一室に置くことにして社員二人だけで新事業に臨むことにした。

といっても、実際の敷設作業の手配は阪鶴鉄道の専務だった天才的鉄道技師速水太郎のいる鉄道工務所に外注していたから、小林の仕事は甲州財閥関係者を回って株式引受人になってもらうことである。幸いにして、こちらは佐竹作太郎、根津嘉一郎、小野金六、その他数十人に約一万株を引き受けてもらい、無事、会社設立に着手することができた。

しかし、会社設立のためには明治四十（一九〇七）年十月十九日の創立総会までに、用地買収を完了していなければならない。そこで小林は、「どこまでも世間からは、殊に沿線の人達には、此電鉄は設立が覚束ないと思はれるやうに仕向けて、沿道住宅地買収の大方針を進行しつつあったのである」。

おそらく、沿線の地主たちは、設立に失敗して会社が解散するだろうから、その時に買い戻して利益を上げようと目論《もくろ》んで買収に応じたのだろう。しかし、狡《ずる》さ競争という点では小林の方が一枚上だったのである。

サラリーマンのマイホーム生活を発明

こうしていくつかの問題は未解決だったものの、箕面有馬電気軌道はなんとか会社創立にこぎつけた。社長には岩下清周が就任予定だったが、当分は小林が専務取締役としてすべてを独断で行っていくこととなった。

こうなったら、あとは遮二無二工事を進めて、ライバルの私鉄よりも早く開業へと突っ走るまでである。かくて、突貫工事で敷設作業を急がせるかたわら、小林はお得意の文筆でＰＲ冊子「最も有望なる電車」を執筆し、一万部刷って市内に配布する。それは、質疑応答で投資者の疑念を払拭するという形式で書かれている。例えば、「線路建設費は通常一哩《マイル》あたり二二、二三万かかるといわれているのに、箕面有馬電気軌道だけが一六、一七万でできるというのはどういうからくりか」という質問に対しては具体的な工事の工夫や仕込み時期の適切さを挙げて説明し、未開業中は配当年五分だが開業後は八分は可能で、うまくいけば一割も不可能ではないと吹きまくる。すると、懐疑心の強い投資家は「それは余りうますぎる話だと思ひますが、何か他に計画して居る事があるのですか」と質問する。すると、待ってましたとばかりに、回答者はこう打ち明けるのである。

それは外国の電鉄会社が盛んにやって居る住宅地経営の事です。会社の所有となるべき土地が気候適順、風景絶佳の場所に約二十万坪、僅《わず》かに梅田から十五分乃至《ないし》二十分で行けるところにあります。此所《ここ》に停留場を設け大いに土地開発の策を講じて沿道の乗客を殖やし、同時に土地の利益を得ようと云ふ考えです。(『逸翁自叙伝』)

要するに、小林はここで、箕面有馬電気軌道を開業するのはすでに仕込みの終わっている沿線の分譲地を大いに売りまくるつもりであるからだと、正直に告白しているのである。つまり鉄道を通してから沿線開発をするのではなく、沿線開発をしたいから鉄道を通すという総合ディベロッパー的な発想に基づいて鉄道事業に乗り出したのだ。

こう考えると、小林が「最も有望なる電車」に引き続き、「住宅地御案内――如何《いか》なる土地を選ぶべきか・如何なる家屋に住むべきか」というパンフレットを発行したその意図が明らかになる。すなわち、小林は前章で指摘したように、「健全なる精神は健全なる住環境に存する」というアメニティー的発想に基づき、健全なる住環境を提供しようとしたのだが、じつはその先も狙っていたのである。なんのことかといえば、健全なる住環境を用意すれば、そこから、健全なる精神も育ってくるに違いないという考え方である。

そのことは、小林が最初の分譲地である池田室町《むろまち》の開発に当たって、住宅ローン、購買組合、倶楽部、西洋館の四つを眼目としていたことから推測できる。

まず住宅ローン。

池田室町は一番町より十番町、碁盤の目の如く百坪一構にして、大体二階建、五・六室、二・三十坪として土地家屋、庭園施設一式にて二千五百円乃至《ないし》三千円、頭金を売価の二割とって残金を十ケ年賦、一ケ月廿四円仕払へば所有移転するといふのである。(『逸翁自叙伝』)

今でこそ住宅ローン方式は当たり前になっているが、日本での歴史は銀行家の安田善次郎《ぜんじろう》が創立した東京建物が建物の建築費を五年以上十五年以下の月賦で支払うことを可能にしたのを先駆とするものの、実際面での適用ということであれば、この箕面有馬電気軌道の池田室町分譲地をもって嚆矢《こうし》とする。

では、小林はなにゆえに、住宅ローン方式を採用したのか？ つまり、大阪にはまとまった現金を所有する富裕な商人たちがたくさんいたから、彼らを購買者と想定すればローン方式にする必要はなかったはずなのに、あえてローンを売り物にしたのはなにゆえかということである。

答えは、資産は持たないが、学歴を有するがゆえに一〇年後、一五年後には確実に社会の中核を占めるであろう中堅サラリーマンを分譲地の住人として想定していたからである。言い替えれば、「今」ではなく来るべき「未来」に住宅を売ろうとしたのである。

この発想は、三井銀行で足掛け一五年、サラリーマン生活を送ったものでなければ生まれないものである。小林は明治四十年一月、三十四歳の時に退職金四八七五円で退社している。退職金というのは、おおざっぱに言って、ボーナスを含んだ年収の一二分の一×勤続年数＋αだから、退社時の月給は一五〇円前後だろう。ということは、購入者としては小林自身よりも若くもう少し薄給の二十代後半のサラリーマンが想定されていことになる。一言でいえば、年収一〇〇〇円程度の安定した収入を得ているサラリーマンならだれでも購入可能という水準であった。

眼目の第二は購買組合、つまり今日でいう生活協同組合であった。生活協同組合はフランスの社会主義の先駆者シャルル・フーリエに起源をもち、作家アンドレ・ジッドの叔父の経済学者シャルル・ジッドなどによって理論化されて誕生した消費者主導の購買組織だが、小林は西欧の文献で読んだこの互助システムをさっそく実践したくなったようである。

ところが、消費物品には相場というものがあるから、市場価格が高い時には重宝がられても、相場が下落すると、販売に来る一般の商人に比べて割高になったため、脱退する組合員が多くなった。購買組合は最初こそ好評だったものの、うまく機能しなくなったのである。

第三の眼目である倶楽部は池田室町の中心地点に置かれ、その中に購買組合を有していたが、本来はイギリスのクラブに倣った地域的社交場になるはずであった。ところが、小林の意に反して次第に利用されなくなり、閉鎖される。

これは郊外住宅といふ一種の家庭生活は、朝夕市内に往来する主人としては、家庭を飛出して倶楽部に遊ぶといふのは余程熱心の碁敵でもあらざる限りは、矢張り家庭本位の自宅中心になるので、誠に結構な話だが、要するに倶楽部など必要はないといふ事になるのである。

（『逸翁自叙伝』）

残る眼目は純西洋式の生活スタイルを取り入れた住宅であった。

今日まで何千何百軒の建売をしたけれど、阪神間高級住宅においてすらも、純洋式の売家には買手がない。（中略）寝台的設計よりも畳敷が愛されて、純洋式は不評である。私は今でも洋式礼賛論者で、宅の女中部屋の如きも、押入れにすべき所を二段棚の寝台に造りつけて、その利用を勧めるけれど使はない。畳に対する執着力は寝室、客間、居間といろいろに便利だからといふばかりではない。坐って暮らすのが国民的習慣だからといふばかりでもない。この二重生活がいつまでつづくか私には判らないが、寝台によって毛布が採用され、寝具を廃止する時代の一日も早く来ることを希望する。（『逸翁自叙伝』）

目的は日本に近代的市民を創出すること

さて、こうして見てくると、小林が池田室町の分譲住宅で試みた四つの新機軸のうち、成功したのは住宅ローンだけで、残る三つはうまくいかなかったことがわかる。しかし、小林一三という人物を二十一世紀的に評価する観点を採用している我々からすると、ここはまさにその新評価軸にふさわしいところのように思える。時代が成熟していなかったがために挫折した試みの中にこそ小林一三の真の革新性が見出せるのだ。

それはずばり、健全なる環境に住むことによって健全なる精神の持ち主となる新しい社会階層のイメージである。

すなわち、敷地一〇〇坪、建坪二〇から三〇の純洋式の一戸建てに住みながら、生活消費財の共同購入を介して協同精神を涵養《かんよう》し、倶楽部で社交精神を養うことで、緩い紐帯《ちゅうたい》の共同体を志向するという、従来の日本的ムラ社会とは異なった社会階層、一言でいえば西欧的な近代的市民の創設こそが小林の事業展開の根底にあったということなのだ。

だが、なにゆえに、小林はこうした健全なる環境に住み、西欧的価値観を持った近代的市民の創出を事業の目的にしようとしたのだろうか？

思うに、こうしなければ、民主主義社会形成に不可欠な「正しい意味での自己利益」に敏感な市民が生まれてこないと考えたからではなかろうか？

まず、健全なる環境の中に一戸建てを所有するということは、所有権の不可侵という民主主義の第一原則にかなうばかりか、住宅が自己の労働の結晶である点で、各人の尊厳を高める。

しかし、所有権と自己利益だけでは社会は機能しないから、所有権と自己利益の一部を短期的に放棄することで長い目で見た自己利益を確保する必要がある。小林は購買組合の目的とその失敗原因を次のように総括しているが、これは彼が考えていた民主主義原理の解説になっている。

市価の高低に拘《かかわ》らず長い眼で見るときには、その方がお互ひの利益になるからといふ理窟は判って居っても、それが厳守されない以上は苦労の仕甲斐がない上に、その管理者が悪るく言はれる（後略）。（『逸翁自叙伝』）

これなどはいまだにマンションの自治会で修繕積立金について協議するときに見られる現象であり、日本人が民主主義の訓練の場としての自治会の本質を理解していないことの証拠である。

小林は理想家すぎたのではなく、早く来すぎたのだ。

また、倶楽部についても同じことがいえる。民主主義の前提条件は共同体の成員がたとえ無駄話でもいいから話をすることであるから、社交の場が重要と考えた小林はこのことを正しく理解していたといえる。

さらに、各寝室にベッドを備えた五、六室からなる純洋式住宅も、各人が独立した自我を備えた核家族という小林の理想的イメージを反映したものだった。

と、このように小林の新機軸を検討すると、そこからは実業家というよりも原理的民主主義者に近い姿が浮かび上がってくる。

これは逆に見れば、原理的民主主義者にして起業家という小林一三の潜在的可能性がいまだに汲《く》みつくされていないことを意味するわけで、我々としては小林の成功だけでなく失敗の軌跡も辿りなおさねばならないことになる。

しかし、そうした失敗が明らかになるのはまだ先のこと。とりあえずは、箕面有馬電気軌道開通に向けて仕事に邁進する小林に話を戻すことにしよう。というのも、『逸翁自叙伝』の本文には書かれていないが、年譜を見ると、明治四十三（一九一〇）年三月十日の開業に先立つ二月二十二日の項に、第一期工事の梅田―宝塚間と石橋―箕面間の竣工と並んで、とんでもないことが記されているのだ。

同じ日、大阪市との野江《のえ》線に関する契約は疑獄事件に発展、又、岡町登記所登記官買収に責任ありとされ、両事件の取り調べのため、予審判事の令状を執行され拘引される。（『逸翁自叙伝』）

なんと、小林は精魂込めた箕面有馬電気軌道の開業直前、司直の手によって逮捕されてしまったのである！

第六章　鉄道篇③　アミューズメントで客を呼べ

監獄生活

明治四十三（一九一〇）年二月二十二日、小林一三は、箕面有馬《みのおありま》電気軌道の支線・梅田―野江《のえ》間の軌道敷設認可にからむ贈賄事件で大阪検事局の取り調べを受け、堀川監獄に留置された。その二日後の二十四日には、同じ嫌疑で、小林の依頼を受けて動いていた松永安左ヱ門《やすざもん》も福岡市内で拘引され、大阪・堀川監獄に送られた。

この疑獄事件について小林は『逸翁自叙伝』の「疑獄事件の真相」と題した箇所で背景について触れてはいるが、逮捕劇そのものについては詳しい記述は避けている。「タマニー派〔注：大阪市会を牛耳る天川三蔵、大阪市役所の七里清介、松村敏夫助役のグループを指す〕攻撃の輿論《よろん》による検挙事件が突発し、野江線契約もほぢくり出され使った運動費が松村助役に累を及ぼして、私と松永君は司直の取調べを受けた」と書いているだけである。

しかし、一緒に検挙された松永安左ヱ門は、小林没後の昭和三十六（一九六一）年に出版された『小林一三翁の追想』に寄せた一文「半世紀の友情」で詳細を述べている。これに拠って事件の背景と経緯を検討してみよう。

まず、小林と松永の仲だが、二人は慶應義塾の先輩・後輩に当たる。小林が二歳年長だが、松永は郷里に戻って家業を継いだりして途中、道草を喰《く》ったため、結局、卒業せずに明治三十二（一八九九）年に塾を中退している。したがって慶應時代には二人の交渉はなかったが、松永がこれまた慶應の先輩である福沢桃介《ももすけ》（福沢諭吉の娘婿）と一緒に神戸で「福松商会」という石炭・コークスなどを販売する会社を経営していたとき、三井銀行の大阪支店長だった平賀敏《さとし》や貸付係の田中徳次郎も慶應卒だったことから取引が生まれ、箕面有馬電気軌道の開通に向けて活動中だった小林とも付き合い始めたのである。

二人はすべての面で正反対の人間だったが、かえってそれが友情を生んだらしく、親しく交際するようになった。松永は明治三十九（一九〇六）年のある日、小林の訪問を受け、次のような相談を持ちかけられた。

「梅田終点というのでは、まだ大阪の中心部に入っていない。これを延長して、東大阪の野江で京阪電車と連絡することになれば、梅田―野江間は工場も多く、淀川下流で水路も発達して貨物の集散も活潑だし、将来、大いに発達すると思う。支線を敷設するには増資の必要もあるが、これは目当てがついている。しかし、途中、市内を通るので、市会が許可の決議をしてくれなければ、どうにもならない。君は市会議員などと非常に懇意だから、是非、許可になるよう運動してくれないか。」

松永はお安い御用と引き受け、市会のボスだった松島遊郭組合長・天川三蔵と市会議員の七里清介に配慮を依頼し、大阪市役所の松村敏夫助役に話を通じてもらった。
ところがこの頃、大阪市電の敷設に関する疑獄事件で取り調べを進めていた検事局の捜査が松永と小林の周辺にまで及んできたので、松永は帰阪したさい、小林と一緒に森作太郎《さくたろう》という弁護士（政友会の政治家・森恪《かく》の父親）の事務所に相談に出掛けた。森弁護士は刑法（当時）には収賄罪はあるが、贈賄罪の規定がないから、罪には問われないだろうと結論したので、松永は安心して福博電気軌道の開業式に間に合うように福岡に帰ったが、福岡で逮捕され、大阪に移送された。小林は先述のように二日前に逮捕され、堀川監獄に留置されていた。

いよいよ堀川監獄に入れられ、朝、裁判所に呼び出されたので、護送の馬車に乗ると、真ん中が仕切ってあって、向こう側に小林君が編笠姿でションボリ乗っている。私が小林に大きな声で話をしかけると
「しゃべったらいかん。」
と附き添いの巡査が怒る。しようがないから黙ってしまったが、それから毎日、同じ時間に、手錠をかけられて堀川の監獄から中之島の裁判所に引き出された。（「半世紀の友情」）

松永が取り調べの予審判事から聞かされた話は以下のようなものだった。
小林はプレミアのついた新株を天川と七里と松村に贈り、見返りとして便宜を図ってもらうために松永に斡旋《あっせん》の労を頼んだにちがいない。このことは三人がすでに自白しているので間違いはない。しかし、贈賄した人間を特定することなしに収賄罪を問うわけにはいかないので、小林と

松永が証言を拒否するなら、裁判所で両者を対面させるほかないが、そうなると小林と松永は偽証罪に問われかねない、云々。

松永はあらかじめ弁護士から贈賄は罪にならないと聞かされていたので、贈賄はしていないと言い張れば、収賄罪も成立しないのではないかと思って頑張り通すことにした。小林も同じように黙秘していることが感じられた。

そうしているうちに、九州から福沢桃介が大阪にやってきて、岩下清周や平賀敏と話し合い、松永に早く自白するように勧めたが、松永がこれを拒否したので、福沢が仕方なく裁判所に代理として出頭し、次のようなかたちで無理やり決着をつけたのである。


そうすると二―三日たって福沢さんがやって来て、

「君、すんだよ。明日出られるよ。君の代理ということにして僕が裁判所に行き、松永は頑固者だから言わんけれど、やったことは間違いない。あれは、福岡の電気や電車のことをやっていて、忙しい身体だし、これじゃあ会社が困る。僕は松永の兄貴みたいなものだから、松永は確かに小林と被告達の間に介在して、世話をしたけれど、詳しいことは分からん……、ということでよければ、松永の代りに判を押すと言って、もう判を押して来たよ。」

という話だったが、次の日を待たず、その晩のうちに出されることになった。(「半世紀の友情」)


いかにも明治の裁判らしい乱暴な決着の付け方だが、とにかく、こうして松永は二月二十八日に釈放され、小林も岩下が同じように工作したらしく、三月三日には釈放となった。小林は、別件で罰金三〇円の有罪、野江線問題では不起訴の処分となったが、責任を取って、同日に専務取締役を辞任、平取締役として経営に当たることとなった。

松永は、この事件について、こう総括している。

この事件は、小林君と私とが、人生の波瀾を受けたひとつであるが、その時の私が少々慌て気味だったのに比べると、小林君は胆力というか、なかなか度胸が座った男だったと思う。この野江線疑獄事件は、どういう訳か小林君も、産経の自叙伝には僅かしか書いてない。何か機会があれば、小林の伝記にくわしく入れておきたいものである。（中略）小林君と私とは後先に監獄を出たが、私は後年、普通の大学出の人間では分からん経験だと言って、このことを威張ったものである。その意味で、小林君がしなかったこの話を私がしてみたところで、故人から叱られることもないと思うので、ここで語ることにした。（「半世紀の友情」）

ここで「産経の自叙伝」とあるのは昭和二十七（一九五二）年に『週刊サンケイ』に連載された「逸翁自叙伝」を指す。同名の単行本は、これに『新文明』掲載の「初めて海を見た時代」と「二十代」という回想、それに『東洋経済新報』掲載の「永遠の青春」を合わせて一巻としたものであるが、先に述べたように、「疑獄事件の真相」なる一文はあるが、検挙の詳細については触れられていない。しかし、巻末の年譜には、右に述べたような逮捕から釈放に至るまでの経緯がきちんと記されている。阪急の編集委員が松永の意図を汲みとって「正確な伝記」にしようと努力したものと見てよい。

往々にして、創業者の伝記を会社が編纂するときには、逮捕とか裁判・入獄などの都合が悪いことについてはこれを隠蔽しようとする傾向が強いが、阪急の編集委員は例外だったようである。じつに立派な態度というほかはない。

開通していきなり窮地

それはさておき、こうした疑獄事件の騒動にもかかわらず、箕面有馬電気軌道は明治四十三(一九一〇)年三月十日に無事、開通にこぎつけ、「咲くや此花《このはな》梅田より、電車に乗ってゆく先は」という唱歌の歌詞を絵葉書に印刷して配布し、大阪市の小学児童に歌わせた効果も抜群で、遊覧電車という新しいタイプの鉄道として広く認知されたが、小林にとっての試練はこれで終わったわけではなかった。営業開始後に訪れた最初の決算期である九月末までに配当金その他でどうしても一五万円が必要だったが、この一五万円が大阪では作れなかったのである。

そこで小林は上京して慶應の先輩である福沢桃介に相談することにした。福沢は二、三の銀行や保険会社を紹介してくれたが、いずれも融資は断られた。小林の最初の伝記を書いた三宅晴輝はこの間の奔走を小林本人から聞き出したらしく、こう語っている。

どこの金融機関でも貸してくれないときまったとき、福沢の関係会社からなんとか融通してもらえないか、決算がすみしだい一カ月以内に返済するから——とたのんだが、これもことわられた。こうして、途方にくれている小林を、そのとき助けてくれたのは、もとの三井銀行の同僚で、親友である田中徳次郎であった。田中はそのころ九州電燈鉄道株式会社の専務をしており、福沢はその社長であったが、ちょうどそのとき上京していた田中は、「九州電燈の金を一時融通するから使いたまえ」といってくれた。九州電燈の金を藤本ビルブローカー銀行に預金するから、その金を藤本からまわしてもらえ、というのである。

これで小林は一時の急を救われたが、十五万円の金の調達にこれだけの苦労をしなければならないほど、明治末期から大正はじめにかけての小林の信用、箕面有馬電軌の信用は微々たるものであった。（三宅晴輝『小林一三伝』）

箕面動物園の開園と閉園

窮地を脱するには、箕面有馬電気軌道沿線の住宅地に付加価値をつけると同時に、乗客数を増やす工夫をしなければならない。

こうして考え出された第一弾が箕面動物園である。

明治四十三（一九一〇）年十一月一日に開園した動物園は、箕面公園入口の左手にあり、渓流にかけられた日光の神橋もどきの朱塗の橋を渡って二間四方朱塗の山門から入っていくようになっていた。園の広さは三万坪。数十町の道に沿って動物舎が配されていたが、動物は四角の檻の中に閉じ込められているのではなく、自然に近い環境の中で飼育されていた。

アイデアソースは、一九〇七（明治四十）年にドイツの動物商カール・ハーゲンベックがハンブルク郊外に開園したハーゲンベック動物園にあった。これは野生の動物をその生態のままに観察できるという無柵放養式の元祖でハーゲンベック方式とも呼ばれ、後にサファリパーク方式に発展することになるが、小林はこの画期的アイデアを箕面動物園に取り入れたのである。

小林はさらに園内の一番高い場所に回転展望車を造って大阪湾を一望のうちに見渡せるようにしたり、また「行くや公園一の橋／渡る谷間の水清く／遡《さかのぼ》りゆく源は／青葉の空に霧こめて／夏尚《なお》寒く雪とちる／滝の高さは二百尺」という唱歌を作って遠足児童数万人に高らかに歌わせ、父母へのお土産として絵葉書一枚と小旗を与え、動物園の宣伝材料とした。いずれもすこぶる好評で、当時関西には京都にしか動物園がなかったこともあり、大人気となったのだが、小林はやがて動物園は失敗と結論し、大正五（一九一六）年三月三十一日をもって廃園とすることにした。

失敗の最大の原因は、動物の展示をハーゲンベック方式にしたことにあった。


失敗の原因の一つは、自慢して居った自然環境の猛獣舎であった。ちょっとした軽微の地震でも、岳岩の亀裂、土砂の崩壊等が起って戦慄した数回の経験から、我国の如き地震国は何時どんな大地震が突発しないとも限られない、万一の危険を予防するものとせば、普通の動物園の如く鉄棒四角の檻が一番安全であるから、茲《ここ》に改造の必要があるのである。しかも観衆の興味を呼ぶ動物の禽獣は多くは熱帯産であるから、生育に骨が折れるのみならず、燃料と維持費でやりきれない、この種の不適当なる施設を取除き、単に客寄せの遊園地とするものとせば、箕面公園の渓流に沿ふ風景と五十歩百歩にて、殊更《ことさら》にここに遊園地の必要はないと言ひ得るのである。（『逸翁自叙伝』）

つまり、ハーゲンベック方式にしたことで危険防止の経費が嵩《かさ》んだ上に、動物の世話にも思ったよりも維持費がかかったので、動物園はやめることにしたというわけだが、小林は引用の続きで、遊園地だけでは魅力半減であるばかりか箕面公園の美しい景観を損ないかねないと判断したと述べている。かくて動物園と遊園地は同時に廃園となった。

だが、動物園と遊園地を同時に廃園にすると、いかに箕面公園の自然がすばらしくとも、客寄せの目玉がなくなってしまう。だから、動物園と遊園地の廃園を視野に入れた時点で小林はどこか別の場所に別のアミューズメント施設を設けるほかないと考え始めたのである。視線が向けられたのは宝塚温泉であった。

宝塚新温泉の開場

宝塚温泉は、箕面有馬電気軌道が宝塚を本線の暫定的な終点としたことからもわかるように、大阪方面から物見遊山客が期待できる場所であり、小林も早くからここを集客の目玉にしたいと考えていた。その点は既存の宝塚温泉も思惑は同じで箕面有馬電気軌道が大量の観光客を運んできてくれるものと期待していた。つまり、両者の思惑は見事に一致していたのである。

ところが、いざ温泉の再開発をめぐって既存温泉側と協議を始めてみると、両者の考えに著しい隔たりがあるのがわかってきた。小林が考えていたのは、旧来型の山間の温泉宿ではなく、新しい中産階級が家族連れで行楽にやってこられるような大規模温泉を核としたレジャーランドであった。対するに既存温泉側は、自分たちの温泉に客を運んでくるような「関連施設」を箕面有馬電気軌道が作ってくれるものと思っていたにすぎない。だから、小林が、元湯（これは冷泉）を二つに分けて、一方は火力を用いて冷泉を高温にした湯を既存温泉に供給し、もう一方は冷たいままの冷泉を新設の冷泉炭酸風呂に導くというかたちにすれば、旧温泉と新温泉は共存共栄が図れるのではないかと提案するや否や、旧温泉側から猛烈な反撥が起こったのである。

然《しか》るに彼等《ら》は宝塚発展の大局を忘れて、水道の権利だとか、元湯の使用権や、その分配の独占権だとか、四五人のボスの頑強なる自己主義と、俄《にわ》かに値上りした地主の慾《よく》張《ば》りから、私達の希望は到底容《い》れられない。(『逸翁自叙伝』)

そこで、元湯の分割を諦めた小林は、旧温泉側との交渉を打ち切り、武庫川原《むこがわはら》の埋立地を買収して、宝塚新温泉をつくることにした。もともと、武庫川の両岸には小浜《こはま》村と良元《りょうげん》村という二つの村があり、宝塚というのは字《あざ》の名称であった。明治二十(一八八七)年に鉱泉(炭酸泉)を引いて浴場とした者があり、以来、保養のための湯治客が少しずつ増加していった。これが武庫川の西岸(良元村)の旧温泉である。その後、阪鶴鉄道が開通すると、宝塚旧温泉は急速に拡大していったが、対岸(東岸)の小浜村は数軒の農家があるだけの寂しい河原であった。

小林が旧温泉との交渉を打ち切って、用地買収に乗り出したのはこの小浜村の大字川面《かわも》という埋立地で、ここに大理石造りの大浴場と瀟洒《しょうしゃ》な家族温泉をつくることにしたのである。これが宝塚新温泉で、開場したのは箕面有馬電気軌道が開通してから約一年二ヵ月後の明治四十四(一九一一)年五月であった。

ターゲットは女性と子供

この宝塚新温泉は小林が打ち出した一連の集客策の一つと見なされているが、実際には小林の企業ビジョンの中核をなすコンセプトから導き出されたものだった。

明治四十四年五月一日に開業した新温泉は、我国に於ける初めての構想であり、大理石の浴槽と宏壮な施設により、毎日何千人の浴客を誘致して繁昌した。婦人化粧室、婦人休憩所等、専ら女子供の歓心を買ふ各室があったことは記憶してゐるが、その外《ほか》にどういふ施設があったか、ちょっと思ひ出せない。(『逸翁自叙伝』)

ここに述べられている宝塚新温泉の設備の中で、小林が覚えているのが「婦人化粧室、婦人休憩所等、専ら女子供の歓心を買ふ各室」であったとしていることに注目しよう。すなわち、宝塚旧温泉に対抗するのにこれらの施設をもってしたということは、新温泉のターゲットが「女子供」であったこと、すなわち、男性客中心であった旧温泉に対して、新温泉が「女（母親）子供プラス男（夫）」という近代的核家族に狙いを定めていたことを雄弁に物語っているのである。この「近代的核家族」こそが小林の最終ターゲットだったのである。

そのことは、右の文章の続きを読むとよりはっきりする。

勿論《もちろん》食堂はあったけれども、その大多数のお客様は、園内にて武庫川に臨む掛桟敷の鳥菊の親子丼に集ったのである、鳥菊の本店は道修町《どしょうまち》五丁目にあり、堺、浜寺はもとより、凡《およ》そ市民群集の盛り場には十五銭の鳥菊の親子丼といへば、大阪を風靡《ふうび》した有名なもので、出雲屋の鰻《まむし》丼と共に、浪速《なにわ》名物であったのである。（『逸翁自叙伝』）

つまり、小林は新温泉のターゲットが「女子供」である以上、その最大の関心は食べることにあると思い定めて、一番人気となるであろう「鳥菊の親子丼」を武庫川に臨む掛桟敷で食べられるように配慮したのである。後に、こうしたターゲットに合わせて食堂のメニューを考えるというやり方は阪急デパートのお好み食堂でも繰り返されることになる。

では、宝塚新温泉にはほかにどのようなアミューズメント施設が用意されていたのだろうか？最新式のプールを中心にした娯楽場「パラダイス」である。この「パラダイス」のプールは飛び込みができるだけの深さを備えると同時に、子供たちが遊べる浅い部分もあって、開場当初はいつも一〇〇人近い客で賑わっていたが、一つ、致命的な欠点があった。それは屋内プールだったために直射日光が入らず、水が冷たすぎたことである。小林は外国の室内プールを真似たつもりだったが、プールの中にパイプを通し、蒸気を送り込んで水温を一定に保つという技術を知らなかったのだ。

かくて、室内プールは閉鎖ということになったが、巨大な空間を遊ばせておくわけにはいかないから、小林は水のないプールの利用法をいろいろと考えることになる。

丁度《ちょうど》その頃、結婚博覧会だとか、婦人博覧会、芝居博覧会、家庭博覧会等々、シーズンには、それからそれへと、何等《なんら》かの客寄せを催して居ったから、取り敢へず水槽に板張《いたばり》をして、広間に利用して居ったのである。この種の博覧会は、宝塚に於いて初めて企画され、実行されたものである。(『逸翁自叙伝』)

だが、そう年がら年中、博覧会ばかりを開いているわけにもいかない。第一、それでは飽きられてしまう。なんとかうまい跡地利用法はないものかと思案していたとき、小林は大阪三越呉服店に出掛けて、少年音楽隊なるものを見物する。それは、二、三〇人の可愛らしい少年楽士が赤地格子縞《こうしじま》の制服に羽根のついた帽子を斜めにかぶって楽器を演奏するという余興であった。

これを見て、小林は閃《ひらめ》くものを感じた。

宝塚少女歌劇団の誕生である!

第七章　劇場篇①　少女歌劇団を発明する

ヒントは少年音楽隊

営業を停止した「パラダイス」の室内プールの跡地利用を思案していた小林一三が、大阪三越呉服店の少年音楽隊にヒントを得て少女唱歌隊をつくろうと思い立ったのは大正二（一九一三）年の初夏のことだった。

ところで、小林は大阪三越で「偶然に」少年音楽隊を見たかのごとくに『逸翁自叙伝――青春そして阪急を語る』に書いているが、これは少し眉に唾をつけて聞いておいたほうがいい。というのも、三越呉服店は、三井銀行の上司であった高橋義雄の引きで明治三十八（一九〇五）年に小林が入社するはずだった百貨店であるばかりか、専務取締役の日比翁助《ひびおうすけ》が「デパートメントストア宣言」を発して次々に近代的商業の戦略を打ち出して注目を集めていた企業だったから、小林がその方法論に注目しないはずはなかったからである。

具体的にいうと、少年音楽隊は三越が日本橋本店で明治四十二（一九〇九）年に開催した「児童博覧会」の余興として組織されたものであったが、小林の少女唱歌隊→少女歌劇団も、後述のように、宝塚新温泉の「パラダイス」で開催された「婚礼博覧会」の余興の一つとして設立されたものである。

似ているのは、「博覧会の余興」という側面だけではない。余興ではない本体の博覧会という近代的なイベントそのものも小林はそっくり三越からいただいていたのだ。小林は、この博覧会の中に、まさに自分が求めていたものを発見したからである。

というわけで、ここで改めて、そもそも博覧会というものはいったい誰をターゲットにして考案されたものなのかを問うてみなくてはならない。博覧会、それはデパートと同じく中産階級、すなわちブルジョワジーのためにつくられたものである。しからば、ブルジョワジーとは何か？

これに対する答えは私見によれば意外に簡単だ。

すなわち、父も母も子供も「働かない」のが王侯貴族で、父も母も子供も「働く」のがプロレタリアだとすると、父は「働く」が母と子供は「働かない」のがブルジョワジーである。では、「働かない」母と子供は何をしているかといえば、母は専業主婦として家庭を守り、子供は「働かず」に「学校」に行く。男の子は頭脳労働に従事するブルジョワ男子の予備軍として中学（旧制）に、女の子は頭脳労働者たる夫に従う専業主婦の予備軍となるために女学校に通ったのである。

日本においては明治末年から大正にかけて、初めてこうした「働かない」という特権を持つ「女・子供」を相手とする商売、すなわち博覧会とデパートが成り立つようになったのだ。三越が明治四十二（一九〇九）年に開催したのが「児童博覧会」であったのはいかにも象徴的である。

というのも、日比翁助の肝入りで「児童博覧会」のブレーンに迎えられた巌谷小波《いわやさざなみ》、新渡戸稲造《にとべいなぞう》、坪井正五郎《しょうごろう》らの学者たちが打ち出した理念とは、「働かない」という猶予期間を与えられた子供は無限の可塑性を秘めているから、これをおおいに開発し、可能性を広げてやる必要があるということだったからだ。三越「児童博覧会」に際して発行されたPR誌『みつこしタイムス』臨時増刊号の記事を分析した川崎賢子はこう分析している。

おとなたちにまじってはたらいていてもとりたてて注視の対象となることのない小さな人から、創造的で、無垢で、新時代の教育の対象である子どもという独自のカテゴリーが囲いこまれ浮上するにしたがって、旧来の製作者としての子ども、幼い労働者としての子ども像は、後景に退く。

消費文化のなかの子どもと教育・教化の対象としての子どもという二重の子ども像が、「帝国将来の運命を双肩に担ふべき小国民《ママ》」としての子ども（博文館社主・大橋新太郎・出品人総代「答辞」）、国家経済の「固定資本」としての子ども（医学博士、衛生学・小児科専攻・三島通良「国家経済及商工業と児童」）といった、国民国家の成員としての子どもという観念によって、むすびあわされる。（川崎賢子『宝塚――消費社会のスペクタクル』講談社選書メチエ）

「児童博覧会」の組織者は可塑性を秘めた子供にどのような鋳型を提供しようとしていたのかというと、これが、西欧的モデルに拠りながらも帝国少国民としての枠組みを逸脱しないタイプということになる。しからば、その鋳型としていかなるものが活用されていたのか、それは「洋楽」であり、その「洋楽」を奏でる主体として軍楽隊を真似た少年音楽隊が組織されたのである。

この三越の少年音楽隊のルーツに陸軍軍楽隊があることを、塩津洋子は「明治期関西の音楽事情——軍楽隊と民間音楽隊をめぐって」でこう指摘している。

軍楽隊は、再生音楽の無い当時にあって、唯一の洋楽供給団体であった。しかし、様々な行事で演奏する軍楽隊の存在意義は、音楽的なものだけに留まらない。揃《そろ》いの洋服を着込み、金色に光る喇叭を巧みに操って勇壮な音楽を奏でる様子は、まさに「ハイカラ」を絵に描いたような姿であり、当時の西洋崇拝的、軍国主義的な感覚を非常に満足させるものであった。
（津金澤聰廣・近藤久美編著『近代日本の音楽文化とタカラヅカ』世界思想社）

つまり、三越の少年音楽隊が児童博覧会の余興の目玉となりえたのは、そこに「西洋崇拝的」な要素と「軍国主義的」な要素がブレンドされており、主催者が意図した〝西欧的モデルに拠る帝国少国民〟の造形にジャストフィットしていたからなのである。

しかしながら、小林はこの三越の少年音楽隊を見て、そこに一つの方法論を発見しながらも、生来のリベラリストとして、「西洋崇拝的」要素は残しつつも「軍国主義的」要素の一掃を試みることになる。すなわち、「少年」に代えて「少女」を、軍楽隊的な音楽隊に代えて「歌劇団」を置くことで、換骨奪胎を図ったのである。

なぜ少女なのか？　なぜ洋楽なのか？

まず「少女」から行こう。すなわち、小林はなにゆえに「少年」を捨て「少女」を取ったのか？

考えられる最も容易な回答は、「少年音楽隊」をそのまま導入したのでは三越の模倣となってしまうから、少女唱歌隊↓少女歌劇団としたというもので、これには十分正当性がある。

もう一つは、当時、三越の少年音楽隊を模倣しつつ対抗するために白木屋《しろきや》が明治四十四（一九一一）年四月につくった「白木屋少女音楽隊」を模倣したというもの。これは、「白木屋少女音楽隊」第二回公演で、後述のように小林が宝塚少女歌劇団の初公演に選んだ作『浮《うか》れ達磨《だるま》』が演じられているのを見ても、小林が強く影響を受けたことは明らかである。

しかしながら、小林が三越と白木屋の真似をしたのかといえば、答えは「否《いな》」である。というのも、小林には「少女」を強く打ち出す理由があったからだ。

思うに、三井銀行大阪支店に勤務して以来、大阪という商業の都をつぶさに観察してきた小林は、「軍都・東京」とは異なるメンタリティーが「民都・大阪」を支配していることに注目していたにちがいない。一つは「またも負けたか八連隊、それでは勲章九連隊〔八連隊は大阪、九連隊は京都〕」と明治期の俗謡で謳われたように、商業都市・大阪では「負け戦《いくさ》はしない」が原則であること、もう一つは「おかん」という言葉にこめられたニュアンスを関東の人間には伝えられないと関西人がいうように、どちらかといえば母系が強く、家庭における最終的な決定権は母親に存するという風土である。

小林が、この関西メンタリティーを観察した結果、割り出したのが、隠れた主権者である「母親」と「子供」、つまり女・子供をターゲットにしなければならないし、軍都・東京にふさわしい「少年音楽隊」に代えて、民都・大阪には「少女唱歌隊↓少女歌劇団」を持ってこなければならないということであった。

だが、この場合の「少女唱歌隊→少女歌劇団」の「少女」はその反意語（アントニム）として「少年」を持っていただけではなく、「成熟した女」、さらにいうなら「色街の女」の反意語をも含有している「少女」であったことを忘れてはならないのである。

この点について、川崎賢子は同じ本で次のように指摘している。

この博覧会の主催者が、先行する三越の成功に学んで、ターゲットを女・子ども、家庭というあらたな消費者層にしぼったことはあきらかだが、ほんのすこしさかのぼれば、一九一一年新温泉開業の余興にえらばれたのは、大阪南地《なんち》の芸者衆による芦辺踊《あしべおどり》、美人劇、大活動写真会といったもので、最初の二年の年末年始には遊女をモチーフにした書画、珍品の展覧会を、「遊女会」と称してひらいていた。遊女会から婦人博・婚礼博・家庭博へ、そこには主催者の方針転換が指摘される。

温泉で、はめをはずしたい男性客のための余興ではなく、家族本位の健全な娯楽産業への志向へ、という転換である。（『宝塚——消費社会のスペクタクル』）

小林は、宝塚新温泉の「パラダイス」を箕面有馬電気軌道の集客エンジンとするには、それがターゲットであるブルジョワジーの「女・子供」に気に入られなければならないと考えたが、そのためにはなんとしても余興から「女・子供」と相いれない色街的な要素を一掃するしかなかったのである。「少女」はこの意味でまさに「反‐色街」の象徴的概念であったのだ。

しからば、色街的要素の一掃のために小林は具体的に何をしたのだろうか？　今日からすると意外なことだが、三味線と端唄を徹底排除して、代わりに「洋楽」を置いたのである。

たしかに、三味線と端唄が色街を連想させることはわかる。しかし、なにゆえに「洋楽」がその対極にあると考えたのか？

川崎賢子は、音楽取調掛から明治二十（一八八七）年に生まれた東京音楽学校が当時にしては珍しく完全な男女共学で、しかも女性の比率が多かったことに注目し、「洋楽は女性の、それも『良家の児』の活躍できる領域としてはやくから認知されていた」として、「洋楽は舞台に立つ少女たちに良家の子女を演じさせる小道具ともなりえた」と指摘している。至言である。実際、三味線と端唄を排除しようとする小林の執念は激しく、宝塚少女歌劇団第一回公演で『浮れ達磨』を観劇したとき、達磨を転がして遊ぶ女学生たちが三味線を取り出して端唄調の歌と踊りを見せる場面は色っぽすぎて下品だとクレームをつけたという。

しかし、これまた不思議なことに、小林は、音楽はあくまで洋楽にこだわりながら、少女たちが演じる歌劇のほとんどは日本の御伽噺《おとぎばなし》や昔話に題材を取った「和物」にしたのである。この点について小林は次のように語っている。

大正二年七月一日から始めた女子唱歌隊は、連日の教習から、単に学校用の唱歌では売ものにならない、どうしても舞台で唱ふものとすれば、教材も資料も皆無である我国に於いては、勢ひ西洋ものから手ほどきの必要がある、それは中々《なかなか》むづかしいといふので、其《そ》の時、世間に発表されてゐるものには、本居長世《もとおりながよ》氏作の喜歌劇「浮れ達磨」と北村季晴《すえはる》氏作歌劇

「ドンブラコ」即ちお伽桃太郎一代記あるのみであったから、先《ま》づそれを唯一の教科書として練習すると、此《こ》の調子では彼女達でも舞台にのせる事が出来るといふ結論が出て、それなら宝塚唱歌隊といふが如き幼稚なる名称より、宝塚少女歌劇団と改名して旗上げしようといふことにきまったのである。

学習と稽古《けいこ》とに九ケ月かかって大正三年四月一日、いよいよ処女公演の幕が開いたのである。（『逸翁自叙伝』）

実は当初は和洋折衷だった

ここにあるように、大正三（一九一四）年四月一日に婚礼博覧会の余興として宝塚少女歌劇団によって観覧料無料で演じられた本居長世作の喜歌劇『浮き達磨』と北村季晴作歌劇『ドンブラコ』、それにプログラムの三番目に加えられたダンス『胡蝶』はいずれも日本の御伽噺や昔話に題材を取った「和物」だった。

もちろん、この頃はまだ日本人が西洋人を演じるいわゆる赤毛芝居に慣れていなかったということも大きい。赤毛芝居や赤毛オペラはいまでも、それを初めて見る観客がある種の違和感を覚えるのだから、西洋人というものにほとんど触れたことのない当時の日本人にはいきなり赤毛オペラは無理だったのである。

しかし、音楽は洋楽、内容は和物という初期宝塚スタイルが採用された背景を考えると、もう一つ大きな理由があったように思われる。それは、小林が雇い入れた教師たちが音楽学校で受けた音楽教育であった。ちなみに、小林は教師の人選に関して次のように記している。

宝塚少女歌劇なるものが、そのうち、全国を風靡《ふうび》するに至った理由の一つには、この時に来てくれた先生がえらい人であり、立派な人であったからである。

三浦環《たまき》（旧姓柴田）といふ世界的オペラシンガーが上野音楽学校を卒業した時に、そのクラスの中に三浦環の競争者であって、それを負かして首席で出た小室智恵子といふ一人の女性があった。彼女の父は三井物産の重役で、長らく外国生活をして来た小室三吉氏である。幼き頃彼地《かのち》で教育を受けた智恵子さんは帰国して上野で勉強する頃、同級生の秀才安藤弘といふ青年とローマンスがあり、夫婦となってから、世話女房に煤《すす》けて居ったけれど、天才的の夫婦であるといふので、宝塚にお願ひすることにした。それは新温泉の従業員であった三田出身の藤本一二君の妹さんが、環、智恵子両女史の同級のピアニストである関係から、お世話をして頂いたものである。（『逸翁自叙伝』）

『近代日本の音楽文化とタカラヅカ』収録の奥中康人「和洋折衷の明治音楽史――伊澤修二・北村季晴・初期宝塚」によると、小林が選んだ作品の作者である本居長世や北村季晴ばかりか、少女たちを訓練した教師たちもまた東京音楽学校における「和洋折衷派」の系譜につらなっていたという。

初期の宝塚少女歌劇にかかわった音楽スタッフには東京音楽学校（現・東京芸術大学音楽学部）の卒業生が多い。安藤弘・智恵子夫妻、原田潤、高木和夫、竹内平吉などは同校の出身である。

東京音楽学校というと、幸田《こうだ》姉妹（兄は露伴《ろはん》）や三浦環のようなヨーロッパ音楽の専門家、つまり、ピアニストやヴァイオリニスト、声楽家を養成するところなので、宝塚の音楽スタッフも同じクラシック畑の音楽家のようにみえる。しかし、明治から大正にかけての西洋音楽業界には、目標とする音楽の方針をめぐって二つの派閥「直輸入派」と「和洋折衷派」が存在したらしい。そして、初期宝塚の音楽スタッフの多くは、後者の「和洋折衷派」に属した音楽家だった。このことは初期宝塚の性格を考えるうえで非常に重要である。


奥中康人はさらに、東京音楽学校で一つの流派となっていた和洋折衷主義は初代校長の伊澤修二の思想に基づくものであると述べている。明治初期にアメリカに留学して教育学と音楽を学んだ伊澤は、日本の標準語が各種方言を統合しながら超越してつくられたのと同じように、西洋音楽の技法をベースにして各種邦楽を統合・超越するような国民音楽を創造したいと願っていた。そして、音楽学校の師範部で養成した音楽教員を全国の学校に派遣して『小学唱歌集』の唱歌を小学生たちに歌わせたが、この和洋折衷主義の牙城の師範部で伊澤の薫陶を受けてこれを出た作曲家・北村季晴が目指したのも国民音楽理念に基づく国民オペラであった。北村季晴は俳人・北村季吟《きぎん》の末裔だが、師範部を出た後、和洋折衷主義の作品として『露営の夢』『須磨の曲』『離れ小島』の三部作をつくり、明治四十五（一九一二）年には国民歌劇への第一歩として子供向けの歌劇『ドンブラコ』の楽譜が出版されたのである。

宝塚に結集した音楽教員たち、とりわけ安藤弘と原田潤は師範部ではなく本科器楽科の出身だが、北村季晴に私淑し、折衷主義を奉じていたので、宝塚少女歌劇団の第一回公演の演目に『ドンブラコ』が選ばれたのは、いわば当然の選択であった。

ちなみに、もう一つの演目『浮れ達磨』の本居長世は、本居宣長《のりなが》の末裔で、これまた東京音楽学校で学んだ折衷主義の代表的な作曲家であり、大正二（一九一三）年には、国民歌劇の創造を目標とする国民歌劇会を起こしている。

「歌劇団」へのこだわり

このように宝塚の教員の系譜をたどると、後に小林が大劇場主義を掲げて国民劇の創出を目指した理由も理解できるが、差し当たってここでは、小林が、あらたに生まれつつある少女たちの組織に「女子唱歌隊」や「宝塚唱歌隊」ではなく、「宝塚少女歌劇団」という名称を与えたことの重要性を指摘しておこう。だが、なぜ、「歌劇団」であることが重要であるのか？

一つには日本において「歌劇団」と銘打ったのは実に宝塚少女歌劇団が最初であったからである。明治末年から大正初年にかけてのこの時期は日本の歌劇史の黎明期にあたり、帝劇歌劇部や、白木屋少女音楽隊が活動を開始していたが、宝塚少女歌劇団はこれらに先駆けて「歌劇団」と名乗った最初の団体であったのだ。

第二は、この歌劇団が演目のために臨時に編成された団体ではなく、その団員をゼロから育てる学校でもあったこと。この点、宝塚少女歌劇団は、ルイ一四世が一六六九年に勅許状をピエール・ペランに与えて創立を許可した「王立音楽（オペラ）アカデミー」と非常によく似ている。

ルイ王が創立を許可したアカデミーとは何だったのかというと、どうやら「組織」とか「団体」、具体的には歌劇団という意味だったようだ。それでも、ダンサーや歌手を養成する学校も含まれていたし、そのジャンルでの最高権威という意味も含まれていた。
（鈴木晶『オペラ座の迷宮――パリ・オペラ座バレエの350年』新書館）

だが、それにしても、才能ある良家の少女を集め、高給で雇った専門教員に教育させて「歌劇団」に仕立てるというのは、博覧会の余興の準備としては少し贅沢すぎないか？　言いかえると、小林はこの宝塚少女歌劇団に道楽仕事とは思えない情熱と金銭を注ぎこんでいたのだが、じつは、その裏には「歌劇の時代が来そうだ」という小林の深い読みが働いていたのである。

其頃《そのころ》、たまたま私は、東京帝国劇場にて清水金太郎、柴田環《たまき》女史等のオペラ「熊野」を見物して、初めてオペラの将来性について、考へさせられた、三階の中央部に、男女一団の学生達が見物をして居った。日本語で歌ふ歌の調子が突拍子もない時に、満場の見物人は大声を出して笑ふ、評判の悪いことおびただしい。私は冷評悪罵に集まる廊下の見物人の群をぬけて三階にゆき、男女一団の学生達の礼讃の辞と、それにあこがれてゐる真剣の態度に対して、遠慮なくその説明と理由を聞いてゐたのである。そして「熊野」を嘲笑する無理解の人達も、やがてその信者になるであらうと観破して帰阪したのである。（『逸翁自叙伝』）

このように、『熊野』に対する観衆の嘲罵にもかかわらず、小林はいずれ日本にも「歌劇の時代は来る」と確信していた。そして、この確信は見事に当たることになるのだが、しかし、なぜ、それが「少女」でなければならなかったのかという疑問は依然として残る。

次章は、この「少女」の問題にもう少しこだわってみよう。なぜなら、小林が創造したタカラヅカの本質とは、すべてこの一点に存するからである。

第八章　劇場篇②　男役誕生秘話

タカラヅカに男は必要か？

今日、宝塚歌劇団といえば、出演者全員が女性であり、女性が男役も演じる点が最大の特色となっている。というよりも、この特色がタカラヅカの「定義」であるとさえいえるのである。ところが、小林一三が大正三（一九一四）年四月一日に、その前身である宝塚少女歌劇団の第一回公演を企てたときには、あるいは、それからしばらくの間は、この「定義」はまだ定まってはいなかった。それどころか、宝塚歌劇団は、男役は男性が演じるタイプのごく普通の歌劇団に変わる可能性を多分に秘めていたのであり、小林自身も男性は入れないという強い信念を持っていたわけではなかった。だから、もし小林が宝塚歌劇団を男女混合の歌劇団に転換するという決定をどこかで行っていたら、今日のようなタカラヅカ文化は存在しなかったかもしれないのである。

この意味で、小林がどの時点で、またどのような理由から、宝塚歌劇団には男性を入れないという決心を固めたのか、そして、それが彼の事業展開とどう関わっていたのかをあらためて考えてみなくてはならない。

宝塚歌劇団に男性を加えることの是非に言及したテクストはいくつかある。『逸翁自叙伝』の次のような箇所ではかなり重要なことが語られている。

安藤夫妻〔注：安藤弘・智恵子夫妻〕を中心として、女子唱歌隊養成の準備が出来た。当初は歌と同時に、それぞれの楽器をも練習させたところが頗《すこぶ》る成績が良いといふのである。本格的の教授法であり、殊《こと》に安藤先生は作曲家としてオペラに対する野心家であったから、十五六歳の女の児に教へるといふやうな教育は、牛刀を以て鶏を割くうらみがあり、どうしても男性も養成したいといふのであった。（中略）宝塚に男性加入の論は今に始まったことではない、創設当時から早く既に安藤先生から主張されたものである。若《も》しその時、男女共習を実行したとせば、少女歌劇といふ変則の宝塚専売の芸術は生れなかったであらう、そして男女本格的の歌劇が或《ある》ひは育ち得たかもしれない。或ひは育ち得るまでに至らずして挫折したかもしれない。

その頃、私には何等《なんら》の確信もなかったのであるから――ただ経費の一点と、少女達を囲む若い男の世界が危険であることと、そのオテテコ芝居めいたオペラが想像し得なかったから、一番無事で既に売込んでゐる三越の少年音楽隊に競争しても、宝塚の女子唱歌隊ならば宣伝価値満点であるといふ、イーヂーゴーイングから出発したものであった。

重要な述懐を含む回想であるから、そのいくつかを事実に照らして確認してみよう。

まず、「若しその時、男女共習を実行したとせば」という仮定であるが、実際にはこれは純粋な「仮定条件」ではなく、むしろ「確定条件」といったほうがいい。というのも、小林自身が次のように語っているからである。

話は飛ぶが、宝塚の男役、女役というものは、かつてはわれわれも、女だけで芝居するなんて不自然だ、やはり男を入れて男女の芝居でなければいけないといって、何べんか宝塚歌劇を両性歌劇にしようと計画したことがあったが、今日ではもうそんなことは考えたことがない。（「宝塚漫筆」『小林一三全集』第二巻、ダイヤモンド社）

男性専科を作ってはみたものの

最初の試みがなされたのは、大正八（一九一九）年一月に創立された宝塚音楽歌劇学校に専科を設けて男性を募集するという決定で、同年中に募集が行われている。これは、前年の大正七（一九一八）年の五月に帝国劇場で宝塚少女歌劇団の東京初公演を行ったさい、坪内逍遥《しょうよう》や小山内《おさない》薫《かおる》、歌舞伎関係者などの賞賛者がいた反面、スタートしたときの無邪気であどけない少女歌劇という本質を忘れていると批判する者もすくなからず現れたことに起因している。

すなわち、帝劇公演で人情の機微や男女関係のあやなどを描いた作品を舞台にかけなければならなくなったとき、幼い少女たちにこれを演じさせるには無理があると批評家たちに咎《とが》められたのだが、じつは、演出家であった坪内士行《しこう》や小林自身にもこのことは認識されていたのである。つまり小林たちも、男女関係が入るような歌劇となると、やはり、少女だけで演ずるのは無理だから男性を導入したほうがいいという意見になり、専科で男性を募集しようということになったのだ。

しかし、この試みは時期尚早だったためか、結局、専科はすぐに廃止となる。

次の試みは大正十五（一九二六）年に創られた「宝塚国民座」である。これについては渡辺裕『宝塚歌劇の変容と日本近代』（新書館）が詳しい。

士行のこの考え〔注：男性の導入によって真の国民劇を目指す〕は大正十五年になって「宝塚国民座」という形で陽の目をみることになった。その旗揚げの経緯については小林一三の「宝塚の陣容一新」という一文にみることができる。彼は少女歌劇が「西洋音楽を中心とした歌舞劇」を大成したという前提の上に立って、それを少女達の技芸にとどめることなく、男女俳優による劇として成功したあかつきに真の「国民劇」が達成されるという認識を強調する。もちろんこれは年来の小林の持論であったわけだが、彼はここではじめて男子の導入という具体的な一歩を提唱したのである。もっとも小林にはその来るべき「国民劇」の具体的なイメージは必ずしも思い浮かんではいなかったようである。（中略）それゆえ、「少女歌劇に男子を入れて、そして、少女と限定せず大人本位の男女歌舞劇を作る」ために幅広く男性座員を募集することによって組織された宝塚国民座は、小林にとっては一種の賭けでもあった。「私は成功するかも知れないけれど、同時に崩壊の危険が眼の前に見へて困る」と彼は書いている。そして「自分の功名心の為《た》めに、此《この》繁昌してゐる宝塚少女歌劇を犠牲に」できないと考えた経営者・小林は、少女歌劇を解消して国民座を作るのではなく、「少女歌劇によつて初めて芝居らしいものをみることを養成されて来た……少女歌劇見物卒業者」に対してその希望を満足させるようなもの、という位置づけのもとに、少女歌劇と並行しながら国民座を運営してゆく途《みち》を選んだのである。

このテクストから明らかなように、大正十五(一九二六)年の段階では、宝塚歌劇団はあくまで男性排除の原則で行くという明確なヴィジョンが小林にあったわけではないのだ。小林は、理想とする国民劇の創出のためとあらば男性導入も止《や》むなしという考えに傾いていたのである。ただ、少女歌劇を廃止してしまうところまでは決心がつかなかったらしく、当面は、少女歌劇と男女混合歌劇の二本立てで行くという折衷案で臨んだのである。

ところが、蓋《ふた》を開けてみると、男女混合歌劇の「宝塚国民座」はさっぱり人気が出なかった。発足後一年の段階で入場者数の平均値が三〇〇人から四〇〇人というのだから、収容人数一三〇〇人の中劇場では、採算割れは歴然としていた。

原因は坪内士行の演出が音楽劇というよりも新劇寄りであったことと、もう一つ、少女歌劇と並行して経営するという小林の「中途半端な方針が完全に裏目に出た」(『宝塚歌劇の変容と日本近代』)ことである。その結果、宝塚国民座は、自前での興行をあきらめて水谷八重子《やえこ》一座との合同公演を行うなど迷走を続け、昭和五(一九三〇)年には解散の憂き目を見る。

観客の半分は男だった

いっぽう、少女歌劇の方はというと、こちらは順調に客足を伸ばしていた。大正三(一九一四)年の初公演の成功により、不定期公演を春夏秋冬の年四回興行に切り替え、大正十(一九二一)

年からは一部（少女歌劇）、二部（御伽歌劇）の分離公演を行い、秋の公演からはこれが「花組」「月組」と改称されて内容的な区別がなくなるとともに、今日の組別の興行システムが確立されてゆく。そしてこの組別興行がうまく回転しはじめたことで、大正十四（一九二五）年からは「花組」「月組」「雪組」の三組交代で年一二回の興行体制が確立されるのである。

では、宝塚国民座の失敗と少女歌劇の成功という二つの現象はどのような因果関係で説明されるのだろうか？

一つは、観客側の問題である。大正三（一九一四）年に小林が宝塚少女歌劇団を創設したとき、小林の頭にあったターゲットは、いわゆる「女・子供」であった。そのほうが箕面有馬《みのおありま》電気軌道という行楽中心の鉄道に適しているということもあるが、しかし、それだけではない。

第五章で指摘したように、小林が鉄道の経営に乗り出す決意を固めた背景には、自分がイメージした「大衆社会」を鉄道によって実現しようという大望があったのだが、その「大衆」というのは、今日の基準からするとかなりレベルの高いものであったといわざるをえない。それは、栄華の巷《ちまた》を低く見る西欧追随の知的エリートでは決してないが、しかし日常生活の物心的な面においては西欧的合理主義を導入するにやぶさかでないという階層、日常生活を超えた抽象的なことに思いを馳せることは決してないが、「文明化された日常生活」は大いに歓迎するという階層、一言でいえば、いわゆる〝大衆〟よりは上だが、アッパー・ミドルよりは下の「中層中産階級」が小林のイメージしていた「大衆」なのである。

そして、重要なのは、小林がこの「中層中産階級」の創出には日常生活の文明化が不可欠であると考え、その文明化の担い手として「女・子供」を想定したことである。

　では、宝塚少女歌劇は小林がターゲットに想定したこうした「中層中産階級」の「女・子供」を観客として獲得しえたのだろうか？

　どうもそうではなかったらしい。というのも、記録に残っている限り、観客の中心にいたのは「女・子供」ではなかったからである。

> 『歌劇』昭和五年九月号に「宝塚考現学《モデルノロジオ》」なる記事が掲載されており、この中に観客の年齢や性別に関する統計が出ている。今和次郎《こんわじろう》や吉田謙吉によって流行した「考現学」の宝塚版のようなもので、正確な調査ではなく、観客の風体の観察によるものであるのだが、これによると、八月四日から十日夜までの八回の公演で「ほ」列一六番から三九番までの二四席に陣取った延べ一九四名の観客のうち、最も多いのが三十歳くらいまでの若い男性で七二名、次いで同年代の若い女性が五二名、さらに中年の女性が二七名、男性が一六名、十五歳くらいまでの少女が五名、それに女の子一三名、男の子七名、老婆二名となっている。ほとんどが若い世代で占められているのは、その主張にもみられたように、小林が西洋的な唱歌を聴いて育った若い世代をターゲットにしていたことからみて当然とも言えるが、全体のほぼ半数が男、若い層だけをとってみると男の方が多いという状況は、今日の宝塚の観客のイメージからすると、かなり意外にもみえる。（渡辺裕『宝塚歌劇の変容と日本近代』）

　若い層だけに限定すれば、初期の西洋音楽受容においては、メロマーヌ（音楽狂）は圧倒的に男性、それも若い男性が多かったという事実を挙げることができる。おそらく、宝塚でモデルノロジストに観察された若い男の観客の中には、小林秀雄や河上徹太郎、梶井基次郎《もとじろう》などのように、フルオーケストラの管弦楽に飢えていた若者がかなりの数交じっていたにちがいない。フルオーケストラの管弦楽を生で恒常的に、しかも安く聞けるのは、関西では宝塚くらいしかなかったからである。

しかし、若い男性観客を構成していた七二名の全員がそうしたメロマーヌばかりではあるまい。思うに、小林秀雄や河上徹太郎よりも一世代前、志賀直哉《なおや》や木下杢太郎《もくたろう》などが熱狂した「娘義太夫」に通いつめていた類いの元祖アイドル・オタク、すなわちアイドルとして祭り上げた娘義太夫の語りが佳境にさしかかると勝手に盛り上がって「どうする、どうする」と掛け声をかけて大騒ぎした「堂摺連《どうするれん》」の系譜に連なる美少女ファンも少なからずいたはずなのである。

ところで、これこそが、小林が最も忌み嫌っていた客層なのである。小林とその周辺の音楽家たちは、浅草オペラは挫折した帝劇オペラの俗化・大衆化バージョンに過ぎないと見なし、そのファンであるいわゆる「ペラゴロ」を蛇蝎《だかつ》のように嫌っていた。そのなによりの証拠が本章冒頭近くで掲げた小林の言葉である。

その頃、私には何等の確信もなかったのであるから——ただ経費の一点と、少女達を囲む若い男の世界が危険であることと、そのオテテコ芝居めいたオペラが想像し得なかったから(後略)。(『逸翁自叙伝』)

この引用の中の「少女達を囲む若い男の世界」というのが浅草オペラの「ペラゴロ」たちであ

り、「そのオテテコ芝居めいたオペラ」とは浅草オペラのことにほかならない。一言でいえば、小林は、宝塚歌劇団にペラゴロのようなファンがつかないように、また、宝塚歌劇が「オテテコ芝居めいたオペラ」にならないように、これを少女歌劇に限定する方針を取ったのである。当時はまだロリコンなる概念が生まれておらず、歌劇を「少女」に限定しておけば、ペラゴロのような悪い虫がつくのを防ぐことができると小林は考えたのであった。換言すれば、小林が、宝塚国民座を創設しながら少女歌劇を放棄せずに、並立路線で臨んだのは、エロスの匂いから歌劇をできる限り遠ざけ、それを健全なモラルをもった中層中産階級の娯楽にするためであったといえるのである。

だから、昭和五（一九三〇）年の段階で、観客の半数近くが男性、それも三十歳以下の若い男性が主であるというのは、小林にとっては宝塚歌劇団に黄色信号が灯《とも》ったと感じられたのではないか。

宝塚ファンの転換点

ところが、実際には、この時期を境にして、宝塚のファンは男性から女性へと、それも若い女性へと転換してゆく。研究者は、そのきっかけを宝塚歌劇の方向転換となった昭和二（一九二七）年の『モン・パリ』（作・岸田辰彌《たつや》）と昭和五（一九三〇）年の『パリゼット』（作・白井鐵造《てつぞう》）におけるレビュー形式の導入にあるのではないかという仮説を立てているようだが、私はむしろ、宝塚国民座の挫折にこそ直接的原因があったのではないかと考える。

というのも、小林が宝塚国民座の創設を思いついた理由の一つに、「『少女歌劇見物卒業者』に対してその希望を満足させるようなもの」を創りたいという希望があったからである。すなわち、少女歌劇に出演するには歳がかさんで、いまでいう「卒業」を余儀なくされる宝塚歌劇団生徒がいる一方、少女歌劇の観客としてスタートしながら観劇体験を重ねていくうちに徐々に内容のある歌劇に移行したいと考えるようになった女性がいるのだから、この両者の希望を同時に叶《かな》えるものとして男女混合の宝塚国民座を創設するのがベストという考えに傾いたのだが、あにはからんや、この路線はうまくいかなかった。

ならば、もう一度原点に戻って、少女歌劇の中に問題を回収して、その高度化を図るほかない。換言すれば、宝塚国民座で想定していた「少女歌劇見物卒業者」を観客として想定し、少女歌劇卒業の出演者によって、少女歌劇という枠の中で歌劇を上演するのである。一言でいえば、男役を女性に演じさせながら、観客にあたかも男女混交の歌劇を見ている如くに感じさせねばならない。

タカラヅカは「男役」で完成する

かくて、宝塚国民座挫折後の少女歌劇はより内容を高度化し、男女の恋愛を題材として扱い、男役を女性が演じる形式、つまり現在のタカラヅカの形式を採用することとなるが、なんと、これが当たったのである。その点について、小林は既に引用したテクストの続きで次のように論じている。便宜上、前半部分も再引用してみよう。

話は飛ぶが、宝塚の男役、女役というものは、かつてはわれわれも、女だけで芝居するなんて不自然だ、やはり男を入れて男女の芝居でなければいけないといって、何べんか宝塚歌劇を両性歌劇にしようと計画したことがあったが、今日ではもうそんなことは考えたことがない。それは歌舞伎と同じリクツだ。歌舞伎の女形は不自然だから、女を入れなければいかんというて、ときどき実行するけれども、結局、あれは女形あっての歌舞伎なのだ。同じように宝塚の歌劇も、男を入れてやる必要はさらにない。なぜなれば、女から見た男役というものは男以上のものである。いわゆる男性美を一番よく知っている者は女である。その女が工夫して演ずる男役は、女から見たら実物以上の惚《ほ》れ惚《ぼ》れする男性が演ぜられているわけだ。そこが宝塚の男役の非常に輝くところである。

歌舞伎の女形も、男の見る一番いい女である。性格なり、スタイルなり、行動なり、すべてにおいて一番いい女の典型なのである。だから歌舞伎の女形はほんとうの女以上に色気があり、それこそ女以上の女なんだ。そういう一つの、女ではできない女形の色気で歌舞伎が成り立っていると同じように、宝塚歌劇の男役も男以上の魅力を持った男性なのである。だからこれは永久に、このままの姿で行くものではないかと思う。(「宝塚漫筆」)

お見事！　まさにその通りである。タカラヅカがタカラヅカたりえているのは、ファンタジーのこの原理、つまり女がファンタジーにおいて強く欲する「スーパー男」は女にしかわからないのだから、それならいっそ女が男役を演ずるべきだという原理に基づくのであり、それは歌舞伎の正確な裏返しなのである。

しかも、宝塚歌劇がこのファンタジーの原理で動くようになると、観客からは男が減り、ほとんど女だけになってゆく。ときに男性客がいたとしても、それは「スーパー男」としての男役の魅力を理解した数少ない男性客なのである。

しかし、宝塚歌劇団の観客が女ばかりとなったことは、小林にとっていささかも拒否すべきことではなかった。というのも、ターゲットとする中層中産階級は女・子供を中核として形成されるはずだからである。

かくて、健全で合理的なモラルと社会・政治感覚をもった中層中産階級を鉄道事業を中心として育成したいという小林の願望は、その階層のために想定した「国民劇」が宝塚歌劇団によって予想とは異なったかたちで実現することによって、次第に現実のものとなってゆく。

小林一三はタカラヅカを創ったことにより、阪急沿線の中層中産階級を創ったのである。

第九章　鉄道篇④　災難が降りかかるほど運がいい

小林一三の年譜を眺めていて感じるのは、節目となるような事業展開の開始時期と人生の凶事が不思議に重なっていることである。

たとえば、第六章で述べたように箕面有馬《みのおありま》電気軌道の開業を二週間後に控えた明治四十三（一九一〇）年二月二十二日に、小林は野江線疑獄事件で逮捕されて三月三日にようやく釈放されるという憂き目にあっている。そして、この試練をなんとかくぐり抜け、大正三（一九一四）年四月に宝塚少女歌劇第一回公演にこぎつけたと思ったら、今度は箕面有馬電気軌道の社長でもある岩下清周《きよちか》率いる北浜《きたはま》銀行が取り付け騒ぎにあうという事件が発生したのである。

北浜銀行事件

小林にとって人生最大の試練となったこの北浜銀行事件の発端は、岩下が取締役を引き受けていた大阪電気軌道（近畿日本鉄道の前身）が大阪―奈良線の敷設に着手したことにあった。岩下は大林組の大林芳五郎《よしごろう》の技術力に惚れ込み、生駒山《いこまやま》を迂回しないでトンネルを貫通する最短ルートを採用し、北浜銀行の総力をあげて支援する態勢を取ったが、工事は難航し、途中で資金のメドが立たなくなってしまった。恐れをなした大阪電気軌道の廣岡《ひろおか》恵三社長は辞任し、岩下が自ら社長を引き受けざるをえなくなった。

岩下は北浜銀行から緊急融資を行ったばかりか、東京紀尾井《きおい》町の私邸を抵当に入れて工事資金を調達したが、運悪くトンネル内で落盤事故が起こって犠牲者が出たことから、無理な工事を強行したとして世間の非難を浴びることとなり、大阪電気軌道の株価は急落、北浜銀行の株価も下落した。

こうした状況を見て、大阪財界の中には岩下追い落とし工作を図る者が出てくる。彼らの意図を汲んで攻撃の急先鋒に立ったのが『大阪日日新聞』だった。吉弘白眼《よしひろはくがん》というジャーナリスト率いるこのタブロイド判の大衆新聞は粗悪な赤みをおびた紙を使っていたことから「赤新聞」と呼ばれたが、工事の竣工が近づくと、大阪電気軌道の苦しい内幕を暴露する記事を載せ始め、やがて岩下への個人攻撃に転じて、北浜銀行は放漫経営のため破綻寸前だと連日のように書き立てたので、生駒トンネルが開通した当日の大正三（一九一四）年四月十八日に、北浜銀行は取り付け騒ぎに見舞われることになった。

岩下はこの日、東京にいた。留守を託されていた常務の小塚正一郎が事態を楽観していたのが命取りとなる。岩下はあわてて大阪に戻ったが、すでに取り付け騒ぎは拡大しており、二十一日には北浜銀行は業務停止に追い込まれる。

岩下は日銀に緊急融資を要請したが、以前、日銀騒動（明治三十三年、山本達雄総裁に反発した日銀幹部が一斉に離職した事件）の際、退職組を北浜銀行が拾ったことがあり、それを根に持つ日銀幹部は融資枠を絞ったうえに、岩下の退陣を融資の条件としたので、六月には岩下は頭取を退かざるをえなくなる。

おまけに、岩下のあとを引き受けて頭取となった杉村正太郎が七月二十八日の株主総会で不用意な発言をしたために再び取り付け騒ぎが起こり、北浜銀行は八月十九日、ついに支払い停止状態に陥り、休業のやむなきに至った。

岩下清周、失脚す

しかし、事件はこれで収束しなかった。大阪の森下亀太郎という弁護士が衆議院議員をつとめていた岩下に辞職を勧告したばかりか、岩下を業務上背任、文書偽造の罪で大阪地方検事局に訴えたからである。岩下は衆議院議員を辞職したが、告発は受理され、翌年二月には大阪地方検事局によって北浜銀行の部下三人とともに拘引され、起訴、収監されるに至った。

結局、北浜銀行事件は大審院で大正十一（一九二二）年二月に最終判決が下されるまで審理に七年を要し、岩下は商法上の手続きを怠ったという七件の罪で三年の懲役刑を言い渡された。大審院の判決で「案ずるに被告の所為は、私服を肥さんがために出でたるものにあらず」（三宅晴輝『小林一三伝』）と認められたことからもわかるように、マスコミによる冤罪の気配が強かったが、岩下は全財産を処分して得た金で北浜銀行への損害を償うと、七十二歳で没するまで富士の裾野の農園で静かに隠遁生活を送った。一代の風雲児、岩下清周はこうして、道半ばにして失墜の憂き目を見たのである。三宅晴輝は『小林一三伝』で、岩下という人物に対して、こんなふうに評を加えている。

岩下はつねに次のようなことをいっていた。

「百歩先の見えるものは狂人扱にされ、五十歩先の見えるものは多くは犠牲者となる。十歩先の見えるものが成功者で、現在の見えぬものは落伍者である」と。

岩下は「五十歩先きが見えた」うえにあまりにも大胆不敵な、人を人ともおもわぬ活動ぶりをみせたために、多くの子分をつくる反面、敵も多かった。その敵におとしいれられる結果にもなったのである。

箕面有馬電気軌道、乗っ取りの危機

小林は、岩下の一の子分であったし、同じように五十歩先が見える人間の一人として周囲には敵も多く、岩下の突然の失脚によって大きな影響を被ることとなる。

まず、岩下が「名目上の社長」をつとめていた箕面有馬電気軌道だが、岩下辞任後は、かつての小林の上司で気心の知れた平賀敏《さとし》が社長に就任したので、小林はあいかわらず「実質的な社長」でいることができた。事業そのものも、いたって順調だった。

試練はメインバンクだった北浜銀行サイドからやってきた。

北浜銀行は、岩下の頭取辞任と支払い停止を受けて、整理・再建の段階に入っていた。大阪財界の長老連が再建人事を協議した結果、高倉藤平を頭取として乗り込ませることとなったが、この高倉藤平という新頭取が仕手戦を得意とする昔風の相場師で、会社の乗っ取りなど朝飯前の人間だったから、当然、箕面有馬電気軌道の経営にも口を挟んでくる。すなわち、重役として自分の子分を入れろと言い出したのである。

この子分というのがいわゆる任俠世界の人だったので、小林はさすがにこれを断ったが、その代わり取締役一名と監査役一名の受け入れを承諾せざるをえなくなった。それでも、できる限り抵抗を示して、人選は箕面有馬電気軌道の重役会議で決めること、および北浜銀行が箕面有馬電気軌道の持ち株を処分するときは重役に優先的に売り渡すという条件を付けることに成功した。

すると、北浜銀行は箕面有馬電気軌道乗っ取りの好機到来と見たのか、北浜銀行の持ち株をすぐに引き取れと言ってきた。小林に持ち株を引き受けるだけの資金がないと見越しての挑戦である。

小林は断固、これを受けて立つことにした。乾坤一擲《けんこんいってき》の大勝負である。

私はこの機会を置いて逃しては駄目だと決心した。出来るだけ借金をして、出来るだけ多数の株式を引受けるべく工夫した。北銀事件の影響を受けて、幸ひに株式の価格は安いけれど、会社の信用はマイナスだ。結局、日本生命、大同生命、その他友人達の同情を得て弐《に》万何千株を引受けて貰《もら》ひ、私も一躍大株主として、同時に身分不相応の借金を背負って働くことになったのである。(『逸翁自叙伝』)

こうして小林は、図らずも箕面有馬電気軌道の大株主となり、「実質的社長」から「本当の社長」へと一歩近づいたのであるが、では、この北浜銀行事件を経ることで小林が得た人生訓とはどのようなものだったのだろうか?

第十章　鉄道篇⑤　事業は無理してはいけない

北浜銀行の失敗から学んだこと

東京の銀座・数寄屋橋に日本劇場（昭和八〔一九三三〕年竣工）を造ったころのことを回想した「私の計算」というエッセイで、小林は「事業は理詰めでなければ駄目だ」と言ってから、事業成功の要諦は「無理をしないこと」にあると断じる。

事業は無理してはいけない。病人に無理が禁物なやうに、事業も無理をしたら必ず失敗する。（中略）事業経営にあたってまづなすべきことは、大方針を立てること、計算の基礎を確立することだが、その大方針に無理をしてはならない。（「私の計算」『小林一三全集』第七巻）

この「無理をしてはならない」という教訓はじつに北浜《きたはま》銀行事件の岩下の失敗から導かれたものにほかならない。というのも、全集で「私の計算」の次に掲げられたエッセイ「私の宗教」で、小林はこう述懐しているからである。

私のこの「無理をするな」といふことを特に強く感銘せしめられたものは、大正三年に先輩岩下清周さんの北浜銀行が潰れた事件だった。岩下さんの心境も、この事件の前と後とではスッカリ変ってしまってゐる。

どんな仕事でも自分の力量で出来る範囲内のことに限らなければならない。即ち着手する仕事については独立決行し得るといふ見透しと、自信がつかなければ始めてはならない。

人に頼ることは失敗の第一歩である。自分が親分として信頼して来た人でも、いざとなると一臂《いっぴ》の力をも貸してはくれないものである。最後に頼むものは自分以外には決してあるものぢゃない。やりたい仕事も自分の力量以上に手出しをしたら、みじめな終局があるばかりだ。これがあの事件後の岩下さんの心境であった。

物事はすべて「腹八分目」でなければならない。私もこれには強く動かされたのである。

（「私の宗教」『小林一三全集』第七巻）

なるほど、無理するなというのはよくわかった。しかし、それでは、小林が北浜銀行から売られた喧嘩を買って出て、箕面有馬《みのおありま》電気軌道の株を買い取ったのは、無理をせずに計算を十分に働かせて勝算ありと睨んでのことなのだろうか？

まさにそうなのだ。はっきりとした勝算があるとソロバンを弾いたからこそ、小林は思い切って勝負に出たのである。

研究に研究を重ねて、事業の大方針、基礎をしっかり作る。決して無理をしない。そのかはり、やり出したならば猛然として突貫する。やり掛けてダラダラしてゐたのでは駄目だ。やるまでには、綿密な注意、思慮、研究にずゐぶん手間をかけるが、一度大方針を立てたならば、猛然と何ものをも粉砕するといふだけの覚悟で進んでゆかなければならない。

（「私の計算」）

では、いかなる計算によって、小林は箕面有馬電気軌道の株を引き受けるという決断を行い、「一度大方針を立てたならば、猛然と何ものをも粉砕する」という意気込みでことに当たったのだろうか？　じつは事業を、大阪と神戸を結ぶ幹線鉄道へと拡大させるという「大方針」を心に秘めていたために、その幹たる箕面有馬電気軌道を失うわけにはいかなかったのである。

大阪―神戸に新電車を

しからば、その「大方針」とは何だったのだろう？

箕面電車は大正二年二月三日、十三《じゅうそう》より分岐し、伊丹《いたみ》を経て門戸《もんど》に連絡する特許線の認可を得た。これは神戸の服部一三、村野山人、松方幸次郎氏等によって設立せられた灘《なだ》巡環電車と連絡し、大阪神戸山手間の新電車を建設せんとするのが目的であったのである。（『逸翁自叙伝』）

つまり、梅田駅から出発した箕面有馬電気軌道を十三で分岐させて門戸駅（現・西宮北口《にしのみや》駅）へと延ばし、そこから神戸（現・神戸三宮駅）へと続く灘循環電気軌道と接続させれば、大阪―神戸間を一本で結ぶことができ、基幹鉄道の仲間入りを果たすことができると踏んだのであるが、しかし、実際には、ここに至るまでのプロセスはもう少し込み入っていた。

それは『逸翁自叙伝』に添えられた年譜から鉄道敷設申請・認可・開通あるいは権利放棄の項目を時系列で拾い出してみればわかる。

・明治39年4月28日、大阪―箕面―有馬間、宝塚―西宮間電気軌道敷設を申請する
・明治41年10月22日、大阪―池田間及び箕面支線並びに池田―宝塚間工事施行認可される
・明治42年3月3日、箕面有馬電車支線、梅田―野江間（野江線）軌道敷設の件特許される
・明治43年3月10日、宝塚線・箕面支線営業開始
・明治45年2月28日、宝塚―有馬間及び宝塚―西宮間の軌道敷設工事施行認可される
・大正2年2月20日、十三―門戸間電気軌道延長敷設の件認可される
・大正2年6月23日、宝塚―有馬間の軌道敷設権を放棄
・大正5年4月28日、箕面有馬電軌の臨時株主総会に於て、灘循環線の特許譲受の契約書を承認
・大正6年2月23日、灘循環線特許譲受、認可される
・大正6年5月26日、野江線敷設廃止の件、認可される

さて、この無味乾燥な年譜を眺めただけで、小林の頭脳の中を駆け巡っていた「考え」が理解できただろうか？　少しだけ解説を加えておこう。

小林が箕面有馬電気軌道の専務取締役となる以前に、同鉄道の前身である阪鶴鉄道は大阪―箕面―有馬間、宝塚―西宮間電気軌道を申請していたが、小林はこのうちとりあえず大阪（梅田）―宝塚間の宝塚線と石橋―箕面間の箕面支線を明治四十三（一九一〇）年に開通させた。しかし、そのときにはまだ、宝塚―有馬間、および宝塚―西宮間をそれぞれ結ぶ路線を完成させることを目指していた。

ところが、いろいろと検討してみると、宝塚―有馬間はキロ数こそ一〇キロ余りだが間に険しい山があり、トンネル削岩という難工事が待っていたのに対し、宝塚―西宮間は七・七キロで工事もたやすい。しかも、もし西宮と十三を結ぶことができれば、梅田を起点にした循環鉄道が完成し、さらには神戸を狙うこともできる。幸い、西宮―十三間は十三―門戸間電気軌道として大正二（一九一三）年に敷設が許可された。

ところで、宝塚―有馬線は、着工遅れに業を煮やした有馬温泉の有力者たちが独自で有馬を起点として有馬電気鉄道（現在の神戸電鉄）の敷設を申請しようと動き出していた。ならば、手持ち資金は限られているのだから、宝塚―有馬線は放棄し、宝塚―西宮間の開通を優先させた上で、持てるエネルギーを西宮と神戸を結ぶ線の敷設権の獲得に集中すべきではないか？

こう考えて灘循環線の特許譲受に狙いを定めて運動を開始しようと思っていた矢先に起こったのが北浜銀行事件だったのである。

成功する事業家の共通点

おそらく、小林は岩下失脚の淵源に思いを至すうち、最大の原因は「戦線の拡大」にあると結論づけたのだろう。大阪電気軌道の生駒山トンネル削岩がいかに壮挙で大阪と奈良の間を短時間で結ぶにしても、それによって本体の北浜銀行まで窮地に追い込んでしまったのは、やはり岩下の経営ミスである。最終責任は戦線の異常拡大を許した岩下にある。たとえ、北浜銀行事件は冤罪だとしても、「無理をして」北浜銀行を潰した罪は免れえない。これが北浜銀行事件に対する小林の総括だった。

この岩下の事例に照らして、小林は宝塚—有馬間の敷設権を放棄したのは正しかったと感じざるをえなかった。しかし、小林が「無理をしない」という決定を下したのは、消極策では断じてなく、より果敢な積極策、つまり灘循環線の特許を譲受して梅田—神戸を結ぶ基幹鉄道への飛躍を図るという目論見《もくろみ》のためだったことを忘れてはならない。限られたリソースは一ヵ所に集中投資するしかない。

しかし、そのためには箕面有馬電気軌道のオーナー社長となることが絶対的な必要条件だったのである。だからこそ、北浜銀行の挑戦を受けて立ったのだ。

のちに、北浜銀行所有の箕面有馬電気軌道株の引き受けに成功したことを回顧して、小林はこう述懐している。

私は実に運がよいと思った。銀行のサラリーマンから会社の重役に昇格した、とは言ふものの北銀事件が起らなかったとせば、私は世間にある普通の重役と同じやうに、大株主の顔色とその御意見に従はねばならぬ場合であったかもしれない、然《しか》し設立当初の関係から自分の会社として考へて居ったとしても、岩下さんと北銀とにはお世話になって来た関係から、又北銀が大株主である以上は、岩下さんと北銀を度外視することは出来ない義理がある、然《しか》るにこれからは誰に遠慮も入らない私の会社だと言うても差支へない境遇に進歩したのであるから、私は実に運がよいと感謝したのである。(『逸翁自叙伝』)

ここで語られているのは、災いを転じて福となしたのだから自分は偉いということではない。むしろ、災難が身に降りかからなければ、福はなかったのだから、災難を被った自分は運がいいと思うという「逆転の発想」である。

こうした「逆転の発想」は、成功した事業家に共通するもので、松下幸之助も、水難事故にあいながら奇跡的に救出された経験をきっかけに、自分は運がいい人間だと思い込むようにしたと語っている。実際、小林もこう信じることでさらなる幸運を引き寄せることになるのであるが、しかし、その前に乗り越えなければならないもう一つの大きな障害が彼を待ち構えていた。

同じ大阪―神戸間を走る阪神電気鉄道との角逐である。

果たして、自分は運がいいと思い込むことで小林は阪神との戦いに「運よく」勝つことができたのだろうか？

第十一章　鉄道篇⑥　阪急vs.阪神

確執の始まり

小林一三の人生における阪神電気鉄道との確執は、明治四十（一九〇七）年、箕面有馬電気軌道を引き受けることを決意して北浜《きたはま》銀行に岩下清周《きよちか》を訪ねたときから始まっている。というのも、岩下が小林に箕面有馬電気軌道の株主集めはできるかぎり小林一人でやるようにと勧めてから、「僕は島〔徳蔵《とくぞう》〕君にも相談する、結局不足分は引受ける」と言ったことに対して、小林は次のような密かな危惧を抱いたからである。

私は、勇気づいたものの、中々心配である。どこぞに割りきれないところがあって、そこが判然としない。その当時阪神電車の重役になった島君は、その援護者として片岡直輝《なおてる》氏、岩下清周氏の両人をも重役に割込ました間柄で、阪神電車の専務今西林三郎《りんざぶろう》氏は、百三十銀行から離れて北浜銀行岩下氏一党の剛の者であるといふ関係から、阪神電車は島君との因縁を通じて、安田銀行系から北浜銀行系統の勢力範囲になりつつあった時であるから、結局、この連中が引受けて、機会を見て、阪神電車との合併でもやる腹ではないだらうか、と言ふやうな想像もゑがいて見た（後略）。（『逸翁自叙伝』）

つまり、引き受け人の見つからない株は北浜銀行が引き取るという約束だが、北浜銀行は阪神のメインバンクであり、阪神の重役には岩下の子飼いの部下が揃っている。それに岩下自身も阪神の重役に名を連ねているのだから、箕面有馬電気軌道の株は阪神に買われる可能性がある。そうなったら、箕面有馬電気軌道の経営が軌道に乗った時点で阪神がしゃしゃり出てきて合併吸収ということになりかねない、と小林は思ったのである。

そこで、阪神の重役に収まっている旧知の島徳蔵（一時は小林がその経営を引き受けたかもしれない株式仲買商「島徳」の主）に、岩下から未引受株の話があったかどうか、探りを入れてみた。すると、差し当たってそんな話はないという回答を得たので、阪神が大株主になる可能性は薄いと判断して、箕面有馬電気軌道の経営を引き受けてみようと決意した。

合併の危機を打開せよ

このように、箕面有馬電気軌道の株が無価値の間はいいが、少しでも価値が出てきたら北浜銀行の所有株が阪神の手に渡る恐れがある、と小林は事業開始前から危惧していたのだが、果たせるかな、阪神との合併話は岩下と阪神電車の今西林三郎専務、島徳蔵重役との間でひそかに進行していた。小林自身も、そうなったらそうなったで仕方ない、箕面有馬電気軌道のような田舎電車ではなく、「岩下氏の勢力の下に、今西さん、島君たち三人が、既に乗り込んで居る阪神電車の重役になれるのであるから」と、内心期待もしていたのであるが、そんなある日、岩下から北浜の花外楼に来てくれ、と呼び出された。

出掛けてみると、岩下と今西がいて、これこれの条件で箕面有馬電気軌道は阪神と合併する、今西が社長で小林は常務取締役の体制となるという話だった。今西から「極《ご》く秘密だ、これが世間にちょっとでも漏れると、合併は出来なくなると思ふから、取消すことになる」（『逸翁自叙伝』）と念を押された。岩下はその日の夜行で東京に向かい、小林は合併条件の書類を持って帰社したところ、翌日から箕面有馬電気軌道の株が暴騰し始めた。小林は今西も島も北浜で相場を自在に操る人間だから、事前の仕込みをやっておいてからインサイダー取引をしたなと思っていたところ、帰阪した岩下から、またすぐ来るようにと呼び出された。

北銀でお目にかかる。「今西からかういふ手紙が来た」と、その手紙を投出す時の岩下さんの顔の恐しいこと、黙って私を見詰めてゐる（後略）。（『逸翁自叙伝』）

小林が今西からの手紙を読むと、極秘にしておくよう依頼したにもかかわらず小林は合併話を外部に漏らしたらしい。北浜では合併に反対なので、私は真相を問いただされて困惑している、御帰阪しだい御相談したい、云々、と書かれていた。

これは、当初から合併反対であったが、岩下さんに説かれて黙従した今西氏の策略だ、と想像した。今西氏から見れば正直な岩下さんを飜弄《ほんろう》するくらゐのことは、朝飯前の仕事だと思って居った。（『逸翁自叙伝』）

結局、阪神との合併話はこれで流れ、その後に岩下の退陣と北浜銀行の営業停止というアクシデントが起こったので、そのまま立ち消えになったかに思われたが、北浜銀行が再建されると、ふたたび蒸し返された。

すなわち、前章で見たように、再建された北浜銀行は小林に箕面有馬電気軌道株をすべて買い取れと迫ったのだが、小林はここで勝負に出なければ阪神に合併されるのは必至と見て、乾坤一《けんこんいっ》擲《てき》の大博打を打ち、株式引き取りに成功したのである。そして、阪神に買収される恐れが薄らぐや、今度は積極的な「攻め」に転じることにした。北浜銀行保有の灘《なだ》循環電気軌道の全株式の買い取りである。灘循環線の全株式を買い取ることができたら、箕面有馬電気軌道は十三《じゅうそう》—門戸《もんど》(現・西宮北口駅)と神戸(現・神戸三宮駅)をつないで阪神間を結ぶ基幹鉄道の仲間入りを果たせるが、しかし、そうなったら同じ区間の海側を走る阪神が黙っていないのは火を見るよりも明らかである。

では、喉から手が出るほどに欲しい灘循環線の株式を阪神にそうとは気取られないようにして、いかに北浜銀行から買い取ればいいのか?

小林は思案に思案を重ねたあげく、次のような提案を阪神の専務でもある北浜銀行取締役・今西林三郎に対して行うことにした。

第一案　灘巡環全株式を高倉頭取は既に阪神に買収方を勧告し、阪神側も之を諒とせられた以上は箕面電車は阪神山手線計画を放棄する、その場合には当社の十三、門戸間の特許線

は不用になるから、これに要したる建設実費（二万円以下と記憶す）を阪神より当社に支払ふべきこと

第二案　万一阪神が灘巡環線はいらないといふ場合には、灘巡環線は両社の競争を避ける為めに両社にて買収経営すること

第三案　以上二案に対し阪神電車の同意を受けられない場合には北銀の整理上、一日も早く解決してほしいと強要されて居るのであるから、箕面電車は止《や》むを得ず灘巡環線を買収して阪神山手線の建設に決意すること、此《この》場合、阪神電車は、我々の好意的交渉のあった事情を忘れないやうにしてほしいこと（『逸翁自叙伝』）

結果から先にいうと、第三案が阪神の今西専務に了承され、阪神は箕面有馬電気軌道が灘循環線の買収・経営に乗り出しても決して異議申し立ては行わないという一筆を得たのである。

阪神の巻き返し

では、阪神はなにゆえに、将来、最大のライバルとなることが予想されたにもかかわらず、箕面有馬電気軌道による灘循環線の買収に合意してしまったのだろうか？

一つは、すでに開通し利益を上げている鉄道に対して、それと並行する鉄道を、しかも人口密度からしてはるかに利益が薄いと予想される鉄道を自社で新たに敷設するということは常識に反するからである。第一案、第二案とも、阪神が灘循環線を敷設・経営するという要件が入っているから、これらは阪神からすると考慮するまでもないということであった。

とはいえ、自社線と並行する新しい鉄道が開通したら、同じ阪神間であるから多少の影響は出るかもしれない。これを阪神は予想しなかったのだろうか？

もちろん予想したのだが、しかし阪神は、箕面有馬電気軌道に灘循環線の株を買いとって鉄道を敷設できるだけの資金があるとはまったく思っていなかった。それどころか、もし小林がそんな暴挙に出たら、岩下清周が大阪電気軌道で失敗したように、箕面有馬電気軌道株は暴落し、破産は必至だと踏んだのである。そして、阪神としてはこれが一番良いオプションだった。なぜなら、その時には灘循環線は宙に浮いて、阪神に並行する「阪神山手線」は実現する前に立ち消えになることは間違いないからだ。

もちろん、小林は阪神側のこうした思惑はとうに織り込み済みだった。だから、今西から回答があると、大正五（一九一六）年四月二十八日に臨時株主総会を開催し、灘循環特許線買収を決議し、ただちに十三—門戸線との合併の許可申請を行った。

阪神はこれに仰天した。よもや小林がそこまでやるとは思っていなかったのである。そこで、ただちに計画を妨害する手段を講じた。

一つは、株主から株主総会無効の訴えを起こさせることである。事実、今西の番頭で一〇〇株を所有する結城林清および今西の知り合いの株式仲買人・那須善治が株主総会無効確認の訴訟を起こした。もう一つは、灘循環線設立の経緯を調べさせ、岩下が振替手形で資金調達を行っていたことを盾に虚偽の会社設立登記をしたとして箕面有馬電気軌道取締役・速水太郎を相手取って訴訟を起こしたのである。

訴訟の決着まで両三年はかかりそうだが、しかし、小林としてはそれまで待っているわけにはいかない。幸い、訴訟は勝訴しそうな見通しとなったので、妨害工作などに頓着せずに用地買収を始め、着工準備に取り掛かったが、しかし、そのための資金はいったいどこで調達したらいいのだろうか？

苦しい財政の中から灘巡環線買収費を北銀に仕払った。（中略）然《しか》し権利を維持するだけでは、私達の生命はここに終るかもしれない。丸裸で飛び出した事業家として、其《その》第一歩が此《この》資金難を如何《いか》に解決し、建設工事に着手すべきか、実は私には相談対手《あいて》がなかったのである。（『逸翁自叙伝』）

小林はこの時期の資金調達の苦しさを回想して「今でも夢に見ることがあるくらゐの惨憺《さんたん》たる情勢であった」（『逸翁自叙伝』）と述べているが、まさに人生最大のピンチだったのだろう。

というのも、北浜銀行とは縁を切って以来、箕面有馬電気軌道のメインバンクは加島銀行になっていたが、その加島銀行の頭取は、岩下の下で大阪電気軌道の社長をつとめていながら、そこから逃げ出した廣岡《ひろおか》恵三であったから、電鉄資金は鬼門だとしてまったく取りあってくれなかったからである。

しかし、幸いしたのは、灘循環線の買収を決めた大正五（一九一六）年は第一次大戦開始から二年たって日本が空前の戦争特需に沸いていた時期だったことである。つまり、銀行家以外にも大金を融通できる大金持ちがたくさん生まれていたのだ。

小林はそうした戦争成金の一人である岸本兼太郎を訪ねることにした。箕面動物園の廃園で使用目的を失った賓客接待用施設・松風閣を北浜銀行整理で処分しなければならなくなったとき、これを岸本兼太郎に買い取ってもらったという経緯がある。だから、もしかすると、岸本は今回も資金調達に応じてくれるかもしれないと考えたのだ。

雨の日も風の日も、その幾日かを、私は西長堀の事務所を訪問して、阪神間新電鉄建設計画の詳細を陳述した。(『逸翁自叙伝』)

すると、岸本は電鉄敷設などよりも今は船を買うべきときだとまくし立て、金は後払いでいいから一隻買っておけと小林に勧めたが、小林は「私は一人一業でゆき度《た》いです、いくらまうかっても、初めての仕事の船舶をやってまで、お金は欲しくありません、それよりも私が死ぬか活きるかの電鉄を助けて下さい」(『逸翁自叙伝』)と資金援助を懇願した。

こうした小林の熱意にほだされたのか、岸本はついに融資に同意し、六分五厘の低利息で三〇〇万円という大金を貸してくれた。

しかし、小林の苦難はこれで終わったわけではなかった。戦争特需で建設資材と工賃が高騰したばかりか、大正六(一九一七)年の秋には箕面有馬電気軌道の十三—三国《みくに》間の線路が新淀川《しんよどがわ》と神崎川《かんざきがわ》の堤防決壊で冠水し、一五日間、運休停止となったからである。

だが、勝負に出た小林にとって最大の難関となったのは、灘循環線を引き継ぐ神戸線のルートに予定していた伊丹《いたみ》町(現・伊丹市)と住吉村(現・神戸市東灘《ひがしなだ》区)で反対運動が起こったことだった。

すなわち、当初は伊丹の南端を線路が通ることになっており、伊丹に駅も予定されていたのが、路線変更になり、伊丹には線路が通らないことになったため、伊丹の住民が怒って路線変更反対運動を繰り広げたのである。その結果、現在のように神戸線は塚口経由となり、そこから伊丹へと支線が伸びるというかたちにならざるをえなくなった。

いっぽう、住吉村では大地主で朝日新聞社主である村山龍平《りょうへい》が敷地内を神戸線が通るのはまかりならぬと地主たちの先頭に立って反対運動を始めた。これに対して、小林は一歩も引かぬ構えを見せたが、最後には妥協して、線路を村山邸の敷地を北側に迂回して敷設することに同意した。村山は関西財界の大立者だったし、朝日新聞社主だからどんなかたちで復讐されるかわからないと考え、ここは恩を売っておくことにしたようである。

「マア、ガラアキ」阪急電鉄、ここに誕生す

しかし、こうした路線変更は用地買収のやり直しを意味したから、建設総額は当然、大幅に膨らむことになり、資金需要はさらに逼迫《ひっぱく》する。だが、小林は踏ん張り抜いた。

憂き事の尚《な》ほ此上《このうえ》に積れかしと、私達は空元気を出して積極的に行動した。翌大正七〔一九一八〕年二月四日、社名を阪神急行電鉄株式会社〔略称：阪急電鉄〕と改名して猛進した。かくして大正九〔一九二〇〕年七月十六日、神戸線が開通したのである。（『逸翁自叙伝』）

こう書き付けて、小林は昭和七（一九三二）年に書いた手記を引用するが、それには、こんな

ことが記されていた。

私はかういふ広告文を書いた『新しく開通した大阪（神戸）ゆき急行電車、綺麗で、早《はよ》うて、ガラアキで、眺めの素敵によい涼しい電車』それがお家芸の一枚看板、電車正面の此広告が、阪神間の全新聞紙に載った時の私の嬉しさ、アア、ガラアキ電車！　オールスチールカー、四輛連結、三十分で突走してゐるあの日本一の電車の前身である、たった一輛のガラアキ電車！（『逸翁自叙伝』）

なんという驚くべきキャッチコピーであろうか！　いかに大阪では自虐ネタが受けるとはいえ、念願の神戸線の電車を自ら「ガラアキ電車」と命名するとは！　小林は破れかぶれでこんなキャッチコピーをつくったのだろうか？

もちろん、否《いな》である。深慮遠謀の末に出てきたコピーにほかならない。

小林が灘循環線の買収にこだわったのは、一つには、それが大阪―神戸間の基幹鉄道を可能にするからであるが、もう一つの理由として、箕面有馬電気軌道で実証済みのように、沿線に優良住宅地を開発して不動産収入を得るということがあった。

小林が鉄道事業に乗り出すに当たってターゲットとしたのは日清・日露の戦争を契機にして日本にも生まれつつあった都市部中産階級、すなわち自分がかつてそうであったようなサラリーマン階級であるが、このサラリーマン階級というのは、原則として住居と勤め先が分離しており、朝と晩にこの二つを往復するだけで、従来の大阪人のような地域密着型の生活ではない。接待でも自費での飲み会でも居住地域の店を使うことはなく、そうした場合には仕事の延長として北の新地を使うだろう。となったら、梅田から阪急電鉄に乗ったら、あとは一路、自宅のある駅を目指すしかないが、その場合には座席に座れてしかも短時間で着くのがベストである。

つまり、小林は、阪急というのはサラリーマンたちのための電車であるという前提から逆算して、「新しく開通した大阪（神戸）ゆき急行電車、綺麗で、早うて、ガラアキで、眺めの素敵によい涼しい電車」というコピーを考え出したのである。たしかに、自宅と勤め先を往復するだけのサラリーマンにとっては、ガラアキで道中、座って快適に過ごせ、しかも、緑の多い景色を見ながら爽快な気分で、短時間で目的地に着きたいと思うはずだ。小林のコピーはサラリーマンの願望をすべて言い表していたのだ。

実際、開通したときからすでに阪急は速かった。三宅晴輝の『小林一三伝』（東洋書館）によると、阪神が梅田―神戸（三ノ宮）間を一時間以上かけて走っていたのに対し、阪急は大型ボギー車両が梅田―神戸（上筒井《かみつつい》）間を四二分で走った。大正十五（一九二六）年には梅田高架線の複々線化と三両編成が完了し、スピードはさらにアップして三五分で梅田―神戸間を結んだのである。

こうした短時間運転の秘訣を当時のパンフレット「阪神急行電鉄株式会社線路図」はこう端的に説明している。

「大阪ゆき急行電車は乗心地がよくて中間に停留場の数が僅か八ツしかない（阪神電車の中間停留場は三十三個所）から速力が早い」

おそらく、小林はアメリカで頻繁に使われている「比較広告」を日本で最初に用いたアドマンではないだろうか？　たしかに、八駅対三三駅では阪急のほうが速いに決まっているのである。

こうした「速くて快適な阪急」というイメージは確実に乗客数を増加させた。運輸収入は大正八（一九一九）年下半期の七〇万円が、大正九（一九二〇）年下半期には一四七万円、二年後の大正十（一九二一）年下半期には一八〇万円という具合に急テンポで上昇していったのである。おかげで、大正十年十二月三十一日には、岸本兼太郎から借りた三〇〇万円をすべて返済することができた。

確執のゆくえ

このように事業のターゲットを正しく見抜き、ターゲットの欲する条件を次々に満たしていった小林は、後年、阪神との鍔《つば》ぜり合いの思い出を「あの頃・この頃」（『私の行き方』収録）というエッセイで、こんなふうに述懐することになるのである。

要するに阪神の方で、ひとを見くびってゐたことが、今日落伍することになった理由だ。あの場合先方に目のある人間がゐたら、現在のやうなことにはなってゐなかったらう。（『小林一三全集』第三巻）

阪神との合併話は阪急開通後にも再燃した。富士山麓に隠棲していた岩下清周がわざわざ来阪し、小林に阪神電鉄の社長片岡直輝からの合併提案を伝えたのである。小林は状況から判断して阪急が阪神を合併するものとばかり思っていたので前向きに検討を始めたが、実際には阪神が阪急を合併するのが片岡の意向だと判明したため、土壇場で提案を拒否し、結局、合併話は立ち消えとなった。

以後、阪急と阪神は確執を続けたが、二十一世紀に入り、阪急電鉄の持株会社となった阪急ホールディングスは、平成十八（二〇〇六）年、村上ファンドの阪神株買い占め問題をきっかけにして阪神電鉄の株式をＴＯＢで取得、阪神を完全子会社化して両社を経営統合し、「阪急阪神ホールディングス」と社名変更した。これにより、約一〇〇年にわたって繰り広げられた阪急と阪神との確執にとうとう決着がついたのである。

第十二章　番外篇①「阪急」が文化になりえた理由

キーワードは「言語」と「家族」

大正七（一九一八）年、箕面有馬電気軌道は社名を阪神急行電鉄に改称したが、その略称である「阪急」はたんなる鉄道会社の名称であることを超えて、阪神間の郊外文化、東京には存在しない独特の雰囲気を持つ文化の記号となった。だが、「阪急」が文化的記号となったのはなにゆえであろうかと考えてみると、これがよくわからない。

もちろん、小林一三が乗客数増加のために工夫した沿線分譲地開発、宝塚歌劇団、梅田のターミナルデパート等が「阪急文化」を醸成するもととなったことは明白なのだが、この芳醇なブレンドが何を核にして形成されたのかという点になると、だれひとりとしてうまく答えられないのである。

ただ、長年文筆を業にしていると、わからない理由についてはよくわかるようになる。それは「阪急文化」という集団的無意識の意識的作者が小林一三だということはわかっても、ひとたび集団的無意識となってからは分析のしようがなくなるということだ。だが、それでも手掛かりはなくはない。一つは言語、もう一つは家族である。

このうち少なくとも言語については、私自身の原体験がある。あれはたしか、大学教員になって二年目の昭和五十四（一九七九）年、梅田から初めて阪急神戸線に乗ったときのことだったと記憶する。途中駅から乗り込んできた若い女性たちの会話を耳にしたとき、彼女たちの話す言葉の音韻とイントネーションに完全に魅了されたのだ。阪急沿線の若い女性の会話は私の耳にまるで音楽のように響いたのである。

といっても、この音楽のような会話が「阪急文化」の核心であるなどとそのとき気づいたわけではない。ただ「なるほど、谷崎潤一郎が関東大震災を機に関西移住を決意し、阪急沿線に居を定めたのはこの阪急沿線の女性言葉の魅力にあったのだ」ということは理解した。だが、理解はそこまでで分析にまでは至らなかった。

核となるのは宝塚歌劇団の座員用語

蒙を啓《ひら》いてくれたのは、谷崎を読み返すために開いた『現代日本文学全集71（谷崎潤一郎集2）』（筑摩書房）の巻末に掲載されていた折口信夫の「『細雪』の女」という評論である。折口はそこで、谷崎が慣れ親しんだ東京を離れ、阪急沿線に居を定めたのは、古典に通じていて京阪の風物・人情に汲めども尽きせぬ興味を感じてはいるものの、その一方で、「而《しか》も極度に鄙《ひな》の生活に興味を持つ事の出来ぬ生ひ立ちは、故《ことさ》ら流竄《りゅうざん》の風情は十分に味《あじわ》ひながら、尚《なお》田園に、泰西都市の幻を見ることの出来る、阪神電車沿線に居を定めて、心がおちついたのであらう」と分析し、その環境で真っ先に谷崎の興味を引いたのは言語であったに違いないと当たりをつけて、こう述べているのである。

私が大阪語に持つやうな感情を、東京語に持つこの人が、更に紙上における対話の表現を第一技術とする小説家だつたことを思はねばならぬ。其《それ》だけに、第二標準語として——東京語に対して——利用の出来る京阪語に、心惹かれぬ筈はない、殊《こと》に其《その》中心となる大阪語は、近年俄《にわ》かに、一つの飛躍を遂げようとする様子を見せてゐた。その動機は何ともあれ、とりわけ其《その》婦人語において、一つの準拠となるらしいものが現れて来た。宝塚歌劇団の座員用語である。此語の紛雑混淆《こんこう》した形が、ある側から言へば、又なき誘惑を持つてゐるのであらう。大阪語の流れに東京語の放恣《ほうし》なとり入れ、良家の子女の語の中に、遊所の語の舌たるさを加へて、而《しか》も其等《それら》の錯綜した言語の奔流の、其仄《ほの》かに目ざす所は、西洋語の持つ気分と表現力の獲得にあるらしい。かうした意欲を持つた語が、今尚《いまなお》京阪神の女性の間で、盛り上げ、膨らまされ、つき固められして、口語上の新文体成立の過程にあるのだ。谷崎さんが、これをとりあげない筈はない。私どもは、此《この》新語構成運動の渦巻に、この人の捲《ま》きこまれてゐる姿を見て、将来の大阪語の為に感謝してゐた訳である。

凄い！　ほとんどこれで決まりである。すなわち、われわれが「阪急文化」という言葉で漠然としたイメージを思い浮かべている集団の無意識の「核」にあるのは、じつに「宝塚歌劇団の座員用語」だったのである。さすがは日本語にだれよりも精通していた折口だけのことはある。と、勝手に驚嘆してばかりでは、読者から苦情がくるだろうから、私なりの分析を示しておこう。

「阪急」から「文化」が生まれたとすれば、それは、小林が宝塚歌劇団をつくり、団員養成のための宝塚音楽学校を組織したことにあったにちがいない。そこに応募してきたのは、従来のスペクタクル業界の人間とはまったく異なった、なんらかのかたちで自己表現したいという意欲をもった良家の子女だった。この良家の子女たちは小林の教育方針に基づいて西洋音楽と日本舞踊、セリフとしての東京語などを学ばせられたが、本来のラングである大阪語に新しい語彙として東京語を取り入れる一方、日本舞踊などの源流にある「遊所の語の舌たるさ」を加味しつつ、全体をブルジョワの親たちの志向であるハイカラ趣味でまとめて、集団的創作たる「宝塚歌劇団の座員用語」を生んだのである。この座員用語は、そこが同時に学校であったことから、次のように小林が分析する「過程＝家庭」を経て、広く拡散していったものと思われる。

前にも述べたように、私が宝塚音楽学校をつくって四十一年だ。その間卒業生が何人出たか、ずっと古い人から数え上げると二千人は出ているだろう。（中略）そのうち、現在いわゆる芸能人として名をなしている人が三十七人しかいない。あとの千九百六十三人はどうしているかというと、ほとんど家庭の人となっている。これは無理もないと思うことで、（中略）十八、九までにおおよその素質なり、有望であるか見込みがないか、ということがわかるから、その間にどんどん退校してお嫁にいく。奥さんとしては、いわゆる芸術的教養があって、音楽もでき、踊りもできというふうで、手前みそで言えば、彼女らはみんな「上品なマダム」なのである。（「宝塚生い立ちの記」『宝塚漫筆』収録、『小林一三全集』第二巻）

そう、「阪急文化」の核に当たるのは、宝塚歌劇団よりも宝塚音楽学校だったのである。宝塚の舞台に立つことのできた生徒たちよりも、舞台に立つことなく満期退学ないしは中途退学してお嫁にいった生徒たちの方がはるかに多かったから、彼女たちを介して「宝塚歌劇団の座員用語」は拡散し、さらにそれが家庭において子・孫を通して縦にも伝わることによって、一つの「階層の言葉」、折口に従うなら「第二標準語」となっていったのだ。

また、この「第二標準語」は「横」にも広がっていった。大阪市内から阪急沿線に移転した高等女学校の女子生徒にもこの「第二標準語」は浸透していったからである。

阪急は乗客増加策のひとつとして学校の誘致をはかった。関西《かんせい》学院や神戸女学院が神戸市内から今津線の沿線に移ったのもこの一環と言えよう。宝塚線でも歴史の古い梅花《ばいか》高等女学校が、大阪市内の北野から豊中《とよなか》へ移転した。（橋本雅夫『阪急電車青春物語』草思社）

同書によると、阪急は沿線に多い女学校のために「女子生徒専用電車」が走っていたという。すなわち、今津線では門戸厄神《もんどやくじん》にあった神戸女学院のために、小林《おばやし》にあった聖心女子学院のために、宝塚線では豊中の梅花高等女学校と石橋の宣真《せんしん》高等女学校のために、それぞれ時間と区間限定で「貸切―〇〇高等女学校専用車」という側板を吊《つ》るした電車が走っていたのだ。これでは「宝塚歌劇団の座員用語」から生まれた「第二標準語」の拡散が早まるのもむべなるかなである。

だが、なにゆえにこの「第二標準語」＝「宝塚歌劇団の座員用語」が京阪神に新しい文化を生み出すに至ったのか？　それは折口の分析にあるように、大阪的要素＋東京的要素、良家の子女的要素＋遊所の女の子的要素という二つの軸によるブレンドがさらに混淆して、最終的には、それまでの日本にはなかった西洋的な「なにか」が引き出されてきたからなのである。そこからは谷崎の『細雪』が生まれてきたばかりか、何代かのマザーズ・タングを経たあとにあの村上春樹の文体もつくりだされたにちがいない。村上春樹の文体のルーツをたどれば、「宝塚歌劇団の座員用語」に行き着くはずなのである。

サントリーに息づく阪急文化

小林のつくった「阪急文化」が集団的な無意識にまでなった要因の第二はおそらく「家族」にある。「阪急」沿線に生まれた新しい家族形態が新しい集団的無意識を生み出すに至ったのだ。

一つ、サンプルを選んで「阪急」沿線の新しい家族形態とはどのようなものであったかを調べてみよう。例として取り上げるのは、サントリーの創業者・鳥井信治郎《とりいしんじろう》とその次男でサントリーの社長・会長を歴任した佐治敬三《さじけいぞう》の一家である。『佐治敬三――夢、大きく膨らませてみなはれ』(ミネルヴァ書房)の著者・小玉武が指摘しているように、佐治敬三という日本を代表する経営者の自己形成には「阪急文化」が大きく影響しているのである。佐治敬三は社史『やってみなはれ――サントリーの70年Ｉ』でこう語っている。

私が生まれたのは、大阪の船場、薬の町としてきこえた道修町《どしょうまち》の一角であった。(中略)当時父はすでに四十をこえていて赤玉ポートワインが順調にのび寿屋《ことぶきや》もやっと一息ついていた頃のことである。

間もなく父はその居宅を大阪府下の池田町(今は市)宇満寿美《ますみ》に移した。当時の池田はほぼつぼつ新しい家がたち始め、今日でいえば新興住宅地、それもやや高級の部類に属していた。文化住宅風の、突き出た破風の西洋瓦の屋根があって、家の前を小さな川のせせらぎが流れ、あたりは閑静なたたずまいだった。

改めて指摘するまでもなく、鳥井信治郎が幼い佐治敬三を連れて引っ越した池田町字満寿美は、小林一三が池田室町《むろまち》分譲地に次いで開発した第二期分譲地である。鳥井信治郎は、子供たち（長男・吉太郎《きちたろう》、次男・敬三）のことを思って土地と建物を購入したのだろうが、三男の道夫が生まれて家が手狭になったのか、しばらくして、同じ阪急宝塚線沿線の雲雀丘《ひばりがおか》に転居することになる。雲雀丘は阿部元太郎というディベロッパーが開発した分譲地であったが、ここもまた小林一三のコンセプトを忠実に受け継いだ新興階級のための高級住宅地であった。佐治敬三はこの家から橋詰《はしづめ》せみ郎《ろう》というユニークな教育家の主宰する「家なき幼稚園」に通い、そのあとは池田にあった府立師範学校附属小学校に電車通学したというから、まったく絵に描いたような阪急沿線住民であったのだ。

雲雀丘の家には、日本座敷のほかに洋館と呼ぶ一隅があった。スペイン風デザインの暖炉をしつらえた、本格的な建築であった。（中略）洋館の建設がどんな意図に基づいていたかは詳《つまび》らかではないが、父の心の中の鬱勃《うつぼつ》たる西洋指向、ハイカラ好みが吹き出したものではなかったか。（中略）夏になると父は、パリッとアイロンのきいた白い麻の背広に身をかためて出勤するのを常とした。まさしくダンディなハイカラ男であった。このハイカラさが父の身上。それなしでは、ウイスキーなどやれたものではなかったであろう。その父に影響されて母もいつしかハイカラになっていった。もともと面長で目もとすずしく色白大柄な母は、和服が似合う美人であったが、亭主の好きな赤烏帽子《あかえぼし》、洋装もよく着こなしていた。白い裳《も》すそをひるがえす母の姿は絵にかいたように美しかったにちがいない。(佐治敬三『へんこつなんこつ』日本経済新聞社)

阪急沿線の分譲地を住まいとして選んだ新興実業家の家庭の雰囲気をよく表している一文である。佐治敬三の父・鳥井信治郎は大阪市東区釣鐘町《つりがねちょう》の両替商の次男として生まれ、小学校の高等科を終えると市立大阪商業学校に進んだが、十四歳のときにこの学校を中退して、当時の商人の慣習に従って道修町の薬種問屋・小西儀助《ぎすけ》商店に丁稚奉公に入った。そして、この店で葡萄酒やウィスキーの作り方を覚えると、七年後の明治三十二(一八九九)年に独立し、サントリーの前身である「鳥井商店」を開業する。この経歴からもおおよそ想像がつくように、伝統的な大阪商人としての出自ながら、洋酒という新しい時代の商品に目をつけて、東京から吹いてくる西洋の風を受け止めるために高く帆を掲げようとしていた進取的な実業家であった。

ところで、この経歴の中でわれわれが注目すべきは、鳥井信治郎が、家業を継ぐ必要も両親と同居する必要もない次男坊であったことである。次男であったからこそ生地の釣鐘町を離れ、核家族となって阪急沿線にモダンな邸宅を求めることができたのだ。雲雀丘の新宅には老いた母親を同居させたようだが、これは成功した息子としての義務を果したということで、鳥井信治郎自身は直系家族の家父長的な秩序からは完全に切れていた。鳥井信治郎一家は、大正という時代が生んだ核家族の理想を小林が開発した阪急沿線のスペイン風洋館の中に見出したのである。

とはいえ、鳥井信治郎においては「イエ」を存続させるという直系家族の価値観が完全に払拭されていたわけではない。佐治敬三が回想する次のエピソードからも明らかである。

たしか小学校六年を終えた春休みの頃、私は誠に重大な人生の転機に出逢《であ》うことになる。養子である。両親はそのことをとうの昔から承知していたのであろうが、私にとってはまさに青天の霹靂《へきれき》、今の今まで鳥井姓を名のり、両親のもとで何不自由なく過ごしていた自分が、明日から他人の姓に変わる。実際何がどう変わるのか知っていたわけではないが、ただ無性に悲しく、やり場のない思いに母の膝にすがった。(中略)中学入学と同時に私の姓は鳥井から佐治に変わったが、生活は変わることはなかった。(『へんこつ　なんこつ』)

すなわち、両親は、男子の跡継ぎのいない親類の佐治家に頼まれて、次男の敬三を養子に出すことに同意したのである。それはあくまで戸籍上の形式的な措置にすぎず、佐治敬三はあいかわらず両親とともに雲雀丘の家で暮らし、そこから七年制の府立浪速《なにわ》高等学校尋常科へ通ったが、この養子ショックと浪速高等学校尋常科二年のときに最愛の母をチフスで亡くしたことが原因となり、敬三は学校を病欠し、悩み多き一時期を送る。復学後、学問に目覚め、研究者への道を進むが、戦後、早世した兄の跡をつぐかたちで寿屋に入社し、サントリー大発展のレールを敷くことになる。小玉武はサントリーの社風の中に、「阪急文化」のDNAを見ているが、まさにその通りだろう。ちなみに、早世した吉太郎の妻は小林一三の次女春子。その長男である鳥井信一郎は佐治敬三の跡を受けてサントリー三代目社長に就任することとなる。

四方田家に見る阪急的家族

このように、小林一三が生んだ「阪急文化」は、小林家と鳥井家という二つの家系に分流したあと、『失われた時を求めて』で「スワン家の方へ」と「ゲルマント家の方へ」という二つの道がジルベルトとサン・ルーの結婚によって一本の道となったように、やがて一つに合流するのであるが、しかし、鳥井家一つをもって「阪急文化」を象徴させるのはあまりに強引という声が聞こえてくるかもしれない。帰納法をより強力なものにするにはもう一つのサンプルを取り上げなければならない。

大阪堂島《どうじま》の大物弁護士・四方田保《よもたたもつ》の一家である。小林一三が売り出した箕面駅の広大な分譲地を購入したことと、お互い茶器を愛する数奇者《すきしゃ》同士ということで四方田保は一三と深い親交を結ぶことになるのだが、その最初の妻・柳子《りゅうこ》、および柳子の死後、後添いとなった美恵《みえ》、および保・美恵の一人娘だった昌子がつくりあげた四方田家の肖像は、保と美恵の孫である四方田犬《いぬ》彦《ひこ》が巧みに描き出している。

四方田保が小林一三の提案する箕面村分譲計画に賛成して敷地を購入し、二階建ての日本家屋を建てたのは1916年のことであった。箕面が梅田を起点とする「箕面有馬電気軌道」（後の阪急電鉄）の終着駅となって6年後のことであり、駅から分譲地まではまだ一面の水田と畑だった。分譲は一区画千坪の規模で行なわれた。保が求めたのは分譲地の一番西、箕面川に沿った四区画である。川べりの細い付属地を加えると、敷地は全体で4300坪であった。通りを隔てた向かいには、時を同じくして有馬汽船の社長の瀟洒な洋館が建てられた。左隣はその家作だった。箕面川にかけられた橋を渡ったところには製糖業を営む堀家の上屋敷と下屋敷があり、広々としたテニスコートが覗《のぞ》いて見えた。（四方田犬彦『母の母、その彼方に』新潮社）

四方田保は明治十三（一八八〇）年に松江に生まれ、苦学して京都帝国大学法科大学に入って弁護士を目指したが、たまたま帰省したさいに日本女子大学出の柳子と出会って恋に落ち、学生結婚をする。弁護士として独立するとシーメンス事件を初め数々の大事件を手掛けるうちに大阪を代表する弁護士となり、既述のように大正五（一九一六）年に大阪市内を離れて箕面に広大な土地を買い、四人の息子と妻とともに移り住んだのである。ある意味、典型的な阪急沿線の新興ブルジョワジーだが、妻の柳子もまたいかにもこの時代の阪急沿線を象徴するような女性だった。というのも、日本女子大の恩師・高島平三郎《へいざぶろう》に感化されて児童心理学を研究した柳子は保との結婚後、子育てをしながら、前述の橋詰せみ郎の主張に賛同して箕面に「家なき幼稚園」を開き、初代園長となったからである。そのときに資金援助してくれたのは、阪神線開通のさいに小林一三が融資を仰いだ岸本兼太郎だった。両家の結び付きの深さを感じさせるエピソードである。柳子は子育てと幼稚園の激務が重なったのか、一九二九（昭和四）年に四十四歳で乳癌で没するが、その後、保の後添いとなった美恵もまた、別の意味で「阪急文化」の体現者であった。四方田犬彦は、祖母が好きだったものを、プルーストの『失われた時を求めて』のオデットのシックなものの列挙を意識しながら次のように書き連ねてみせるのである。

美恵が好きだったのは相撲だった。それからマンドリン。六甲山ホテルでの長い避暑。宝塚少女歌劇。食べものでは、近江の鮒鮨《ふなずし》。神戸のゴーフル。奥能勢《おくのせ》にある鮎茶屋の鮎。小ぶりの慈姑《くわい》。桜井の瓢《ひさご》から取り寄せる蒸し鮨。毎年暮れになると松江から送られてくる野焼き。酒の粕を包んだ手造りの菓子。

玄関のわきに飾られていた巨大な硨磲《しゃこ》貝。アドルフ・マンジュー。小豆色をした阪急電車。大輪に咲き誇った牡丹。銀杏。小林古径《こけい》の絵。玉造温泉。毛皮のコート。紅葉した満天星《どうだんつつじ》の生垣。(『母の母、その彼方に』)

保と美恵の間にできた一人娘・昌子は、より具体的な意味あいで「阪急文化」の体現者だった。小学校のときからピアノを習う一方で、地唄舞の流れをくむ楳茂都《うめもと》流の踊りを習っていたこともあり、梅花高等女学校に入学すると当然のように宝塚に熱狂したからである。四方田犬彦は昌子が宝塚に入れあげたあげくに、父のところに遊びに来ていた小林一三に、文化祭のために宝塚の衣装を借りたいと申し出たときのエピソードを記しているが、それについては原著に当たっていただくことにして、ここでは、祖父母、とりわけ美恵から受け継いできたものが「わたしの無意識にまで到達して」いると四方田犬彦が結論していることを特記しておこう。おそらく、その一部は折口信夫のいうような「第二標準語」であり、四方田犬彦はこの無意識の言語を通して「西洋語の持つ気分と表現力の獲得」(折口信夫「『細雪』の女」)に至ったにちがいない。

われわれは、ここにもまた一人、小林一三の末裔を見出すことができるのである。

第十三章　百貨店篇①　ターミナルデパート「阪急百貨店」の誕生

東京で見た既存デパートの矛盾

小林一三は三井銀行時代、大阪支店の上司だった高橋義雄から三越呉服店に誘われてその気になったこともあるくらいで、デパート経営にはもともとかなりの関心を抱いていた。そのためだろうか、阪急の経営が軌道に乗ると、ターミナルビルを利用したデパート経営の可能性を考えるようになる。大正八、九年（一九一九―二〇年）のことである。

ところが、同郷の誼《よし》みで松屋呉服店の主人に相談を持ちかけてみたところ、「それは君止《よ》し給へ、百貨店などは素人にやれるものではない、他の事は兎《と》に角《かく》、君の晩年を汚すから百貨店は止《や》め給へ」とあっさり却下されてしまった（「私の経営法」『小林一三全集』第三巻）。

その理由はいちいちごもっともであったが、しかし、小林はそれでも納得いかないものを感じたので、鉄道経営者という観点からひそかに東京のデパートを観察してみた。その結果、一つの大いなる矛盾を発見したのである。

私が当時東京の凡《あら》ゆる百貨店を見て驚いた事は、百貨店といふものは御客様を集める為《た》めに非常な金を使って居ります。その当時は百貨店は何処《どこ》でも只《ただ》で御客様を自動車で送り迎へをして居た。いろいろの催し物をして御客様を集めて居る。遠方まで下駄一足でも配達して居る。一日に何万人かの御客様を集める為めに凡ゆる努力をして居るのであります。私はかういふ状態を見て、「何たる馬鹿馬鹿しいことをやるのだらう、全体御客様を集めるのにそんなに金を掛けなければならぬのだらうか」かう考へた。（「私の経営法」）

この観察から、小林が導き出した結論は、こんな「馬鹿馬鹿しいこと」ができるのは、百貨店の利益率が非常に高いから、というものだった。つまり、百貨店が顧客集めに送迎サービスのようなことが可能なのは、販売の中核にしている婦人用の呉服や洋服などが、かなり高い利益率になるよう価格設定されているからだと見抜いたのである。

そして、それは三越が商法を真似たアメリカのデパートのやり方であった。小林は、「百貨店の経営法　根本的な行き方の差異」というエッセイの中で、自らが研究したアメリカを中心とした欧米のデパート商法についてこう述べている。

欧米の百貨店では、いかにして安く売るかということよりも、いかにしたらお客様に好感を売ることが出来るか、有利に売れればたとえお客様に不要なものでも巧妙な売方で売りつけるという行き方が多い。従って宣伝が第一であり、販売術が巧妙で色々客の気に入りそうなサービス等に非常な経費をかけるから、小売値段は通常卸売値段の倍になっているのが普通である。（「私の事業観」『小林一三全集』第一巻）

日本の百貨店は、一応、このアメリカ方式を輸入したのだが、利益率をアメリカ並みに高くすることは憚《はばか》られたので、利益率を抑える分、社員の勤労奉仕、つまりサービス残業や無給労働などによって不足分を補ったようである。しかし、それでも小林の目から見れば、無駄なところに金を使っている「馬鹿馬鹿しい」商法であることに変わりはなかった。

まずはしっかり観察を

では、小林はこうしたアメリカ式デパート商法、およびそれを日本式にアダプトした三越を始めとする東京の大手百貨店のやり方とは異なる方法として、どのようなものが可能だと思ったのだろうか？

まずは観察である。観察して、デパートというものはどれくらいの来客があれば商売として成り立つのかを判断することから始めなければならない。こうした場合、現代ではさまざまなマーケティング会社があり、アルバイトを駆使して乗客や通行客、あるいは来客の統計を取ることが多いが、小林はこの点に関しては特異な才能を持っていたので、既存のデパートを一巡りしてくるだけで十分だった。

梅田駅のプラットホームに立って二十分間もゐると、今日はお客様の数が何万人あるか、収入はいくらくらゐるといふことが直《す》ぐ想像出来る。電車に乗って一廻りすると摺《す》れ違ふ電車の人の乗り工合を見て、けふはどれほどの収入があるかなといふことが大体見当がつく。また映画を見ても表をひょっと見るとどのくらゐの入りがあるか見当がつく。百貨店でも地下室から八階まで上って、それからぐるぐる降りて来ると其日《そのひ》の売上が大抵《たいてい》想像出来る。さういふやうな人の動きとか波を見て歩くのは非常に面白い。（「私の経営法」）

では、小林が既存デパートを観察した結果、どれくらいの来客数があれば商売が可能と弾き出したのだろうか？　一番来客数の多いデパート（おそらく日本橋三越）で八万人、松屋で五万人というところだった。そして、小林はこうした統計から次のような、当時としては驚くべき結論を導き出したのである。

人の懐《ふとこ》ろを勘定して見ると、その当時は松屋が一日に彼れ是れ五万人、三越が八万人くらゐ、これだけの御客様を集めるのにそんなに金を使はなければならぬのならば、吾々《われわれ》の阪急のターミナルは当時一日十二三万人、御客様は放って置いても一日に十何万あるのですから、お客様を無理からに集める経費がいらない、此経費がいらぬものとせば私達は何処《どこ》より一割安く売ることが出来る。それが出来れば占めたものである。一割方安く売ってサーヴィスに全力を尽せば、如何に素人の寄合でもそれから先はお客様が商売を教へて下さる。後は無駄な金を使はないで一人も玄人には頼まず一生懸命やらう、さうすればきっと勝つぞといふ信念を持った。（「私の経営法」）

「ターミナルデパート」という革命

こうした計算はいまでこそ当たり前だが、小林がデパート経営を考え始めた大正八、九（一九一九―二〇）年頃の段階では、それこそ、途方もなく無謀な企てだったのである。では、小林が編み出したターミナルデパートという概念のどこがどのように革命的だったのか？

それは、「薄利多売」という昔からあった商法を統計学的な発想によって逆転してみせたことである。

すなわち、従来の薄利多売とは、まず「薄利」があって次に「多売」が来るようになっている。「薄利」→「多売」である。他の店で利益率五割で売っているものをその半分で売れば、客は二倍来るはずだから、総利益は利益率五割で売るのと同じである。だが、二倍売るには売り場面積が二倍多くなければならないし、従業員も二倍必要であるから、どうしても巨艦店が必要になる。巨艦店となったら、地価が高いところに出店するのは難しい。郊外の地価の安いところに出店するほかはない。こうした発想のもとにつくられたのが、今日、われわれが利用している郊外型のショッピングセンターであるが、しかし、それは車社会が到来してアクセスが容易になることで初めて可能になった商業システムであり、それ以前には「薄利」を謳《うた》っていても、アクセスの悪さから「多売」にはなかなか至らなかったものなのだ。

これに対し、小林のターミナルデパートはまず「多売」ありきでスタートしたシステムで、この点が既存デパートと決定的に違う点だった。既存デパートの多くは江戸時代の呉服店を発祥とし昔の盛り場にあったため、鉄道時代となってからは地の利がなくなった。そこで送迎サービスを行い、客に対して下へも置かぬへりくだりを見せ、客の「かしずかれている」快楽と交換に利益率を上げることができたのである。

小林はこれを馬鹿げていると考えた。ターミナルなら何もしないでも一日十数万人の乗降がある。そこにデパートをつくれば多売は間違いないと見なしたのである。

だから原理的には、ターミナルデパートで既存の百貨店と同じ商品を同じ価格（つまり同じ利益率）で売ることも不可能ではなかったのである。もし、そうしていたら、送迎サービスや「かしずきサービス」が不要な分、利益はより大きくなっていたことだろう。もちろん、新規参入に伴う「素人」的客あしらいというマイナス面があるから「同じ価格」ということはありえなかったかもしれないが、しかし、一割も価格を下げる必要はなかったはずである。客から見たら、最寄り駅からデパートまでの所要時間を短縮できるという別のメリットがあったのだから、同じ価格でも買う可能性は十分にあったのだ。だから、多売が初めから約束されているターミナルデパートで同じかあるいは少しだけ下げた利益率の商売をすれば、利益は膨大なものになったはずなのである。

だが、これは小林が理想とする商業理念とは相容れないものだった。

小林は、欧米のデパート商法と自分のデパート商法を比較した前出のテクストで、欧米の利益率の高いやり方を批判して次のように述べている。

アメリカの百貨店は流石《さすが》科学的経営法の本場だけあって、その宣伝や販売の巧妙さについてはたしかに眼につくことが多いことは事実である。然《しか》し彼等《ら》の行き方は、私共の行き方とはその出発点においては根本的に異っている。私どもの考えでは、お客様に対する本当のサービスは良い品を安く売るにある、そのためには買上品は持てるものはなるたけお客様に持って頂いて、それだけ経営費を少くして品物を安く売るように心掛けている。(中略)要するに彼等の行き方は、利益率を多くしそれだけ経費に金を費やし、サービスによって金のあるものからはどんな手段でもよい、うんとしぼりとって、残りは早くさばいてしまう、というやり方であるから、国情の異《ちが》う日本に、これを輸入するとなれば、余程考えてやらねばならないと思う。(「私の事業観」)

つまり、小林が理想とする商業の行き方とは、まず多売ということが保証されるのならば、それを担保として、利益率を下げることができる、つまり「多売」→「薄利」に基づいているのである。言いかえれば、どのような工夫をすれば「多売」が可能になるかを徹底的に考えたあげくに、それで行けるとなったら「薄利」を導入し、「多売」→「薄利」→「多売」→「薄利」の好循環を導き出すのが商業であると小林は考えていたということなのだ。この点を見誤ってはいけない。

利益はお客に返しなさい

それをよく示すのが、ダイヤモンド社の創業者・石山賢吉が紹介しているうなぎの名店への経営アドバイスである。これについては序章で引用したが、すでにお忘れの読者もいるはずだから、要約しながら再録しておこう。すなわち、うなぎ屋の主人から渡された決算報告書を見た小林は、

「相当に儲かっている。この上儲ける必要はない、これから、儲けをお客にお返しなさい」といい、女中へのチップを廃止するように提言し、主人がチップは女中の給料になっていると反論すると、こう述べたというのである。

「女中の給料は、店費から出せばいいじゃないか。それがすなわち、利益をお客に返すのだ。お客に利益を返せば、お客は又利益を持って来る。チップを廃せば、よい店だとなって、お客が多く来る。その利益は、チップ廃止の損失に優る」（石山賢吉「小林さんを追慕す」『小林一三翁の追想』）

このエピソードでは、うなぎ屋が十分利益を上げていたという事実に注目すべきなのだ。つまり多売が保証されているなら、その上で薄利を追求せよということなのであって、「薄利」↓「多売」の循環はそのあとに生じるのである。

では、「薄利」↓「多売」に比べて、「多売」↓「薄利」はどのようなメリットがあるのか？「薄利」↓「多売」を追求していけば、ひたすらスケールメリットを求めると同時に「薄利」の方も限度がなくなって、利益率がどんどん下がっていくという大きなデメリットがある。これに対し、「多売」↓「薄利」なら、利益率を下げるのはあくまで「利益をお客に返す」サービスであり、「お客に利益を返せば、お客は又利益を持って来る」という好循環を生むことになるのである。

これは、小林がモットーに掲げている「無理をしない」ということにも通じる。「薄利」を追求しすぎると無理が生じる。それに対して、送迎不要のターミナルデパートなのだから一割安くするという「多売」↓「薄利」は「無理をしない」という原則に則っているのである。

しかし、それだけでは足りないと、小林はいう。

事業家に欠くべからざるは研究心である。眼の着けどころがよいとか、よい着眼だとかいふが、どんなところへ眼をつけたって研究しなければ駄目だ。百貨店の送迎自動車から、電鉄会社のデパート兼営を思ひついたとする。思ひつきはよいがそれだけではなんにもならない。それをすぐ実際に研究してみようといふ研究心がなければ駄目だ。

研究に研究を重ねて、事業の大方針、基礎をしっかり作る。決して無理をしない。そのかはり、やり出したならば猛然として突貫する。やり掛けてダラダラしてゐたのでは駄目だ。やるまでには、綿密な注意、思慮、研究にずゐぶん手間をかけるが、一度大方針を立てたならば、猛然と何ものをも粉砕するといふだけの覚悟で進んでゆかなければならない。（「私の計算」『小林一三全集』第七巻）

「阪急百貨店」開店！

では、実際に、小林はターミナルデパートの完成までにいかなる「綿密な注意、思慮、研究」を行ったのだろうか？

まずは、「基礎をしっかり作る」ためにいまでいうアンテナショップを設けて、「研究に研究を重ねて」みることである。すなわち、大正九（一九二〇）年十一月に梅田に五階建ての阪急本社ビルが完成すると、小林は、三階以上を本社事務所にして、二階を阪急直営の「阪急食堂」に、一階を「白木屋《しろき》」にレンタルすることにした。白木屋とは売上歩合制にしたが、これは、毎日の売上実績のデータを入手することでターミナルデパートの可能性を探ることができると踏んだからである。また、食堂経営はすでに宝塚新温泉で十分経験済みであったから、こちらは直接経営とした。

やがて、どちらも結果が上々だと見ると、大正十四（一九二五）年に白木屋との契約切れと同時に本社機能を別のビルに移し、直営食堂を四・五階に移動させて面積を二倍にした。次に雑貨中心の「阪急マーケット」を二・三階に移して阪急直営としたが、しかし、本格的にデパート経営に乗り出すにはまだ研究が足りない。そう判断した小林は、数名の社員を欧米に派遣してデパートを研究させるかたわら、ターミナルデパートというものを成立させる条件を徹底的に考えることにする。

そして、研究の成果が十分に上がったと判断するや、「やり出したならば猛然として突貫する」という方針通り、昭和二（一九二七）年十一月に地下二階、地上八階建ての巨大ビルディングの建設に着手した。これが平成十七（二〇〇五）年に解体されるまで梅田のランドマークとなっていた「阪急百貨店」であり、私が日本的パサージュの中で最も好きだった「阪急梅田駅コンコース」（設計・伊東忠太《ちゅうた》）もこのときに着工されたものである。

「阪急百貨店」の工事は第一期が昭和四（一九二九）年三月、第二期が昭和六（一九三一）年十二月、第三期が昭和七（一九三二）年秋に完了。まずマーケットを新ビルに移すことから始めて、第二期工事完成のあと、昭和四年四月にいよいよ念願の「阪急百貨店」が開店したのである。そのときに新聞広告を飾ったコピーは「どこよりもよい品物を、どこよりも安く売りたい」であった。

無論最初の試みではあり、暖簾《のれん》や伝統といふものは一つもないので、営業方針なども現代人の要求にピッタリくるやう立案しなければならぬ。

買物に便利といふ点では少くも阪急電鉄を利用する十二、三万人に対しては既に他の百貨店に勝ってゐる。此《こ》の上は「よい品を安く売る」ことを標語に奮闘しなければならない。薄利多売の語は響きは古いが、やはりこれより外《ほか》に商売の秘訣はないと思った。

(「事業・東京型と大阪型」『私の行き方』収録、『小林一三全集』第三巻)

すでに指摘したように、小林のいう「薄利多売」は利益還元としての「多売薄利」であり、彼独特の商業道徳に基づくものである。ところで、実業家としての小林の特異さは、この商業道徳が顧客に対して適用されるだけではないことである。すなわち、商業道徳は、他の商人に対しても適用されねばならないということなのだ。

小林はこれを目玉商品としてのキャラメルを例にとって説明する。

当時一箱五銭だったキャラメルを四銭五厘で売ることはデパートにとっては十分可能である。一日一〇〇〇箱一ヵ月売っても損失は一五〇円にすぎない。これは薄利多売の評判を取るための宣伝費としてみれば安いものである。しかし、こうした商法は長い眼で見ると、必ずしも自己利益とはならない。

われわれの社会生活といふものは、自分さへ儲かれば他はどうなってもよいといふものではない。自由競争を基礎とする営利主義経済の組織に於ては、個別的利害の対立は止《や》むを得ないにしても他を冒さずに自分の立つ道があればそれに越したことはなからう。五銭のキャラメルを四銭五厘で売る。それが百貨店である場合には、たとへキャラメルで損をしても、他の商品で儲けることが出来るから埋合せもつくが、それではキャラメル専門の小売店が助からない。これは単にキャラメルばかりでなく、足袋《たび》にしても、靴にしても、それを犠牲品として売られたのでは小売店が致命傷を被るだらう。これは近頃の言葉で云へば小売商にボイコットをするものだ。かういふ事は心ある百貨店のなすべき途《みち》でない。

百貨店が価格の点で競争する場合は、よろしく自分の手で、自分の工夫で、自分の設備で製造した商品に限らるべきである。（中略）要は工夫である。すべていかなる経営も周到な用意と叡智により果敢に行へば必ず道は開けるものであることを確信する。（「事業・東京型と大阪型」）

では、具体的に、小林は「心ある百貨店」という王道を貫くためにどのような工夫を凝らしたのか？　また、それは次の事業展開においていかなるかたちで踏み台となったのだろうか？

第十四章　百貨店篇②　経営のイノベーターとして何が革新的か

「いいものをできるかぎり安く」

近代名経営者番付というものがあるとしたら、小林一三は今日でも間違いなく、東か西の横綱にランクされるだろう。しかし、そのランク付けの理由はというと、いろいろと意見が分かれる。伝記はすでにいくつも書かれているが、小林一三がなぜ経営者として偉かったのかという点に関しての理由付けは、さまざまである。

というわけで、ここらで改めて問うてみよう。経営のイノベーターとしての小林の偉大さはどこにあるのか、と。

これに答えるには、阪急電鉄と宝塚歌劇団で成功したあと、小林がどの分野に参入したかを考えてみるのが一番である。

というのも、阪急にかかわったのは半ば偶然であり、また宝塚歌劇団の経営は阪急から派生した副次的な産物であったのに対して、デパート経営、それと同時にデパート食堂経営、ついで劇場経営および劇場街経営、それからこれは意外に強調されていないが六甲山ホテルと第一ホテル経営などは、明らかに小林の明確な理念に基づいた経営参入であったからである。その経営理念について、小林は「私の経営法」（『私の行き方』所収）で次のように述べている。

事業本位に経営さるべき性質のものであって、未《いま》だ事業本位になり得ないものが我国に三つある。第一は芝居、第二はやど屋、第三は料理屋であると思ふ。

凡《すべ》てこれ等《ら》のものは、（中略）当りさへすれば半分利益があるとして、国民の生活の程度を無視するやうな事を平気で原則として居る。（中略）芝居も亦その程度で、これも水ものの第一番として、当れば大きい、当らなければ此次《この》に取返へすと度胸をきめて、人気商売の中でも芝居道だけは時勢を超越したこの社会限りの法則によって経営せられてゐる事は、今更申す迄《まで》もない話である。これらの旧式の芝居興行は観客の便利とか、観客の利益といふことよりも、自己の立場を主として、それから割出して計画を遂行する。（中略）入場料は出演の役者本位にきめて、観客の生活程度、即ち国民の生活を標準にして考へてくれる親切は少しもない（後略）。（『小林一三全集』第三巻）

ここで演劇を例として小林が述べていることは、次のように要約できる。すなわち、経営というのは、自分の経費計算から始めて、それに利益を乗せるというかたちで行うべきではない。とりわけ、演劇、宿泊業、食堂経営に典型的に表れるように、経費と同じ額の利益を乗せて利益率五〇％にする類いの「当れば大きい、当らなければ此次に取返へす」前近代的な一六勝負的経営は避けるべきである。

では、どのような経営が理想的なのか？　その答えはヘンリー・フォードの自伝に出ていると小林は言う。つまり、アメリカ合衆国の平均的労働者が毎月一〇ドルの月賦で買える上限価格は三五〇ドルであるとすると、経営者は三五〇ドルで売れる自動車をつくるように努力すべきであり、そのためにはどうすればいいかを考えなければならない。これがフォード式の経営法で、これからの経営者はすべからくこれを見習うべきなのである。

私は国民の見るべき芝居は、国民の生活状態を基礎としなければいけないと信じてゐる。国民の生活程度を標準として考へると、家庭本位に、家族が打連れてゆく芝居見物は一人前一円くらゐの観覧料が最も適当であると思ふものである。

そこで一円で見せるにはどうすればよいか。芝居の実質を低下せずして、国民の希望に添ふには収容力の増加より途《みち》はない。(「私の経営法」)

これは、小林が日劇経営に打って出るときに執筆された、演劇薄利多売論のエッセイだが、その経営理念は、すでにデパート経営の段階ではっきりと打ち出されていた。すなわち、昭和四(一九二九)年四月に開業した阪急百貨店では、「いいものをできるかぎり安く提供したい」という小林の経営理念に基づき、扱い品目が食料品、生活雑貨などに限られ、品質を落とさずに価格を抑えるという方向性が強く出ているからである。言い換えると、営業努力で販売価格を顧客の購買能力内にとどめられるものだけを販売するという方針で一貫しているのである。

『株式会社阪急百貨店五十年史』には「第一期館フロア別商品構成」が出ているので、それを見ると、小林のこうした経営理念の具体例を確認することができる。ちなみに一階は電車乗り場で、二階から六階が商品売り場、七階が禁酒食堂、八階が普通食堂（飲酒可の食堂）となっていた。

二階　和洋菓子、和洋酒、瓶缶詰、佃煮、乾物類、海産物、銘茶、漬物、折詰料理、果物、煙草《タバコ》、商品券

三階　書籍、雑誌、絵本、骨牌、文房具、玩具、子供乗物、化粧品、髪飾品、袋物、紐《ひも》類、石鹸《せっけん》、写真機、同附属品、薬品、裁縫用品、手芸用品

四階　帽子、カラー、シャツ、ワイシャツ、ネクタイ、手袋、ハンカチーフ、タオル類、沓《くつ》下《した》、洋傘、毛布、鞄《かばん》、靴、靴修繕、時計、装身具、レインコート

五階　婦人用品、婦人及子供帽子、子供服、子供靴、通学服、ショール、パラソル、日傘、銘仙、木綿、モスリン、片側帯、袴《はかま》、半襟、風呂敷、蒲団《ふとん》、綿

六階　陶器、漆器、電気瓦斯《ガス》器具、家具、荒物、金物、履物、傘、足袋、洋食器、ラヂオ、園芸用品、植物種子

内容をざっと見渡すと、まだ生活が和風だったこの時代にしては洋風の商品の多さが目につく。とくに、紳士用品売り場である四階に和服を置いていないのは注目に値する。また婦人服売り場である五階では、高級呉服を排除して、銘仙、木綿、モスリン程度であとは呉服小物にとどめているのが特徴的である。

その理由は、阪急百貨店のターゲットが洋風生活になじんだ郊外生活者というものだったことのほかにもう一つある。高級呉服では差し当たって他の有名デパートには勝てないという冷徹な

認識が小林に働いていたためである。

阪急百貨店は原則として現金販売であり、掛売は一切やらない。旧来の暖簾《のれん》もなく充実した得意名簿もなく、それで高価な帯地や羽織などを売らうとすることは一見無謀な試みにひとしい。現金を持って来て高価な丸帯を一目しただけで買って行くやうな客はそんなにあるものではなからう。それには矢張り仕入れから販売まで一貫した方法と手腕とが必要なのである。（「事業・東京型と大阪型」『私の行き方』収録、『小林一三全集』第三巻）

この意味で、第一期館フロアから高級呉服を排除したことは、「不得意なものはやらない」という小林の合理精神に適《かな》っていたわけである。しかしそれは、不可能と思えることには挑戦しないという負け犬根性ではない。創意と工夫で勝負できるメドがついたら果敢にチャレンジしてみるべきだという、ファイティングスピリッツを含んだ合理精神であったのだ。現に、昭和六（一九三一）年竣工の第二期館では、呉服部門でも「良いものを安く」の方針が採用できる目処《めど》がついたらしく、四階の全フロアを呉服売り場にして、それまで扱っていなかった高級呉服を品揃《しなぞろ》えに加えた。さらに京都の呉服業者と厳選購買者を結んだ「京呉会」や「染織京呉会」を組織し、呉服のセクターでも他の老舗と対抗できるようにした。

やるならとことん競争

小林はここからさらに一歩進んで、納入業者に頼るばかりではなく、適当な業者が見つからない場合には、自らが製造に乗り出すこともあえてした。

百貨店が価格の点で競争する場合は、よろしく自分の手で、自分の工夫で、自分の設備で製造した商品に限らるべきである。（「事業・東京型と大阪型」）

こうした闘争型合理精神を最もよく表していたのは、百貨店の売り場の最初に挙げられている和洋菓子のうちの洋菓子である。洋菓子は、バター臭いといわれて日本人になじまなかったが、都市化の進展と阪急が開拓した郊外文化の発展により、大正末期から次第に人気が定着しつつあったが、まだ大衆にとっては高嶺の花だった。小林はそれを創意と工夫で大衆の手の届くものにしようとつとめ、洋菓子および和洋折衷菓子（たとえば、あんパン）などを製造する直営工場を設営した。

〔昭和〕四年四月の阪急百貨店開業に当たっては、直営工場製のパンと和洋菓子が好評であった。とくに一個一銭五厘のあんパン、一個五銭のシュークリームは飛ぶように売れた。そしてこの年の十月には、北区芝田町の阪急電車高架下に七〇七㎡の新工場を建設した。

六年一二月の百貨店第二期増築開店時には、市価一〇銭の洋菓子五〇種を揃えて一個五銭均一で売り出した。洋菓子が市価の半額で買えるとあって、洋菓子業界でも大きな話題となった。（『株式会社阪急百貨店五十年史』）

このほか、小林が直営工場を立ち上げて量産による価格低下を図ったものに日用雑貨がある。百貨店開業に先立ち、昭和四（一九二九）年二月に北野雑貨製造所を北野の高架線下に建設し、ワイシャツなどを中心とした繊維雑貨の製造に着手した。これらの雑貨製造に関しては、小林が自ら披露しているエピソードがある。

大阪で小林が日用雑貨の価格調査のために髭剃《ひげそ》りブラシを買おうと思って値段を聞くと、店員が三五銭ですと答えた。もう一つのをとりあげて価格を聞くと四〇銭という。どうしてわかるのかと重ねて尋ねると、店員がブラシに書いてあるというので、小林が老眼鏡を取り出して調べると、ブラシ本体に値段が彫り込まれている。これに小林は怒りを感じた。

> これは各百貨店に均一に廻すものを売って居るんで、こんな馬鹿らしい事はない。かういふ月並の商品を仕入れて居っては駄目だ。我々の百貨店のブラッシュは一つ創造で行かう、それにはどうしたら良いかといふので調べて見ると、大軌〔注：大阪電気軌道〕の沿線の布《ふ》施《せ》辺りには此《この》ブラッシュの家庭工業といふものが盛大である。それを見習って阪急の沿線にも此《この》ブラッシュの家庭工業を成立せしめ度《た》いのである、それによって他の店より安く良い物を売りたい、製造品の大部分は即ち此家庭内職から集めた物は大阪物産館で地方に卸売をすればよいので、同じ商売をするにも、其処迄《そこまで》一々考へて沿道を発達さして行く。（「使ふ時・使はれる時」『小林一三全集』第三巻）

このテクストは「使ふ者の立場――T百貨店の社員へ」と題された講演で、小林が東急百貨店のために昭和九（一九三四）年十月に行ったものだが、その最後はこう結ばれている。

即《すなわ》ち此《この》会社の百貨店の経営法は他所《よそ》と違って、サービスを良くするといふ事、それは当然過ぎる程当然でありますが、それよりも此《こ》の沿道の開拓といふ事を念頭に置き、此の沿道に住めば生活費が安くなる、百貨店のお蔭でこんなに生活費が安くなる、電車賃が無料になったといふ所迄《まで》行かなくてはならない。

このように、小林は「安くて良いもの」を供給するために直営工場を建設したり、沿線に家内工業を起こしたりしたが、こうした低価格追求のために近隣の商工業を圧迫していることを自覚し、彼らとの「共存共栄」を図るために一つの方策を用いることにする。沿線を中心とした中小企業と小売業者をマッチングするための見本市会場を阪急百貨店西館七階に設けて、商談の便宜を図ることにしたのである。先の引用にある「大阪物産館」がそれである。小林は作家の直木三《さん》十五《じゅうご》との対談「一問一答録」で次のように構想を語っている。

あれ〔注：中之島や本町橋にあった商品陳列所〕を熱の通った、本当に大阪商品の毎日活きて働く物産館たらしめ得らるるものを一つ作らうと思ふ。そしてここへ来れば大阪のすべての商品がどういふ工合に分布されてどういふ取引をされてゐるかが一目の下に瞭然として来る。そして直ぐにその場で商ひの出来るやうな物産館を建てようと思ってゐるのです。（中略）これは一面我々は大阪あるが故に我々の事業が繁昌するのであるから、営利会社ではあるがいささか大阪市民に酬《むく》ゆる意味で、これに貢献するやうなものをやってみたいといふので計画してをるわけである。（「二つの座談会」『小林一三全集』第五巻）

大阪物産館を開設するに当たり、小林は、堅実な中小雑貨製造業者を新聞広告で募集したり、駅広告を出してPRにつとめたほか、開業後は「大阪物産館卸商報」を発行した。

館内には陳列ケース五十台が並び、訪れた顧客がいつでも気軽に休憩できるようソファーや椅子を用意した。（『株式会社阪急百貨店五十年史』）

商品はメリヤス、ワイシャツ、ネクタイ、カラー、割烹着、エプロン、帽子、毛布、タオル類などで、近畿一円はもとより、中国、九州、四国、さらには台湾、朝鮮、満州、中華民国からも来館する人が現れた。阪急百貨店通信販売のネットワークによって情報伝達が広く行われた賜物である。

阪急食堂名物「ソースライス」の経営戦略

しかし、小林の〝良いものをより安く〟という薄利多売商法が最も成功を見たのは、なんといっても阪急百貨店の七、八階に設けられた「禁酒食堂」と「普通食堂」だろう。これによって、日本におけるデパートの「お好み食堂」文化は完全に定着したからだ。

とはいえ、小林は慎重だった。食堂経営の面では宝塚新温泉パラダイスで経験を積んでかなり自信を持っていたにもかかわらず、大正九（一九二〇）年竣工の阪急本社ビル二階にパイロット店を出店し、客の反応を見ることにしたのだ。

メニューは洋食だけに絞られ、価格は牛肉、チキン、豚肉の各洋食一品料理がいずれも三〇銭で、料理五品とコーヒー付きの定食は一円、コーヒーと紅茶はそれぞれ五銭であった。午前十一時開店、午後十時の閉店で、元日も休まず年中無休を続けた。当時は一階で下駄や草履を脱ぎ、スリッパに履き替えて二階の食堂に入ったが、これは活動館（映画館）や芝居小屋、百貨店も同様であった。（『株式会社阪急百貨店五十年史』）

扱い品目を洋食に限ったのは、和食は一年中ほぼ同一のものを用意できなければ不可能だと判断したからである。しかし、この難点も創意と工夫で後に克服されるに至る。ちなみに、一番人気は二〇銭のライスカレーだった。

阪急食堂は開店直後から大好評だったため、大正十四（一九二五）年に阪急マーケットが本社ビルに開業したさいに四・五階に拡張移動し、同年五月に営業を開始したが、これにより「清潔で、安くて、おいしい」と好評の阪急食堂に「景色がいい」という評判が加わることとなる。

では、いったい小林は、阪急食堂で洋食の肉料理や定食、ライスカレーなどを低価格で提供するためにどのような工夫を凝らしたのだろう？　当時の日本の食肉業は未発達で、大量かつ廉価な仕入れを行うのは難しかったはずである。関係者は首をひねった。その秘訣を『株式会社阪急百貨店五十年史』はこう明かしている。

牛肉を例にとると、五年七月に中国の大連にある貿易商を通じて青島産牛肉の買付けを行っている。牛肉は食堂のなかでも最大の食材であり、当時の阪急食堂では一日に国産牛数頭を使用していた。二期増築をひかえ、国産牛だけでは不足することが目に見えていたため、価格の面で相当安いうえに、品質においても決して劣らない青島牛の買付けを実行したのである。七年七月からはさらに安く購入できる満蒙牛肉を仕入れている。

しかし、こうした牛肉輸入にも問題があった。国内牛肉が農繁期になると出回りが少なくなり価格が上昇するのを知った青島や天津の業者が、値を吊り上げるようになったことだ。そこで、小林は一計を案じ、預託牛事業を開始した。

阪急が子牛を購入し、これに家畜保険をかけて農家に預託。受託農家はこれを農耕に使用し、その糞尿は堆肥として肥料に利用しながら肥育を完了する。肥育を完了した成牛はそのときの時価で阪急が引き取るというものである。この預託牛制度は「食料の増産」「自己使用材料の確保」「牛価の安定と維持」「外地人に搾取される不当利益を内地農民に与える」という一石四鳥の効果があった。(『株式会社阪急百貨店五十年史』)

まさにアイデアマン小林一三の面目躍如である。こうした食肉確保の秘策は、戦後、スーパーが大発展すると、どこでも活用し始めるが、小林はすでに戦前からこれを実践していたのである。

阪急百貨店が開業した昭和四（一九二九）年には、既述のように阪急食堂は七、八階に入ったが、このとき課題だった和食がメニューに加わった。

人気メニューは旧ビル時代と同様、五〇銭のランチと二五銭のライスカレー（いずれもコーヒー付き）で、とくにライスカレーの人気は群を抜いていた。（『株式会社阪急百貨店五十年史』）

この価格を前記の引用の価格と比較すると、ランチが三〇銭から五〇銭に、ライスカレーが二〇銭から二五銭に値上げされているのがわかる。この間、インフレが進行していたのだ。

だが、ニューヨークのウォール街の大暴落をきっかけに大恐慌が起こって空前のデフレが到来すると、小林は大きな決断を下す。昭和六（一九三一）年二月以降、二五銭のライスカレーを二〇銭に、三〇銭の各種肉洋食は二〇銭に、五〇銭のランチを三〇銭にと大幅な値下げを敢行したのである。

これによってランチの売上皿数は価格改正前の二倍に増加したが、大幅値下げのため洋食の利益は目に見えて減少した。それでも小林一三は「何もそんなに儲けることはない。全部で一皿平均五厘の利益が出せればそれでよい」と、あくまで顧客へのサービスを重視したのであった。（『株式会社阪急百貨店五十年史』）

おそらく、この頃のことだろう、小林一三の伝記の多くで語られているソースライスの逸話が生まれたのは。

なんのことかというと、デフレの進行で「大学を出たけれど」の若者たちが阪急食堂値下げの噂《うわさ》を聞いて集まってくる。二〇銭のライスカレーを食べるためだが、しかし、テーブルの上にライスカレーにかけるためのウスターソースが置いてあるのを見ると、彼らの中から、ライスだけを注文してそれにソースをかけて食べる不埒な輩《やから》が現れた。これを称して彼らはソースライス、略してソーライスと呼んだ。

そこで、食堂の責任者はすかさず「ライスだけの注文はご遠慮くださいマセ」という貼り紙をした。ところが、これを見とがめた小林は責任者にこう言ったという。

「確かに彼らは今は貧乏だ。しかしやがて結婚して子どもを産む。その時ここで楽しく食事したことを思い出し、家族を連れてまた来てくれるだろう」

そして、責任者に「ライスだけのお客さま歓迎します」という貼り紙に換えさせたばかりか、新聞に「当店はライスだけのお客さまを、喜んで歓迎します」と広告したのである。さらには、ライスだけの客には福神漬を多く添えるように指導したという。

それだけではない。ある時、ライスだけを注文したのに、見本のように福神漬がついていないと怒鳴りだした客がいた。するとすぐに、車掌風の制服姿の年輩の男が現れ、わけを聞くと皿いっぱいの福神漬を差し出し、「これで気持ちを直してください」と言ったという。なんと、それは小林一三だったというのだ。阪田寛夫が『わが小林一三——清く正しく美しく』（河出文庫、一九九一年）で伝えるエピソードである。

ほとんど西洋の「慈善食堂」だが、もちろん、慈善などでは決してなく、阪急ファンを新たにつくりだし、永遠化するための経営戦略の一環だったのである。

小林は新採用の店員の研修用に作成された『阪急百貨店店員心得書』の最終ページに次の「五戒」を掲げさせた。

1．吾々《われわれ》の受くる幸福はお客様の賜《たまもの》なり
2．職務に注意しお客様を大切にすべし
3．その日に為《な》すべき仕事は翌日に延ばすべからず
4．不平と怠慢は健康を害す。職務を愉快に努めよ
5．会社の盛衰は吾々の双肩にあり、極力奮闘せよ

これは現在も阪急百貨店店員の規範として受け継がれているという。

第二部　全国進出

五島慶太との会談

『パリゼット』舞台
（1930年）

近衛文麿邸を訪問（1939年）

【小林一三語録②】

（東宝の事務所開きに）「この会社は清く正しく美しくあることをモットーに経営して行くつもりである。泥靴で劇場の絨毯を汚す様な社員は即刻やめてもらう」（真鍋八千代「翁の厳しさと温情」）

「宝塚に来て、歌劇の生徒の名前が分からんようでは、課長は勤まらんよ！」（太田垣士郎「お小言の意味――怒り方・教え方」）

「千里先の見える人は、世の中から気狂い扱いにされる。現状に踏み止まるものは、落伍者となる。百歩先を見て、事を行うものが世の成功者である」（石山賢吉「小林さんを追慕す」）

第一章　東京篇①　心ならずも東京進出

東京からの訪問者

神戸線本線が営業を開始し、翌年（大正十年）には岡本住宅地の開発が成功して資金的にも余裕ができた阪急は岸本汽船株式会社からの借入金三〇〇万円を大正十（一九二一）年末に完済した。そんななか、この年の十月、小林一三は大阪クラブで、第一生命保険相互会社社長・矢野恒《つね》太《た》の訪問を受けた。

用件は、大正七（一九一八）年に渋沢栄一の音頭取りで設立された資本金五〇〇万円の田園都市株式会社と荏原《えばら》電気鉄道（後の目黒蒲田《かまた》電鉄）への経営参加の要請だった。

矢野恒太は、渋沢栄一から田園都市株式会社と荏原電気鉄道の経営を依頼され、引き受けざるをえなくなったが、両方とも素人の集まりで経験者がいないため経営が思うに任せず、先駆者である小林に経営を引き受けてもらえないかと頼み込んだのである。

それに対し、小林は素っ気なく答えた。

「矢野さん。貴方が一人一業主義なら、僕も一人一業主義だ。阪急以外の仕事には関係し度《た》くない」（『矢野恒太伝』矢野恒太記念会）

すると、矢野はこう反論した。
「君の意見は、一人一業主義とはチト違う一人一社主義だ。一業主義ならば、今度の事業は君が今までやって来たと同じ仕事ではないか。大阪ばかりでなく東京でその仕事をやってもよいだろう」（『矢野恒太伝』）

小林は自分は大阪にいるので、東京にまで出て事業をやりたいとは思わないと突っぱねたが、矢野も負けていなかった。渋沢栄一には自分から断っておくが、その前に両社の重役を第一生命に集めるから、ひとつ講演をしてくれないかと食い下がったのである。

ここまで言われたら、小林としても無下に断るわけにもいかない。無償という条件で引き受けた講演会が大正十年十一月二日に開かれたが、そのとき矢野から支配人の渋沢秀雄（渋沢栄一の四男）をつけるから一度、土地を見てくれないかと乞われて、とりあえず青写真を見ることにした。それは欠点だらけのものに映ったので、いろいろと助言をしているうちに、監査役というかたちで目黒蒲田電鉄の経営に関わるようになってしまったのである。

渋沢栄一と田園都市構想

では、田園都市株式会社と荏原電気鉄道とはそもそもどのような経緯で誕生したのだろうか？

ことの始まりは明治三十三（一九〇〇）年に還暦を機に渋沢栄一が実業界から実質的に引退し、兼子夫人を伴って欧米視察旅行に出たことに求められる。渋沢は行く先々で日本の「グランド・オールドマン」として大歓迎を受け、財界人や政治家たちの私邸にまで招待されたが、そのとき、どうやら、欧米と日本の商工業者の「私人」としてのモラリティーの落差に愕然となったようである。つまり、政治家や政府高官と比較してもまったく見劣りしない欧米の商工業者と、政治家や政府高官に対してはひたすら卑屈に振る舞いながら貪欲に利益を追求する日本の商工業者との間に横たわる千里の径庭にひどく落胆したのである。そのことは、『青淵回顧録』下巻（青淵回顧録刊行会）に収録された「帰朝して感あり」という談話にうかがうことができる。

其《そ》の商売人として彼《か》の国々の有様を見て、何と譬《たと》へて宜《よ》いか、真に心細いやうな感じもし、口惜《くや》しいやうな念慮も起り、此《この》内心の懊悩は綺麗な言葉で解り易く述べる事は出来ないのである。（中略）どうしても我々商工業者自身の方面からも、心を用ゐて勉めなければならぬことは、商売人の人格をもう少し高くしなければならぬと云ふ事であつた。

こうした商工業者のモラリティー向上に関しては、渋沢はこれまでにも東京商業学校（現・一橋大学）の創設や東京商工会議所の設立など、さまざまな努力をしてきたが、それでもなお、彼我の差には絶望的にならざるをえなかったのである。いったいどうしたらこの目的に到達できるのだろうか？

そんな渋沢のもとに、明治四十五（一九一二）年三月、一人のベンチャー起業家が現れた。名を畑弥右衛門《はたやえもん》という。畑弥右衛門については、猪瀬直樹の『土地の神話』に詳しい記述があるので、これを要約しておこう。

すなわち、富山出身の畑弥右衛門は早稲田大学を出たあと、当時の東京市長・尾崎行雄の私設秘書をつとめていたが、河野光次《こうのこうじ》という人物と意気投合し、政界に打って出る資金の調達のため、日露戦争で軍需景気に沸く朝鮮に渡ることにした。二人は日本軍の駐屯地である龍山《りゅうさん》に向かったが、そこで日本人の住宅が不足していることに目をつけ、住宅開発に取り掛かったところ、これが大成功して濡《ぬ》れ手で粟《あわ》の大儲けをしたが、日露戦争後の大恐慌でその儲けのすべてを失い、傷心の帰国を余儀なくされた。河野は政治家志願を捨てなかったが、畑は朝鮮で得たノウハウを日本で生かすべく、東京近郊の農地の地上げを夢想するようになり、尾崎に財界著名人への紹介を頼んだのである。最初に訪れた安田善次郎の家では門前払いを食わされたが、次に渋沢の家に向かったところ、ここでは快く迎えられ、分譲地開発構想を話すと渋沢は大いに興味を示した。

当時漸《ようや》く東京市に人口問題が考慮さるゝやうになり、都市問題の真意義が世人に注目せらるゝやうになつて来たが、特に此《こ》の問題を渋沢子爵は非常に心配せられてゐた。結局商業地区と住宅地区を截然《せつぜん》区別して、商業地と住宅地との長所を発揮し欠点を補ふべく、大都市計画を樹《た》てる事は極めて必要であると云ふこと、及び商業地区と住宅地区とを截然区別することは、極めて喫緊《きっきん》である事に就《つ》き感を同じうしたのである。(「畑弥右衛門氏談」『青淵回顧録』下巻)

結論からいえば、この二人の出会いから田園都市株式会社が生まれてくるのである。もっとも、畑は当初、渋沢が院長を勤める東京市養育院感化部があった井の頭池《いかしらいけ》周辺を狙っていたらしいが、これは後に荏原郡の洗足池《せんぞくいけ》、調布、玉川へと変更になる。その経緯については明らかではないが、とにかく荏原郡が田園都市計画の候補地として定まると、畑はさっそく地上げに取り掛かる。

併《しか》し私は土地の有力者でない為《た》め、或《ある》ひは泡沫的性質のものではないかと見らるゝこともあり、渋沢子爵が湯河原《ゆがわら》に暑を避けて居られた時に、地元の有志中にわざ〳〵子爵を訪ねて、子爵の田園都市計画に対する意思を伺つたと云ふやうな挿話もあつたが、子爵はこれに賛成し熱心に創立に就《つ》きて骨を折ることを明《あきら》かにされたのである。（「畑弥右衛門氏談」）

渋沢が本格的に田園都市構想の実現に動き出したのは、大正四（一九一五）年に二度目の欧米視察から帰って喜寿を機会に実業界から完全に引退してからのことである。どうやら、渋沢はかねてより心にかけていた日本の商工業者のモラリティーの向上を田園都市構想によって実現したいという思いを強くし、用地買収の資金確保のための会社を立ち上げようと決意したのである。東急がつくった『多摩田園都市　開発35年の記録』（東京急行電鉄株式会社）には次のような記述がある。

大正五年、実業界の第一線を退いた渋沢栄一は、余生を公共事業のために捧《ささ》げる決心をし、その第一目標としての田園都市構想をことあるごとに披瀝《ひれき》し同志を求めた。やがてこの意見に同意する人々が現われ、大正六年ごろにはこれらの人々の属していた当時の紳商グループである日本橋クラブのメンバーを中心に、会社創立の気運が熟してきた。

こうして翌七年一月には、渋沢栄一を筆頭に中野武営《ぶえい》（東京商業会議所第二代会頭）および服部金太郎をはじめとする日本橋クラブのメンバーを含む九名の発起人をもって、「田園都市株式会社設立趣意書」が一般に発表された。

その趣意書に書かれていたことは、渋沢がかねて持論としていた次のような考えを下敷きにしたものである。

都会が発達して自然の要素が欠乏する結果、道徳上に悪影響を及ぼすばかりでなく肉体上にも悪影響を来して、健康を害し活動力を鈍らし、精神は萎縮して仕舞ひ、神経衰弱患者が多くなる。（中略）私は東京が非常な勢ひを以て膨張して行くのを見るにつけても、我が国にも田園都市のやうなものを造つて、都会生活の欠陥を幾分でも補ふ様にしたいものだと考へて居つた。（『青淵回顧録』下巻）

これを小林一三が箕面有馬《みのおありま》電気軌道の開業に先だって明治四十二（一九〇九）年に著したパンフレット「如何《いか》なる土地を選ぶべきか」の次の書き出しと比較してみていただきたい。東京と大阪という違いはあるものの、明治末年に渋沢栄一と小林一三が互いに無関係に同じことを考えていたことがわかるだろう。

美しき水の都は昔の夢と消えて、空暗き煙の都に住む不幸なる我が大阪市民諸君よ！

出産率十人に対し死亡率十一人強に当る、大阪市民の衛生状態に注意する諸君は、慄然として都会生活の心細きを感じ給ふべし、同時に田園趣味に富める楽しき郊外生活を懐《おも》ふの念や切なるべし。（『逸翁自叙伝』）

ただし、注意しておかなくてはならないのは、渋沢も小林も大都市を脱出して郊外に移転すべしとしているのは劣悪なる環境に苦しむ労働者ではなく、商工業の経営者およびホワイトカラーであるブルジョワだったことである。つまり、やがて日本の中核を担うことになる「中産階級」にこそ健全な住環境を提供したいと考えていたのである。二人とも、理想とする欧米型の市民社会はこの中産階級からしか生まれないと信じていたのだ。

と、このように、小林が大阪で、渋沢が東京で、それぞれ構想していた田園都市に大きな差異はなかったのだが、しかし、いくつかの違いもあった。

一つは先に指摘したように、東京には日露戦争前までは明治維新により放棄された大量の武家地があり、これが人口増加のショック・アブソーバー（緩衝装置）となっていたこと。大阪にはそれがなかったために問題が先鋭化し、小林が着目することとなったのである。

もう一つの違いは、大阪に比べて、東京は日露戦争後の人口の増加が急激だったこと。原因は大阪にはない公務員というものが東京には大量に存在していて、住宅を求める中産階級の層を厚くしていたからだ。田園都市株式会社が思わぬ成功を収め、薄謝を届けに行った渋沢秀雄に対し、小林は「田園都市が自分の予想以上に成功したのは、大阪で仕事をしている自分が、東京に元官吏の恩給生活者などが多いことを忘れていたからだ」（渋沢秀雄「鋭くて親切な先覚者」『小林一三翁の追想』）と述懐したという。発展の過程は同一だが、東西のメンタリティーの違いで微差は生じてくるのである。

土地経営の本質

閑話休題。

さて、こうして、渋沢が構想した田園都市株式会社は同志を集めて設立され、用地買収も畑の尽力により順調に進んだが、それから先がいけなかった。発起人たちの中には宅地分譲と鉄道開発のプロが一人もおらず、支配人として入った渋沢秀雄も海外視察でハワードなどが唱導する理想的な田園都市構想は持ち帰ったものの、それを実現するだけの手腕に欠けていたからである。

とりわけ、大正九（一九二〇）年三月に第一次大戦の好景気の反動で大暴落が起こり、発起人たちは本業に神経を集中せざるをえなくなり、田園都市構想は中断の危機に見舞われたのである。

このとき乗り出したのが渋沢栄一で、大正十（一九二一）年に旧知の矢野恒太に田園都市株式会社の新株を第一生命が引き受けるように要請するとともに、矢野自身に経営参加を求めた。

しかし、恒太には田園都市会社の買っている四十五万坪の土地をどう手をつけてよいか見当がつかなかった。そこで和田豊治《とよじ》に相談した。和田は「関西の方で田園都市事業に成功している小林一三に会え」ということであった。恒太は未だ小林を知らなかったので、とに角、下阪して小林の事業を見た。それは六月十七日の事で、十九日には宝塚を視察している。二十五日に、その事を田園関係者に話し、二十八日には歌舞伎座の前の山口という旗亭に小林一三を招いている。六月三十日は田園都市会社の総会であった。（『矢野恒太伝』）

こうして冒頭で描いた大阪クラブでの矢野と小林の会見とあいなり、小林は心ならずも田園都市株式会社の経営に助言するようになるわけだが、そのときに会社の案内に立ったのが渋沢秀雄だった。小林は会社の青写真を見ると、渋沢秀雄に次のようなことを語ったという。すなわち、土地経営の根幹は土木費に金をかけ過ぎないようにすることだ。土地というものは隣が崖でも必要なら人はこれを買う。土地会社がなすべきは、道路、上下水道を整備することで、買った人に儲けたと思わせることが肝要である。いけないのは、土地会社が良い土地は自分のために残しておいたりすることだ、云々。

渋沢秀雄は刮目《かつもく》してこれらの助言を聞いたが、根が文学者なので、助言をすぐに役立てる方策までは見つけられなかった。社員も同様である。小林は月に一度、週末を利用して上京し、田園都市株式会社と荏原電気鉄道の重役会議に出席して意見を言い、実行要目を決めて帰阪したが、翌月来てみると、まったく実行に移されていない。業を煮やした小林はついに矢野恒太にこう言い放った。

「僕が毎月上京して役員会で方針を定めて行くが、さっぱり実行が出来ない。実行力のある人を役員に入れて貰《もら》わねば、せっかく毎月来ても何もならぬ。僕の意見を実行する人をひとつ入れてくれないか」(『矢野恒太伝』)

こうして小林が白羽の矢を立てたのが、当時、武蔵電気鉄道(現・東京急行電鉄)の常務だった五島慶太《ごとうけいた》だったのである。

五島慶太という男

五島慶太は明治十五（一八八二）年、長野県小県《ちいさがた》郡殿戸《とのど》村の農家に生まれ、苦学の末に二十九歳で東京帝国大学法科大学政治学科を卒業、農商務省に入ったが、後に鉄道院に移り、総務課長心得となったところで、武蔵電気鉄道の郷誠之助《ごうせいのすけ》に見出され、武蔵電気鉄道常務に転じた。

小林は、鉄道院時代から五島と面識があり、役人らしからぬ巨大野心を秘めた五島の中にある種の才能を認めていたのである。

この頃、小林は、大正九（一九二〇）年の大不況で武蔵電気鉄道の事業がうまく進まず五島が腐っているのを見て、いまだ開通しない荏原電気鉄道に移籍して事業を開始するよう促した。

君は今、郷さんの下で東京横浜間の武蔵電鉄をやろうとしているが、これはなかなか小さな資金では出来ない。それよりも、荏原電鉄を先に敷設し、田園都市計画を実施して、現在田園都市会社が持っている四十五万坪の土地の売却が出来れば、それがみんな資金になる。まず、これに着手し、成功したらその資金を以て武蔵電鉄をやればよいではないか。僕が、とに角話すから……今すぐ武蔵電鉄を合併して一緒にやると言っても田園都市や荏原電鉄の株主は躊躇《ちゅうちょ》するであろうから、君はまず荏原電鉄の専務として、自分のプランを実行してくれないか。（『矢野恒太伝』）

こうして五島は小林の引きで大正十一（一九二二）年九月に目黒蒲田電鉄（五島の入社直前に、

田園都市株式会社から分離独立し、こう改称していた）に入社すると、たちまち剛腕ぶりを発揮して東急帝国の基礎をつくるのであるが、彼がやったことは基本的に小林が描いた青写真を忠実に実行したに過ぎない。

すなわち、大正十二（一九二三）年十一月一日に目黒―蒲田間を開通させると、この年九月の関東大震災を機に下町から移住を決意した人たちが田園都市株式会社の分譲地を競うように求めたため、五島は資金的に息を吹き返し、ついには武蔵電鉄の株式の過半数を買収することに成功したのである。武蔵電鉄は東京横浜電鉄と名称変更し、昭和二（一九二七）年八月に東横線が開通した。

また、大正十四（一九二五）年に、低地ゆえに宅地分譲には不向きだった多摩川沿いの土地に「温泉遊園地多摩川園」をオープンしたのも小林の宝塚新温泉にならったものだし、関東大震災で被災した蔵前《くらまえ》の東京高等工業学校（現・東京工業大学）を大岡山に誘致したのも、小林の学校誘致策を受け継いだものだった。その後、五島はこの学校誘致路線を続行し、昭和四（一九二九）年には慶應予科を日吉台に、六（一九三一）年には日本医科大学を武蔵小杉に、七（一九三二）年には東京府立高等学校（現・東京都立大学）を、十一（一九三六）年には東京府青山師範学校（現・東京学芸大学）をそれぞれ誘致し、沿線のブランドイメージを高めることに成功したのだ。

同じように五島は、阪急にならって昭和二（一九二七）年には渋谷ターミナルに東横食堂、また九（一九三四）年には渋谷駅に東横百貨店を開業した。

世の中に貸勘定をつくれ

ことほどさように、五島慶太は一から十まで小林が阪急で成功したことを東京で試みて成功を収めたのであるが、では、小林には田園都市株式会社と東急を手伝ったメリットはなかったのだろうか？

目に見えるメリットはほとんどなかったといってよい。田園都市株式会社の監査役は無給だったし、後に東京横浜電鉄の監査役に就任したときも無給であった。

だが、小林がまったくの社会奉仕の意図から田園都市株式会社と東京横浜電鉄に肩入れしたのかというと、かならずしもそうとは言い切れない。それは渋沢秀雄が伝える次のようなエピソードからも明らかである。

そのころの一日、先生は阪急沿線の住宅地を案内しながら、何かの拍子にこういわれた。
「君、えらい人ってのは、つまり世の中に対して貸勘定の多い人ってことだね。」（渋沢秀雄「鋭くて親切な先覚者」）

たしかに、この言葉は小林の事業の核心をついている。

実際、数々の乗っ取り劇で「強盗慶太」と呼ばれるようになる傲岸不遜《ごうがんふそん》な五島慶太さえ小林に対しては終生、頭が上がらず、「今日の私があるのは小林先生のおかげ」と語っていたと伝えられる。あの五島が、ということで小林の評価はより高まったのである。

また矢野恒太も、田園都市株式会社への協力に対するお礼として第一生命の監査役という役職を提供して恩義に報いたが、やがて、この肩書が小林に東京進出の道を開くことになるのである。

小林の述懐によれば、当時、第一生命の重役になることは名誉だったという。第一生命が日本橋の紳商と組んでいたことは屡々《しばしば》述べたが、小林は田園都市―恒太―第一生命を通じて東京の一流財界人とのコネクションが出来た。後年、小林が東京電灯入りをするようになったのもこれらのことが土台となって東京の実業界に出たからだと小林はいつもそれを感謝していた。(『矢野恒太伝』)

まさに「世の中に対して貸勘定」をつくっておけ、ということなのである。

第二章　東京篇②　電力事業に着手する

東京電燈の取締役になる

昭和二（一九二七）年は小林一三にとって大きな転換点となる一年であった。それは小林の年譜を見るだけでわかる。

2月1日、株式会社宝塚植物園設立。3月10日、阪急電鉄取締役社長に就任。4月18日、台湾旅行に出発。7月28日、東京電燈株式会社取締役に就任。9月1日、宝塚大劇場の少女歌劇花組公演開始。日本最初のレビュー『モン・パリ』が上演され、斯界《しかい》にセンセーションを起こした。11月17日、大阪市角田《かくだ》町（梅田）に阪急ビル（新館）第一期工事起工。（『逸翁自叙伝』）

阪急についていえば、明治四十（一九〇七）年、三十四歳のときに箕面有馬《みのおありま》電気軌道の専務取締役に就任して以来、小林は一貫して「事実上の社長」であったが、この年、平賀敏《さとし》が勇退したことにより、名実ともに「社長」となったのである。

ところが、まことに不思議な運命のもちまわりで、小林の起業家（アントレプレナー）としての情熱は、これ以後、別の方面に注がれることになるのである。そのきっかけとなったものこそ、東京電燈株式会社取締役への就任であった。

大正十五（一九二六）年十二月二十五日、大正天皇が崩御し、皇太子裕仁《ひろひと》親王が践祚《せんそ》して元号は昭和と改まったが、明けて昭和二（一九二七）年三月、大蔵大臣・片岡直温《なおはる》の失言により、東京渡辺銀行が取り付け騒ぎを起こしたのをきっかけに昭和金融恐慌が起こり、大手商社の鈴木商店が倒産、そのメインバンクであった台湾銀行が休業を余儀なくされ、恐慌は日本中に広まったのである。

そんな中、激しく危機感を募らせていたのが三井銀行筆頭常務の池田成彬《しげあき》であった。というのも、台湾銀行にとっての鈴木商店のように、三井銀行も大きく貸しこんでいる業績悪化企業があったからだ。それが東京電燈株式会社であった。

東京電燈は明治十六（一八八三）年に矢嶋作郎《さくろう》、藤岡市助《いちすけ》、大倉喜八郎《きはちろう》、原六郎《ろくろう》らが中心になって設立した電力会社で、他社との激しいダンピング競争を勝ち抜いて、大正時代には東邦電力、大同電力、宇治川電気、日本電力と並んで五大電力会社の一つに数えられるまでになったが、大正十二（一九二三）年の関東大震災でほとんどの電信柱が倒壊するという被害を受け、企業として窮地に陥った。

しかし、政府の援助を受けて復興が急ピッチで進んだことにより、大正十三（一九二四）年には完全に立ち直り、震災後の旺盛な電力需要に対処するため、千住《せんじゅ》にお化け煙突で知られることになる火力発電所を建設し、ライバルと対抗するために関連企業のM&Aにも乗り出した。だが、

M&Aのための有利子負債が膨らむと同時にダンピング競争の弊害が出て利益率が低下したところに、昭和金融恐慌が重なったため電力需要が減退し、経営はかなり危険な状態に陥っていた。

しかし、それ以上に危機的だったのは、大正十一（一九二二）年から経営に携わり、十五年には社長の座に収まった甲州財閥の若尾璋八《しょうはち》が立憲政友会総務を務めていた関係で、会社の金を政治資金として流用することが多くなり、またペーパーカンパニーを使った私的流用も多いなど、会社の私物化が激しくなっていたことである。

こうした事態を憂慮した池田は、放置しておけばメインバンクである三井銀行の屋台骨も揺るがしかねないと判断、再建に乗り出すことにしたのだが、社内を甲州財閥で固めた若尾社長の激しい抵抗が予想されたため、再建のために送り込むのはよほど強力な人材でなければならないと考えた。

そんなとき、池田の頭に浮かんだのが小林一三だったのである。

池田成彬との因縁

しかし、池田と小林の間には三井銀行時代に深い確執があった。小林は自分が三井銀行でくすぶっていたのは実権を握っていた池田に睨まれていたためと思っていたからである。

では、池田は小林のどのようなところを評価しなかったのだろうか？　すでに第一部第四章で引用した箇所をもう一度見てみよう。

小林君は、三井銀行に行つた時調査係というところに居り、私は余り懇意でなかつたが、評判はよくなかつた。文学物ばかり書いて居るというので、その時分から文学青年だつたね。だから「小説家のような男だね」と皆が言つたものです。従つて銀行家としては余り持てなかつた。これはずつと後の話だが、私は小林君に、「あなたが若《も》し三井銀行に居つたら、支店長にならずに辞めさせられたでしようね」と言つたことがある。先生銀行に居てもうだつが上らないと考えてか、さつさと見切りをつけて、岩下（清周）の所に行つたのです。（柳澤健編『故人今人』）

なんだかひどい話ではないか。三井銀行の人事権を握っていたのは池田にほかならず、池田が「小説家のような男」と見なして実力も試さなかったので、小林は長い間、冷や飯を食わされたのだから！　つまるところ、小林が三井銀行を辞めたのはまさに池田のせいなのである。ところが、その池田が、箕面有馬電気軌道を立ち上げてからは小林の評価を一変させたのだ。

その時私は小林君と懇意でなかつた位だから、小林君の才能も無論知らなかつたが、箕面の電車をやつた時から、外から注意して見て居ると、どうもなか〳〵やり手だということを感じた。そして東京電燈問題なども小林君見《み》たいな人物に整理させたらよかろうと、誰いうともなく、ああなつたものなのです。（『故人今人』）

では、池田の誘いを受けて、小林は即座に承諾したのだろうか？　当たり前だが、にべもなく断ったのである。それはそうだろう、自分に冷や飯を食べさせた相手から誘いを受けたからといってホイホイと駆けつけるなどということは考えられないからだ。

一番初めは交詢社《こうじゅんしゃ》の応接間で、『僕はこういうことを考えて居るが……』と切出したが、小林君は手を振つて、碌々《ろくろく》聞かないで応接間を出てしまつた。第一回はそういう訳で失敗。其《その》後《ご》問題が進んで来た時に、電報を打つて態々《わざわざ》来て貰《もら》つて長いこと掛かつてやつと承諾させたのです。(『故人今人』)

だが、いったい、最初は絶対拒否の姿勢を貫いていた小林が、なにゆえに、池田が送った電報で決意を翻したのだろうか？　これは小林一三論においては、少し時間をかけて考えなければならない問題ではないかと思われる。

第一の仮説は、阪急の社長に就任したことで、鉄道関連の事業に一区切りがついたという完結感が出たというもの。小林のように、何か困難な仕事に邁進しているときにのみ「生きている」という実感を感じるタイプの人間には、この完結感が出ると、なんとなく寂しくなり、別の困難を求めたくなるものなのである。

第二は池田からの提案を聞いて東京電燈についていろいろと調べるうち、自分ならこう再建するというプランが出来上がってきたこと。小林は、ある意味とても原理的な企業家であり、問題点を単純な数式に落としこむまでは時間がかかるが、いったんそれが完成すると後は一気呵成というタイプだったから、東京電燈も自分がやってみれば意外に再建は簡単かもしれないと思い始めていたのではないだろうか？

第三の仮説は、三井銀行で自分を冷遇した池田からの要請だったため、自尊心が満たされ、ヤル気が湧《わ》いてきたというもので、これは右の池田を受けた名取和作《なとりわさく》（富士電機製造社長）の言葉から推測できる。

池田さんからその話を聞いたから、私は小林に手紙を出して引受けるなと言つてやつたんですがね。併《しか》し小林はあなたを徳として、『池田さんが俺を信用して呉《く》れたから俺は世の中に浮び出たが、さもなければ世間は俺を妙に素ばしつこい掏摸《スリ》見たいに思つて居つたろう』と、喜んで居ました。（中略）兎に角池田さんから東京へ引き出されたということを、彼は光栄とし、それがまた実際に彼の生涯の一転機を劃《かく》したわけですね。あれが若《も》し東京に来なければ、一生二流三流の人で終つたかも知れない。（『故人今人』）

人にはそれぞれ自負心のツボというものがあるらしい。小林にとっては、三井銀行時代が一種のトラウマになっていたから、三井銀行時代の上司であり、いまや三井の総帥の地位にある池田が自分から頭を下げて東京電燈の再建を依頼してきたというその事実がトラウマを癒やすものと感じられたのである。

東京電燈入社はいわば小林のリベンジ戦だったわけである。

かくて、昭和二（一九二七）年七月二十八日、小林は、阪急の方は専務の上田寧に任せて、取締役として東京電燈の再建に乗り出すことになるが、注意すべきはこのとき、池田が同時に郷誠《ごうせい》之助《のすけ》を取締役会長に据えたことである。このダブル人事は、小林だけでは社長の若尾璋八に振り回されて思うように再建ができないと見た池田がいわばニラミを利かせるために大物財界人である郷誠之助を会長に配したものであったが、結果からいうと、見事に成功し、昭和五（一九三〇）年には若尾は社長を退き、郷――小林体制が確立されることになる。

需要がなければ創ればいい

では、取締役・営業部長として入社した小林は、どのようにして東京電燈の再建を成し遂げたのだろうか？

小林の見るところ、東京電燈の経営不振には大きく五つの原因があった。

第一は、若尾社長によるM&Aと私物化で有利子負債が四億三六〇〇万円を超えており、日本一の借金会社になっていたこと。第二は、大量の外債を抱えていたのに、浜口内閣の金解禁の影響で円の対ドル相場が暴落し、為替差益のために莫大な利子支払いを迫られていたこと。第三は、五大電力会社が狭いマーケットを巡って相争い、ダンピングによる、いわゆる「電力合戦」が繰り広げられて利益率が低下していたこと。第四は、昭和金融恐慌による需要の落ち込みで、電力がだぶついていたこと。第五は、日本最大の株式会社であるために親方日の丸体質になり、需要家へのサービスがお座なりになって、東京進出をもくろんでいたライバル他社に遅れを取っていたこと。

小林は、取締役・営業部長の権限内でできることを見極め、対処可能な第五の要因の是正から着手した。

彼の第一にやったことは、会社の陣容を営業中心にきりかえ、過剰人員を思い切って整理することであった。工務関係者は当分いらぬものとして整理し、営業中心に配置転換を行った。それまでは本社の中央集権的な営業を行っていたが、小林は十六カ所の営業所に若い優秀な社員を配置し、それに思い切って権限を与え、いわゆる地方分権によってサービスの向上をはかった。(三宅晴輝『小林一三伝』)

実際、それまでの東京電燈は、顧客が電灯や動力の設置を依頼しても、すぐには動かず、「取り付けてやる」式のお役所仕事で、停電があってもすぐに修理に駆けつけないというありさまだったため、ライバル各社にマーケットを荒らされていたのである。それが、小林の改善で格段にサービスがよくなり、評判も回復した。

第二に小林が手掛けたのは過剰電力を売り込むために、「需要がなければ創ればいい」のモットーのもと、大口需要先となるさまざまな会社を設立したことである。

その代表的な例が、鈴木忠治《ちゅうじ》、森矗昶《のぶてる》とともに設立した昭和肥料株式会社(後の昭和電工)である。小林は化学肥料工業が大量の電力を消費することに目をつけ、化学肥料の製造を企画していた森が「味の素」の鈴木三郎助《さぶろうすけ》や鈴木忠治と組んで硫安工場を建設しようとしているという話を聞くと、積極的にこれに投資し、昭和肥料株式会社の設立にこぎつけたのである。

森は事業欲に燃えており、手腕もあったが、資金がない。それで鈴木や東電の資本を借りて、昭和肥料を設立したわけである。だから昭和電工の設立と発展の功は、おもに森に帰せられるが、これに金をだすことを決意した小林の眼力も、平凡ではない。(三宅晴輝『小林一三伝』)

森は、さらに新事業としてアルミニウム製造を企て日本沃度《ヨード》株式会社を設立し、東京電燈の大口消費者となったが、このアルミニウム製造が大量の電力を必要とすることに注目した小林は、ソヴィエト・ロシア視察後の昭和十四（一九三九）年に古河《ふるかわ》と大倉の両財閥と共同出資で日本軽金属工業を設立し、その初代社長に収まった。

高碕達之助が中心となって設立した東洋製罐《せいかん》も、電力の大口顧客となるという見通しのもと、小林が設立に参加した企業である。

このように、供給過剰に陥っている電力の大口顧客を「需要がなければ創ればいい」の信念により次々に創り出していった方法は、小林が阪急時代にすでに培っていたものだが、しかし、さしもの小林も大いに手を焼いたのが、第三の不振要因である「電力合戦」、なかんずく東京電力、通称「東力」とのバトルであった。

ライバルはかつての盟友・松永安左ヱ門

東京電力は、小林のかつての盟友である松永安左ヱ門が副社長として実権を奮っていた東邦電力の子会社で、東京電燈の地盤である首都圏を蚕食すべく、神奈川、静岡、群馬をその勢力範囲に収めると、昭和二（一九二七）年からいよいよ東京に進出してきたのである。

こうして東力は東電の地盤に食いこんできたため、京浜地方では料金競争と、鉄道省、東京市電、郊外電鉄などの大口需要者の争奪戦が激甚をきわめた。（三宅晴輝『小林一三伝』）

東京電力は価格ダンピングで次々に東京電燈から顧客を奪ったので、東京電燈も負けてはならじと東京電力の親会社の東邦電力の本拠をつき、東海地方への進出を試みたのである。

小林が東京電燈に入社したのはこうした「電力合戦」の最中だったが、小林にはまだこの消耗戦を止めるだけの権限はない。そこで出陣したのが、小林を送り込んだ池田本人だった。池田は、東京電力に投資している安田銀行の結城豊太郎《ゆうきとよたろう》に、このままでは共倒れになるだけだから妥協を図ろうと会談を申し込み、両社を合併させることに同意させたのである。小林入社から半年後の昭和二年十二月のことだった。

これにて電力合戦は、少なくとも両社については終わりを告げたが、合併により、松永安左ヱ門が東京電燈に取締役として乗り込んできたことから事態は複雑なことになった。というのも、会長として入り、若尾退社以後は社長も兼務していた郷誠之助は、副社長になっていた小林より松永を高く買い、小林の提案を退けることが次第に多くなったからだ。

これに猛烈に反発したのが小林で、人事問題で郷と衝突すると副社長辞任を申し入れたのである。『故人今人』で名取和作はその間の事情をこう解説している。

それでも郷さんと一度喧嘩して辞めると言い出したことがある。そこでその仲裁に入ったのが松永と河西豊太郎《かさいとよたろう》と私の三人です。田中家で三晩やつた。僕は中立だ。松永の立場は、構わず言つてしまえば、小林が辞めてもいいという程度なので、若《も》し辞めたら松永になるかも知れない。河西は小林に行かれては自分の地位が危ないというわけ。私は、一番利害関係なく臨むことが出来た。それで小林を口説くのに三晩掛かつた。結局小林がやろうということになつて、夜の十一時半頃になつて池田さんに電話を掛けた。そうしたら小林一流の条件を出したものです。が、それを容《い》れて、やつと落着いて東燈〔注：東京電燈〕に居据わることになつたのです。

この郷との反目による小林の辞任騒ぎがいつのことかははっきりしないが、いずれにしても、池田はこの事件を機に、郷ではなく小林を取ることになる。小林が出した条件については不明だが、郷の容喙を排除することだったと思われる。かくて、昭和八（一九三三）年に郷は代表権のない会長に退いて小林が、名実ともに東京電燈の社長となったのである。こうして、東京電燈の全権を把握すると、小林は懸案だった有利子負債と外債利子の問題に取り組み、徐々にこれを克服していった。すなわち、有利子負債を減らすためにダムの新規建設を控えるかたわら、電車、ガス事業などの事業に進出するために設立した子会社を他会社や公共団体に売却して整理し、財務バランスを改善させたのである。

また、外債の為替問題については、この方面のエキスパートである五十嵐直三《いがらしなおぞう》を常務取締役として雇い入れて処理に当たらせたので、外債対策も次第に改善を見たのである。

こうした努力の結果、東京電燈の業績は昭和六、七（一九三一—三二）年頃から急回復し、九年下半期には一〇〇〇万円を超える利益を計上、十一年上半期には二〇〇〇万円の利益を上げて、昭和四年以前の業績に戻ることができたのである。

この東電たてなおしの成功で、小林の事業家としての手腕は東京財界にも完全に認識され、彼はここまでくると、全日本的な財界人として、世間から認められるようになった。（中略）東電に入り、苦労して東電をたてなおしたことは、小林自身にとっても大きなプラスになった。関西の小林から、日本の小林になったのは、その努力のおかげである。（三宅晴輝『小林一三伝』）

小林を東京電燈に入社させ、「関西の小林から、日本の小林に」した池田成彬は『故人今人』で小林を松永安左ヱ門と比較しながらこう評価している。

何か問題にぶつかると幾らでも智慧《ちえ》が出るという不思議な人物です。読んだり聞いたりした普通の学問から割り出した考えでなく天才的です。それが今太閤なんていわれる所以《ゆえん》ですね。さながら湧くが如くいい智慧が出て来る。唯《ただ》松永君とちよつと違うところは、智慧を出すことは実に偉いが、何か故障があればさつさと捨てゝ即座に第二の案を出して来る。之《これ》に反して松永君は同じことを実に粘り強くどうしてでも物にしてしまうという所がある、ここが二人の性格の相違ですね。小林君には所謂《いわゆる》今日いう創意がある。それと用意周到。それからやはり甲州の人間だから、相当きかん気のところもありますね。

三井銀行時代に自分をまったく評価していなかった池田をここまで感服させたのだから、小林一三という実業家はやはり天才というほかはないのである。

第三章　劇場篇③　宝塚少女歌劇団、大ブレイクの時

『モン・パリ』、試行錯誤の末の大ヒット

昭和二（一九二七）年は、小林一三のキャリアにとって、もう一つ、宝塚少女歌劇団が『モン・パリ』で大ヒットを飛ばし、以後の歌劇団の路線を決定づけたという点において記念すべき年でもあった。

とはいえ、宝塚少女歌劇団は、大正三（一九一四）年の処女公演以来平坦な道を歩んでいたわけではない。むしろこの時期は「少女」歌劇という「限界」を意識した小林が脱皮を試みた過渡期に当たる。すなわち、宝塚音楽歌劇学校に男性用の「専科」を設けたり（大正八年）、男女混合の「宝塚国民座」の創設を目指したり（大正十五年）と、試行錯誤を繰り返していたのである。

だが、結果的にいえば、この模索は決して無駄ではなかった。というのも、男女混合劇を創設しようとして宝塚に導入した新しい血が『モン・パリ』の大ヒットを生む伏線となったからである。その宝塚の新しい血とは岸田辰彌《たつや》と白井鐵造《てつぞう》だった。岸田が『モン・パリ』を、そして、白井がその三年後の昭和五（一九三〇）年に『パリゼット』を創り出し、今日まで続くレビューというスペクタクル形式を宝塚に定着させたのである。

小林が帝劇歌劇部出身の岸田辰彌を宝塚に招いたのは大正八（一九一九）年のこと。岸田はこのころ、伊庭孝《いばたかし》が組織した新星歌舞劇団の一員として京都の夷谷座《えびすざ》で公演中だったが、そこに小林が訪れ、岸田に宝塚入団を強く働きかけたという。では、小林が白羽の矢を立てた岸田辰彌とはそもそもどのような人物だったのだろうか？

新鋭二人——岸田辰彌と白井鐵造

岸田辰彌は「明治の怪傑《かいけつ》」岸田吟香《ぎんこう》の五男として明治二十五（一八九二）年に東京・銀座で生まれた。吟香は眼病治療のためにヘボン博士を訪れたことがきっかけでヘボン編纂の和英辞書『和英語林集成』を手伝うようになり、後にはヘボンから伝授された処方を基に日本初の目薬「精錡水《せいきすい》」を売り出したという明治立志伝中の人物だが、辰彌はすぐ上の兄で画家の岸田劉生《りゅうせい》とともに父の芸術家的側面を強く受け継いだ息子だった。

田畑きよ子『白井鐵造と宝塚歌劇——「レビューの王様」の人と作品』によると、岸田辰彌は劉生らと教会の日曜学校に通ううち、歌唱指導に来ていた東京音楽学校出身の山本正夫の影響で歌劇の楽しさに目覚め、イタリア人舞踏振付家ローシーに学ぶべく帝国劇場歌劇部に二期生として入学、帝劇歌劇部の主要メンバーとして活躍した。同歌劇部解散の後は、ローシーが独力で創った赤坂ローヤル館や浅草オペラを渡り歩き、前述の伊庭孝の新星歌舞劇団に同行しているときに小林の訪問を受けたのである。

宝塚の発展のためには、岸田のように声楽に優れ、本格的なダンスの指導を受けた人材が求められたのだろう。そのうえ、台本が書けて演出の能力もある岸田に小林が白羽の矢を立てたのは当然だった。（田畑きよ子『白井鐵造と宝塚歌劇――「レビューの王様」の人と作品』青弓社）

岸田は宝塚に入ると、演出・脚本、声楽、バレエなどあらゆる分野を手掛けたが、それと同時に「専科」ではバレエを担当し、応募してきた男子生徒の指導に当たった。少女歌劇を存続させると同時に国民劇の創設を企てていた小林にとって、岸田は一挙両得の人材だったのである。

この「専科」の生徒の一人に白井鐵造がいた。といっても、白井鐵造が「専科」の第二期生として入学したのは彼の意思によるものではない。岸田によって入学させられたのである。しからば、岸田と白井はいかなる関係にあったのか？

白井鐵造の自伝『宝塚と私』（中林出版）によると、白井は本名を虎太郎《とらたろう》といい、明治三十三（一九〇〇）年、静岡県秋葉山《あきはさん》のふもとにある犬居村《いぬい》（現・浜松市天竜区春野町）で指物師の息子として生まれた。尋常小学校を卒業すると日本形染《けいせん》という会社に就職したが、向学心やみがたく、小学校教員になるべく独学で検定試験の勉強を始めた。そのとき検定に必須だった音楽実技試験のためにオルガンを独習し、音楽理論や唱歌の実習のために街の合唱会に入ったことが白井を音楽に向かわせる契機となったらしい。

しかし、白井が音楽の世界に足を踏み入れる決定的な転機となったのは、大正六（一九一七）年に『東京朝日新聞』に載った指揮者・高折周一《たかおり》とその夫人であるオペラ歌手・高折寿美子《すみこ》夫妻がアメリカでの巡業を終えて一時帰国したというニュースだった。

丁度その頃高折周一先生夫婦が帰朝して、今でいえば日本人だけのショーというようなものだろうと思うのだが、オペラ団をつくってアメリカへ行くという新聞記事を見た。これが私の運命の新聞記事で、私の今日の運命はこれから始まったのだ。私はすぐこの高折先生に手紙を出して、弟子入りをお願いした。（白井鐵造『宝塚と私』中林出版）

高折周一は東京音楽学校卒業後、日本の音楽振興のために『音楽之友』（改題と合併を経て『音楽界』となる）を創刊した人物で、本格的に西洋音楽を学ぶために雑誌を後輩の山本正夫に託してピアニストの巌本捷治《いわもとそうじ》とともに渡米し、ヴァイオリニストのイザイに師事した後、指揮者に転向して活躍していた。一方、夫人の寿美子は東京音楽学校を中退して、単身ニューヨークに渡り、苦心の末、メトロポリタン歌劇場でデビュー、夫とともにコンサートツアーを行うまでになったが、周一が結核を発症したため、夫妻はやむなく日本に戻り、再起を期して治療に専念することになったのである。

高折から返事が届き、面会を許されたので、白井は高折が療養している辻堂の別荘に出向き試験を受け、寿美子のレッスンを受けることとなった。高折は白井の経済事情を斟酌《しんしゃく》し、まずは山本のもとで書生となり、『音楽界』の仕事を手伝いながら自分の妻のところに稽古《けいこ》に来るよう命じたのである。

こうして白井は音楽の世界に入ったわけだが、運悪く、高折は病が回復せず、大正八（一九一九）年に他界してしまったため、山本の教え子である岸田の弟子となり、先の新星歌舞劇団に加わることになった。この新星歌舞劇団で岸田の歌に接するうち、白井はとうてい恩師にはかなわないと感じ、得意なダンスに活路を見出そうとしたようである。

そうしているうちに岸田が小林に招聘《しょうへい》されて宝塚に転じたので、白井は恩師に従うかたちで宝塚の「専科」に入学したのである。大正八年九月のことだった。これを機会に白井は名前を虎太郎から鐵造に改めた。

白井の修業時代

さて、話が長くなった。これでめでたく岸田と白井の師弟コンビが宝塚に入り、そのまま大きな戦力となった、と言いたいところだが、実際にはそうではないので、また話が錯綜する。というのも、第一部第八章で述べたように「専科」は一年もたたないうちに廃止されたため、ダンスの道を極めたいと思っていた白井は岸田の勧めで、奇術と曲芸・ダンスを得意とする、松旭斎《しょうきょくさい》天華《てんか》一座に加わって日本全国を巡業して歩くことになったからである。この経験が白井の運命を切り開くことになる。

奇術劇団といっても、この一座はプログラムは奇術よりミュージカルバラエティの方が多い、今で言えばショウ劇団で、松旭斉天勝と並んで一流の一座であった。私も暫くここに入って、日本中を歩いて見ることも面白いと思って行った。（中略）この一座には幸いなことに、やはり帝劇オペラの二期生で、岸田先生の友達の石井行康さんがいて、私はこの人から旅をしながらバレエの基本の教えを受けた。（『宝塚と私』）

大正十（一九二一）年九月、松旭斎天華一座が京都で公演しているとき、岸田から白井のもとに宝塚で振り付けのアシスタントとして協力してほしいという要請が届く。かくて、白井は宝塚音楽歌劇学校に助教授として勤務することになるのである。

宝塚に入団した白井は、音楽歌劇学校で教鞭を執るかたわら、岸田演出の喜歌劇のダンスの振り付けを主に担当したが、それは歌手としてキャリアをスタートさせた岸田がダンスを苦手としていたためである。この意味で、岸田は初めからこの日が来ることを予期して白井を松旭斎天華一座に「修業」に出したともいえるのである。

たしかに、白井が松旭斎天華一座でダンスの振り付けやスペクタクル演出を学んできたことは宝塚の授業や演出において大いに役には立った。しかし、白井には岸田にあった大切なものが欠けていた。それは白井が宝塚の脚本と演出を手掛ける段になると明らかになる。台詞《セリフ》と作劇術がどうしても見劣りしたのである。帝劇歌劇部出身で基礎が出来ている岸田とは経験が違うのだ。

そのせいか、白井の宝塚デビュー作『魔法の人形』はさんざんな不評で、ファンからの批評も手厳しいものがあった。しかし、その反面、白井には岸田にない新しさがあった。音楽とダンスである。

脚本が苦手ということは、宝塚の演出家としてはかなりの弱点になったはずだ。苦肉の策だったのか、自然のなりゆきだったのか、白井は踊りと歌から物語を構成するという作劇法を生み出した。まずバレエのシーンを考え、それを生かす脚本を作るという手順である。（田畑きよ子『白井鐵造と宝塚歌劇』)

これは極めて重要な指摘である。というのも、後述のように、白井が欧米留学で得たレビューの舞台演出が昭和五(一九三〇)年の『パリゼット』の大成功を生んだというのは事実でも、実際には、白井本人に元からレビュー的演出に適した素質があったからというのが本当のところだからである。欧米留学は白井に内在していた素質を引き出すのに役立ったのである。

パリから持ち帰ったライン・ダンス

おっと、先を急ぎすぎた。ナレーションはまだ大正の十年代にいる。宝塚では新しい少女歌劇を創りだそうとする岸田と白井の暗中模索が続いていたのである。

そんなとき思わぬアクシデントが起こり、自然に二人の脚本家・演出家にある方向性を与えることになる。大正十二(一九二三)年一月三日(二十二日という説もあり)、宝塚の公会堂劇場から出火した炎が瞬く間に広がり、同パラダイス劇場、大食堂、図書館、音楽学校等を焼き尽くしたのである。

小林はこの大火をかえって奇貨として、かねて構想を練っていた大劇場の建設に乗り出す。小林は、歌劇を大衆(すでに指摘したようにアッパー・ミドルに近い中層中産階級)に開かれたものにするには、入場料を安く設定した大劇場主義でいくしかないと確信していたので、大火を機に決断を下したのである。

こうして大火から一年半後の大正十三(一九二四)年七月には四〇〇〇人収容の宝塚大劇場が

完成し、七月十九日からこけら落とし公演が行われたのである。

この大劇場の完成が宝塚の演出陣にラディカルな自己変化を強いることになるが、しかし、それは最初、彼らを大いに戸惑わせたらしい。その証拠に、小林は自ら筆を執って、こけら落とし公演について宝塚の機関紙『歌劇』にこんな批評を執筆している。


新舞台初公演の出しものとしては、何《いず》れも成功とは言へない、只《た》だ多人数の少女をバラ撒《ま》いて、綺麗だらうと言ふ程度では物足らない。（中略）要するに、すべてがダレるといふ原因は、（中略）大劇場即ち舞台面の勝手が違ふ点に就《つい》て考へて見なかった結果と言ふべしである。（「大歌劇場初公演所感」）


しかし、そう言われても、と演出陣は思ったに違いない。日本にはこれだけの大劇場で歌劇を演出するための方法論というものがなかったから、小手先の創意工夫だけではどうにも太刀打ちできなかったからである。

そこで、西洋物の責任者である岸田は自ら欧米視察の旅に出たいと小林に訴える。大劇場向けの作品を創り出すにはどうしたらいいか、また演出をどう工夫すればいいかを欧米の大劇場で実際に見て勉強したいと申し出たのである。

これに対し、小林は自分もそうした構想をもっていたので即座にＯＫの返事を出した。そして、岸田に対し、視察のついでに、もし宝塚の海外公演を行うとしたらどんな演目が人気を呼びそうか調査してくるように命じた。小林はすでにこの段階から海外公演のプランをもっていたのである。

こうして立派な大義名分を得た岸田は大正十五（一九二六）年一月、神戸を出帆してフランス郵船上の人となる。インド洋コースを採ってスエズから地中海に入り、ナポリに滞在して声楽を勉強したあとパリに向かい、彼の地で劇場やミュージックホールを片端から見て歩き、その後、アメリカを視察して、昭和二（一九二七）年五月に帰国した。では、岸田はこの視察旅行で、求めていたものを見出したのだろうか？　それが見事、見つかったのだ！

まず岸田が旅に出たタイミングがよかった。第一次世界大戦後、財政危機によるフラン切り下げがインフレーションとドルの流入を招いた結果、フランスにバブル景気が到来していたのである。パリにはドルを財布に詰め込んだアメリカ人が溢れ、カフェやレストラン、そして演劇は空前の好景気に沸き立っていた。とくに一九二五（大正十四）年に開催されたアール・デコ博覧会（パリ万国博覧会）はモダニズムの時代を画する重要な美学上の転機となり、パリはモダン建築ラッシュに沸いた。その代表的な一つがこの年にリニューアル・オープンしたミュージックホール「フォリー・ベルジェール」である。ジョルジュ・バルビエのようなイラストレーターや装飾美術家がスタッフとなり、壮麗にして豪華絢爛《けんらん》たる舞台装置を作り上げ、大仕掛けなレビューをシーズンごとに展開したので、世界中から観光客が押し寄せていた。

岸田はまさにその一人だった。岸田は「フォリー・ベルジェール」「カジノ・ド・パリ」といった人気のミュージックホールのレビューを見て歩き、熱心にノートを取って帰国後に備えた。なかでも岸田を驚かせたのが、幕間というものを用いないスピーディーな舞台展開だった。奥行きの深い舞台で、大道具方が後景で舞台の入れ替えをやっている間も前景ではヴォードヴィルやダンスや曲芸が行われ、観客を飽きさせることがない。岸田はこれを日本でも試してみようと思いたったのだ。

ところが、レビューに必要な舞台装置だけで一年分の公演費に相当するため、劇場課長から猛反対が入った。このとき決断を下したのが小林だった。

その時小林先生の決断の一言「やってみよ」で「モン・パリ」上演は実現した。（『宝塚と私』）

こうして岸田の凱旋公演である日本初のレビュー『モン・パリ』が昭和二（一九二七）年九月一日に宝塚大劇場で幕を開けた。全一六景の内容はというと、宝塚新温泉前から旅立った若者が長旅を終えてパリに到着し、オペラ座前広場で『モン・パリ』を大合唱した後、第一六景のヴェルサイユ宮殿の落成を祝う大祝賀会でルイ十四世夫妻が一六段の階段を下りてくる場面でフィナーレを迎えるという大掛かりな演出だった。岸田がフォリー・ベルジェールで見たレビューの記憶をもとに創られたもので、レビューの振り付けは白井が写真を見ながら想像で行った。

はじめ岸田先生が、パリのレビューでやっているライン・ダンスの写真を見せて「西洋では今こういうものをやっている。これをやるのだ」といわれたのだけれど、それは一列になって揃って踊るということだけで、あとはどんな振付にしたらいいのか私には全く見当がつかず、とにかく岸田先生から、いろいろ聞きながら一列になって踊らせたというだけのものだった（後略）。（『宝塚と私』）

で、結果はというと、これが予想を超えた大絶賛。まさに宝塚が進むべき道を決定づけた作品となったのである。

この「モン・パリ」上演によって大劇場演劇が確立されて、日本は今や大劇場時代となり、宝塚は日本演劇史上に大きな足跡を残したわけである。小林先生の仕事は、いつでもみんな一歩一歩先に行っていて全く偉い人であった。(『宝塚と私』)

白井はなぜリラをすみれに代えたのか

気を良くした岸田は昭和三(一九二八)年に『イタリヤーナ』、同じ年に『ハレムの宮殿』と立て続けにヒットを飛ばしたが、このころからネタ切れが明らかになり、マンネリ感が出てきた。そうした危機感を背景にして決定されたのが白井の欧米視察旅行である。

これは私が「モン・パリ」以来ずっとレビューの振付を一人でやっていたので、小林先生が、私にも洋行させれば、何かおみやげを持って帰るだろうと思ったためだろうと思う。(『宝塚と私』)

白井は昭和三年に神戸を出発するとアメリカ経由で翌年一月にパリ到着、精力的に舞台を見て歩いた。ただし、最初にパリのムーラン・ルージュで『パリ・キ・トゥルヌ(巡るパリ)』というレビューを見たときには、「ミスタンゲットを除いて外の舞台はと云ふと米国のレビュウを見て来た眼には大して驚かされるものはありません」と報告している。

だが、パリ滞在が長くなり、パリの水と空気になじんでくると、舞台でもそれまでまったく見えなかったものが見えてくる。

こうしてパリの色彩と匂いなどを存分に吸収した白井はびっしりと観察を書き留めたノートとともにパリをあとにして日本に帰国する。昭和五(一九三〇)年五月十五日のことだった。

想い出は、匂いとか、味とか、種々なものにまつわるものだが、その中で、歌が一番その時代の想い出を強くよみがえらせる。(『宝塚と私』)

では、白井にとってのそうした歌はというと、これが「白きリラの花咲く頃」というシャンソンだった。白井はリラをすみれに代えて「すみれの花咲く頃」として帰国第一作『パリゼット』の主題歌としたのである。では白井はなぜリラをすみれに替えたのか?

「リラの花咲く頃」には恋人たちは、森へ野へと出かけて行って、春の悩ましい思いのために気違いのようになる、それが春だ、という意味の歌で、私はパリで流行っていたこの歌の、リラの花をすみれの花に書変《かきか》えた。

すみれの花もリラの花と一緒にパリの花の一つで、パリではすみれを小さなブーケにして、花屋の店や街角で冬でも売っている。すみれの花の匂いも甘く、詩人たちは、その花を、恋や愛の歌に使って歌を作るが、全くリラの花もすみれの花も、花の型よりも色と香りで、人にそういう魔法をかけているように思う。この「すみれの花咲く頃」を私の最初のレビュー「パリゼット」の主題歌にしたのだが少女歌劇の「菫星」の性格とすみれの歌がうまく合って、宝塚を象徴する歌になった。(『宝塚と私』)

あまりはっきりと言われてはいないが、想像をたくましくすれば次のようになるだろう。すなわち、リラの花には、恋人たちを狂わしき気持ちに駆り立てて森や野に出掛けさせてしまうような性的な魔力があるのだが、白井はこれは「清く、正しく、美しく」の宝塚にはふさわしくないと無意識のうちに判断して、そのような性的な蠱惑《こわく》作用のない「すみれ」に代え、「恋に恋する乙女」の花園たる宝塚にふさわしい「すみれの花咲く頃」を創りだしたのである。リラからすみれへの転換。これがエロティシズム溢れるパリのレビューを清楚にして豪華な宝塚のレビューに変えたのである。

しからば、昭和五年八月一日に『パリゼット』が初日を迎えたときの反響はどうだったのだろう？　上演中も幕が降りた後もたいした拍手もなく、白井は失敗したと感じて落胆した。ところが、実際にはその反対だったのである。

しかしその翌日劇場へ行くと、今も憶えているけれども、嵯峨《さが》あきらが飛んで来て、小林先生が、大変喜んで、素晴しかったということづけを、私に伝えてくれた。

それから三日目位から、丁度、こだまが響く様に、あちこちから評判が聞こえて来た。

（中略）初日に客席が静かだったのは、あまりの素晴しさに観客が圧倒されて声が出なかったのだと、後で人から言われた（後略）。（『宝塚と私』）

こうして『パリゼット』により、宝塚のレビューはマンネリを脱して完全に軌道に乗り、やがて「すみれの花咲く頃」は「『パリゼット』から抜け出して『宝塚の歌』になった」（『宝塚と私』）。

かくて、小林は東京電燈と同時に宝塚においても、優れた人材を抜擢《ばってき》し、その才能に賭けて「勝った」のである。

第四章　映画篇①　ヴィジョナリー・カンパニー「東宝」の誕生

困難な時代に誕生した

小林一三という実業家が今日でも研究の対象となりうるのは、その商業理念（良いものを安く、大量に売る）が近代的であるばかりではなく、商業理念を介して（つまり自らが商業的に成功を収めることで）理想社会を日本にもつくりだすことが可能だと堅く信じていた「思想家」でもあったからである。つまり、渋沢栄一や松下幸之助とはまた違った意味において小林一三は「理念的実業家」であり、その創業会社は必然的にヴィジョナリー・カンパニーとならざるをえなかったということなのである。

そして、こうした理念的実業家という面が最も強く出たのが東宝である。「ヴィジョナリー・カンパニー東宝」を見れば、小林が抱いていた理念や理想が手に取るようにわかってくるのだ。この意味で、小林にとって東宝は、阪急と並んで、いや、あるいは阪急以上に重要な会社だったのかもしれない。

小林が東宝の母体となる東京宝塚劇場の構想を明らかにしたのは昭和七（一九三二）年八月十二日のことである。この日、株式会社東京宝塚劇場（資本金一七〇万円）の創立総会が東京丸の内・中央電気倶楽部で開かれ、取締役会の互選で取締役社長に小林一三が選ばれた。

この昭和七年は、戦前日本の運命の分岐点ともいえる一年で、右の事項を記した『逸翁自叙伝――青春そして阪急を語る』の年譜の社会の出来事に一瞥を与えると、次のような歴史的事件が時系列で並んでいる。すなわち上海事変勃発（一月二十八日）、血盟団員・小沼正《おぬましょう》による井上準之助《じゅんのすけ》前蔵相暗殺（二月九日）、満洲国建国（三月一日）、血盟団員・菱沼《ひしぬま》五郎による三井合名理事長・団琢磨《だんたくま》暗殺（三月五日）、五・一五事件などである。

こうした血なまぐさい事件の中に置くと、株式会社東京宝塚劇場の創立はおおいに異彩を放っている。

では、どのような理由から小林は宝塚劇場の創立を企てたのか？

大衆によりよい娯楽を！

具体的かつ物理的な理由は二つある。一つは宝塚少女歌劇団の東京公演のための常設小屋を確保する必要性。もう一つは日比谷に格好の土地が見つかったからただちに建設に取り掛かったという緊急性。しかし、小林が新劇場建設の抱負を語った次のテクストからは、これらの具体的な理由のほかに、第三の、そして、いかにも小林らしい理念的な理由が透けて見えてくる。

宝塚少女歌劇の東京出演は、昭和三年以来、歌舞伎座、新橋演舞場などで実験した経験からみると、一年五回ぐらいは十分興行しうるという確信をえた。ただ、歌舞伎座のときは一等が四円五十銭、新橋演舞場のときは三円という観覧料が自分達の理想に反して高すぎるので、もっと安くすることができるなら、現在以上の大入りの盛況は疑いなしと思う。が、何ぶんにも他人経営の劇場を利用するあいだは、当方の勝手のみを主張するわけにもいかない。（中略）いつも時代の尖端を切って一世を指導している宝塚一党の自負は、東京において一年六回の公演を断行するのにいささかも不安を感じないのであって、このさい東京に大劇場を作って、安く、面白く、家庭本位に、清い、朗らかな演劇をご覧に入れたいと意図したのである。

じつは、宝塚の東京公演は、少女歌劇団経営の上にも非常に有利であり、且《か》つ芸術的にも好影響があるので、これはぜひ実現せしめたいと心がけておった。幸い、日比谷公園の前、帝国ホテルの横に、東電の所有地千二百坪の売地があったので、これを買いうけ、ここに大劇場を新築することに決心したのである。場所が狭いので五千人というわけにはいかないが、三千人程度の劇場を立てて、一等二円、二等一円、三等五十銭を標準にして計算を立てても相当の経営が可能なので、いよいよ断行することにいたしたのである。（『東宝二十年史』東宝株式会社）

第三の、むしろ理念的といっていい理由は、歌舞伎座の観覧料四円五十銭、新橋演舞場の三円（ともに一等座席）という料金体系に対して、東京宝塚劇場は一等二円、二等一円、三等五〇銭を目指すと語っている点にある。だが、なにゆえに観覧料の高低が理念的なのか？

これについては小林が東京宝塚劇場の開場後に、演劇評論家・三宅周太郎の批判に答えるかたちで自己の演劇観を披露した「二円劇場五十銭劇場」という昭和九年のエッセイを読むと明らかになる。すなわち、三宅が東京宝塚劇場を「二円劇場」と揶揄したのに対し、小林は、自分の理想とするのは「二円劇場」どころか入場料一円均一で五〇〇〇人収容可能な「壱円均一劇場」であると述べ、当面は漸進主義で「二円劇場」にしたに過ぎないとしてから、興行界を牛耳っている松竹の経営方針に対する批判に転ずるのである。

止《や》むを得ず此種《この》の芝居〔注：菊五郎一座などの一流の役者が演ずる一流の芝居〕は高い料金を取るといふのが松竹の方針であると思ふ。況《いわ》んや歌舞伎座にしても弐千弐百人、其《それ》以外の劇場は大体千五六百人から弐千人迄《まで》の収容力しかないのであるから、勢ひ、特別の人達が高い料金を支払って見る芝居、即ち特種階級の芝居の存在、それに対する国民一般に開放されたる芝居を興行しようといふのが東宝の目的である。（「劇壇うらおもて」『小林一三全集』第二巻）

ここで小林が述べていることは、基本的に三越などの既存のデパートに対して阪急デパートを対抗させたときの原理と同じである。

すなわち、高品質の商品に対して一定のサービスを付けたらそれは高額な商品になるのが当たり前だが、しかし、それではその商品を買える消費者は限られた階層だけになる。しかも、いったん顧客の数が限定されてしまえば、その商品の価格が下がる可能性は低くなり、大衆は永遠にそうした商品にアクセスできない。

小林のユニークなところは、こうした当たり前の原理を当たり前だと思わなかったところである。小林は、高品質商品でも、それを低価格でより多くの人々に届けてこそビジネスであると考えるのだ。

では、なぜ、ビジネスはかくあらねばならないかというと、それは最大多数の最大幸福の原理のみが良き社会を保証するからである。ごく一般的な家庭の成員全員がよりよき商品を享受しうるのが良い社会であり、特権的な人々だけしかその利益を享受しえないのは良くない社会なのだ。それは商品に限らない。芝居や映画といった娯楽もまた同じ原理によるべきなのだ。なぜなら、娯楽は生活を潤し、人間性を豊かにするからである。より多くの人がよりウェル・メイドな娯楽に接することができるのが良い社会なのだ。

つまり、小林の頭の中にはあらかじめ「より良き社会」という理想があり、いつでもその理想に照らして演繹が行われているのである。理想から具体的な現実に降りていったときに困難に直面したら、それをどう回避すればいいかが小林にとってのビジネスなのだ。小林が理念的な実業家であったというのはまさにこうした意味においてである。

だから、東京宝塚劇場の創立も、宝塚少女歌劇団の東京公演の常設小屋が必要になり、それを探したらたまたま東京電燈の所有地が日比谷にあったからというのではない。むしろ、頭の中に確固として理想社会のイメージが存在し、その実現を模索する過程で、大衆に低価格でウェル・メイドな娯楽を提供する第一歩として東京宝塚劇場を創立したというのが本当のところなのである。


私の理想は、寧《むし》ろ壱《いち》円均一である。娯楽を生活の糧にしたいといふ立場から、家庭本位に、大勢が打《うち》連れて行楽するを標準に置く以上は、毎月一度、夫婦に兄妹や子供衆なぞ、誰《だ》れ彼と平均五人として五円といふ程度ならば現在の国状と其《その》国民生活に必ずしも不均衡でないと目算を立てゝゐるのであるが、それを実行しようとするならば、どうしても五千人収容の劇場でなければ、不可能である。(「劇壇うらおもて」)

大劇場の人口学的必然性

しからば、この五〇〇〇人収容の劇場という「理想」がどこから来ているのか? ひとつには、入場料を一円にしたらキャパシティーがそれだけ大きくなければならないという薄利多売の原理そのものだが、しかし、それだけではない。もう一つ、小林は人口学的発想からこの数字を割り出していると思われる。

昭和七(一九三二)年という時代について東京区部の人口を調べると約六〇〇万人という数字が出るが、このうち一年に一度でも劇場に足を運ぶ人口となったら、今日よりもはるかに娯楽が少なかった時代だったとはいえ、せいぜいのところ四分の一の一五〇万人が上限だろう。この一五〇万人の足を劇場に運ばせるには、一年の劇場稼働日数三〇〇日とすると、劇場のキャパシティーは見事に五〇〇〇人ということになるのである。言いかえると、五〇〇〇人収容の劇場を一年間フル稼働させることができれば、観劇可能人口の上限に近づけるというわけなのだ。しかし、さすがの小林も、昭和七年に株式会社東京宝塚劇場を立ち上げたときには、五〇〇〇人収容劇場がすぐに実現可能だとは思っていなかった。そこで、差し当たり、三〇〇〇人収容の東京宝塚劇場を建設することにしたのだが、その建設中、偶然、理想に一歩近づくためのアイデアを得る。ダイヤモンド社の創業社長・石山賢吉が「小林さんを追慕す」でこんなエピソードを記している。

昭和十年頃であったようである。小林さんは、水泳のプールを囲んだスタンドを建設された。

三千人に座席を供給する大スタンドであった。それが一五万円で出来た。安価である。

その安価から小林さんの感想が浮んだ。

「劇場とは、何ぞや。このスタンドに、おい〔注：覆い〕をかけたものでないか。それに何百万円という高価な建設費を掛けている。若《も》し、劇場を、スタンドにおいをかける心持ちで建設したならば、非常に安価になるじゃないか」（中略）早速、その実行にかかった。

その時は、東京宝塚劇場の建設中であった。幸いに、基礎工事を終って、これから上へ伸びるという時期であったので、設計変更の余地があった。

設計を変更して、東京宝塚劇場を簡素なものにした。簡素にしただけ建設費の節約が出来た。二〇〇万円かかるのが、一五〇万円で足りた。差引五〇万円が浮いた。この金を以て、スタンドにおいをかけた劇場の建設にかかった。

幸い、東京宝塚劇場の前に、一〇〇坪ばかりの空地があった。それは根津嘉一郎氏の所有であった。根津氏とは同県人の間柄であるので、話が容易に纏《まと》まり、空地の一角にスタンド劇場を建設した。

現在の日比谷映画劇場がそれである。

この劇場は、見らるる通り真ん丸である。スタンドにおいをかけたと同型の劇場である。

建設費は、安上りになった。建物の建築代が四〇万円、座席や暖冷房設備を加えて、総計七〇万円で出来上った。それで観客を千数百人入れることが出来る。無類の安価である。小林さんは、この劇場に五〇銭均一という安値興行をした。そうしたら、非常な繁昌をした。(『小林一三翁の追想』)

「昭和十年頃」というのを「昭和七年頃」と正せば、これはことのほか重要な証言となる。というのも、一五〇万人という潜在的な観劇人口を掘り起こすという目的のために五〇〇〇人収容の劇場を建設することを夢見ていた小林が、スタンドに屋根を掛けたスタンド劇場というアイデアを得てこれを実行に移したというだけではなく、それを「映画館」として実現したという点が大きな意味を持つからである。

一般に、演劇はライブだから複数館同時上演は不可能で、客数を増やすには劇場を大型化するしかない。五〇〇〇人劇場というアイデアはそこから出てきたのだが、しかし、映画ならプリントの数だけ上映館を増やすことができる。日比谷映画劇場のキャパシティーは一七三〇だが、このクラスの映画館が都内に三館あれば五〇〇〇人劇場と同じ効果を発揮するはずである。潜在観劇人口一五〇万人到達も決して不可能ではないのである。

つまり、一言でいえば、宝塚映画劇場を建設中に、小林はスタンド劇場というアイデアを得ると同時に、観劇可能人口一五〇万人到達のためには「映画」という方法があるということに気づいたのである。

演劇と映画の二本柱で拡大路線へ

これは映画史的に見ても十分根拠があるといえる。トーキーの出現である。トーキーの本格的登場は一九二七（昭和二）年のアメリカ映画『ジャズ・シンガー』とされるが、これはヴァイタフォン方式だったので、実質的にはサウンドトラック方式が主流になった一九三〇年代初頭と見なすべきである。日本のサウンドトラック方式のトーキー第一号は昭和六（一九三一）年の松竹映画『マダムと女房』（五所平之助《ごしょへいのすけ》監督）だが、活動弁士の抵抗などもあり、普及には少し時間がかかった。

小林はトーキー映画を見て、そこに理想実現の方法論を見出したのだろう。活動弁士方式の無声映画ではキャパシティーに自ずと限界があるが、トーキーならそれがない。収容人数一五〇〇程度のスタンド劇場でもトーキーなら十分やって行ける。演劇では理想実現に時間がかかるが、映画なら短期間で実現可能である。

かくて、演劇革命のために創立された株式会社東京宝塚劇場は、昭和八（一九三三）年四月に至って、日比谷映画劇場の建設が決まったことにより、急遽、演劇と映画を二本柱とした興行会社へと大きく舵《かじ》を切ることになる。

昭和九（一九三四）年一月一日、東京宝塚劇場が宝塚歌劇月組公演、オペレッタ『宝三番叟《さんばんそう》』、歌劇『紅梅殿《こうばいどの》』、レビュー『花詩集』でこけら落とししたわずか一ヵ月後の二月一日、日比谷映画劇場がドイツ映画『南の哀愁』とイギリス映画『ウィンナ・ワルツ』の二本立て興行でスタートし、大好評をもって迎えられる。料金は小林が念願とした五〇銭均一だった。日比谷映画劇場は朝日新聞社と提携してニュース映画を上映し、以後、これが日本の映画館の定番となる。

ところでこの頃、にわかに第三の劇場として小林の視野に入ってきたのが昭和八年十二月二十四日に開場しながら不入りのため身売り話が出ていた日本劇場（日劇）であった。


日本映画劇場株式会社所有の日本劇場は昭和八年十二月二十四日に開場式、三十日から『ゴールド・ディガース』と『カヴアルケード』、翌年一月初旬にはチャップリンの『街の灯』を封切りましたが、その後の興行は不振で、昭和九年七月に日活と合併仮契約を結ぶにいたりました。しかし、この合併が不調に終るや、株式会社東京宝塚劇場は日本劇場の賃借の交渉を進め、昭和九年十二月三十日にいたり、日本映画劇場株式会社との間に、昭和十年一月一日以降三ヵ年間日本劇場の経営を管掌する契約が成立しました。（『東宝三十年史』）

小林は当初、日本劇場を単独で経営しようとは思わないから、松竹、日活からも申し込みがあれば喜んで貸すと語っていたが、その後、方針を転換、昭和十（一九三五）年十二月一日にこれを株式会社東京宝塚劇場に合併吸収、東京宝塚劇場、日比谷映画劇場とともに日比谷、有楽町界隈に大きな拠点を築くに至ったのである。日本劇場の地下には年末に第一地下劇場がニュース映画、短編映画の専門館として開場した。

昭和十年には、小林の拡大路線は急ピッチで進む。年表から拾うと、まず同年四月に横浜宝塚劇場（定員一三三六人）が開場。十月、京都宝塚劇場（定員一四六八人）、十一月、名古屋宝塚劇場（定員一九九四人）と続く。またこの年の三月には東京神田神保町の銀映座を二番館として買収したが、この銀映座の主任助手をしていたのが植草甚一《うえくさじんいち》で、そのまま東宝社員となった。

昭和十一（一九三六）年に入っても拡大路線は続き、四月に神戸阪急会館（定員一二四七人）が完成、十一月には東横映画劇場（定員一四〇一人）が竣工とともに直営館となり、翌十二（一九三七）年一月からは東京宝塚劇場株式会社に合併吸収された。

昭和十二年一月には地元大阪で、小林を社長とする株式会社梅田映画劇場が設立され、十二月には演劇用の北野劇場（定員一六一〇人）、梅田映画劇場（定員二〇〇三人）、梅田地下劇場（定員五八八人）が矢継ぎ早に開場したのである。

東京での演劇のための劇場建設も怠ってはいなかった。すなわち、昭和十年六月には、小林の念願だった国民劇の上演劇場となるべき有楽座（定員一六三一人）が完成。前年一月から劇団員を募集していた東宝劇団のこけら落とし公演として、青年歌舞伎の坂東蓑助《ばんどうみのすけ》（後の八代目・坂東三津五郎《みつごろう》）主演の『寿曽我三番《ことぶきそがさんばん》』（並木二瓶《にへい》作）、『盲目の兄とその妹』（山本有三《ゆうぞう》原作）、『人間万事金世中《にんげんばんじかねのよのなか》』（河竹黙阿弥《かわたけもくあみ》作）、および藤原義江《よしえ》主演のオペレッタ『シューベルトの恋』（白井鐵造《てつぞう》作）が上演された。

では、こうした大劇場主義による大拡大路線はことごとく勝利を収めたのだろうか？

必ずしもそうではなかったというのが実情である。

映画に関してはパラマウント、二十世紀フォックス、ワーナー・ブラザース、それに東和商事と封切り契約を結び、まずは順調な滑りだしを見せたが、当時の映画は邦画が主体だったから、洋画だけで松竹・日活の映画配給網と戦うのは至難の業だった。

しかし、映画はまだましな方で、演劇においては松竹の牙城は容易には崩せなかったのである。

東宝としては、有楽座を、外部の著名な劇団と東宝劇団との合同公演により開場し、東京宝塚劇場も合わせて、国民劇創造のため、あらゆる劇団の出演と俳優の参加を強く呼びかけて来たが、劇団と俳優の世界に巣食らう因襲と排他主義が、その実現を阻んだ。(『東宝五十年史』)

では、こうした困難に対して、小林はどのように立ち向かっていったのだろうか?

小林のヴィジョナリー・カンパニー「東宝」はまさにこのような日本の興行界に巣喰う因襲との戦いの中から生まれてきたといえるのである。

第五章　映画篇②　モットーは「健全なる興行」

敵は松竹

東宝が小林一三のヴィジョナリー・カンパニーである所以《ゆえん》は大きく二つあると思われる。ひとつは、前回述べたような小林一三独特の三段論法によるものである。

大前提　近代民主主義社会の確立には大衆（じつは中産階級）の民度の向上が不可欠である。
小前提　大衆の民度の向上には良質な娯楽を提供するのが最も手っ取り早くしかも効率的である。
結論　娯楽による民度の向上には、大衆が良質な娯楽に容易にしかも安価にアクセスできる大劇場を建設するしかない。

かくて、小林は、「清く、正しく、美しい」映画・演劇を供給する大劇場の建設に邁進したわけだが、しかし、東宝をヴィジョナリー・カンパニーとするにはそれだけではまだ足りない。すなわち、たとえ「清く、正しく、美しい」映画・演劇が上映される大劇場がつくられたとしても、そうした映画・演劇の製作セクターや配給・上演セクターが非近代的・非民主主義的に運営されていたのでは無意味である。映画・演劇を製作・配給・上演する興行会社もまた近代的・民主的に運営されねばならない。これが東宝というヴィジョナリー・カンパニーを作るときに小林が依拠した「思想」なのである。

まことに偉大な態度であるといわざるをえない。なぜなら「近代的・民主主義的な作品」をつくる「非近代的、非民主主義的な会社」というものは、現在でさえ掃いて捨てるほどあるからだ。実際には、いつの世でもホワイトを売りものにするブラックな会社が少なくないのである。

これに対して、小林は、ホワイトを売る会社は自身もホワイトでなければならないと考えた。これぞ、東宝をヴィジョナリー・カンパニーと見なしてよい第二の理由といえる。

では「ホワイトを売るためのホワイトな会社」というアイデアはいったいどこから生まれてきたのだろうか？

映画・演劇などのスペクタクル産業への参入を検討するうちに、いよいよ明らかになってきた既存勢力、とりわけ松竹の前近代性への批判からである。東宝の主要敵は松竹であり、松竹的な興行の前近代性を打破することこそが東宝の設立理由だったのである。

そのことは、昭和七（一九三二）年十二月に小林が『週刊朝日』に寄稿した「東京宝塚劇場地鎮祭に参列して」という一文に明らかである。すなわち、小林は東電の配当問題で暗雲が立ち込める中、東京宝塚劇場の地鎮祭に参列して、自分の選んだ道は間違っていないと確信したとして、次のように高らかに宣言している。

東電には為替下落に伴ふ不幸の現象が襲来する、その反対に東宝劇場には輝くべき曙光が朝霧を破って色染めて来る。私はこの年の十月四日大阪千日前の歌舞伎座の新築劇場を見物して、その共通せる欠点あるに驚き、工事中の東宝劇場改造の必要を痛感して、暫く工事中止を打電した。そうして一ケ月の間に、延坪千坪建設費四十万円の削減を強要して新設計によることにした。（中略）しかし時勢の進歩と時代の要求に添ふこの新劇場が、来年十月花々しく、同時に宝塚一党の理想を東京のその中で、統一されたる松竹全館に対立して包囲攻撃を受けるか、一騎当千の戦功を示すか、それについての計画を思ひ浮べる時、災厄多難なる大東電の幻影は私の勇気をどんなにか阻むであらう。（「東京宝塚劇場地鎮祭に参列して」『小林一三全集』第五巻）

前章で指摘した通り、小林はプール建設からスタンド劇場のアイデアを得て急遽《きゅうきょ》、東京宝塚劇場の設計を変更し、それによって浮いた五〇万円で日比谷映画劇場を建設したのだが、じつは、その日比谷映画劇場は松竹が千日前につくった歌舞伎座をカウンター概念として着想されたといっているのである。いいかえると、歌舞伎座には小林が全面否定したいと思うような旧来型の「興行思想」が表れていたということである。

小林から見た松竹

しからば、小林が対決しようとした松竹の「興行思想」とはいかなるものだったのか？

まず、松竹系劇場のキャパシティーの問題から行こう。小林は松竹が劇場のキャパシティーを最大二二〇〇人としているのは、演劇というものを特権階級の専有物と見なしているためであるとして次のように非難する。前出だが、改めて引用する。

〔注：菊五郎一座のような〕此種《この》の芝居は高い料金を取るといふのが松竹の方針であると思ふ。況《いわ》んや歌舞伎座にしても弐千弐百人、其以外《それ》の劇場は大体千五六百人から弐千人迄《まで》の収容力しかないのであるから、勢ひ、特別の人達が高い料金を支払って見る芝居、即ち特種階級の芝居の存在、それに対する国民一般に開放されたる芝居を興行しようといふのが東宝の目的である。（「劇壇うらおもて」『小林一三全集』第二巻）

しかし、本当のところをいえば、「松竹＝階級的に閉ざされた演劇＝中小劇場主義」vs.「東宝＝階級的に開かれた演劇＝大劇場主義」という対立軸だけが小林の闘争本能をかきたてたのではなかったのである。それは次のようなテクストを読めば明らかだろう。

若し、東宝劇団が商業劇団として営利を唯一の目的とするならば、私は松竹の興行法をまねるのが一番安全だと思ふ。組見も、連中も、団体割引も、それから俳優の待遇や、新聞社、劇評家、贔屓《ひいき》先などに対する交渉の態度も、全然松竹の真似をして、その出しものも、俳優本位に、丁度、現在の歌舞伎劇団が、歌舞伎劇の古典的なものを繰返し繰返し演じてゐる如くに、又左團次《さだんじ》一座が歌舞伎的色彩の濃い新時代劇、新世話劇を並べてゐる如くに、又、時代こそ現代であるが総《すべ》ての構成がスッカリ歌舞伎調である現在の新派の如き舞台をそのまま

展開して行く如くに、そこに集める。（「芝居ざんげ」『小林一三全集』第二巻）

つまり、小林は演劇における「松竹的なるもの」がなにもかも気に食わなかったのである。たとえば、「組見」という芝居のセット販売。すなわち、いくつかの芝居がセットになっているため、見たい芝居が一つしかなくとも高い金を払ってセットを買わなければならない。いうなれば、芝居の抱き合わせ販売である。あるいは、「連中」という一種の「系列」的スタッフ集めの方法。そして団体割引。また、売れっ子の俳優や演出家にだけ法外なギャラを払うという慣習。また、批評家や新聞社との批評性を欠いた馴《な》れ合いなど、ようするに演劇界を支配する旧来的な慣習が大嫌いだったのだが、しかし中でも一番嫌いだったのは、その前近代的な経営方針であった。

私は演劇の改善向上はまづ経営法の改善、興行政策の向上から出発しなければならぬと信じてゐる（後略）。（「映画・演劇の進むべき道」『小林一三全集』第二巻）

では、他のビジネスと同じような合理主義に基づく経営法を陋習《ろうしゅう》に満ちた映画・演劇の世界でも貫くにはどうしたらいいのか？

それは旧来的な慣習に染まっていない若きビジネスマンを初めから第一線に投入して、彼らを介して「清く、正しく、美しく」の東宝精神を貫徹させるしかない。小林は株式会社東京宝塚劇場を昭和七（一九三二）年に設立し、翌年、事務所を日比谷三信ビルに設けたときからこの方針を社員に対して厳しく説いていたようである。

その折、小林一三社長は、今日以後、東京宝塚劇場（東宝）社員たるものは、あくまでも清く、正しく、美しく、いわゆる宝塚伝統の精神を堅持して業務にあたり、興行界在来の陋習にまみれることなく、将来立派な指導者となるべきことを説かれました。（『東宝二十年史』）

恐らく、小林は興行世界の闇の部分にも詳しかったので、こうした闇の魔的な部分に合理的経営の光を当てなければ経営の刷新はおぼつかないと感じていたのである。

誰でも知ってゐる如く、在来の演劇界乃至《ないし》俳優社会と云ふものは、汚濁を極める沼であり、魔の森であり、深淵である。（中略）東宝劇団の場合に、私のやり方についていろいろと忠告してくれた人が沢山ある。中にも「あなたの部下の連中は役者を扱ふコツを知らない。見てゐて歯がゆくてならぬ。一つ私にやらせて御覧なさい。あの役者はかうすればグッとも云ひませんよ。この役者はかう云ふ女性を通してかうすれば必らず指図のままに動きますよ」と云ふ様な売込み半分の秘策伝授が一番多かった。東宝の事務員をヅブの素人と思ってである。ところが東宝の若い人達だって、其位《そのくらい》のことは知らざるにあらず又なし得ざるにあらず、知り尽して居るけれど所謂《いわゆる》東宝精神から断じてなすを欲しなかったのである。あくまでも、清く正しく美しく、明朗な合理的の演劇道を進まうと心がけてゐる。それが日本の劇界のこれから進まねばならぬ道だと信ずるからである。（「映画・演劇の進むべき道」）

すなわち、小林の目からみれば演劇界を牛耳る松竹こそが「汚濁を極める沼」「魔の森」「深淵」であり、なんとしてもこれを打倒しなければならないと思えたのである。

映画界に「東宝ブロック」を形成して対抗を

では、果たして小林はこの魑魅魍魎《ちみもうりょう》の跋扈《ばっこ》する魔界に合理的な光を当てることができたのだろうか？

少なくとも、演劇においては東宝は松竹の牙城を崩すには至らなかった。その点は小林も認めざるをえなかった。だが、演劇に比べればはるかに歴史が新しい映画の世界では東宝は松竹に対して互角の勝負を挑むことができたのである。

小林はすでに無声映画時代から映画の中に大衆啓蒙の大きな可能性を見出し、製作セクターへの参入を検討し始めていたが、本格的に参入を決めたのはトーキーが現実性を帯びるようになった昭和七（一九三二）年頃からである。

その一歩は偶然のことから踏み出された。トーキーを実現すべく昭和七年に設立された写真乳剤製造の株式会社写真化学研究所（Photo Chemical Laboratory, 略してP・C・L）に相談役として加わった。

写真化学研究所は、オリエンタル写真工業の創立者で大日本麦酒の重役だった植村澄三郎《うえむらちょうざぶろう》の息子・植村泰二によって設立され、途中から博文館の大橋新太郎の息子・大橋武雄らがこれに加わったいわゆる「お坊っちゃま企業」で、財界二世たちがオタク的に熱中していたトーキー技術への投資から生まれた会社だった。そのため、息子たちの行き過ぎを心配した植村澄三郎が友人の小林に目付役として重役に加わるよう頼んだのである。

写真化学研究所はトーキー用の大規模なスタジオを建設し、それを映画会社に貸し出す目算を持っていたが、当てにしていた日活が別のトーキー会社と契約したため、スタジオを日活脱退組のつくった「新映画社」に貸して『昭和新撰組』という映画を製作させた。すると、トーキーの物珍しさもあってこれが思わぬヒットとなったので、トーキーの自主製作に乗り出し、森岩雄をプロデューサーにして『音楽喜劇　ほろよひ人生』と『純情の都』を送りだした。するとこれもヒットしたので、本格的に映画製作に参入することにしたが、それには別会社をつくった方がいいということで、昭和八（一九三三）年十二月に株式会社ピー・シー・エル（P・C・L）映画製作所が設立されたのである。代表取締役には植村泰二が就任し、森岩雄が製作部長となった。

ところで、これより先、昭和七年四月に、京都太秦でピー・シー・エルとよく似た経緯で設立された会社があった。大沢商会の経営者・大沢徳太郎の息子の大沢善夫（後の東宝社長）がトーキー製作を目標にしてつくった株式会社ゼー・オー・（JO）スタジオで、こちらもトーキーの自主製作を開始し、『百万人の合唱』やドイツとの合作の山岳映画『新しき土』をつくってヒットを飛ばしていた。

この二つの映画製作会社は独自の配給部門を持ってはいたが、映画が上映されるのは、株式会社東京宝塚劇場傘下の映画館チェーンのことが多かった。

これらの東宝系映画館（TY）チェーンは洋画配給会社一〇社から供給される洋画を上映し、松竹洋画興行社のSYチェーンと激しいライバル争いを続けていたが、やはり、地域によっては邦画が不可欠なため、ピー・シー・エルやゼー・オー・スタジオと提携を深めることに決めた。

こうして昭和十一（一九三六）年六月三十日に三社共同出資で設立されたのが東宝映画配給株式会社である。ここに東宝ブロックが形成された。

これに注目したのが日活で、東宝ブロックに提携を打診した。というのも、地方に強い日活の配給網と大都市部に封切り館を持つ東宝ブロックが提携すれば相互にメリットがあるばかりか、東宝ブロックは日活の優秀な俳優、監督、製作スタッフを活用でき、一方、日活は近代的設備の東宝ブロック撮影所を使えるという大きな利点もあったからである。当然、東宝側も渡りに船で申し出に応じた。

東宝対松竹、映画戦争勃発

かくて、昭和十一（一九三六）年九月九日、東宝映画配給株式会社、ピー・シー・エル映画製作所、ゼー・オー・スタジオの三社は日活との間で映画の製作配給に関する提携契約に調印したが、これに恐怖したのが映画界を「実効支配」していた松竹である。

松竹はなかでも、製作スタッフと俳優が日活から東宝ブロックに流れることを憂慮し、まず日活を取り込んでから新興キネマ、大都映画を仲間に引き入れて四社協定を結ぶと、大日本活動写真協会の名をもって東宝ブロックに対し、四社協定に参加するよう求めてきた。東宝ブロックにとってはとうてい受け入れられない申し込みだった。

この協定は、俳優、監督などの移動を阻止することを目的としたもので、これらの者は前に関係のあった会社の諒解がなければ、他の社に移ることができないし、この禁止に違反すれば、十万円の違約金を支払うという、全く個人の意思を無視した暗黒協定でありました。
（『東宝三十年史』）

東宝ブロックは四社側に対し、この「暗黒協定」の改正を協議するよう申し込んだが、その最中に、俳優の大河内《おおこうち》伝次郎の東宝ブロック参加のニュースが流れたため、四社側は態度を硬化させ、四社系の上映館においては東宝ブロックの映画を昭和十二（一九三七）年四月以降は混合上映させないとの通告を三月十三日に発した。

その頃、東宝ブロックの作品を四社作品と併映していた劇場は全国で二四五館あったが、四社協定の圧力によって受けた打撃は甚大で、一時は、東宝ブロック製作映画の上映館はわずか十七館に激減した。（『東宝五十年史』）

さらに四社側は極東キネマ、全勝キネマを加えて六社連盟を結成し、四社協定を六社協定に拡大することを決定したので、東宝ブロックは俄然、猛反撃に転じ、二つのブロックによる映画館の獲得競争、および俳優や監督の引き抜き合戦が常態化した。まさに映画戦争の勃発である。

小林にとってこの映画戦争は、ある意味、「健全なる興行」という「思想」を賭けた宿敵・松竹とのイデオロギー戦争でもあったため、中途半端な妥協は問題外で、相手を粉砕するまで戦い抜くしか道がなかった。

ところが、こうした映画戦争真っ盛りの昭和十二年夏、中国の盧溝橋《ろこうきょう》で、日中両軍が衝突、やがて全面的な戦争へと発展したのである。

国内の臨戦体制の整備が急速に進められ、そのための統制立法が次々に制定公布されました。なかでも、東宝企業にとって最も重要だったのは、臨時資金調整法であって、この法律は会社の新設、増資、払込、払込徴収に制限を加えたばかりでなく、「娯楽及興行に関する事業」と「映画製作事業」とを「不急の事業」に指定し、この種の事業を新設したり拡張することを抑制しようとするものでありました。（『東宝三十年史』）

小林は、この情勢に対処し、東宝ブロック態勢を強化するには三社の統合しか道はないと判断、臨時資金調整法が施行される直前の昭和十二年八月に、写真化学研究所、ピー・シー・エル映画製作所、ゼー・オー・スタジオ、それに東宝映画配給の四社の合併を決めた。かくて、同年八月二十六日、資本金一〇〇万円で東宝映画株式会社の創立総会が行われ、同年九月十日の臨時株主総会で東宝映画株式会社が四社を吸収合併することで資本金を三五〇万円増資することが可決された。臨時資金調整法は九月十日公布、二十七日に施行だったから、小林の決断が少しでも遅れたら、ヴィジョナリー・カンパニー東宝の誕生はありえなかったのである。

とはいえ、東宝の前途は決して楽観できるものではなかった。松竹との死闘がまだ続いていたからである。

そうした映画戦争の最中の昭和十二年十月、当時、人気絶頂だった俳優の林長二郎《ちょうじろう》（後の長《は》谷川一夫《せがわかずお》）が松竹から東宝に移籍するニュースが発表された。この知らせは東宝系上映館から歓呼をもって迎えられたが、六社側の映画館主の間には大きな動揺が走った。林長二郎の映画を上映できないということは彼らにとって死活問題だったからである。

そんな中、林長二郎の東宝入社第一回作品『源《みなもとの》九郎義経《くろうよしつね》』の撮影が京都太秦《うずまさ》撮影所で開始されたが、その直後の昭和十二年十一月十一日の夕刻、林長二郎が何者かに襲われ、安全カミソリで左頬を切られるという事件が発生した。

その結果、『源九郎義経』は製作中止のやむなきに至ったが、東宝は攻勢を一段と強め、製作本数を増やすと同時に直営館の獲得にも勢力を注いだ。とりわけ、小林が情熱を傾けたのは、映画会社の近代化である。

本格的なプロデューサー・システムを導入し、合理的な予算制度のもとで、権限と責任を明確化した。また、十二年秋には、多年の懸案だった時代劇映画製作の東京撮影所移転を行ない、京都撮影所は東京撮影所の補助機関として活用することとした。これによって、監督、俳優等が時代劇、現代劇と截然《せつぜん》と区別されていた慣習を改め、他社が悩んでいた東西撮影所の対抗意識とそれに伴う冗費を一掃することに成功した。(『東宝五十年史』)

それでは小林率いる東宝と死闘を演じていた松竹はどうなったかというと、じつはこちらも東宝とのバトルを繰り返すうち、次第に近代的企業へと脱皮を遂げていったのである。『大谷竹次郎演劇六十年』は東宝との戦いの過程を次のように総括している。

大谷は東宝の刺戟《しげき》によつて、身内に活動力をあたへられた。

大谷は商売がたきの東宝——その社長小林一三——によつて、実は大きな収穫を得た。その第一は、小林の企業家としての商才を学びとつたことであらう。

一言でいえば、小林が仕掛けた「興行の近代化」というイデオロギー戦争が業界そのものを変革させる原因となったのである。この意味で、小林一三の功績は興行の世界においてもまことに偉大であるといわざるをえない。

第六章　劇場篇④　〝東宝の救世主〟古川ロッパ

松竹からの引き抜き

小林一三率いる「ヴィジョナリー・カンパニー東宝」は興行界の覇者・松竹に対して果敢に戦いを挑み、映画においては互角以上の戦いを展開したが、本来の主戦場であるはずの演劇の世界においては、東京丸の内に東京宝塚劇場を開場し、各都市に直営館を設けたにもかかわらず、松竹の牙城を崩すまでには至らなかった。

その反省の弁は昭和九（一九三四）年から十四年頃までの演劇エッセイを集めた『芝居ざんげ』（三田文学出版部、昭和十七年十一月）に赤裸々に語られている。

すなわち、看板役者を並べるために興行時間が長く、見たくもない芝居に高い料金を払わなければならないばかりか、凡庸な座付き作者の凡庸な脚本がまかり通る旧来の興行への世論の批判を参考にして、この二点を改良すれば客が来ると思ったのだが、これがうまくいかなかったというのである。

大体、芝居なぞといふものは、現代人の生活からは、既に離れて来て居るので、其輿論《そのよろん》なるものも、実は国民の声ではない、劇界に興味を持つ一部分の人達の贅沢な不平であったので、それを国民の声だといふ風に、自分勝手に、自己本位に解釈したのが、そもそも誤りの序幕であったのである。そして、脚本本位だとか、面白い芝居だとか、騒いで見たところが、芝居見物に興味を持つ観客層の領域が狭いのであるから、苦労仕甲斐のない仕事だといふ結論になる。要するに、在来の観客を相手とするものとせば、東宝劇団の方針は、何にもむづかしいことはない、松竹の真似さへすれば商売は安全であるものと信じてゐる。(「芝居ざんげ」『小林一三全集』第二巻)

注目すべきは、小林が、「在来の観客を相手とする」なら松竹のやり方がベストだが、しかし、自分たちは「在来の観客を相手」としないという前提に立っているのだから、松竹システムは取らないと暗に宣言していることである。一言でいえば、ヴィジョナリー・カンパニーという基本方針はいささかも変えず、微調整を行えば、東宝システムで十分行けると小林は考えていたということだ。その一つが、現状で望みうるベストの演劇集団を探してきてこれを東宝系の劇場に投入するというもので、『芝居ざんげ』に収録された次のテクストにはその方針がはっきりと匂わされている。

今日までは、何か新らしい、独自なものを作り出さうとして、その意気込みのみが先行し輿論に引《ひき》ずられ過ぎたり、新しい脚本の選択を誤ったりしたが、ここらで大悟して、既にあるものの真似を着実にしてゆくといふことに仮に決心したとすれば、それでもやってゆけると思ふ。地の利のよい有楽座を持つこと、観覧料の廉《やす》いこと、合理的興行法で観客に迷惑をかけぬこと等は、さうなればやはり大きな利点であって、他の既成劇団に対して、十分の強みとなることは確かであらう。況《いわ》んや、歌舞伎劇の持つ劇術と、現代思想に一触即発の古川式エノケン式を如何《いか》に取入れ得るかによって局面は変るものと信じてゐる。(「芝居ざんげ」)

小林はここで「古川式エノケン式」というように、あくまでサンプルとして古川ロッパを持ち出しているが、じつは、サンプルなどでは決してなく、ズバリ、昭和十(一九三五)年六月の有楽座のオープンに合わせて、起死回生のカンフル剤として古川ロッパの獲得を狙っていたのである。事実、昭和十年の六月十六日、古川ロッパの松竹系から東宝への移籍が新聞に大々的に報じられている。

古川ロッパは自伝『喜劇三十年――あちゃらか人生』の中で、この東宝入りについて次のように記している。

昭和八年の四月、浅草常盤座《ときわ》に、笑の王国創立以来、ずうっと浅草に住み着いてしまった僕は、笑の王国と共に、昭和十年まで、足かけ三ケ年を、浅草に根を生やしてしまった。
昭和十年になって、東宝という新しい会社が、丸の内に乗り出して来た。(中略)さあ、こいつは、僕にとっては、大いなる誘惑だった。東宝というのは、小林一三氏が社長なのだ。宝塚初舞台の因縁から言っても、当然僕は、その傘下《さんか》に馳せ参ずべきであった。(『古川ロッパ「あちゃらか人生」』日本図書センター)

引用の最後で「宝塚初舞台の因縁」と述べているのは、若き日の古川ロッパを舞台に誘ったのがほかならぬ小林一三だったということを意味しているが、このエピソードについては小林自身が「初舞台千両役者」という回想をしたためているのでこれを引用しておこう。

古川緑波《ろっぱ》君に、役者になるように、一番初めに勧めたのは僕である。
当時君は、映画雑誌の持主として、編輯《へんしゅう》者として、記者として、君は八面六臂《はちめんろっぴ》の働きをしてそれでもウマクゆかないと言って懊悩《おうのう》してゐたので、僕は君の一番の天才を活《いか》すには、役者になるのがいい、役者になり給へと勧めてみたが、彼は躊躇《ちゅうちょ》して仲々《なかなか》決心しなかった。しかしこれも無理のない話で、彼の一族には子爵あり、男爵ありして、名門の出身である彼には、いろいろの関係から各方面に考慮しなければならなかったのにちがひないのである。
（「SS漫筆」『小林一三全集』第二巻）

この回想を古川ロッパの自伝と突き合わせてみると、ぴたり符合している。しかし、それにしても、小林一三に勧められて、役者・古川ロッパが誕生したというのはいったいどういうことなのだろう？　これを明かすには古川ロッパの幼年時代に溯って、そこから語り始めなければならない。

もともとは名門出の映画マニア

古川ロッパこと古川郁郎《いくろう》は明治三十六（一九〇三）年、東京市麴町《こうじまち》区五番町に、宮内省の侍医・加藤照麿《てるまろ》と常子の間の六男として生まれた。加藤家の方針として、生まれる前から男の子なら照麿の妹徳子の嫁ぎ先の古川家の養子となることが決まっていたので、誕生と同時に加藤姓を名乗ることなく古川郁郎となったのである。

実家・加藤家の祖父は東京大学初代綜理・帝国大学第二代総長で男爵の加藤弘之《ひろゆき》、養家の祖父は陸軍中将・古川宣誉《のぶよし》。ともに明治の上層階級を成していた名門である。ロッパの長兄の加藤成之《よしゆき》は音楽学者、次兄の浜尾四郎は検事で推理作家、三兄の京極高鋭《きょうごくたかとし》は読売新聞記者で音楽評論家、弟の増田七郎《しちろう》は国文学者、いずれも東京帝国大学卒という文字通りの華麗なる一族だった。ロッパは養家と実家を行き来してこれらの兄弟と親しく交わったようである。

では、こうした名門の生まれのロッパがなにゆえに喜劇役者となったかというと、青山師範付属小学校に通う頃から映画好きになったことがそもそもの始まりである。早稲田中学の二年からは、当時の言葉でいう「活動狂」となって謄写《とうしゃ》版の同人誌『映画世界』の発行人に収まり、中学生にしていっぱしの映画ジャーナリストを気取っていたのだ。

中学生の間に、僕は、活動写真界に於ける、相当なカ、オ、になってしまったのであった。カ、オ、になったというのは、何処《どこ》の映画館へ行っても、無料で入場出来ることなのである。（『古川ロッパ「あちゃらか人生」』）

中学生の分際でどうしてカオになれたかというと、その頃人気だった徳川夢声《むせい》、松井翠声《すいせい》、山野一郎、大辻司郎《おおつじしろう》といった活動弁士と親しくなり、木戸御免となったことが大きい。学校をサボって浅草六区に行ったところ不良たちにカツアゲされそうになったのを弁士の大辻司郎に助けられ、弁士室で人気弁士の物まねを披露したところ、これが大受けして弁士たちから可愛がられるようになったのである。このあたりのところは、山下洋輔《ようすけ》に見出されて赤塚不二夫のグループに加えられたタモリのキャリアに似ている。やがて活動狂の中学生は『活動評論』『キネマ旬報』という商業誌にも投稿を始め、この頃から「古川緑波」のペンネームを使うようになる。

かくて、中学生時代に、映画界のカオとなり、当時創刊された「キネマ旬報《じゅんぽう》」の記者にもなり、一枚二十銭の原稿料を貰《もら》ったりして、スクスクと伸びて行った。（中略）早稲田高等学院から、大学へ入った。英文科だった。丁度その頃に、菊池寛《かん》先生の文芸春秋社から、映画の専門雑誌を出そうということになって、その編集の一員として、僕が招かれて入社した。今で云えばアルバイトである。大学の制服制帽のまま、当時麹町《こうじまち》下六番町にあった文芸春秋社へ通った。雑誌は「映画時代」というので、外国映画も日本映画もあつかう、高級ファン雑誌だった。（『古川ロッパ「あちゃらか人生」』）

『映画時代』は大正十五（一九二六）年七月に創刊され、ロッパが担当した作家と女優の対談が人気を呼んだこともあり、昭和二（一九二七）年新年号は六万から七万部に達した。ロッパの月給も三〇円から始まって一〇〇円まで昇給していた。大学のほうは単位不足で除籍となりそうだったが、すでに映画雑誌の花形記者だから、未練はなかった。後に永六輔《えいろくすけ》、野坂昭如《のさかあきゆき》など早稲田中退のマルチタレントがマスコミで大活躍するが、ロッパはその走りだったわけである。

素人役者に千両払って大失敗

また、この頃から、芸人ロッパの才能が一部で高く評価されるようになる。そのきっかけとなったのは大正十五（一九二六）年三月に開催された「ナヤマシ会」という弁士の隠し芸大会だった。トーキーが出現したのに危機感を覚えた弁士たちが、将来を見据えてトークや寸劇を披露してネクストを探ろうとしたのが始まりだったが、ロッパは徳川夢声からこの「ナヤマシ会」で得意な声色を披露するように勧められ、初舞台を踏んだのである。

僕は夢声に言われた声色をやるんだが、どうも、コワイロというんじぁ、第一古くさいし、モダンな感じに遠過ぎる。何とか一つ新しい名前を附けて、おどろかしてやれ、という気で、控え室で考えた。考えた末、ふと、声帯模写という熟語を思いついた。自分で、メクリの紙に声帯模写と書いて、客席の方へ向けて出したのを覚えている。（『古川ロッパ「あちゃらか人生」』）

ロッパはすでに早稲田を除籍になっていたが学生服で演壇に立って弁士何十人かの声帯模写を行ったところ、これが大喝采で迎えられたのである。

だが、これでロッパの芸人魂が目覚めたわけではなかった。ロッパはこの直後に養父が死んで莫大な遺産を相続したことから、事業意欲に目覚め、休刊となった『映画時代』を引き受けることにした。ところが、これが大赤字を出して、親の遺産を一年で蕩尽《とうじん》してしまったのだ。

そこで、昭和六年。ああ人生、これからどうしたらいいだろう？　と迷った挙句、菊池先生のところへ、身の振り方を、相談に行ったものであった。忘れもしない、大阪ビルの文芸春秋社の一室に於てである。（『古川ロッパ「あちゃらか人生」』）

菊池寛にいったい何がやりたいのかとたずねられたロッパが自分でもよくわからないと答えると、菊池寛はこう言ったのである。

「役者さ。喜劇の役者になるんだよ。君は、なれるよ」

菊池寛は続けて、当時流行の曽我廼家《そがのや》五郎・十郎一座をモダンにした「モダン曽我廼家」をやるといいと勧めた。ロッパはふーむと考え込んでしまった。自分に役者ができるとは思えなかったからだ。そのとき頭にひらめいたのが、文藝春秋社の株主として忘年会に出席し、余興で声帯模写をやったロッパを褒めてくれた小林一三である。小林なら興行界のプロだから、自分に才能があるかどうか見抜いてくれるだろう。

だから、この人にも相談してみようと思って、或る日、小林先生のところへ行った。そして菊池先生がこういうことをおっしゃったが、と話すと、小林先生は、即座に、

「大賛成だ」そして続けて、「丁度いいチャンスだ。今度、宝塚《たからづか》で、少女歌劇の他に、男性加入のレヴィウをやってみようという企画がある。それへ加わって、やってみなさい」（『古川ロッパ「あちゃらか人生」』）

それでも決心がつかないロッパは新橋演舞場の宝塚レビュー「ローズ・パリ」を見に行ったが、帰り道にフィナーレの舞台で自分が歌を歌いながら大きな階段を降りてくる姿を想像しているうちに決心がついたので、小林のところへ出掛けていって出演の条件を伝えた。

ひとつはフィナーレで正面大階段を歌いながら降りてくるとき花吹雪を散らしてほしいこと、もうひとつは最初から千両役者になりたいので、ギャラは千円欲しいこと、である。

やがて、小林先生ニッコと笑い、

「いいでしょう」

と言われたものである。（『古川ロッパ「あちゃらか人生」』）

小林も「初舞台千両役者」でこう書いている。

唯《ただ》面白いことには、古川君は最初から千両役者であったことであった。先生のお勧めで舞台には出ますが、給料は千円、汽車は二等寝台、ホテルに泊って贅沢をさせてくれと言って、頑としてきかなかった。最初から千両取った古川君もヱライが、素人に千両出した僕もヱライ訳である。(「SS漫筆」)

では、ロッパが宝塚に出演して本当に「初舞台千両役者」になったのかといえば、これがとんだ大失敗だったのである。岸田辰弥《たつや》作の「世界のメロディー」というレビューで昭和六(一九三一)年一月一日に宝塚中劇場の舞台を踏んだはいいが、足がまったく動かず、フィナーレの大階段ではヘッピリ腰で足元ばかり見ていたために、小林から「君は猫背だね。もっとシャンとしたらどうだ?」と言われる始末だった。要するに、何から何までダメな役者デビューだったのであり、宝塚に男性を導入して国民劇を創成するという小林の悲願をぶち壊すことにしか貢献しなかったのである。

「笑の王国」の大成功で巻き返し

しかし、いったん役者稼業を始めると、案外この世界の水にあったのか、売れないながらも舞台や映画やラジオなどに出演を続けていった。

「ナヤマシ会」を発展解消して新橋演舞場で催した「大東京カーニヴァル」では、作演出・古川緑波『われらがレヴィウ「悲しきジンタ」』で演出家としてもデビューしたが、これも不入りで先が続かない。受けるのは声帯模写のみで、こちらはラジオ放送が始まったこともあって、それなりに好評を博した。しかし、舞台の方は浅草公園劇場で「喜劇爆笑隊」という劇団の正月興行に特別出演したものの、まったく当たらず、劇団は一ヵ月で解散とあいなった。

ところが、浅草公園劇場を経営していた常盤興行という会社が同じ浅草六区の常盤座で新しい喜劇団をつくりたいという話をもってきたことから運が向き始める。旧「ナヤマシ会」のメンバーや日活脱退組の映画俳優たちに声をかけてとりあえず人数だけはかき集め、小学館が出していた『現代ユウモア全集』の佐々木邦《くに》の巻に「笑ひの天地」という題名がついているのを見て「笑の王国」という劇団名を思いついた。

こうして、ロッパ劇団「笑の王国」は昭和八（一九三三）年四月一日の初日を目指して稽古に入ったが、なにせ素人の集まりなのでいっこうに纏まらない。団長ロッパは稽古を続けながら憂鬱になった。ところが蓋を開けてみると、これが思わぬ大ヒット。素人の寄せ集め集団なので、しかたなくアドリブで楽屋落ちを繰り返したところ、ブレヒトのいう異化効果を生んだのである。とりわけ、『われらが忠臣蔵』で楽屋落ちを連発したのが予想外に受けて連日連夜の大満員となった。

そのうちには、もう笑の王国は、浅草に地盤ができてしまって、劇場は常盤座、松竹座、金龍館等とかわったけれど、年中無休の定打ち劇団となってしまった。（『古川ロッパ「あちゃらか人生」』）

ロッパ一座のこうした大活躍を客席からひそかに観察していたのが、誰あろう小林一三だった。小林はロッパの中に、自分の理想とする「市民社会のためのウェル・メイドの笑い」、つまり下ネタや野卑な笑いに堕さないエスプリによる笑いの萌芽があることを認めていたので、東京宝塚劇場の創設に当たってはなんとしてもロッパを引き抜こうと狙っていたが、「笑の王国」が松竹系列の常盤興行の常打ち劇団となってしまったため、手をこまぬいていたのだ。また、小林によって東京宝塚劇場の支配人に抜擢されていた秦豊吉《はたとよきち》の反対もあって、昭和九（一九三四）年一月の東京宝塚劇場こけら落としの段階では、ロッパの移籍話は流れてしまう。

ところが、昭和九年も夏になると少し情勢が変わってくる。まず、満を持して東京宝塚劇場に投入した東宝劇団が不発で、秦は支配人としてテコ入れを迫られることになったのだ。一方、ロッパはというと、浅草における一日二回以上、場合によっては三回、四回という興行形態に音を上げていた。菊田一夫を始めとする「笑の王国」のスタッフの疲労も極に達していた。『古川ロッパ昭和日記』には、昭和九年の九月頃から、しきりに常盤興行と浅草への不満が綴られるようになる。

王国を去って一旗――について、近頃しきりに考へる。（昭和九年九月十六日、『古川ロッパ昭和日記・戦前篇』晶文社）

おまけに、ロッパのやる気のなさが劇団員に伝わったのか、年が明けると、退団者が相次いで、「笑の王国」の人気にも陰りが見えてくる。常盤興行も「笑の王国」の寿命は尽きたと悟ったのかもしれない。

かくて、昭和十（一九三五）年の春から、ロッパの東宝移籍話がにわかに再燃してくる。

年がら年中、昼夜二回三回と、やらされているのが、浅草であったから、われらは、東宝の丸の内進出を見ると、行きたくって、うずうずして来た。

それに、笑の王国で、したいことは、さんざして来たが、僕の一座という、ハッキリした名目の芝居ではないから、この際、古川緑波一座というものをこしらえて、東宝へ行って、一回芝居を、やりたい、そう思った。

東宝が、丸の内へ進出する以前から、小林一三氏との縁もあるから、誘いの手は来ていて、色々打ち合せは出来ている。時機を見て松竹を脱退、東宝へ引抜かれようと、ひそかに準備を整えたのであった。そして、結局は、菊池寛先生のお世話になり、先生に間へ入っていただいて、昭和十年六月、松竹の方を円満退社、東宝入りということになった。(『古川ロッパ「あちゃらか人生」』)

とはいえ、前回の失敗もあるから、まずは小手調べという感じで、ロッパ一座の第一回公演は、有楽座ではなく、七月から横浜宝塚劇場ということになった。しかも、単独興行ではなく、東宝ライトオペラ一座との共演だったが、ロッパの十八番である義太夫マニアのビール会社社長を主人公にした『ガラマサどん』(佐々木邦原作)が大受けして場内は爆笑の渦となり、移籍第一回興行の横浜公演は大好評のうちに千秋楽を迎えた。そして、八月二日から、いよいよ有楽座の「東宝ヴァラエテイ」が始まったのである。

このとき、ロッパは『ガラマサどん』に加えて、「歌ふ弥次喜多《やじきた》」で勝負することにした。「弥次喜多」をオペレッタ仕立てにしたものだが、弥次郎兵衛はロッパが演じることにしても、相棒の喜多八に人を得なければオペレッタは台なしになる。ロッパは台本執筆前から喜多八としてビクターの人気歌手・徳山璉《たまき》を想定しており、なんとしても口説き落とそうとしていたのである。後にロッパはこの有楽座での大成功について、すべては徳山璉のおかげだったと回想している。

僕が、笑の王国を脱退して、東宝へ入り、第一回にこの「歌う弥次喜多」が出せなかったら、いいや、出せても、喜多八の役に、徳山璉が出てくれなかったとしたら、僕は、いきなり丸の内で、成功したとは思えない。徳山璉、略してトクさんと云う。トクさんの喜多八は、すばらしかった。(『古川ロッパ「あちゃらか人生」』)

有楽座の八月興行を大成功で打ち上げると、ロッパ一座はより箱の大きな日劇へ移り、入場料五十銭で一日三回の興行を打ち、連日満員を続けた。

五十銭銀貨《だま》一枚の値打ちの、如何に偉大なりしことよ。(中略)その五十銭で、日劇は、満員を続け、二十日間を打ち続けたものであった。(『古川ロッパ「あちゃらか人生」』)

かくて、ロッパは翌昭和十一(一九三六)年には高額納税者番付に載り、「喜劇界の寵児古川緑波君は税額三百八十七円、年収八千円余、まさに国務大臣級である」と書かれるまでになったのである。小林にいきなり吹っかけた「千両役者」どころか「八千両役者」となったわけだが、一方、スタート以来低空飛行を続けていた東宝の演劇部門もロッパ一座のおかげで息を吹き返し、昭和十三（一九三八）年からはエノケン一座の移籍にも成功して、松竹と十分に対抗できるまでになった。

それにしても、ロッパの中に「初舞台千両役者」を見抜いた小林の眼力は偉大というほかはない。

かくて、「ヴィジョナリー・カンパニー東宝」は、ロッパを見出した小林の慧眼《けいがん》によってようやく軌道に乗ったのである。

第七章　番外篇②　欧米視察旅行で見た実情

「知らないでよかった」

昭和十（一九三五）年九月十二日、浅間《あさま》丸にて横浜を解纜《かいらん》した小林一三は欧米視察の旅に出た。ときに小林、六十二歳であった。

その旅程については『逸翁自叙伝』の年譜にコンパクトな記述があるのでこれを借りることにしよう。

昭和10年（一九三五）62歳
9月25日、サンフランシスコ着。29日、ロスアンゼルス着。その後、ニューヨーク・ロンドン・ベルリンを経てモスコー・レニングラードなどソ連国内を旅行。12月、ライン河沿いに中欧をたずね、スイス・オーストリア・ハンガリー・チェコスロバキアを歴遊し、12月30日、ベルリンに帰る。11年1月22日、ロンドンに来《きた》り、2月上旬、パリー。5日パリーを去ってイタリアを訪《おとな》う。3月13日、マルセーユ発、榛名《はるな》丸で帰国の途につく半年間におよぶ旅行の目的は、欧米のスペクタクルシーンを視察・研究し、東宝の経営に役立てるということだったが、で、その結論はというと、これが予想とはまったく異なるものだった。

私がこの年になって外遊いたしましたのも実は欧米諸国の演劇及び《ママ》劇場の視察が一つの目的でありました。御承知の如く私は日比谷《ひびや》の一角に家庭享楽の殿堂だとか、民衆の芸術の殿堂だとかいふやうな、自分が多年考へてゐることを一つの事業として計画してをりますから、外国にもさぞやその方面で進んだ点や学ぶべき点があるに違ひないと大いに期待して参りました。ところが、外国では芝居といふものは一般大衆の見るものには出来てをりません。殆《ほとん》どブルジョア、上流階級の人々の見るものであって、大衆娯楽として映画が生れるまでは、一般の人は芝居といふものとは凡《およ》そ縁遠い国民であるやうに見て参りました。（「祖国を顧みて」『小林一三全集』第四巻）

つまり、小林は、欧米風の民主主義的理想に日本が近づくには、てっとり早い教育機関である演劇やスペクタクルによって大衆（じつは中産階級）の啓蒙を行わなければならないと考え、「欧米にならって」大劇場・低料金システムの東宝系劇場をつくったのであるが、このシステムをさらに勉強するはずの欧米旅行で、欧米は日本など比較にならない格差社会であり、演劇は大金持ち相手のものでしかないと悟ったというわけである。

たとえばロンドンでの経験。

全体英吉利《イギリス》といふ国は小劇場本位で、客席が精々《せいぜい》千人から多くて千五百人、大体千人位で、少し良い芝居になると五六百人の座席しかありませぬ。そこでは中々《なかなか》高尚なものをやってゐる。（中略）これは独り英吉利に限りませぬ、欧羅巴《ヨーロッパ》は大体どこの国でもかういふ小劇場で何ケ月も打ってをります――どういふわけでこんな芝居が三年も打てるのかと不思議に思ひまして、色々の方面で研究して見ました結果私は次のやうな結論に達しました。

第一この国では芝居を見る人が高級なブルジョア階級であるといふことと、芝居より外《ほか》に社交のないことが一つ。日本では会社の重役が代るとか、或《あるい》は創立総会を開くとかいふと、大体花柳界が社交の中心となってゐる。ところが彼地《かのち》ではホテルで飯を食べるか、或は自分の家で御飯を御馳走するかして、後は八時か九時に芝居に行くといふことが、社交の主なる慣例となってゐるやうです。それからもう一つは青年男女のボーイス・フレンヅ或はガールス・フレンヅといふやうな仲間の相携へて行く場所は芝居より他にないといふのが、これが一番長続きのする主なる原因だと聞いてをります。（「祖国を顧みて」）

パリもベルリンも、ニューヨークでさえ、同じようなものだった。演劇は金持ちの専有物に過ぎず、大衆は完全に締め出されていたのである。

では大衆にはどんな娯楽があったのかというと、これが次のようなものだった。

ところで大衆的に一番流行《はや》ってゐる芝居はどこへいってもコミック・オペラ或はキャバレーのやうな、非常に淫猥《いんわい》な下等な芝居で、半ば裸体が中心になってをります。（「祖国を顧みて」）

なかでもショックを受けたのは、憧れのパリのミュージックホールや劇場で、裸体レビューが全盛を極めていたことだった。

巴里《パリ》にある有名なレビュウといへばカジノ・ド・パリだとか、フォリーベルジェルーだとか、アルカザールだとか、いろいろの劇場があって、そのすべてを見物しましたが、レビュウといふよりも寧《むし》ろニューヨークのショウと同様で、えげつない裸体芸術の押売《おしうり》を観るに過ぎないのでありましたが、流石《さすが》にミスタンゲットのレビュウは、朗《ほが》らかで上品で裸体が少くて息づまるやうに最後の幕まで引張られてゆく、実に面白いのに驚きました。（「旅塵」『小林一三全集』第四巻）

欧米見物の最大の驚きは、欧米における貧富の差の大きさと、この「裸体芸術の押売」だったが、たしかにこの時期は、一九二九（昭和四）年の大恐慌から立ち直ろうと、パリのスペクタクル業界が肉体の露出度を大きくしていた時期であるから、小林が度肝を抜かれたのもわからないではない。とはいえ、そんな裸体の洪水の中でもアルハンブラ劇場で見たミスタンゲットのレビュー『パリの花』はきわだった面白さだったらしく、ページを割いて詳しく論じている。そして、その最後にこんな抱負を語っているのである。

「巴里の花」におけるミスタンゲットが演《や》ってゐる主役は、宝塚ならば誰がよいだらう、二《に》條宮子《じょうみやこ》が適任であらう、相手役の男優には、橘薫《たちばなかおる》を持ってゆきたい、あそこはかうやってみてはどうだらうといふ風に隣席の須藤先生とこそこそ話しながら見物してゐると、ひとつ日本へ帰ったらば、若返ってレビュウの演出でもして見せてやらうか、といふやうな元気も出るが……心配しないでよろしい（そんなことはしないから）。（「旅塵」）

このように、ときには学ぶべきことを発見する喜びもあるにはあったが、しかし、欧米視察の総括的な結論はというと、これが「知らないでよかった」というものだった。

教育が不十分であったことが今更に悔まれて、今日まで暮してきたのでありますが、六十三歳にはじめて外国に行って、偶然にも、自分の無学が却《かえ》って有効なることを覚ったのであります。（「欧米の教育と日本の教育」『小林一三全集』第四巻）

すなわち、小林は欧米の実態を知らずに、ブッキッシュな知識だけでこれを理想化し、大劇場・低料金システムの東宝系劇場をつくったのであるが、もし実態を知っていたら、そうはならなかったろうから、無知がかえって有効であったというのである。

E・トッドに五〇年も先立つ洞察力

気がついたら日本は世界のトップランナーだったという驚きだが、こうした結論を得た日本人は、たいてい「日本は凄い！」という夜郎自大な自己満足だけで終わってしまう。だが、小林は違った。自らの大衆啓蒙路線の正しさを再認識したばかりではなく、自分の誤解の原因がどこにあるかを知ろうと試みたからである。

すなわち、小林は、何ゆえに欧米はかくほどまでに格差社会なのかという疑問に駆られて、いろいろなことを滞在中から調べ始めたのであるが、最初に目をつけたのは養老院だった。ロサンゼルスのホテルで友人と食事中、有名な政治家を目撃し、その人の噂話になったが、そのとき、政治家は立派な紳士で評判もいい人間だが、母親が養老院に入っているというので不思議に思った。戦前の日本では（いや、戦後でもついこの間までは）、養老院といえば係累のない孤独な老人が最後に行きつくところと決まっていたからである。

しからば、欧米には、なにゆえにこれほどまでに養老院が多いのか？

小林が調査の末に引き出した答えは、原因は家族構造にあるというものだった。

欧米諸国における個人主義は、優勝劣敗だとか、自由競争といふやうな資本主義経済組織の上に現はれてゐるばかりでなく、一般家庭もまた、同一の思想から成立ってゐるので、すべての家は、夫婦の家庭があるだけで、生れた子供達は教育される間だけ家族であって、それから先は別居して独立してゆくといふのが原則でありますから、我が国の家族制度とは全然その精神を異にしてゐるのであります。（中略）従って両親は、子供達に対する責任は独立してやってゆけるやうに教育するだけで、独立後の子供達もまた夫婦本位の家庭を作るのであるから、老人夫婦は自分のことは自分でやる、子供達の世話にはならないといふのであります。

その結果、養老院は頗《すこぶ》る発達している。（中略）これは日本には家族制度による家庭があるけれど、欧米にはさういふ家庭がないからであります。（「祖国を顧みて」）

現在、エマニュエル・トッドの家族人類学を研究している私からすると、小林は、トッドに先立つこと五〇年前に、イデオロギーの違いと家族制度の関係を理解していたということになる。この意味で、小林は明らかに「天才」であると言わざるをえない。家族人類学が何十年もかけて発見した事実を、旅先でいとも容易に発見しているからである。

ちなみにトッドが一九八三年刊の『第三惑星』で打ち立てたヨーロッパの四大家族システムとは、親子関係を変数X（結婚後に一人ないしは複数の息子が親と同居するか否か）、兄弟関係を媒介変数Y（遺産相続で兄弟が平等か不平等か）とした場合、次の四象限に分けられるというものである。

・第一象限　絶対核家族（アングロ・サクソン世界、オランダ、デンマーク）
・親子関係　結婚した子供たちと両親は別居。親の権威は弱い。教育不熱心
・兄弟関係　明確な遺産相続の規則がなく、遺言による
・イデオロギー　自由主義、個人主義、競争原理、差異主義

・第二象限　平等主義核家族（フランス・パリ盆地、スペイン中部・南部、ポルトガル北東部、ギリシャ、ルーマニア、ポーランド、南米）

・親子関係　結婚した子供たちと両親は別居。親の権威は弱い。教育不熱心
・兄弟関係　遺産相続は兄弟平等
・イデオロギー　自由主義、個人主義、平等主義、共和主義
　・第三象限　外婚制共同体家族（ロシア、中国、ユーゴ、ブルガリア、ハンガリー）
・親子関係　結婚した複数の子供たちと両親は同居。親の権威は強い　教育不熱心
・兄弟関係　遺産相続は兄弟平等
・イデオロギー　共産主義、一党独裁型資本主義
　・第四象限　直系（権威主義）家族（ドイツ、オーストリア、チェコ、ベルギー、スイス、スウェーデン、ノルウェイ、日本、朝鮮半島）
・親子関係　結婚した一人の子供（多くは長男）と両親は同居。親の権威は強い。教育熱心
・兄弟関係　遺産は一人の子供（多くは長男）に相続される
・イデオロギー　権威主義、団体行動、差異主義、自民族中心主義、ファシズム

このうち、小林の目にとまったのは、〝絶対核家族〟と〝平等主義核家族〟の個人主義、自由主義のグループ（英米仏）と〝直系（権威主義）家族〟の日本との大きな差異であり、その家族構造がイデオロギーと結びついているということが直感的に把握されたのである。

その原因は、夫婦関係において妻の権利が多過ぎる、たとへば一家の主人が死んだ場合にはその遺産は、遺言があれば格別、然《しか》らざれば原則として細君のものになるのであります。

これは、英国の法律でありますが、欧米各国ともに、多少は相違してゐるけれど、大体、妻に譲ることになって居ります。仏国だけが遺産の半分を細君に、残りの半分を子供達に平等に分配するといふことになってゐる。妻に遺産が与へられるのが原則であるから、親が子供の世話になるといふが如きことは毛頭考へてゐない（後略）。（「祖国を顧みて」）

ここもまた、家族人類学の研究者を唸らせるところだろう。なぜなら、イギリスとフランスが核家族の国である理由は遺産の妻の取り分の大きさにあるという点、また英仏のメンタリティーの違いが親子間の遺産相続の違い（イギリスは遺言状、フランスは法律に基づく平等相続）と関係があるという事実は、トッドが一九八三年に刊行する『第三惑星』まで解明されていなかったからだ。家族制度とは遺産制度の別名であることを小林は五〇年前に見抜いていたのである。

こうして欧米の家族制度と遺産相続の方法を調べることによって、小林は、日本のそれがいかに欧米とは異なっているかも見出している。

たとえば、欧米、とりわけアメリカにおいては、大富豪が遺産を妻や子供に残すのではなく、これを公益施設の建設のために遺贈し、そのおかげで学校、美術館、博物館、図書館、病院、養老院などが整備されたが、小林はこうした寄付文化の発達の中にアメリカ特有の遺言による遺産相続の影響を見る。そして、ひるがえって日本の家族構造と欧米のそれを比較して、こう結論する。

しかし、我が国においては家族制度のもとに、すべて家庭本位であり、家庭の主人としては単に細君のことばかり考へるわけにはゆかない、親も、兄弟も、子供も、孫も、苦楽をともにする責任があるのでありますから、欧米諸国のお金持ちのやうに、淡白にはゆかないのも理由があると思ひます。(「祖国を顧みて」)

すなわち、欧米との比較において、小林は、日本の家庭本位という考え方は、親子孫の三代が一つ家に同居し、互いに助け合うという直系家族の構造と密接な関係があるということを、そうした言葉を知らなくとも正しく認識していたのである。

ただし、トッドとは違って、小林は家族構造がイデオロギーの違いをもたらすとは考えず、イデオロギーの違いが家族構造にも影響を与えると見ていたようだ。

かくの如く東西の人情には自《おのずか》ら区別があるのでありますが、要するに欧米では自由競争による個人主義の経済社会が早くから発達し、子供達は、独立独行、優勝劣敗の浮世の荒浪《あらなみ》に打勝つやうに教育され、それによって成功することが、資本主義の社会において益々《ますます》必要視されたのであります。この風潮は自《おのずか》ら家族制度に破壊的に作用して、子供を親から離し、夫婦の間にまで権利と義務の考へを持ちこんで来たものと思われます。従って物質文明の進んでゐる点においては、何《いず》れを見ても羨しいほど豊富で、日本などは到底《とうてい》比べものにならぬ貧乏国でありますが、しかし、養老院の設備がいくら立派にととのってゐたからとて、われわれ日本人には、白髪頭を抱へ丘を越えて他人の世話になりに養老院へ行くなどは、何とも味気なくてできるものではありますまい。日本人はやはり、人情の美しい国民だとしみじみ感ぜずにはゐられませんでした。（「祖国を顧みて」）

このように家族構造↓イデオロギーではなく、イデオロギー↓家族構造だと小林が誤って認識していたとしても、両者が密接に結びついていることはしっかりと見抜いていたのだから、やはりたいしたものだといわざるをえないのだ。こんな洞察力のある同時代人は、ほかには一人もいなかったのだから。

格差の原因は教育システム

もう一つ、小林が欧米滞在中に格差のよってきたるところを突き止めようとして、調査・研究を行い、結論を出したものに各国の教育システムがある。

すなわち、小林はイギリスの都会を歩いていて、小学校というものが見当たらないのを不思議に思い、調べ始めたのである。

その結果、わかったことは、イギリスの民衆と中産階級の子供の大多数は、学費のいらないコマーシャル・スクールというところで九年間勉強して、成績優秀なものはそのあと実業学校で三年間学べるが、それで終わりである。

いっぽう中産階級の上層はというと、これは二、三十人の子供を預かって家庭教師式に教えるプライヴェート・スクールに通い、そのあと、グラマー・スクール、ハイ・スクールと呼ばれる上級学校に進むが、大学には行かない。

これに対し、貴族や上流階級の子弟は家庭教師に自宅で教えられた後、イートン、ハーロウという寄宿学校に入り、オックスフォード、ケンブリッジに進む。

かくの如き教育の差別的待遇のために、門番の子供は永久に親の仕事を引継いで門番をするのが平和な生活であり、それが幸福だと信じてゐるのが普通であります。世間でどんなにできがよい子供だからといっても、日本のやうに苦学生をしたり、他人の保護を受けてまでも、大学にゆく人もなければ、また、そこを出て偉くなるといふ機会には恵まれてゐないのであります。(「欧米の教育と日本の教育」『小林一三全集』第四巻)

では、平等主義の国であるはずのフランスはどうか?

仏国の教育には二つの系統があって、即ち民衆は小学校には行くが、大学校に行く道は開かれてゐないのであります。これに反して、上流階級または知識階級以上の子弟で、将来大学に行かうとするものは、最初から「リセー」「コレッジュ」に行くといふ風に区別されてをったのであります。(「欧米の教育と日本の教育」)

こちらはイギリスが上中下のスリー・トラック・システムであるのに、上下のツー・トラック・システムだが、乗り換えがきかないという点ではイギリスと同じである。ではドイツはどうか?

戦後の改革により小学校に当たる基礎学校には四年間、国民全員が通うことになっている。そのあとでコースが分かれる。民衆は四年制の国民学校に通ったあと職業学校に進むが、エリートは国民学校とは異なる九年制のギムナジウムに通い、大学に進学するのである。そしてこうした教育システムの研究の結果、小林の出した結論は次のようなものであった。

西洋では、日本のやうに四民平等、教育は何人《なんぴと》でも自由に受けられる、そして貧乏人の子でも、誰でも偉くなれるといふ朗らかな国情ではないのであります。(「欧米の教育と日本の教育」)

ここでもまた、最終結論は「知らなくてよかった」ということになる。

ソ連と統制経済への幻滅

では、このように、自由主義、個人主義として理想化された国々の中に冷酷なまでの社会格差を認めた小林は、ソ連という統制経済の国に希望を見出したのだろうか?

こちらはもっとひどい幻滅であった。小林は統制経済に対する楽観論と悲観論を併置してバランスを取るふりをしているが、実際には、強い悲観論をもってソ連の統制経済の未来を占うほかはなかったのである。その根拠について小林は、商品にヴァリエーションがなければ我慢ができなくなるのが人間の本質であるから、統制経済を肯定するにしても、おのずから限界はあるとして、次のようにいう。

砂糖製造は国営にする。しかし砂糖を材料にして千種万様の菓子の製造までを国営として、郵便切手を配給するが如き、平凡化することは文化人として辛抱の出来るものではない。

（「私の見たソビエット・ロシヤ」『小林一三全集』第四巻）

その通りである。だが、帰国後の小林は、こうした悪しき統制経済の主導者と戦わざるをえなくなるのである。統制経済の圧力は日本にも日々迫りつつあったのだ。

第八章　東京篇③　楽天地——下町に明るく健全な娯楽を

松竹の浅草に対抗して

「東宝」を小林一三のヴィジョナリー・カンパニーと捉えた場合、小林が打ち出した一連の企業戦略の中で意外に大きな位置を占めるのは、東京は下町・錦糸町《きんしちょう》駅前に昭和十三（一九三八）年四月三日に全面開場した「江東楽天地」（後に東京楽天地と改称）ではなかろうか？　なぜなら、この「江東楽天地」には、仮想敵「松竹」に対抗して浅草進出を図りながら一敗地にまみれた小林の、娯楽施設に対する一つの理想を見てとることができるからである。

『東京楽天地50年史』（東京楽天地）に付された「年表」によれば、「株式会社江東楽天地」の設立総会が開催されたのは昭和十二（一九三七）年二月二十七日である。そのとき、小林は「江東楽天地建設に就《つい》て」と題する発起人挨拶を行っている。そこには「江東楽天地」をヴィジョナリー・カンパニー東宝の最重要拠点と位置付けた小林の並々ならぬ熱意を感じ取ることができる。

これまで、娯楽事業の経営といふやうなことは、無用の設備で、士君子の齢《よわ》ひすべきものでないといふ風に見なされ、只《ただ》、あるがまゝに放任されて来た結果として、凡《およ》そ此《この》種の娯楽事業は動《やや》もすれば闇《くら》い影がついて廻はり世道人心の上からも眉をひそめるやうな悪弊が生じやすいといふ話でありましたが、そういふ非難を受けないやうに、私達の理想である、清く、正しく、美しく、御家族打連れてお遊びの出来る朗らかな娯楽地域を、国民大衆に提げることは、「食ふものは働かざるべからず」「働くものは憩《いこわ》ざるべからず」「慰安は生活の要素也」といふ主意からも必要であると信じ、こゝに隅田川の東、本所《ほんじょ》、深川両区は最近異常な発展をなし将来益々発展すべき産業日本の原動力となる工場地帯、そしてこゝに働く人々、その家族達、それから市川、船橋、千葉方面に住む人々の為にも、丸ノ内の有楽街の様に、清く朗らかな娯楽場が必要になつて来たことに思ひ至りまして、当会社の設立を決心した次第であります。(『東京楽天地50年史』)

この発起人挨拶の中で注目すべきは前半である。というのも、そこには東宝の掲げる「清く、正しく、美しく」という近代的娯楽の理想と正反対の前近代的な娯楽形態に対する小林の強い嫌悪が滲《にじ》み出ていると同時に、その嫌悪の対象が具体的には何を表しているのかがわかるような仕組みになっているからである。すなわち、それは「松竹的なるもの」への嫌悪であり、「江東楽天地」はそうした「松竹的なるもの」の牙城である浅草へのカウンターとして創られた「人工楽園」であるということである。

浅草への無念

では、小林は「松竹」の牙城・浅草のライバルとして「江東楽天地」を「いきなり」創ったのだろうか？『江東楽天地二十年史』および『東京楽天地50年史』を読む限りではそう思えるが、実情は別のようである。そのことは『私の人生観』（要書房）に収録された「浅草の魅力」というエッセイを読むとただちに理解できる。このエッセイで小林は慶應義塾の塾生だった頃から親しんでいた浅草の魅力をノスタルジックに語ったあと、突如として次のような言葉を書き連ねているからである。

此《この》浅草に私は理想の大劇場を建設し、庶民大衆の支持を期待して宝塚の進出を計画して失敗したのである。それは、昭和十年か十一年か、現に活躍している国際劇場の前身である。私は丸の内に東京宝塚劇場を新築すると同時に、浅草に於《おい》ても宝塚の方針に基《もと》づく新鮮味横溢《おういつ》の劇場経営を実行せんとして、着々と其《その》計画を進めたのである。今や具体化せんとしたる時、突如として其計画の譲り渡しを強願されたのである。

同郷の先輩根津青山翁《ねづせいざん》は私に対して言うのである。『僕は松竹に頼まれて困っている。僕は御承知の如く松竹の相談役であり顧問である。君が丸の内に進出することは慶賀の至りであるが、浅草へ来て松竹を脅かすことになると僕の立場がないから、僕の顔をたてて浅草の計画は松竹に譲ってほしい』と辞を低くして懇願されたのでとうとうお譲りすることにして、土地売買も、設計もそのまま松竹の手に渡した。（「浅草の魅力」『小林一三全集』第一巻）

無念さが滲み出るような文章である。しかし、郷里の大先輩であり、これまで何回か資金逼迫《ひっぱく》のさいに助けてもらったことのある根津嘉一郎《かいちろう》を介しての劇場譲渡提案であるから小林としても計画を断念するほかなかったのである。新会社の株式の過半数は松竹が引き受け、東宝は秦豊吉《はたとよきち》が重役陣に名を連ねて三、四割の株式の割り当てを受けたが、重役陣のほとんどが松竹系とあっては、さすがの秦豊吉もなす術《すべ》がなく、やがて全面撤退とあいなったのである。

しかも、譲渡した新劇場が浅草国際劇場となり、松竹が宝塚少女歌劇団を真似てつくった松竹歌劇団（ＳＫＤ）の主要な舞台となったのだから、小林の無念さもひとしおだったにちがいない。

しかし、小林としては、このまま松竹の軍門に降《くだ》るわけにはいかない。それはありえない選択であった。なんとしても、浅草に対抗できるようなアミューズメント・センターを下町に創りあげなくてはならない。そのとき卜《ぼく》されたのが錦糸町だったというわけである。

当時の錦糸町

しからば、昭和十一（一九三六）年の錦糸町とはどのような場所だったのか？

錦糸町は江戸の本所奉行が足りなくなった武家地として埋め立てた土地で、車を走らせてみればわかるように真っ平らな大地が木場《きば》や砂町《すなまち》に向かって広がっている。ただ、元禄以後は屋敷を構える武家も少なく、掘割で魚を釣っていた浪人者にカッパが水中から顔を出して「置いてけ、置いてけ！」と叫んだという言い伝えから「おいてけ掘」という名がつくほどに人跡まれな土地となっていた。

明治に入り、諸大名が地方に引き上げてしまうと、荒廃はすさまじくなり、小説『野菊の墓』で知られる歌人・伊藤左千夫《さちお》が明治二十二（一八八九）年に開いた牛乳搾取場が今のバスターミナルあたりに広がっているだけになった。

少し発展が始まったのは、明治二十七（一八九四）年に総武鉄道が開通し、その始発駅である本所停車場が錦糸町に出来てからであるが、始発駅であるということがかえって災いしたのか、駅の北側には汽車製造会社の工場や陸軍の糧秣廠《りょうまつしょう》、南側には平岡工場などが立ち並んで、殺風景な景観が生まれてしまった。

ちなみに、平岡工場というのはアメリカに渡って機関車製造工場で工員として働き、機関製造の技法を修得して帰国した平岡凞《ひろし》という青年が工部省鉄道局勤務の後に設立した鉄道車両の製造会社であるが、この平岡凞という人物は日本における野球導入者として有名で、鉄道局勤務時代に、日本初の野球場「保健場」をつくり、日本初の野球チーム「新橋アスレチック倶楽部」を組織したことで知られる。昭和三十四（一九五九）年には野球殿堂入りしている。孫に作曲家の平岡精二、甥にシロフォン奏者の平岡養一がいる。

小林が目をつけたのは、この平岡工場が汽車製造合資会社に吸収合併され、砂町に移転したために生まれた広大な跡地だった。

では、小林はどのような理由からこの平岡工場跡地に着目したのだろうか？　発起人挨拶を再び見てみよう。

　場所はと申しますと、両国橋を越えて、江東方面の中心を貫き市川、千葉へと延びる大幹線千葉街道に沿ふ錦糸堀、こゝに国技館の前を通る市電は折れて洲崎《すさき》に向ひ、省線は錦糸町駅、それに城東電車はこゝを起点として小松川及び洲崎へと延び、大小無数の工場はこゝを中心として群在して居ると云ふ絶好無二の地点に適当の地所を手に入れる事が出来ましたから、此所《ここ》に、この地域に最も必要で最も適切な劇場及《および》映画劇場並《ならび》にそれに附帯した事業を経営して見たいと思って居ります。(『東京楽天地50年史』)

なるほど、人口学的観点から、人よりも一〇年、二〇年先を見ることのできる小林の千里眼には、錦糸町は「約束の地」と映ったかもしれない。だが、小林から話を聞かされた東宝の幹部たちは例外なく仰天したようである。昭和二十二(一九四七)年に江東楽天地代表取締役に就任した那波《なは》光正は開業当時を回顧してこう述懐している。

然《しか》し当時の錦糸町は、駅の乗降口も現在の所になく劇場に背を向け只《ただ》、城東電車一本が乗入れ、僅《わず》か二輛連結の国電もガラガラといったうらぶれた街で、ここに大劇場を建設した事を、世間では寧《むし》ろ暴挙として驚きの目を瞠《みは》ったのであった。(『江東楽天地二十年史』江東楽天地二十年史編纂委員会)

ところが、重役たち全員が反対しようとも、一〇年、二〇年先のヴィジョンが見える小林の決心は揺るがなかった。揺るがなかったどころか、絶対の自信をもってただちに江東楽天地の中核たる江東劇場と本所映画館の建設に着手し、昭和十二年十二月三日には二つの劇場の開場にこぎつけたのである。

『東京楽天地50年史』の第一章「東京楽天地の創設(昭和12年〜20年)」の執筆者は、小林の自信の理由を次のように推測している。

核をなすものは、先の趣意書に述べられている「仕事と娯楽は生活の両輪」という理念であった。人は、懸命に働けば働くほど娯楽を必要とする、との考え方であった。

こういう視点から眺めると、盛り場にほど遠い錦糸堀にも新しい展望が開けてくる。周辺に工業地帯を抱えているということは、娯楽への潜在需要が少なくないことである。(『東京楽天地50年史』)

もちろん、浅草から無念の撤退を余儀なくされたということに対する意地もあったかもしれない。しかし、ヴィジョンの中核を成していたのは、新しい労働者階級には新しいタイプの健全な娯楽が不可欠であるという小林の信念だったにちがいない。

原型は阪急梅田ターミナル

かくて、日中戦争勃発というアクシデントにもかかわらず猛烈な勢いで工事は進行し、草茫々《ぼうぼう》の原っぱであった工場跡地に、昭和十三(一九三八)年四月には忽然《こつぜん》と「江東楽天地」が出現する。では、江東楽天地なる総合娯楽施設は小林の頭の中ではどのように構想されていたのだろうか?

それを明らかにする資料は少ないが、大学時代から楽天地を歩いてきた私の印象からいうと、原型となったのは阪急の梅田ターミナルの劇場街ではないかと想像される。違うのは、梅田は線路と劇場街がT形を成しているのに対し、錦糸町は横倒しのTの縦軸に線路が並行しているという点である。いずれにしろ、駅を降りた乗客の目に飛び込んでくるのが巨大な二つの劇場であるという点では変わりない。

計画によれば、この土地に鉄筋コンクリート造地上二階、地下一階、建坪四六四坪の江東劇場と、同じく鉄筋コンクリート造地上二階、建坪四〇〇坪の本所映画館をまず建設し、そのあと順次施設を整えていく予定であった。両劇場の建設予算は、合計八〇万円である。同じ年の秋が深まったころ、江東劇場、本所映画館が偉容を現し、下町っ子のど肝をぬいた。両劇場とも定員は一五〇〇名で、冷暖房完備であった。この規模、施設に匹敵する東京市内の劇場は、十指に満たない時代のことである。そうした驚きも、もっともであった。

(『東京楽天地50年史』)

昭和十二(一九三七)年十二月三日のこけら落としは、江東劇場が東宝劇団の『寿式三番叟《ことぶきしきさんばそう》』と日吉良太郎《ひよしりょうたろう》一座の『銃後の護《まもり》』『乃木将軍と一等卒』という時局ものと『踊《おどり》の師匠』など、本所映画館は『愛国六人娘』と『血路』というこれまた時局ものに、香島《かしま》ラッキーと御園《みその》セブンの漫才という組み合わせ。両劇場とも、初日三日は出征軍人家族招待日としたこともあって満員だった。また東宝の案内係がすべてパーマをかけていたので、これを見物に来る客もかなりの数に上ったという。

このように両劇場はまずまずのスタートを切ったが、実際には原野の中にポツリと二つの大劇場が建っているというシュールな光景に変わりはなかったので、小林は構想にあった両劇場裏の江東花月劇場、大食堂、仲見世、高等屋台店、それに遊園地などの完成を急いだが、こちらは日中戦争激化による建築資材高騰と経済統制強化のせいで設計の一部変更を余儀なくされた。しかし、それでも昭和十三年四月三日には「江東楽天地」全体が完成にこぎつけたのである。

開場当日は、朝から好天に恵まれ、10万人を超える人出でにぎわった。花月劇場は午前11時の打ち込みと同時に満員となり、数回にわたり客止めをしたくらいであった。江東劇場と本所映画館の入りもすごく、ともに開場以来の最高を記録した。(『東京楽天地50年史』)

書き入れどきの夏休みに人気を集めたのは、いかにも下町にふさわしい「江東お化け大会」だった。これは昭和二十(一九四五)年の敗戦まで毎年開催するほどの名物催事となった。

しかしながら、同時代の関係者の証言を参照してみると、ときに大賑《にぎ》わいすることはあっても、開場間もない頃の「江東楽天地」は浅草に比べるまでもない寂しげな盛り場であったらしい。たとえば、重役の一人だった渋沢秀雄は『江東楽天地二十年史』に寄せた「春高楼」という一文で、「昭和十三、四年ごろの江東楽天地は哀れに淋《さび》しい遊園地だった」と回想している。そのためか、経営陣は下町という環境をおもんぱかって次のような起死回生の新機軸を打ち出した。

ここらは、土地柄楽しい盛り場とするには、大衆信仰の中心を形成せねばなるまいという、一三翁の意を忖度《そんたく》して、上州水沢観音(坂東札所十六番五徳山水沢寺)の仏体を迎えた。昭和十五年四月二十六日堂宇漸く完成して、盛大なる入仏式が行われた。(今村信吉「思い出いろいろ」『江東楽天地二十年史』）

このように関係者の懸命な努力はあったものの、戦前の「江東楽天地」は結局のところ、松竹の牙城・浅草と対抗するまでには至らず、小林の描いた健全なる下町アミューズメント・センターという構想も志半ばに終わった。「江東楽天地」が下町を代表する盛り場となるのはむしろ戦後なのである。

健全さを求め続けて戦後に大発展

昭和二十（一九四五）年三月十日の陸軍記念日、東京下町、とりわけ本所・深川一帯は米軍のB29大編隊による猛爆撃を受け、完全に灰燼《かいじん》に帰し、死者は一〇万人を数えた。東京大空襲である。「江東楽天地」も大損害を受けたが、本所映画館は奇跡的に類焼を免れ、江東劇場も外郭だけは残った。そして、この二つの大劇場が焼け残ったことが「江東楽天地」の戦後の大発展を支えることになるのである。

まず、経営陣は、焼け残った本所映画館をメインに据え、外郭だけ残った江東劇場の内装を突貫工事で仕上げて第二の映画の封切り館とし、さらに、江東花月劇場跡地にバラックで作った「ユニオン・シネマ」を加えて、昭和二十一（一九四六）年から「江東楽天地」の戦後興行のスタートを切った。娯楽に飢えていた民衆は映画館がかたまる「江東楽天地」に押しかけたのである。

しかし、昭和二十二（一九四七）年十一月に衝撃的事態が持ち上がる。連合国軍総司令部（G

ＨＱ）の民主化政策の一環として「独占禁止法」が施行された結果、「江東楽天地」は東宝との親子会社関係を解消しなければならなくなったのである。

これにより、「江東楽天地」の生みの親である小林一三との公式な関係は完全に絶えたことになる。もっとも、これより先、昭和二十一年三月十日に、小林はＧＨＱの命令により公職追放の処分を受けていたから、すでに「江東楽天地」はおろか「東宝」も小林の手を離れてはいた。それでも、戦後に小林抜きで再出発することは「江東楽天地」の経営陣に大きなプレッシャーをかけた。

ただ、一時的にではあれ、「清く、正しく、美しく」の小林イズムの縛りが解けたことは、経営陣に、戦後しばらくは当たりそうな演劇中心で行くという方針のヒントを与えたようである。

> 幸い当社には、演劇公演が可能な舞台を備えた江東劇場があった。そこで、当面は、江東劇場を全面に押《ママ》し出し、話題性ある番組を取り上げることとし、22年9月に空気座の「肉体の門」を上演した。戦後初のアトラクションであった。
>
> 原作は田村泰次郎の小説で、同じころ、肉体派とか肉体文学などの言葉が流行するもとになった作品である。演劇の方も、すでに浅草で上演され大当たりをとっていたが、江東劇場でも大成功を収め、結果的に当社の考えの正しかったことが証明された。（『東京楽天地50年史』）

しかし、「清く、正しく、美しく」の小林イズムは完全に「江東楽天地」から消えたわけではなかった。というのも、『肉体の門』で当てた後、浅草はロック座が中心となったストリップ興行が盛んだったのに対し、「江東楽天地」は『肉体の門』興行を最後として再び健全路線に戻ったからである。

その家族連れで楽しめる「清く、正しく、美しく」の健全路線の第一弾は、江東劇場内部改装の後、昭和二十三（一九四八）年四月末から五月にかけて行われた宝塚歌劇の東京における戦後第一回の公演であった。これは、丸の内の東京宝塚劇場がGHQによりアーニー・パイル劇場として接収されたため、代替劇場としての公演であったが、その人気の沸騰ぶりはすごかったようである。

この公演には春日野八千代、乙羽信子らの雪組が総出演し、ミュージカルプレイ「南の哀愁」、レビュー「カプリチオ・エスパニョール」を上演したが、地元はもちろんのこと関東一円のファンがつめかけ、連日満員という盛況であった。（『東京楽天地50年史』）

宝塚公演は丸の内の東京宝塚劇場が接収解除となる昭和二十六（一九五一）年までこの江東劇場を舞台にして毎年数回行われ、江東楽天地の事業部門に大きな収益をもたらした。「公演と前後して事業部収入は興行収入の2分の1にも達するようになったのである」（『東京楽天地50年史』）。

このように戦後の「江東楽天地」の復活には、結局、「清く、正しく、美しく」の宝塚路線が大きく貢献したが、もう一つ、エリザベス・テイラーやジャネット・リーが出演した映画『若草物語』の独占ロードショー（昭和二十四年）も与《あずか》って力があったことを忘れてはならない。

この映画は、MGMが創立25周年を記念して製作した超大作であった。しかも、総天然色（テクニカラー）という当時としては画期的な作品であった。ふつうなら、丸の内地区以外でのロードショーはあり得なかったのであるが、たまたまC・M・P・E（アメリカ映画配給機構）と当社の意向が一致したことから、初めての試みが実現したのであった。

12月27日を初日に公開した「若草物語」は大盛況であった。4週間続映、観客動員数12万人という画期的な記録を残した。（『東京楽天地50年史』）

おもしろいのは、『若草物語』のキャンペーンとして、封切り上映に先だって行った「四人姉妹コンテスト」で、映画と同じ四姉妹で、しかも年齢構成が一番近い四姉妹に賞品を出すとしたところ、一〇〇組四〇〇人くらいという予想をはるかに超えて一〇〇〇組四〇〇〇人が江東劇場を囲んで、「劇場周辺が4人姉妹の渦と化して」、『週刊朝日』が記事に取り上げたこともあって抜群の宣伝効果をあげたのである。

ところで、「江東楽天地」は、戦後、錦糸町駅前の広場が新橋と同じく巨大な闇市となったことから、それに関係するアウトローが少なくなかった。そのために、これに取り込まれないようにする努力も並たいていではなかったようだ。

社長室に恐ろしい形相の人たちが闖入《ちんにゅう》することもあったが、之《こ》れにも増して恐ろしいことは、社員がその乱暴を制止し、営業妨害を切り抜けるためには、身を賭け、体を張ることすらあった。(今村信吉「思い出いろいろ」)

したがって、「江東楽天地」が戦後、「恐ろしい大人の盛り場」に堕する危険性は十分にあったわけである。しかし、幹部を始めとして社員全員が「清く、正しく、美しく」の小林イズムを盾にして、よくこれに耐えた。

その渦中にもあった重役の一人・渋沢秀雄は「江東楽天地」の本質を「大衆の家庭を本位とした、安くて健康な『楽しさ』の充実だった。つまり大人と子供の興味が愉快なルツボの中で、一つに溶け合う場だったのである」(「春高楼」『東京楽天地50年史』)としている。

この言葉は、東京ディズニーランドへの出撃基地としてホテル業を中心に復活の兆しを見せている「東京楽天地」、すなわち「江東楽天地」の未来を予言してはいないだろうか?

第九章　東京篇④　第一ホテル——東京に大衆のためのホテルを

宝塚ホテルの設立

小林一三が関係した事業の中で、伝記や年譜等であまり言及されていないものの一つにホテル事業がある。

たとえば、小林一三が関与した最初のホテルとされる宝塚ホテル、あるいはイニシャティブを取ったことが明らかな六甲山ホテルについて、『逸翁自叙伝』の年譜ではそれぞれ大正十四（一九二五）年と昭和四（一九二九）年のところに「5月2日、株式会社宝塚ホテル設立」「7月10日、六甲山ホテル開業」と一行ずつ記されているにすぎないし、小林のつくったホテルとして知られる「第一ホテル」も昭和十三（一九三八）年の年譜の言及は同じく一行だけである。

しかしながら、少し調べてみると、近代的ホテル経営について小林が一家言を有していたばかりか、それを阪急、東宝と同じ比重を持つ事業と位置付けていたことがわかってくる。

特に注目すべきは、ウィキペディアでは創業当初は阪急と無関係とされている宝塚ホテルである。というのも、明治四十四（一九一一）年に箕面有馬《みのおありま》電気軌道に入社し、退社後に宝塚ホテルを創業して社長を長く務めた南喜三郎《きさぶろう》の回想「小林さんと観光・映画・テレビ・お茶」（『小林一三翁の追想』）によれば、宝塚ホテルは小林の指示でつくられたことになるからだ。

阪急を辞めた後は、いつまでもぶらぶらしている訳にもいかず、土地の売買をやり、敷設が予定されていた神戸線沿線の土地では大分儲けることが出来ましたが、いつまでもブローカーのようなことをしているのもどうかと思い、将来のことで小林さんに相談に参りました。「それじゃあ、宝塚の川の向こう側を開発して見ないか。武庫川《むこがわ》の左岸は阪急が開いたけれど、右岸の方は昔のままで淋しい。あっちが賑やかになれば宝塚も立派になる」

こんな御意見を聞いて、平塚嘉右衛門《かえもん》氏という土地の金持と相談して、川岸を埋め立てたり、山を拓《ひら》いたり、盛んに右岸の開発をやりました。

そのうち、一流観光地にふさわしいホテルを造ったら――、という小林さんの指示で、今の宝塚ホテルを建設することになりました。資本の半分は阪急が持ち、後は平塚氏ら土地の有志からの投資によるということで、大正十四年設立、十五年に竣工して開業しました。

このように宝塚ホテルは小林の指示で南が動いたためにできたものであり、資本にも阪急が加わっていたから無関係とはいえないどころか、小林の関連事業の一つに数えていいものなのである。さらには、小林は開業後のアフターケアまでしているのだ。

しかし、お客は極めて少ない。そこでいろいろ研究してみると、外国では附帯事業としてゴルフ場を経営して成果を上げている。これだというので、３ホールのものを計画して専門家に見せると、これではお話にならない——、どうしても9ホールはいるというので、土地は借りることにして大きくし、遂に18ホールを完成したのが今の宝塚ゴルフ場です。（中略）昭和に入ると社交ダンスが流行するようになり、大阪ではダンスホールも許可されませんでしたが、兵庫県では許されていましたので、小林さんに相談したところ、どうも阪急がやるんじゃあ困るけれど、君の方でやるならよかろうということで、宝塚会館の設立を見ました。これにはドイツのティアーガルテンのクロロカルテン市営ダンスホールの青写真を貰《もら》って来ていたので、竹中工務店に研究させ、スプリングとおが屑を使って日本唯一のスプリング・フロアを造ることに成功しました。場所がらお客さんも一流で、上品なホールとして評判をとりました。（南喜三郎「小林さんと観光・映画・テレビ・お茶」）

外国人観光客誘致戦略

とはいえ、宝塚ホテルが開業した大正十五（一九二六）年の段階においては、完全に西洋式のホテルを各地に建設することについて、小林の戦略構想がはっきりと固まっていたわけではないようだ。観光客誘致のためのホテル戦略が明確になってくるのは、むしろ、同じく南喜三郎に命じて六甲山ホテルを宝塚ホテルの分館としてつくらせた昭和四（一九二九）年頃のことと見ていい。南喜三郎は六甲山ホテルについても小林に相談し、知恵を借りて開業したものだと証言している。

外国の例をヒントにしたと言えば、六甲山ホテルを建てました時、交通の便を考えて造った六甲のロープウエイは、イタリーのものを参考にした日本最初の架空索道です。これが評判になって六甲山ホテルが大いに繁昌しました。

こんな風に何につけ小林さんに御相談し、御智恵を借りてやって参りました。（南喜三郎「小林さんと観光・映画・テレビ・お茶」）

どうやら、この六甲山ホテルの建設の頃から、小林の心の中で、外国人観光客誘致の戦略が固まってきたものと見なしていい。というのも、昭和四年に『経済往来』に発表された「外人誘致の具体案」には貿易収支改善の一環として観光客誘致を進めるための実際的プランが示されているが、そこには観光客用ホテルをどこに建設すべきかが明確に示されているからだ。

小林はまず国際貸借関係の赤字をフランスやイタリアのように観光収入によって補塡《ほてん》しようという議論が出てきたことに触れて、日本は風光明媚な国で「富士山《フジヤマ》・ゲイシャ」があるから広告さえうまくやれば観光客がぞくぞくとやってくるはずという思惑の杜撰《ずさん》さを指摘したあと、外国人観光客を愉快に遊覧せしめるには新しい観光施設が不可欠だとして、その予算を策定してみせる。すなわち、迎え入れる玄関である横浜では三溪園《さんけいえん》を買収して日本式の庭園を整備し（予算三〇〇万円）、新橋芸妓のような接待嬢が相手をする特別ダンスホールをつくり（個人経営可能）、根岸競馬場を高級化する（独立会計可能）。東京では有楽町の旧警視庁跡に豪華な新ホテルを建設し（予算五〇〇万円）、新宿御苑を整備する（同二〇〇万円）。日光中禅寺湖一帯は国立公園として管理する（同二〇〇万円）、富士山麓と京都・奈良は現状維持でOK。大阪には中之島公園に大型ホテルを建設（同四〇〇万円）し、大阪城を鉄筋コンクリートで再建し、城内に古代より現代に至る歴史上の人物の人形館をつくる（同五〇〇万円）。神戸は自らのイニシャティブで建設した六甲山ホテル、および市内の東亜ホテル、オリエンタルホテルがあるから受け入れ態勢はすでに十分である。瀬戸内海にはクルーズ船を建造して周遊させる（同三〇〇万円）、そして締めくくりに別府で温泉につからせるが、ここには豪華ホテルを建設する（同五〇〇万円。総計三四〇〇万円）。そして各所の維持費として五六万円を計上、さらにドライブウェー建設に五〇〇万円で観光客受け入れ施設はすべて整備できるとして、最後をこう結んでいる。

この投資によって外客の費《つか》ってゆくお金が現在の五千万円が一億万円になり一億五千万円になるものとせばあまりにウマ過ぎる暴利の商売であって、夢のやうな、取らぬ狸《たぬき》の皮算用よりも物笑ひであるかも知れないが、とにかく、かうもしたならば外国人が満足するだらう、日本といふ国は美しい遊び心地のよい国である、絵のやうな、詩のやうな、優雅な国柄であるといはれるかもしれない、と空想しつつ、可能か不可能かと自問自答する次第である。

（「外国人誘致の具体案」『小林一三全集』第五巻）

こうした観光客誘致の「夢想」は、一九二九（昭和四）年のウォール街大暴落に端を発する世界恐慌で、一旦は挫折したかのように見えたが、しかし、小林は決して諦めてはいなかった。というのも、不景気が一段落した昭和七（一九三二）年に至ると、ふたたび「観光客誘致論」を『経済往来』に発表して、規模を縮小したかたちでなら、アメリカからの団体客を迎え入れて、観光立国を図ることは決して不可能ではないとして、最も急を要する施設を列挙しているからである。小林がその筆頭として挙げていたのは、「東京における軽便なる大ホテルの新築」であった。

この構想は、やがて小林が昭和十（一九三五）年九月から翌年春にかけて半年間欧米視察の旅に出て各地のホテルを観察したことでより具体性を帯びる。どうやら、その時、小林の心の中で「誰のためのホテルか」というコンセプトにおいて大きな転換が起きたようである。ただし、このときには、大ホテル建設は予定地が確保できなかったこともあり、頓挫を余儀なくされる。

ところが、昭和十一（一九三六）年七月、政府が東京オリンピック開催を決定したことで一気に状況が変化する。ただし、その状況の変化に敏感に反応したのは小林ではなく、岩下家一《かいち》という人物であった。その岩下から新ホテル建設の相談が小林のところに持ち込まれたのである。

東京に大衆向けのビジネスホテルを

岩下家一（一八七九〜一九六三）は幕末に薩摩藩代表としてパリ万博に参加した岩下方平《まさひら》の孫で、この万博で幕府を翻弄したシャルル・ド・モンブランの手配でパリに留学した岩下長十郎の息子。東京高等商業学校（現・一橋大学）を卒業した後、スイスのローザンヌでホテル経営を学び、長春《チャン チュン》のヤマトホテルの支配人を務め、帰国後は丸ノ内ホテル、逗子なぎさホテルを経営した生粋のホテルマンであった。

その岩下が目をつけたのが、新橋駅近くの読売新聞社の所有地。読売新聞社はこの土地に社屋を建設するつもりだったが、地盤が弱いと判断したため、有楽町に新しい土地を求め、新橋の土地を売却することにしたのである。岩下はここにホテルを建設すれば繁盛は間違いなしと踏み、土地の買収を味の素の鈴木一族の同族会社である鈴木三栄株式会社の常務理事・土屋計左右《けいぞう》に打診したのである。

土屋は自分一人では決めかねるとし、味の素本舗の鈴木忠治社長と鈴木三郎助専務取締役に伝えたところ、東京電燈の取締役を兼ねていた鈴木社長の勧めで、ホテルに関しては東電社長の小林が一家言あるから相談してみようということになった。かくて、土屋は岩下とともに東電の社長室に小林を訪れたのである。『夢を託して――第一ホテル社史』（第一ホテル）はこの時の面会の有り様を次のように伝えている。

翁は、宝塚ホテル、六甲ホテル、熱海ホテル、別府ホテル、琵琶湖ホテルなどに直接間接に関与してホテル経営の難しさを痛感していた。たまたま昭和十一年四月、世界一周の途次、世界最大を誇るシカゴのコンラッド・ヒルトン・ホテル（室数三、〇〇〇）に立ち寄り、同ホテルをつぶさに観察して、「客室数が多ければ、宿泊料を安くすることができる」と認識し、〝大衆ホテル〟に強い関心を抱くようになり、日比谷の有楽座付近に独自の構想に基づく大規模ホテル建設を計画して、帝国ホテルの大倉喜七郎《きしちろう》社長（当時）に相談したところ、賛同を得られずに中止したという経緯もあり、ホテル経営に一家言を持っていた。

ちなみに、小林が世界一周でシカゴに立ち寄ったのは昭和十（一九三五）年の秋であり、昭和十一（一九三六）年四月十七日には榛名《はるな》丸で帰国しているが、それはいいとして、この証言で注目すべきは、小林がシカゴのスティーヴンス・ホテル（現・コンラッド・シカゴ）を観察した結果、外国人のための観光ホテルの建設という構想を変更して、日本人相手の「大衆ホテル」というアイデアに路線を転換していたという事実である。一言でいえば、小林は東京宝塚劇場や日比谷映画のホテル版をつくろうと考えるようになっていたのである。

後に第一ホテルの社長となった前記の土屋は「小林翁と大衆ホテル」と題した回想で、このときの会見で小林が語ったことをもう少し詳しく書き残しているので、これを引用しておこう。

自分が今度世界一周しての感じは、これからの商売は大衆と直結して、大衆に何ものかの利便を与えつつ、日銭を挙げるようなものだけが栄えると思う。その意味で自分は阪急電車、阪急百貨店、それから東宝映画会社をやっているが、この外《ほか》に大衆相手の商売として残されたものにホテルがある。日本には現在、帝国ホテルとか箱根の富士屋ホテルと言うような一流ホテルがあるが、何れ《いず》も欠損無配当である。之《これ》は当然で、両ホテル共一泊の部屋代十円以上だから、ここに泊まれる人は極めて少数の富豪特権階級だけである。役所でも会社でも大臣、局長や社長、重役は各十名位にしか過ぎないのに、部課長次長級、高等官なら三等以下になると各十人以上はいる。この階級こそ相手にすべき人々であるが、その人々の東京滞在旅費を調べた所、平均六円から八円である（後掲）。だから到底《とうてい》十円のホテルには泊まれない。そこで是等《これら》の人々は安い日本旅館か、または友人親戚の家に厄介になっている。所《ところ》が友人親戚の家は大概郊外であるから、往復に時間もかかるし、タクシー代も嵩《かさ》むばかりでなく、泊まる方も窮屈、泊まられる方も迷惑である。だからもし都心の交通至便な場所に一泊二円か三円、即ち汽車の二等寝台の料金と同じ位のホテルがあれば千室あっても足らない。（土屋計左右「小林翁と大衆ホテル」『小林一三翁の追想』）

では、この分析から、小林はどのような大衆ホテルを構想したのであろうか？『夢を託して——第一ホテル社史』には小林が、次のようなホテルをつくれば必ず成功すると提案した内容のレジュメが載っている。

一、汽車の二等寝台料金（上段三円、下段四円五〇銭）を基準とする。
二、安いからといって貧弱ではいけない。インテリ階級は見栄坊だからホテルの外観も立派にし、一歩先んじて最新の設備を施す。
三、料金は安く、設備をぜいたくにする代わりに、客室を小さくして部屋数を沢山とる。家具類も少なくする。
四、喫茶部もバーもあるからルームサービスはしない。今までのホテルは格式張って無駄が多いから、一〇〇室あれば一二〇人を使っていたが、一〇〇室に対して八〇人とする。
五、チップはきわめて不公平だから全廃して、その分を会社が補給する。
六、従来のホテルのように南側の角部屋を社長室とするのは間違いだ。社長室は地下室に置くほうがよい。
七、購買と調理場は画然と分離し、コックに仕入れはさせない。

以上の七ヵ条に加えて、小林は次の点を強調した。

経営的には、資本金とほぼ同額の低利借入金をすれば必ず採算が立つ。この案は、専門家と称する古いホテル屋にはわからない。素人がやったほうがよい。ホテルの経験のない素人が革新的にやるのだから、従業員もコックのほかは、皆素人を使ったほうがよい。(『夢を託して』)

この「思想」は小林が「玄人集団・松竹」に対して「素人集団・東宝」を対置したときのそれと同じである。小林は、土屋に向かって、帝国ホテル支配人の犬丸徹三《いぬまるてつぞう》には相談するなとクギを刺し、こういうわけだから、このホテルは素人の君が適任だと断言して、「おれが東京で宝塚劇場をこしらえた時も、興行に経験のある松竹の連中は一人もつかわなかった」と自慢した。つまり、第一ホテルは、小林が東宝で成功した「大劇場＝低額入場料システム」をホテルにそのまま応用した例であり、このシステムを貫徹するには、因習が入り込んでなにかと割高になりがちな玄人集団よりも、なにも知らない素人集団のほうが適していると判断したのである。

小林は、阪急や東宝など自社の大衆相手の商売を「そばや」に譬《たと》えて、「そばや」と「鰻屋」の違いをこう説明したという。

要するに大衆を目標としてその必要品となるそばやホテルだね。昔から鰻屋の親爺が鰻の祟りで首をくくると言うがそうではない。それは経済的理由に依るもので、鰻屋は景気の良い時は繁昌するが、昔から十年のうち景気の良いのは三年で、後の七年は不景気が続くから鰻屋が破算して首をくくるが、そばやのおやじの首をくくった話は聞かない。(土屋計左右「小林翁と大衆ホテル」)

こうして、小林のサジェスチョンを受けて創立に向けて動き出した「株式会社第一ホテル」だが、幸いなことに土地買収費用がきわめて安く済んだ。地主だった読売新聞社社主の正力松太郎《しょうりきまつたろう》が「僕は土地ブローカーではない。そんなことで金を儲ける必要はない」といい、前所有者の王子製紙から買い入れた値段で譲渡してくれたのである。また、敷地の残りを小林が社長を務める東京電燈が所有していたため、四方道路の絶好のロケーションを確保することができたのである。

東洋最大のビジネスホテルへ

かくて、昭和十一(一九三六)年十一月二十八日に発起人総会が開かれ、平沼亮三が発起人総代に選ばれた。小林も発起人に名を連ね、翌昭和十二(一九三七)年一月九日に開催された創立総会では相談役に就任した。

昭和十三年四月二十九日に開業した第一ホテルは客室総数六二六。キャッチフレーズは「東洋最大のビジネスホテル、全館冷暖房完備」であった。当時の日本では、帝国ホテルが二五〇室、丸ノ内ホテルが一八三室で、ともに冷暖房設備を欠いていたから、この謳い文句に嘘いつわりはなかったのである。

室料は小林が想定していた通り、シングル(バスなし)三円、別にサービス料三〇銭、シングル（バス付き）四円、別にサービス料三〇銭だったから、東京―大阪間の二等（現在のグリーン車）寝台とほぼ同額の水準だった。

営業成績は開業当日から順調で、連日、満室を記録した。昭和十四（一九三九）年十二月の決算では、償却前利益が資本金の年五割となって株主には一割の配当を行った。土屋計左右がその数字をもって小林に報告に出掛けたところ、小林はこんな反応を示したという。

丹念に数字をお調べになられたから、良くやった位のお言葉があるかと思っていた所、それは当然だと言うような顔付であった。僅《わず》かばかりの役員報酬を計上したので、その分配のお指図を乞うた時「おれはいらん、いらん」と手をお振りになられた御様子を記憶している。

（土屋計左右「小林翁と大衆ホテル」）

このエピソードからもわかるように、真のビジネスマンにとって、大きな喜びを感じるのは、社会分析から演繹したビジネスモデルが予想通りに大衆に受け入れられ、大衆のために努力したことが報われたと感じる瞬間なのである。これぞ、小林のつくった会社がいずれもヴィジョナリー・カンパニーと呼ばれる所以《ゆえん》ではなかろうか？

第十章　球団篇　阪急ブレーブスとプロ野球に賭けた夢

野球を鉄道会社の集客装置に

昭和六十三（一九八八）年に、阪急ブレーブスがオリエント・リース（現・オリックス）に身売りして、オリックス・ブレーブスという新球団となったとき、小林一三が「どんなことがあっても宝塚とブレーブスだけは売るな」と遺言したのになんたることかとブレーブス・ファンは大いに嘆いた。実際のところ、小林は阪急ブレーブスを宝塚歌劇団と同じように愛し、その勝敗に一喜一憂していたらしい。

それもそのはず、小林がプロ野球に注目したのはずいぶんと早く、宝塚少女歌劇の創設から日がたっていない大正五（一九一六）年に溯る。北浜銀行事件が一段落したものの、灘《なだ》循環線をめぐって阪神との確執が始まり、会社が立ち行くか否か判然としない時期であったが、小林はこの頃からプロ野球の将来を見据えて、布石を打とうとしていたのだ。

すなわち、この年の一月、箕面有馬電気軌道所有の豊中運動場で練習を行っていた早稲田大学野球部の指導者、河野安通志《こうのあつし》、市岡忠男、浅沼誉夫《よしお》に使いをやり、話をしに来るよう招いた。三人のうち、河野安通志（一八八四～一九四六）は、早大野球部のアメリカ遠征チームに加わった大エースで、その後、母校野球部で後進の育成に力を注いでいた。アメリカのプロ野球事情に詳しい河野に向かって、小林はいきなりこう尋ねた。

「日本でも野球の人気が随分高まって来たようなので、職業野球を興してみてはと思うのだが、どうだろう。（中略）まず、大学卒業者を採用して、2年間だけやらしてみる。もし駄目なら直ちに撤収する。若い青年なら出直しがきくだろう」（『阪急ブレーブス五十年史』阪急ブレーブス・阪急電鉄）

この質問に対し、河野ははっきりと「時期尚早」と答えた。アメリカ遠征にも行き、来日するアメリカチームの力を見て来た専門家の目から見ると、日本の野球はまだ未熟で、プロ野球が成立する基盤はないように思えたからだ。

小林は、プロ野球は時期尚早という点については了承したが、野球が鉄道会社の集客装置となりうるという点については強い確信を抱いていた。げんに、箕面有馬電気軌道開通から三年後の大正二（一九一三）年五月に完成した豊中運動場はサッカーや野球にも使用できる多目的グラウンドとして作られていたし、運動場のオープンには慶應義塾大学野球部とスタンフォード大学野球部との試合が行われていた。

実際、明治三十六（一九〇三）年に早慶戦が開始されて以来、野球熱は大学ばかりか中等学校（現在の高等学校に相当）にも広がっていた。これを見て、小林は大正四（一九一五）年六月に全国中等学校優勝野球大会を豊中運動場で開催してはどうかと箕面有馬電気軌道・運輸課の吉岡重三郎を介して大阪朝日新聞に打診させる。

提案を受けた大阪朝日新聞では、社会課の田村省三や長谷川如是閑《にょぜかん》がプランを検討した結果、開催を決定した。社告が出たのが七月一日、開会式が八月十八日というのだから、かなりの強行軍だったが、とにかくこの年、豊中運動場で第一回全国中等学校優勝野球大会（現・全国高等学校野球選手権大会）が開催されたのである。

一塁側と三塁側に急遽、木造のスタンドが設けられ、バックネット裏には女性専用席まで設営されていたという。集客はどうだったかというと、予想を超える大観衆が集まったのだが、しかし、豊中運動場からするとこれが仇《あだ》になった。というのも、まだ開通間もない箕面有馬電気軌道は本数が少なく、五日間で延べ一万人に達したといわれる観客をピストン輸送することが難しいと判断されたからである。その結果、豊中運動場では二回開催されただけで、大正六（一九一七）年の第三回大会からはライバルの阪神沿線につくられた鳴尾《なるお》球場が使われることになる。おまけに、第一〇回大会からは阪神甲子園球場が会場として使用されることになり、小林としてはトンビに油揚げをさらわれるかたちになったのである。

プロ野球誕生秘話

いっぽう、小林からプロ野球創設の打診を受けて時期尚早と答えた河野安通志はその後どうしていたかというと、逆にプロ野球創設を真剣に考えるようになっていた。河野の目から見ると、大学野球の異常過熱で選手がスター扱いされ、スカウト合戦が繰り広げられてアマチュア精神に悖《もと》るような行為も目立つようになってきたからだ。アマがプロ化するならいっそプロ野球をつくり、学生野球の健全化を図るべきだと考えたのである。後年、河野は『野球界』という雑誌にプロ野球創設当時のことを回想してこう書いている。

職業野球団を作らざれば学生の野球のみ盛《さかん》となり遂に日本の野球は変態となりはせぬか。此《この》変態的旺盛とならんとするを押さへれば野球は沈衰し、沈衰すれば所謂《いわゆる》角《つの》を矯《た》めて牛を殺す事に（後略）。（「芝浦時代の思出」『野球界』昭和三年六月号）

かくて大正九（一九二〇）年、河野は早稲田野球部の同輩でアメリカ遠征にも同行した押川《おしかわ》清《きよし》（冒険小説家で「天狗倶楽部《てんぐクラブ》」の創設者・押川春浪《しゅんろう》の弟）、橋戸信《まこと》（都市対抗野球の橋戸賞に名を残す）を誘って合資会社「日本運動協会」を設立、プロ野球球団の設立に向かって走りはじめた。河野は集めた資金でまず東京・芝浦に最大二万人を収容できる本格的野球場を作り、この球場のレンタル料で球団を運営していこうと考えたのである。

では肝心の球団はというと、一般から広く選手を公募することにした。資格は中等学校卒業者で、年齢は十八歳から三十歳まで。当時は中等学校進学者は男子の約二〇％に過ぎず、今日の大学進学者よりもはるかに少なかった。選手をこのように大卒者に限らず自前で育成することにしたのは河野が野球を介しての肉体的・精神的陶冶《とうや》を理想としていたからだ。河野は一年間は試合を行わず、合宿で鍛え上げ、技術、人格ともに大学選手に遜色のない選手を育てようとした。グラウンドでの猛練習の後、夕食が終わると夜八時から、野球理論のほか、英語、商業簿記が教えられた。野球をやめても一人前の社会人として生活できるようにと配慮したのである。

こうして一年間の準備期間のあと、日本運動協会チームは朝鮮半島と中国の租借地に遠征して試合を行った。国内ではプロ野球に対する偏見が強く対戦相手が見つからなかったためである。好成績を引っ提げて帰国すると、対戦相手が次々に現れた。

なかでも異色なのは奇術の松旭斎天勝《しょうきょくさいてんかつ》一座が組織していたプロ野球チームである。奇術団の興行の宣伝媒体として組織された球団で、プロ球団としては二番目のもの。なかなかの強豪で、協会チームとの対戦は初のプロ球団同士の対決として大いに話題を呼び、大正十二(一九二三)年八月三十日の芝浦球場は満員の盛況となった。関係者はプロ球団同士の対戦の成功でプロ・リーグ結成の夢が実現に近づいたと感じたことだろう。

ところが、二日後の九月一日、関東大震災が起こり、すべては御破算となった。芝浦球場が関東戒厳司令部と東京市社会局により徴発され救援物資配給基地とされてしまったのである。やむなく日本運動協会は総会を開いて解散を決議した。大正十三(一九二四)年一月のことである。

だが、それからひと月もたたない二月初旬、傷心の河野たちのもとに朗報が届いた。阪急の小林一三から、協会チーム全員を引き受けるから宝塚に来ないかと言ってきたのである。この間、小林は交通の便のよくない豊中運動場を廃して大正十一(一九二二)年に宝塚に宝塚大運動場をつくっていた。総敷地面積一万坪のうち野球場とスタンドが七〇〇〇坪、テニスコート四〇〇坪、小運動場二六〇〇坪という総合運動場であった。

まさに渡りに船の申し入れだったが、河野は協会チームとして掲げた理想、すなわち、野球を通しての選手の人格陶冶、フェアプレイ精神の涵養《かんよう》、隠退後に健全な社会人に戻るための訓練などを小林が受け入れてくれるのか不安だったので即答は避けた。

小林は河野が出したこれらの条件を即座に、全面的に受け入れた。自らが宝塚少女歌劇をつくったときの理想と同じだったからである。かくて両者の合意が成立し、大正十三（一九二四）年二月二十五日に、日本で三番目となるプロ野球球団、宝塚運動協会が設立されたのである。

宝塚運動協会チームは三月三十日の対関西大学戦から連戦を開始し、国内で一〇戦七勝の成績を残した後、大陸に渡り、帰国後は早稲田、慶應、明治、法政、立教の東京五大学と対戦して二勝二敗一分。翌大正十四（一九二五）年には戦力を補強した甲斐あって連戦連勝を続け、九月にはついに日本最強といわれたセミ・プロ球団大毎《だいまい》（大阪毎日）野球団との三連戦で初戦に勝利するという大殊勲を挙げた。以後、大毎との三連戦は毎年恒例となり、昭和二（一九二七）年まで大観衆を集めることになる。

こうして昭和三（一九二八）年の秋には、宝塚運動協会、大毎野球団、関西ダイヤモンド倶楽部、スター倶楽部の四球団が「関西四球団連盟」を組織、プロ野球リーグの誕生は目前かと思われた。ところが運悪く、「関西四球団連盟」の秋期定期戦と時を同じくしてアメリカ大リーグのタイ・カッブ、ハンター・ジェームズなど四選手が来日し、大毎野球団や東京六大学チームに混じって試合を行ったため、「関西四球団連盟」の秋期定期戦はすっかり霞《かす》んでしまった。翌年の春季総当たり戦では、宝塚運動協会チームは大毎野球団に次いで二位を占めたが、なんと三月にはその大毎野球団が解散を決めるという予想もしていなかった事態となった。観客動員第一位の球団が解散となったら、「関西四球団連盟」が立ち行かなくなるのは火を見るより明らかである。宝塚運動協会チームは大陸遠征により延命を図ったが、その努力も空しく七月には解散を余儀なくされた。

ここに、日本運動協会から数えて九年の河野の夢はあえなくついえ去った。

正力松太郎の呼びかけ

いっぽう、小林はというと、こちらはプロ野球リーグ結成の夢をまだあきらめてはいなかった。世界恐慌が一段落した昭和十（一九三五）年、小林は雑誌『改造』新年号に「職業野球団の創設」という記事を発表して、関西鉄道リーグ構想をぶち上げ、プロ野球を営業的に成立せしめるにはどうしたらいいかを論じたのである。

グラウンドを持つ鉄道会社たとへば、東京ならば、京成電車、東横電車、関西ならば、阪神の甲子園、阪急の宝塚、京阪の寝屋川《ねやがわ》、大阪鉄道の何とかいふグラウンド等立派な野球場を持つ是等《これら》の鉄道会社が各会社専属のグラウンドにて、毎年春秋二期にリーグ戦を決行する、さうして優勝旗の競争をする、斯《か》くすることによつて各電鉄会社は相当の乗客収入と入場料と得るのであるから、野球団の経常費を支出し得て、或《あるい》は余剰があるかもしれない。（「職業野球団打診」『私の行き方』斗南書院）

プロ球団単体ではたとえリーグ戦で客が入っても採算を成り立たせるのは難しい。しかし、鉄道会社の経営なら、観客が球場に足を運ぶ運賃収入が確保できるので採算は十分に成り立つと考えたわけである。

さらに続けて、小林は、球場の立地によって入場者数にバラツキが出るから、収入をリーグ全体でプールして公平に分配すればリーグの創設は不可能ではないと論じた。どうやら構想を大阪毎日新聞の運動部に持ち込んだのだが、芳しい返事を得られないので、記事にして大衆の意見を伺うことにしたようだ。

では、プロ野球団の選手集めはどうするか？　小林は大学野球の選手をそのまま採用する方法に傾いていた。プロ野球の選手になるほどの素質と野心をもった男子ならば、全国中等学校野球大会に出場しようと切磋琢磨《せっさたくま》し、そのあげくスカウトされて大学に進学するのだから、大学選手を採用したほうが効率的という理由である。もう一つ、大卒の選手ならば鉄道会社側としても社員待遇で雇えるし、選手として能力が発揮できなかった場合にはそのまま社員としてとどまれると考えたのである。この記事がなんらかの反響を呼んだのかどうかはわからない。だが、プロ野球創出の機は確実に熟していたのである。

一つには、皮肉なことに宮武三郎や山下実《みのる》などのスター・プレーヤーの続出で東京六大学が大人気となり、しかも、それらの選手が昭和六（一九三一）年に来日した大リーグ選抜チームと対戦する全日本代表チームの主力を成していたため、大学生が学業を疎《おろそ》かにするとはなにごとかという批判が起こり、恐れをなした文部省が「野球統制並びに施行に関する件」という訓令を出したことである。

この文部省の対応に、大リーグ選抜チームの招聘元である読売新聞の正力松太郎が反応した。正力は、昭和九（一九三四）年秋に、伝説のホームラン王ベーブ・ルースを加えた超豪華メンバーの全米オールスター・チームの招聘を考えていたのだが、野球統制令で規制されるなら、いっそプロ球団をつくってしまえと考えたのである。

こうして「株式会社大日本東京野球倶楽部」の準備事務所が設立されたが、正力は集客が望める唯一の球場である神宮球場が職業野球の試合には貸せないと言われることを恐れ、全米オールスターの全日程が終了するのを待ってから「株式会社大日本東京野球倶楽部」をプロ球団として発足させることにした。いうまでもなく読売ジャイアンツの前身である。昭和十（一九三五）年に大日本東京野球倶楽部がアメリカへ武者修行に出て帰国すると、正力は十月下旬、各方面に新球団結成を呼びかけた。これにいち早く応じたのが阪神だった。

では、小林はどうしていたのか？　この年の九月十二日に浅間《あさま》丸で横浜から出帆し、アメリカ経由でヨーロッパに向かう準備のためワシントンDCに滞在していた十月二十五日、大阪毎日の栗山ワシントン支局長がホテル滞在中の小林を訪れ、阪神がプロ球団を編成するというニュースを伝え、阪急にそのつもりがあるなら大毎としては全面協力するにやぶさかでないと伝えてきたのだ。

小林はこの日の日記にこう書いている。

阪急がかねて計画して土地も買収契約済の西宮北口にグラウンドを作り、職業野球団を設けるといふ方針が漏れたのではあるまいか、それが為《た》めに阪神が急に着手したものとすれば、阪急としても今更内密にしても仕方がないと思ふから、上田君に電報した。『大毎に相談して北口運動場丼《ならび》に職業野球団設置至急取計《とりはからい》願ひ度《た》し返事待つ』。（『小林一三日記』第一巻、阪急電鉄）

小林からの電報を受け取った阪急本社は佐藤博夫専務を総指揮者として直ちに球団結成と西宮球場の建設に取り掛かった。

黄金時代までの長い道のり

なかでも急を要したのは選手のスカウトである。というのも、すでに巨人、阪神をはじめとして複数の球団がスカウト競争を開始していたからだ。

選手集めの陣頭に立ったのは慶應野球部のマネージャーとして慶應黄金時代を築いた村上実《みのる》だった。村上は大毎運動部のスタッフと相談して、慶應野球部で同じ釜の飯を食べた宮武三郎、山下実の獲得に乗り出した。宮武は東京セネタースに内定していると言ったが強引に口説き落とし、次に「宮武が阪急に決めた」という話を山下に持っていき、山下の契約も勝ち取った。

六大学のスーパースター二人が獲得できたから、次は六大学のエースを狙えと、村上は法政優勝の立役者・若林忠志に狙いを定めた。しかし、アメリカ帰りの二世である若林はドライなビジネス感覚の持ち主だったので給料は半額でいいから契約金は一万円もらいたいと逆提案してきた。契約金一万円となると村上の一存では決められない。そこで本社持ち帰り案件となったが、その間に若林は阪神と契約し、入団を決めてしまったのである。

後々、この取りこぼしが大きく響くことになる。というのも、翌昭和十一（一九三六）年に東京巨人、大阪タイガース、名古屋、東京セネタース、阪急、大東京、名古屋金鯱《きんこ》の七球団でスタートした日本職業野球連盟のリーグ戦では、阪急は投手力の弱体が祟って、東京巨人、大阪タイガースに次いで三位が定位置となってしまったからである。もし、七色の魔球を操る若林を獲得できていたら、巨人、阪神に上位を独占されることはなかっただろう。惜しいことをしたものである。

ただ、昭和十二（一九三七）年に完成した阪急西宮球場は素晴らしかった。シカゴ・カブスの本拠地リグレーフィールドと、クリーブランド・インディアンスの球場を参考にして、日本で初めて二階スタンドを設け、しかも、その上に鉄傘の大屋根を付けた。内野にも芝が張られ、両翼九一メートル、中堅一二〇メートル、収容人数五万五千人。内野は五層、正面塔屋は九階建ての堂々たる大スタジアムだった。

だが、残念なことに五万五千人の大スタジアムが満員となることはめったになく、いつも閑古鳥が鳴いていた。

戦後、二リーグ制になると、順位は一つ下がってパ・リーグ四位というのが定位置と化した。「灰色の球団」という呼び名が定着し、米田《よねだ》哲也・梶本隆夫の二枚看板、中田昌宏《なかたよしひろ》・衆樹資宏《もろきもとひろ》のホームラン・コンビも西鉄・南海・毎日の三強の牙城を崩すまでには至らなかった。

そんな中で、ブレーブスのスカウトは「阪急に入ればタカラヅカ出の嫁さんがもらえる」というセリフを切り札として使っていたという噂があった。英語には、None but the brave deserves the fair. という格言があり、「美女に値いするのは勇者のみ」ということだが、意訳すれば「（タカラヅカの）美女を嫁にもらえるのはブレーブスのみ」と解せなくもない。

しかし、そんな噂で選手を釣らなくてもいい時代がやってくる。闘将・西本幸雄《ゆきお》監督がチームを鍛えあげ、昭和四十二（一九六七）年に球団創設三二年目にして初優勝を飾ると、以後、ブレーブスは常勝軍団としてパ・リーグに君臨したからである。昭和五十（一九七五）年にはセ・リーグ初優勝の広島東洋カープを軽く下して日本一の座に輝き、翌年には日本シリーズで宿敵・巨人と死闘を繰り広げて再び日本一に。無敵軍団ブレーブスの黄金時代であった。

プロ野球の将来性を見越して大正五年からプロ球団リーグ創設を目論んでいた小林も草葉の陰でさぞや喜んでいたに違いない。

たしかに、タカラヅカとブレーブスは小林が生涯をかけて育てあげた二つの「作品」であったのである。

第十一章　東京篇⑤　幻に終わったテレビ放送事業

千歩先より百歩先を見よ

小林一三と親しかった人、あるいは私淑した人たちが寄稿した『小林一三翁の追想』（一九六一年）は小林という多面的な人間を知る上で非常に役に立つ本である。

たとえば、ダイヤモンド社の創業者石山賢吉の「小林さんを追慕す」は伝記作者にとってはまことにありがたい次のような言葉を書きしるしている。

私は、小林さんの事業家としての最大長所は、理想と現実を調和させたことにあると思う。

これについて、小林さんは、常に格言めいたことをいっておられた。

千里先の見える人は、世の中から気狂い扱いにされる。現状に踏み止《とど》まるものは、落伍者となる。

百歩先を見て、事を行うものが世の成功者である——と。

石山の見るところ、「千里先の見える人」というのは「理想型の巨人」でありながら北浜《きたはま》銀行事件で逮捕されて不遇のうちに一生を終えた岩下清周《きよちか》のことである。これに対し、理想と現実を調和させながら「百歩先を見て、事を行うもの」こそが小林だった。しかし、ときには、そんな小林でも「千里先の見える人」たらんとすることもあったようだ。

その一つがテレビ事業へのかかわりである。

たとえば『小林一三翁の追想』に収録された南喜三郎《きさぶろう》（当時・宝塚ホテル社長）の「小林さんと観光・映画・テレビ・お茶」にはこんなエピソードが語られている。

小林さんとテレビの関係と言いますと、実は今から二十七年も前、昭和九年にテレビ会社を創設されようとしたことがあります。

なんと、昭和九（一九三四）年にすでに小林はテレビ放映のための会社をつくろうと企てていたのである。実際に日本でテレビ放送が始まったのは戦後の昭和二十八（一九五三）年のことであり、アメリカでさえ商業放送の開始は戦後なのだから、この時期からテレビに狙いをつけていたというのは、やはり、小林が千里先の見える人であったことの紛れもない証拠と見なすことができる。

では、いったいどんな経緯で小林は戦前にテレビ事業に参画しようとしていたのだろうか？

これも私がアメリカに行った時、ロサンゼルスの太平洋弱音電波研究所を訪れたところ、所長のデフォレスト博士が〝顔の見える電話〟というものを見せてくれました。電話をかけると、お互いの顔が映るもので、発達すればテレビになる。これは一つ日本でやりたいというと、では詳細な説明を送ろうということで、私が欧州を廻って帰朝すると、既に届いておりました。早速、小林さんに相談すると、非常に興味を持たれて企業化することになり、大軌〔大阪電気軌道。現・近畿日本鉄道〕の金森さん、南海〔電鉄〕の渡辺さん、宇治川《うじがわ》電気〔現・関西電力〕の林さん、それに福沢桃介《ももすけ》さんなども発起人に名を連ね、私が一応総代ということになって、資本金三千万円の日本影像《テレビジョン》放送株式会社という名で出願しました。（南喜三郎「小林さんと観光・映画・テレビ・お茶」）

この記述はテレビの揺籃《ようらん》期についての知識がないとわかりにくいと思われるので、以下、調べがついた限りで、テレビ誕生の歴史について触れておこう。

テレビ実用化までのささやかな歴史

画像を走査して電気信号に変換して伝送するという原理が考え出されたのは意外に古く、一八四三（天保十四）年にスコットランドのアレクサンダー・ベインに溯《さかのぼ》る。しかし、テレビ実用化のメドが立つには、一八八四年にドイツのパウル・ニプコーが発明したニプコー円板（撮像サイド）と一八九七年にドイツのK・F・ブラウンが考え出したブラウン管（受像サイド）という受送信の装置が出揃うのを待たなければならない。

二〇世紀に入ると、テレビシステムはイギリス、ロシア、ドイツ、アメリカでほぼ同時的に開発が進められたが、実用化で先行したのはロシアで、一九〇七（明治四十）年にブラウン管によるテレビ受像機を考案していたサンクトペテルブルク大学教授ボリス・ロージングが一九一一（明治四十四）年に撮像にニプコー円板を用いて送受信実験を成功させた。しかし、乗り越えなければならない障害も多く、実用化までにはなお時間がかかると思われていた。とくに、問題が多かったのは撮像サイドで、機械式のニプコー円板では走査線の数が限られており、安定した画像を得ることができなかったのである。

そのために、世界の電子技術者はニプコー円板に代わる電子式撮像機の開発を目指して鎬《しのぎ》を削ることになる。

このテレビ開発競争に日本から加わったのが、浜松高等工業学校（現・静岡大学工学部）の助教授だった高柳《たかやなぎ》健次郎である。高柳は大正十二（一九二三）年にフランスの雑誌でテレビシステムを知って以来、撮像機と受像機の両面で研究を続けていたが、大正十五（一九二六）年十二月二十五日、大正天皇が薨去《こうきょ》し、昭和が始まったその日に、撮像にニプコー円板、受像にブラウン管を用いるという折衷様式で「イ」の字の画像の送受信に成功した。両サイドの周波数を同調させるシステムの開発に成功したのが大きかった。

では、この高柳健次郎の実験成功について小林は情報を把握していたのだろうか？　おそらく、まったく知らなかったのではないかと思われる。だが、テレビのようなものがあればいいと小林が切実に願っていたことは確かである。というのも、小林が心に秘めていた大衆芸術論からすると、広範な大衆に芸術や娯楽を安価に届けられるテレビは願ってもない情報伝達システムとして映ったはずだったからである。

しからば、高柳と先陣争いを繰り広げていた欧米の研究者の間で、テレビの実用化はどの程度まで進んでいたのだろうか？

まず、言えることは、事態を大きく進展させたのがロシア革命だったという事実である。ロシア革命により、ボリス・ロージングの教え子だったウラジミール・ツヴォルキン博士が一九一八（大正七）年にシベリア・日本経由でアメリカに亡命、ウェスティングハウス社の研究所に入ったことが大きかった。ツヴォルキンは後に電子走査線式撮像管アイコノスコープとして実用化されるシステムの原理を一九二三（大正十二）年に考案、特許出願したからである。これにより、それまでイギリスやドイツに遅れを取っていたアメリカがテレビ開発競争において急浮上することになる。

ツヴォルキン博士は一九二九（昭和四）年に電子システムによる受像機キネスコープを発明、特許を出願したが、ちょうどその頃、博士は後にテレビ放送局ＮＢＣを創設することになるＲＣＡ（Radio Corporation of America）社長のデイヴィッド・サーノフと出会い、ＲＣＡの研究所でテレビ開発の責任者として働くことになる。

ところで、この頃までにアメリカではツヴォルキン博士のアイコノスコープのほかにもテレビ実用化に向けて重要な発明が行われていたことを指摘しておかなければならない。

第一に、電子情報を無線で伝えるための偉大なるイノベーション、つまりリー・デ・フォレストによる三極管（オーディオン管）の発明が挙げられる。デ・フォレストは一九〇六（明治三十九）年に二極管に改良を加えた三極管を考案したが、これにより信号の増幅が可能になり、まずラジオの、ついでテレビの電波の送受信が実現されて、電子工学は大幅な進歩を遂げたのである。

もう一つの発明は、ツヴォルキンとほぼ同じ時期にフィロ・ファーンズワースが発明した電子システムによる撮像機イメージ・ディセクターである。一説によれば、撮像機の開発に行き詰まっていたツヴォルキンは一九三〇（昭和五）年に身分を偽ってファーンズワースの研究所を訪れ、イメージ・ディセクターの高性能に驚いて、RCAに戻るとただちにその複製の製作を開発チームに命じたという。

もちろん、それは法的に見れば特許の侵害に当たるので、RCAのサーノフ社長はファーンズワースに特許を一〇万ドルで買い取ることを提案したが、ファーンズワースがこれを拒否して特許侵害として裁判所に訴えたため、RCAはツヴォルキンに独自の撮像機の開発を命じた。

ツヴォルキンは一計を案じ、ハンガリーの発明家カルマン・ティハニーの特許を買い取ると、この撮像機を改めてアイコノスコープと命名、RCAにおいて製品化を目指した。このアイコノスコープは一九三四（昭和九）年には製品化のメドが立ち、こうしてテレビはようやく実用化の段階に入ったのである。

いっぽう、RCAとの特許訴訟で裁判費用が必要になったファーンズワースはイギリスのベアード社に特許権を売り込んで五万ドルを得たが、ベアード社は、結局、BBCに対するテレビシステム売り込み競争において、RCA方式を採用したライバルのEMI社に敗れ、覇権を得るには至らなかった。そこでファーンズワースは次にナチス・ドイツに赴いたが、ドイツでもまたツヴォルキンのアイコノスコープとの採用競争に敗れることになる。

このように、アメリカばかりではなくヨーロッパでもツヴォルキンのアイノスコープとファーンズワースのイメージ・ディセクターが受注競争を繰り広げていたわけだが、では、アメリカとヨーロッパではテレビの概念も同じだったかといえば、どうもそうではなかったらしい。この点について興味深い指摘をしているのが荒俣宏《あらまた》氏の『TV博物誌』（小学館）である。
それによれば、イギリスのBBC、ナチス・ドイツの国営放送、日本のNHKのように、すでにラジオ放送を国家が運営していた国においては、新しいメディアであるテレビはラジオをイメージして「絵のあるラジオ」と捉えられていた。これに対し、アメリカでは、初期のテレビは「絵のある電話」と見なされていたという。

では、テレビを「絵のあるラジオ」と見るか「絵のある電話」と見るかで、何がどうちがってくるのか？

最大の違いは、テレビを「放送」と考えるか、それとも「通信」と考えるか、に収斂される。放送とは、送り手が一方的にメッセージを流す公的単方向メディアである。これはつまりラジオや映画の延長にほかならない。当然、内容は公的観点から規制される。これに対し通信は双方向メディアであり、私的なコミュニケーション装置なのである。

では、なにゆえにアメリカではテレビが「絵のある電話」とイメージされるようになったか？アメリカSFの父と呼ばれるヒューゴー・ガーンズバックの出世作『ラルフ124C41＋』のせいらしい。ガーンズバックがテレビジョンという用語を「絵のある電話」の意味に用いていたので、読者もテレビをこうしたイメージで捉えるようになっていたのだ。

さて、以上のようなテレビ揺籃期の歴史を頭に入れて、もう一度南喜三郎の証言に耳を傾けるとどうなるのか？

まず「ロサンゼルスの太平洋弱音電波研究所を訪れたところ、所長のデフォレスト博士が〝顔の見える電話〟というものを見せてくれました」という箇所について。

三極管の発明者として「ラジオの父」「テレビの祖父」と呼ばれるデ・フォレスト博士はこの頃には、サウンド・オン・フィルム方式（フォノフィルム）というトーキーの一方式を発明し、二〇世紀フォックスにこれを売り込もうとして本拠地をニューヨークからロサンゼルスに移していた。この点においては、博士の「太平洋弱音電波研究所」を南が訪れたという証言は裏が取れることになる。

また、博士がテレビを「顔の見える電話」として説明してくれたという部分も、アメリカではテレビが「絵のある電話」のイメージで捉えられていたという荒俣宏氏の解説と一致する。ただ、デ・フォレスト博士が独自のテレビシステムを考案していたとは考えにくい。この頃、博士は裁判で多額の出費を強いられていたので、ツヴォルキンのアイコノスコープのエージェントとなってテレビで一儲けしたいと考えていたのだろう。アイコノスコープは一九三四（昭和九）年には実用化段階に達していたので、日本影像放送株式会社が政府の許可を取りつけさえすれば営業は開始できたはずなのである。

世界初のテレビ企業はなぜ認可されなかったのか?

南の証言の続きを読んでみよう。

何しろ当時のことで、受信は劇場でやり、野球や芝居など生《なま》で多くの人に見せるという考えです。正に放送史上、劃期《かっき》的なことで、テレビ企業としては世界最初になる筈でした。(南喜三郎「小林さんと観光・映画・テレビ・お茶」)

たしかに、イギリスではBBCが一九二九年からテレビ実験放送を開始し、三二年からは定期試験放送を始めていたが、公共放送であり、私企業ではないので、もし日本影像放送株式会社がテレビ放送を開始していたら、世界初のテレビ企業となったことは間違いない。

だが、政府の許可は簡単には下りなかった。

時の逓信《ていしん》大臣は小泉又三郎氏でしたが、審議内容が難かしいので、早大、浜松高工の専門家が調べ、企業化可能ということになったが、それではNHKが困るだろうという者が出て来た。では五千万円なら権利を売ろうと申し出ると、それではとても買えないという。まあ、こんな風に決定が延びていると、不思議なことに藤村義朗《よしろう》氏から、全く同じ内容で出願され、競願の形になりました。(南喜三郎「小林さんと観光・映画・テレビ・お茶」)

この証言の中に出てくる小泉又三郎というのは、正確には小泉又次郎。「自民党をぶっ壊す」と叫んで郵政解散に打って出た小泉純一郎元首相の祖父で、「いれずみ大臣」という異名を取った壮士上がりの政治家である。小泉が逓信大臣を務めたのは昭和四(一九二九)年から六(一九三一)年にかけてで、昭和九(一九三四)年当時であれば、南弘《みなみひろし》か床次竹二郎《とこなみたけじろう》のはずである。

「早大、浜松高工の専門家」というのは、この頃、早稲田大学でプロジェクター方式の受像装置を開発していた山本忠興《ただおき》教授と川原田政太郎《かわらだまさたろう》助教授、および先述の浜松高等工業の高柳健次郎助教授のことである。いずれも、アメリカに負けじと日本独自のテレビシステムの開発に心血を注いでいた学者である。南の記述から判断する限りでは、彼らは日本影像放送株式会社のシステムを純学術的に調査して企業化は可能と公正に判断したようだ。しかし、ＮＨＫおよび郵政族の政治家たちはそうは考えなかったらしい。

ひとつには、昭和五（一九三〇）年、富士の裾野で陸軍大演習を視察中の昭和天皇が浜松高等工業に立ち寄られて高柳のテレビの放送実験を見学するというアクシデントが起こったことが挙げられる。この「天覧放映」以来、ＮＨＫは高柳に委託研究という形で研究費を支給するようになり、テレビシステムの開発に本格的に乗り出すことになった。事実、高柳は昭和九年にはツヴォルキンとは別に独自のアイコノスコープ型撮像管を開発し、翌十年には試作に成功したアイコノスコープカメラを使用して、全電子式テレビジョン（走査線二四〇本）を完成させていた。つまり、テレビ開発にのめりこんでいたＮＨＫとしては、トンビに油揚げをさらわれるようなかたちで民間企業に営業を開始してもらいたくはなかったのである。

こうした事情は日本影像放送株式会社のほうでも理解できたので、妥協案として五千万円での権利譲渡という提案を行ったが、しかし、ＮＨＫとしては独自のテレビシステムの完成が目前に近づいていたので、おいそれと日本影像放送株式会社の提案を呑むわけにはいかなかった。五千万円は高すぎるというのは言い訳に過ぎなかった。

かくて、日本影像放送株式会社への認可は宙づりのかたちとなる。そこに来て、状況を大きく変化させる要因があらわれる。

オリンピックを国威発揚の場と考えたナチス・ドイツが、アメリカのRCAからアイコノスコープ製造のノウハウを譲り受け、テレフンケン社を中心にして送受信システムを急ピッチで改良した結果、一九三六年のベルリン・オリンピックで競技をテレビ中継することに成功したのである。

ベルリン・オリンピックは八月の暑いさなかだったが、期間中は放送時間前から公開視聴所の前にテレビ中継を一目見ようとする人たちが長蛇の列を作り、テレビの前は押すな押すなの騒ぎ。結局、一五万人が中継を見たが、ドイツ選手が勝つごとに「ドイッチュランド・ユーバー・アーレス」とばかりに歌声が起きたという。（青木貞伸『かくて映像はとらえられた——テレビの50年』世界思想社）

このオリンピック中継に大ショックを受けたのがNHKである。というのも昭和十五（一九四〇）年には次期オリンピックを東京で開催することが決まっていたからだ。

当時NHKの幹部だった中西金吾は『ラヂオの日本』昭和十二（一九三七）年二月号に寄せた記事で、こう宣言している。

来《きた》るべきオリムピツク東京大会は我国にとつて社会のあらゆる方面に於て有意義なものであるが、特にテレビジヨンの放送は重要であり且《かつ》絶好のチヤンスである。（中略）我国でも各方面に於ける部分的研究は最近著しく進歩したのであるからこれ等《ら》の技術を綜合し、強力なる統制の下にオリムピックを目指して速《すみや》かに準備せねばならない。(「オリムピックとテレビジョン」)

なるほど、こうなっては、「野球や芝居など生で多くの人に見せるという考え」に基づいて小林が音頭取りした日本影像放送株式会社に簡単に認可が下りるわけはない。

おまけに、藤村義朗という海軍軍人で、後に終戦工作にもかかわることになる謎の多い人物からも「全く同じ内容で出願され、競願の形」になったというのだから、明らかに日本影像放送株式会社包囲網がかたちづくられていたのだ。

すなわち、NHK、政府、海軍ないしは陸軍が一体となって統制体制強化につとめ、日本影像放送株式会社への認可阻止に動いていたと推測できるのである。

さらに追い打ちをかけるように、昭和十二(一九三七)年七月に日中戦争が勃発する。

そのうちに戦争になり、東条さんから今迄《いままで》の案を変更して軍部の機密の仕事をする国際無線電信電話会社を造るように言われ、出願は却下されました。もし、戦争が起きなかったら、テレビ企業は世界でも最初に、日本で出現したことでしょう。(南喜三郎「小林さんと観光・映画・テレビ・お茶」)

そうなのである。統制体制をますます強めようとしていた政府にとって、民衆の健全な娯楽を育成するためのテレビ企業という小林の企ては明らかに反統制的であり、なんとしても阻止しなければならない案件と映ったのだ。

そして、この小林vs.統制体制というコールド・ウォーはやがて政治を舞台とするホット・ウォーへと変わっていくことになるのである。

第十二章　番外篇③　阪急沿線に学校が多いのはなぜか

なぜ阪急沿線には「金持ち大学」が多いか？

阪急電車に最初に乗ったのは前にも述べた通り、昭和五十四（一九七九）年の秋にフランス語フランス文学会が甲南《こうなん》女子大学で開かれたときのことである。阪急神戸線に乗って岡本駅で下車し、散歩がてら坂の上にあるキャンパスまで登っていった。現在の大学最寄り駅はＪＲ西日本の甲南山手《こうなんやまて》駅だが、これは平成八（一九九六）年に開設されたもので、昭和五十四年当時は岡本駅が最寄りだった。

甲南女子大のキャンパスにはきらびやかな女子大生が闊歩《かっぽ》していたが、同時にのんびりとした雰囲気も漂い、なるほどこれが阪急沿線のお嬢様大学というものかと合点がいった。車中で乗り合わせた甲南女子大生の関西弁の音楽的なイントネーションが強く記憶に残ったことはすでに述べた通りである。

この最初の印象が強かったせいか、小林一三は沿線に学校、それも有産階級の子弟の通う学校を積極的に誘致したと思い込む結果となったが、しかし、それはそれで理にかなった推論ではあった。阪急がヴィジョナリー・カンパニーであるならば、その沿線に住む住民のライフスタイルが想定されていなければならず、そうなれば、当然、学齢期の子弟を通わせる学校のイメージも小林の頭でできあがっているはず、と、こういう論理展開となったからである。げんに、資料に当たってみると、関西の私鉄の中で、阪急沿線には大学や高校が多いという事実が浮かび上がってくるのである。


　今でも今津《いまづ》線の午後のラッシュは始まるのが早い。高校以上の学校だけでも、門戸厄神《もんどやくじん》―宝塚南口五・五キロの間に、報徳学園、聖和女子大、神戸女学院、関西《かんせい》学院、県立西宮《にしのみや》高校、仁川《にがわ》学院、聖心女子学院、県立宝塚高校、甲子園大学などがあり、全国でも有数の文教地帯である。

　阪急は乗客増加策のひとつとして学校の誘致をはかった。関西学院や神戸女学院が神戸市内から今津線の沿線に移ったのもこの一環と言えよう。宝塚線でも歴史の古い梅花《ばいか》高等女学校が、大阪市内の北野から豊中へ移転した。北野と言えば、今の中津《なかつ》・済生会病院のところにあった府立北野中学校（現、北野高等学校）が新淀川北岸《ママ》の十三に近い新淀川《しんよどがわ》北岸に移転している。

　昭和十三年（一九三八）の阪神急行電鉄の「沿線御案内図」に載っている学校名を拾ってゆくと、阪急沿線には当時でも名門校が多い。六甲の神戸商大（現、神戸大学）、岡本の甲南高校（現、甲南大学）、池田の池田師範（後の大阪教育大学）、石橋の浪速高校（現、大阪大学豊中学舎）、蛍池《ほたるがいけ》の大阪薬専（後の大阪大学薬学部）をはじめ、男女の名門校が目白押しである。（橋本雅夫『阪急電車青春物語』草思社）

確かに、阪急沿線に学校は多いし、〝金持ち学校〟がかなりある。しかしながら、歴史探偵としては、「阪急は乗客増加策のひとつとして学校の誘致をはかった」という記述をそのまま鵜呑《うの》みにするわけにはいかない。つまり、阪急沿線に学校、それも、いわゆる〝金持ち学校〟が多く集まっているのは確かだとしても、果たしてそれがヴィジョナリー・カンパニー阪急の誘致戦略の結果生まれたものなのかどうか？　いいかえれば、小林一三が最初から意図して沿線に学校を集めようとしたことが資料によって確かめられない限り、阪急学校誘致説は確実なものとはいえないのである。

というわけで、とりあえずサンプルとして、甲南大学と甲南女子大学、関西学院大学と神戸女学院大学を取り上げて検証してみることにしたい。いずれも、関西では有産階級の子女が通うという評判の大学であり、すべて阪急沿線にあるからである。

甲南大学と甲南女子大学

甲南大学と甲南女子大学は現在、それぞれ、学校法人甲南学園と学校法人甲南女子学園が経営する、完全に別の大学であり、両者の間に提携関係はない。しかし、そのルーツを辿ってみると、同一の根から派生した姻戚大学であることがわかる。そして、そのルーツから阪急との関係も明らかになってくるのである。

甲南学園の前身である甲南幼稚園が認可を受け、兵庫県住吉《すみよし》村反高林《たんたかばやし》に発足したのは意外と古く、明治四十四（一九一一）年のことである。つまり、阪急の前身・箕面有馬《みのおありま》電気軌道の開業

（明治四十三年）よりは後だが、神戸線の開通（大正九年）よりははるかに早い時期に学校設立が図られたのである。

明治四十三（一九一〇）年の春、住吉村に住んでいた関西の実業家などの間に、私立の幼稚園ならびに小学校を建設する計画が生まれた。発起人のうち創立事務に当たったのは、田辺《たなべ》貞吉《ていきち》・才賀藤吉《さいがとうきち》・弘世助太郎《ひろせすけたろう》・平生釟三郎《ひらおはちさぶろう》・生島《いくしま》永太郎・岸田杢・阿部元《もと》太郎《たろう》・野口孫市・山口善三郎・中島保之介《やすのすけ》・小林山郷の十一名である。住吉村字反高林の村有地を借り受けて敷地とし、費用一万円余をもってまず幼稚園を作り、翌四十四（一九一一）年の九月十日に開園した。（中略）明治四十五（一九一二）年四月七日には、さらに小学校が開設された。
（『甲南学園の70年』甲南学園）

幼稚園と小学校がまずできたのは、住吉地区に集まって住み出したヌヴォー・リッシュ（新興成金）の階級意識のためだろう。住吉地区は気候温和で景色も良く、なによりも空気が澄んでいたので、この時代には過密な大阪を嫌う実業家たちが多く移り住んでいたのだが、その子弟たちを通わせるのにふさわしい幼稚園や小学校が近くにはなかった。だが、村人の子どもと同じ村立の小学校には通わせたくないという階級意識から小学校の設立が急がれたのである。

しかし、開校したものの入学者が予想に反して少なかったため、甲南小学校はたちまち経営不振に陥り、発起人や理事の中からは脱退者も出てくる。そこで、東京海上保険の常務取締役で、県立神戸商業学校（現・県立神戸商業高等学校）の校長を経験したことのある平生釟三郎が奔走して、近くに住む実業家・久原房之助《くはらふさのすけ》に援助を仰いだことで、甲南小学校はなんとか解散の危機を免れた。

久原房之助は明治三十八（一九〇五）年に茨城県の赤沢銅山を買収して日立銅山としたのを皮切りに積極的な事業展開を行い、第一次大戦の特需を味方にして短期間のうちに久原財閥を形成、「怪物」と呼ばれた人物である。開校まもない甲南小学校・幼稚園に惜しみなく資金を提供することができたのも当然である。

おかげで甲南小学校・幼稚園は児童数を一学級男女合わせて三〇名という少数に制限し、生徒の個性を尊重しながら徹底した教育を施すという理想を実現することが可能となり、経営も安定した。

かくて、大正七（一九一八）年に甲南小学校の卒業生が出るのに合わせて、甲南中学校開設の計画が進められることになる。創立準備委員会（委員長は住友初代支配人の田辺貞吉）が設置され、寄付金集めに入ったが、ここでも久原房之助からの援助が決め手となった。

久原は平生釟三郎を呼び出し、こう言ったという。

「自分が協力するから、一中学の建設をもって満足せず、幼稚園から大学に至る理想的な学園を作ってはどうか」

久原は有言実行でただちに三〇万円を寄付したばかりか、創立準備委員会が学校用地の選定に苦慮していると、自分が西本願寺法主・大谷光瑞《こうずい》から買い取った別荘・二楽荘《にらく》の丘の麓に広がる本山《もとやま》村岡本の土地一万余坪を学園に斡旋《あっせん》した。さらに、本格的な校舎が完成するまでの仮校舎の建設には、大谷光瑞が西本願寺末寺の子弟のために建てた旧武庫中学校の古材を利用するよう申し出たのである。こうして、甲南中学は大正八（一九一九）年四月に無事開校にこぎつけたのである。

このとき、創立準備委員たちは寄付を集めるには別の財団法人にした方がいいと判断し、小学校とは別に「財団法人甲南学園私立甲南中学校」の設立を申請し、文部省の認可を得た。

ところで、『甲南学園の70年』は、この中学校敷地についてこう描写している。

当時、建設地のあたりは、山すそに添って昔からの民家があり、二楽荘の東麓には梅林があった。まだ阪急電鉄も開通しておらず、阪神国道もなくて、建設敷地から海岸の村落までの間は、東海道線が一条よぎるのみで、ほとんど民家も見当たらなかった。そこには稲の穂波が眼下に広がり、右前方には水車小屋があって、いかにも田園情調があふれていた。

この描写を記憶に止めた上で、『逸翁自叙伝』の次の一節を熟読していただきたい。神戸の開通を目論んでいた小林の前に阪神電車が立ち塞がり、灘《なだ》循環線特許譲渡の株主総会決議無効の訴訟が大正五（一九一六）年に起こされたときの回想である。

灘巡環特許線譲渡株主総会等の決議が無効であるかないかは裁判の判決を待たねばならない。その確立を待つものとせば恐らく両三年を要するかも知れない。安閑としてそれを待つほど暢気《のんき》で居られない私達は、世界大戦の影響による阪神間の急激なる発展に当面し、将《まさ》に産まれんとする新興成金の胎動を凝視し、私は松風閣《しょうふうかく》を買って貰《もら》った岸本兼太郎氏を見逃すことは出来なかったのである。雨の日も風の日も、その幾日かを、私は西長堀の事務所を訪問して、阪神間新電鉄建設計画の詳細を陳述した。

神戸線開設に関する小林の証言はこれくらいしかないのだが、しかし、このわずかな言葉の中にも、小林が第一次大戦の長期化による空前のバブルによって生まれたヌヴォー・リッシュの「胎動を凝視し」、あらゆる新しい要素を鵜の目《うめ》鷹の目で観察していた事実が確認できる。

つまり、小林は間違いなく、住吉村に誕生した甲南小学校に注目し、やがてはこれが甲南中学・高校に、さらには甲南大学に発展してゆくことを、得意の人口統計学的な思考から見抜いていたにちがいない。そして、甲南小学校が呼び水となって、そのライバル校も皆、広大な敷地が手に入る阪急沿線に引っ越してくることを予想していたのだろう。だから、神戸線の資金調達がままならぬ現状に焦りに焦っていたのである。

ところで、神戸線開通を翌年に控えた大正八年の四月、甲南中学校の創立に成功した創立委員の一人、安宅弥吉《あたかやきち》は、別に「甲南学園甲南高等女学校」を創設したいという希望を述べ、他の委員の賛成を得て、開校準備に取り掛かった。敷地は、「甲南中学校をまっすぐ南下した東海道線の南側に接した所に定められた」。

こうして神戸線と同じ年の大正九（一九二〇）年に創立されたのが甲南女子大学の前身「甲南高等女学校」である。現在、甲南女子大学は神戸市東灘区森北町にあるが、甲南大学と並んで、阪急のブランドイメージを高めるのに大いに貢献していることは間違いない。

関西学院大学

さて、以上でおわかりのように、小林は甲南学園を阪急沿線に誘致したわけではなく、逆に甲南学園が開通を予定している神戸線の近くに創立されたことに力を得て、なんとしても神戸線を通そうと死力を尽くしたのだが、この賭けに勝ったことにより、今度は大学や中学・高校が自ら進んで阪神沿線に移転してくることになる。関西学院大学と神戸女学院がこのケースに当たる。

関西学院大学は、明治二十二(一八八九)年、アメリカ・南メソヂスト監督教会伝道局のW・R・ランバスによって兵庫県菟原《うはら》郡都賀野《とがの》村(現・神戸市灘区)の内原田、いわゆる「原田の森」に創立された関西学院を前身とする。以後、周囲の土地を買収して校地を広げてきたが、大正十(一九二一)年に大学昇格案が理事会で可決されたことにより、逆に大きな問題に直面することとなる。というのも、折からの不景気で大学昇格に必要な資金を調達することが不可能であることが判明したからである。

しかし、なんとしても大学昇格を勝ち取りたい関係者は、窮余の一策として原田の森の校地の売却を検討するようになる。当初は人里離れた僻地《へきち》であった原田の森も、周囲に民家が多く建てられるようになり、繁華街化してきたからである。

そんなとき、高等商業学部教授・菊池七郎が、隣地に住む友人のアメリカ帰りの実業家・河鰭《かわばた》節《みさお》に移転の話をしたところ、河鰭は阪急が武庫《むこ》郡甲東村の上ヶ原に住宅分譲用として約七万坪の土地を購入していることを語り、原田の森の売却金で上ヶ原の土地を購入すれば剰余金が出るはずだから、それを大学昇格のための準備金にすればいいと提案した。

菊池はこの話を学院の宣教師であるウッズワース文学部長にまず打診したが、意外にもウッズワースはこの提案に即座に賛意を示し、理事会に諮ることにした。ところが理事会は、時の神戸市長から六甲台移転が後押しされていたこともあり、上ヶ原移転計画への即答は避けた。原田の森を阪急に買ってもらい、その金で六甲台移転を実現しようと考えたようである。

また、河鰭から打診を受けた小林も原田の森単独の購入は断固拒否したので、交渉は暗礁に乗り上げたが、河鰭は粘り着く斡旋につとめ、ついに昭和二（一九二七）年夏、関西学院理事会を代表する高等商業学部長・神崎驥一《かんざききいち》と阪急社長・小林一三との間でトップ会談にこぎつけて、両者の合意を取り付けた。すなわち、関西学院は原田の森キャンパスの二万六七〇〇余坪と建物四五棟を阪急に三二〇万円で売却し、阪急は上ヶ原のキャンパス予定地七万坪を五五万円で関西学院に譲渡するという売買契約が昭和三年二月に学院院長C・J・L・ベイツと小林一三との間で結ばれたのである。

『関西学院五十年史』はこの売買がいかに関西学院に破格なまでに有利な条件で結ばれたかを強調しながら、こう書き記している。

今日より顧みて学院の移転が校地の撰定に於ても、経済的條件に於ても、更にまた決行の時期に於ても、此《こ》の種大事業に於ては稀《まれ》に見る程恵まれて居たことは万人の認めるところである。即《すなわち》、最も適当な土地がえらばれ、最も有利な経済的條件によって新旧校地の交換が行はれ、しかも最もよい時期に決行せられたと云へるのであって、此《こ》の移転の成功が爾後《じご》における学院発展の因《もと》となれることを思へばもとより天父によりて導かれし結果とはいへ、事に与《あずか》りし院長以下関係職員の功績は極めて大なるものありと云はねばならぬ。且《かつ》河鰭節氏が学院の為に献身的尽力を惜しまず始終斡旋せられし労は阪神急行電鉄会社々長小林一三氏の学院に対する深き理解と多大の同情と共に移転計画成功の要因として学院の感謝に堪えざるところであつた。

関西学院はこの感謝の気持ちを表すため、カナダの著名な肖像画家フォスターによる小林の肖像画を寄贈したが、これが今日、阪急文化財団小林一三記念館に所蔵されている、われわれになじみのあの肖像画である。

ところで、この「交換」で、神戸の地域的ミッション・スクールの一つでしかなかった関西学院は、大阪と神戸の中間点の西宮という絶好の地理的環境を得たことにより、文字通りの「関西学院」となり、学生募集でも俄然、有利なポジションに立った。トレードのメリットはそれだけに止まらなかった。すなわち西宮上ヶ原の七万坪という広大な敷地に造営されたキャンパスは、今日、近代化産業遺産群に登録されていることからもわかる通り、日本でも最も美しいキャンパスの一つという評判を呼び、戦後は女子学生の人気を集めることになる。つまり、関西学院はトレードにより、発展のための最高の条件を獲たのである。

もちろんこのトレードは阪急のサイドにも大きな利益をもたらした。すなわち、阪神間で一番人気の私立大学があるという理由から沿線への住民移動が起こって沿線地価が上がったのである。関西学院の上ヶ原移転は、学院にも阪急にも巨大な利益をもたらしたのである。まさにウィン・ウィンの大トレードであったというほかはない。

神戸女学院の西宮移転

こうしたトレードの成功は、次には神戸女学院の西宮への移転を促すことになる。

アメリカのボストンに本拠を置く会衆派教会のＡＢＣＦＭという伝道団体から派遣された女性宣教師タルカットとダッドレーによって神戸山本通に明治八（一八七五）年に創立された神戸女学院は、大正末年に至って校地が手狭となり、同窓会によって購入された明石大蔵谷《おおくらだに》に移転することが決まりかけていた。ところが、昭和二（一九二七）年十月に、突然この決定が覆って、関西学院と同じ阪神間への移転が決まったのである。

この間の事情について『神戸女学院百年史　総説』はこう語っている。

かくて十月に至り、校地委員会は市内現校地に残るか、現校地及び大蔵谷敷地を売却して阪神間の適当な地に移転するかにつき最後的に検討した結果、ついに東方移転の議を決した。そして十一月七日、臨時理事会は右の校地委員会の答申を採択し、㈠山本通の校地・校舎及び大蔵谷の敷地をすべて売却し、㈡その代金の一部をもって新たに神戸市の東方、阪神間の住宅地域に敷地を買得し、㈢残りの金額を新校舎の建設費に加えるという根本方策を確立した。

この決定の日時に注目していただきたい。関西学院の上ヶ原移転が学院と小林のトップ会談で決着したのが昭和二年八月、神戸女学院で逆転決定が行われたのが同年の十一月。両者に関係がなかったとは言えない。むしろ、多大な影響があったというべきだろう。また、阪神間に移転するという決定が新キャンパスの当てがないままになされたと見ることもできまい。内々の打診は行われていたにちがいない。そのエージェントとなったのは、どうやら、関西学院の上ヶ原キャンパスの施工を請け負った竹中工務店であったようである。

しかるに最近関西学院の新築工事をも請け負った竹中工務店主竹中藤右衛門氏は女学院にも好意を寄せ、芦屋・西宮間いずれの敷地にても大蔵谷敷地と交換する旨申し出た。そして女学院が岡田山敷地購入を決したとき、竹中氏は喜んでその購入代金を学院に提供し、その代わりとして大蔵谷敷地を引き取った。(『神戸女学院百年史　総説』神戸女学院)

ここで岡田山敷地と呼ばれているのは、阪急今津線の門戸厄神駅の西七〇〇メートルの土地で、子爵・櫻井《さくらい》忠胤《ただたね》の所有であった。「晩春には鮮やかなつつじが全山を彩る。北西には甲山《かぶとやま》の奇峰を近く仰ぎ、西には六甲山地が秀麗な姿を横たえ、東は武庫川《むこがわ》右岸の田野を見晴らし、南は大阪湾の風光を望み」という最高のロケーションの土地で、しかも、神戸からも大阪からも四〇分で到達できるという願ってもない条件を備えていた。交渉は、櫻井子爵の六人の子供のうち五人が女の子ということもあって順調に進み、昭和五(一九三〇)年三月に売買契約が調印されたのである。

かくて、W・M・ヴォーリズの設計になる校舎群が竹中工務店の施工により昭和八(一九三三)年に完成し、後に重要文化財に指定される美しいキャンパスが西宮の岡田山の地に出現したのである。阪神間の西宮という絶妙なロケーションにあるこの優美なキャンパスが今日、神戸女学院の人気と偏差値を支えていることはあらためて指摘するまでもあるまい。

こうして有産階級によって支えられた甲南大学、甲南女子大学、関西学院大学、神戸女学院大学という四つの「お金持ち大学」が阪急沿線に集まったことも、昭和期にいわゆる「阪神間モダニズム」が生みだされた事実と決して無関係ではあるまい。また、この「沿線イメージ」が阪急の経営の安定に貢献したことも明らかなのである。

みずから積極的に大学誘致に乗り出したわけではないが、小林は決断すべきときに決断を下している。決断ができる経営者こそ偉大な経営者といわれるが、小林ほどこの評言にふさわしい経営者もいない。すべては、「千里先」ではなく「百歩先」を見る能力にかかっているのである。

第十三章　国政篇①　天才実業家、政界への道

商工大臣就任の謎

さて、われわれの小林一三論も、すでに第四コーナーに至り、ゴールが見えるところに差しかかっているが、じつは、第四コーナーには、小林一三論にとっての試金石ともいうべき難所（アポリア）が用意されており、この難所をいかにクリアするかで、本論の価値が決まる可能性があるのだ。

それは、日米開戦を翌年に控えた昭和十五（一九四〇）年七月に組閣された第二次近衛《このえ》（文麿《ふみまろ》）内閣における小林の商工大臣就任と翌年四月の大臣辞任という、小林のそれまでの経歴と比較して「意外」というほかない出来事を、いかに捉えるかという問題にほかならない。

たとえば、あまたの小林一三論の中で一番人口に膾炙《かいしゃ》していると思われる小島直記『鬼才縦横――小林一三の生涯』（ＰＨＰ研究所）は、統制経済の進展によって経営自主権を奪われた電力会社の経営者たちを比較して、政府の方針に反発して実業界から引退してしまった松永安左ヱ門《やすざもん》の潔さに軍配を上げ、商工大臣を引き受けた小林は「変節」の一言で片付けている。

小林一三は、自由経済人＝自由主義的経営理念を信条とし、生きる場とするはずの経営者である。それが、民間ではなく、政府側――つまりは、電力業界の息の根を止めた側、端的にいえば「不倶戴天《ふぐたいてん》」の敵ともいうべき陣営の枢要ポストについているのである。

これは、現役の延長、現業への執着というわけにはゆくまい。そこには、変心、転身、あえていえば変節の気配すらある。一体どういう心境が、一三をこのように変えてしまったのであったか。

では、このように問題を提起した小島直記が、「変節」はどこから来たかという問いにどういう答えを出したのかと見ると、「商工大臣就任の真因は、究極のところ、ご本人以外にはわからない」としながら、その一方では、戦後の昭和二十四（一九四九）年に行われた座談会（参加者・池田成彬《しげあき》、小汀利得《おばまとしえ》、金子堅次郎、名取和作《なとりわさく》）における小汀利得の次のような発言を引用して、自分も同意見であることを匂わせているのだ。

「小林さんの『雅俗山荘漫筆』を読んでみると、小林さんは関西で育ったから閣下なんかを有難《ありがた》がって、下らない者に書を書いてもらったりしている。僕なんか生意気で、誰にも書を書いたりしてもらいませんがね」

「つまらない政治家なんかをたいそう有難がっているところがある。しいて悪く考える者は利害を打算してやっているのではないかと思っている」

「『雅俗山荘漫筆』がないと、小林さんはもっと偉いのだが、あれで関西流の弱点というか事大思想をバクロしている。これまた筆の立つ害の一つですかね」（小島直記『鬼才縱横』）

一般的にいって、自分の意見や評価を他人の見解に拠って表現することは許される。しかし、それには、あくまで正当な根拠を示すという過程を経なければならない。それがなければ「そうだ、そうだ、おれもそう思う」という類いのただの便乗、付和雷同にすぎない。つまり、小島直記が、小林一三の商工大臣就任を、小汀利得の発言を是として、「変節」「事大主義」として批判するのは自由だが、しかし、それにはしかるべき根拠を示すという「例証の努力」が払われなければならない。ところが、根拠として小島が挙げているテクストはというと、これが、小林と近衛の連絡係をつとめていた「政界往来社」社長の木舎幾三郎《きやいくさぶろう》の小林は大臣辞職の引き換えに貴族院の勅選議員になって喜んだという証言にすぎないのである。またもや他人の意見を例証なしに借りるという方法なのだ。そして、その結論というのが次のようなものなのである。

政府の提供する新しい椅子など蹴飛ばしてこそ、自由経済人を自任する人間の心意気というべきではないか。

泥まみれで放り出されながら、なおも別の椅子にしがみつく――ここには、事大主義の臭気と、老人の妄執の影が強すぎる。

結局、なんら例証の努力は払われていないことになる。

これは、われわれとしては採用できない方法である。われわれも、もしかすると、小島のように、小林の商工大臣就任を「事大主義の臭気」「老人の妄執」と批判することになるかもしれないが、しかし、それはあくまで、例証が終わってからのことでなければならないのである。

ソヴィエト・ロシアで見た統制経済の矛盾

では、例証をどこから始めようか？

すこし遠回りになるかもしれないが、昭和十年代に日本が統制経済に入っていく時期に小林がこうした時代風潮に対してどのような反応を示したかを調べるのがベストだろう。それには、昭和十（一九三五）年に小林が欧米視察旅行に出掛けて、ソヴィエト・ロシアに半月滞在したときの観察記である「赤露半月記」が一番の参考になる。というのも、このソヴィエト・ロシア旅行で見てきた統制経済の実態が、商工大臣就任という小林の決断について考察をめぐらすための一つのヒントとなったのは確実だと思われるからである。

すなわち、後に商工大臣に就任したとき、小林は、岸信介《きしのぶすけ》次官が持参した企画院作成の「経済新体制」プランを一読し、これは「アカの思想」だと激怒してプランを骨抜きにしたといわれるが、そのときに小林のイメージにあった「アカの思想」とは、同時代の日本人が用いていた意味とは根本的に違っており、ソヴィエト・ロシア社会の観察結果から帰納されたスターリン型共産主義の分析に基づくものだったのである。「赤露半月記」は、ある意味、日本で流行を見ようとしていた統制経済に対する徹底したアンチとして執筆されたのである。

しからば、小林は昭和十年にソヴィエト・ロシアでなにを見てきたのか？

一言でいえば、共産主義の掲げる「平等」の美名に隠れた「不平等」である。一例として小林が挙げているのが、「労働者も大臣も同じ月給」という共産主義的建前の驚くべき実態だった。

彼等《ら》は、五百ルーブルといふそのルーブルが、同一価値のものであると信じきってゐる。しかしこの国のルーブルくらゐ不思議なものはない。（中略）クレムリンの宮殿にをさまってゐる政府大官の月給五百ルーブルと、労働者の受取る五百ルーブルと、またその労働者中のあるものの受取る五百ルーブルと、私達外国人たる旅行者の使ふ五百ルーブルと、そのいづれもが違ってゐるから面白いのである。

政府大官は五百ルーブルの月給にて如何《いか》に生活し得るか。宏壮なる邸宅は官邸である。出入の自動車リンカーン号も、その運転手も官費である。クレムリン官庁の食事代は、一ルーブルと形式的の定価はあるが、山海の珍味なしと何人か断言せん。そこには広大なる舞台すらもあって、アカデミック大劇場に軽々しくお忍びの出来ない大官連と、その新夫人のためには、あらゆる俳優楽人を動員して、オペラもバレーも、出張興行の自由は、何とか大会の余興や、南欧独立国の珍客接待を名義として歓楽の機会を作ること易々たるものであらう。

（「赤露半月記」『小林一三全集』第四巻）

平等の名のもとの不平等は、賃金だけではない。男女の仲もまた然《しか》りだったのである。小林がここで「軽々しくお忍びの出来ない大官連と、その新夫人」とあえて言っている含みに注目しよう。すなわち、小林は滞在中のモスクワ・サヴォイ・ホテルの近くに、三ルーブルの手数料で結婚も離婚も登録可能な結婚登録所があるのに興味を抱き、それを観察しているうちに、ソヴィエト・ロシアでなにゆえに結婚と離婚がかくも容易になっているのかその本当の理由を発見したのである。

政府大官の多くは（中略）糟糠《そうこう》の妻も給養手当さへやれば五分間にて離婚登録の手続きが出来るのであるから、お気に入れば直《す》ぐに新妻を持つことが出来る。実際にこの国の大官の七割までは、若い美しい細君を持ってゐるさうだ。（「赤露半月記」）

そのほか、小林は、トルグシン（いわゆるドル・ショップ）のからくりや、民衆のための入院無料の病院、ホドキン病院が実際には共産党員と政府高官の専用であること、また四〇〇ルーブルで勤務する名医が診察料制限なしの自宅診療で稼いでいること、さらには出来高払制導入のきっかけになったスタハーノフ運動の実態などを暴いていくが、しかし、「赤露半月記」の眼目は、じつは、こうした平等という名の不平等の摘発にはない。小林がソヴィエト・ロシアで観察し、分析した事実から割り出した結論は、むしろ、次のような点なのである。

この国の強味は、各種製造工業等その産業における固定資本を手加減し得ることである。すなわち、ソヴィエト・ロシアの重工業を中心とする産業が発展著しく見えるのは、固定費である土地が国有ゆえ地代がゼロとして計上され、また設備投資費用は政府支出であるという理由（「赤露半月記」）

で、これまたほとんどゼロと計算されているからにすぎない。ただし、固定費のための政府支出は、だれも腹を痛めないから、事実上、無制限となりやすく、もし企業の決算方法が適用されれば大赤字必至のものである。また、政府負担の固定費の財源はフランスなどからの外債によるから、いずれは国民がツケを払わなければならない類いのものである。

小林の凄いところは、こうした統制経済による「固定資本のまやかし」が、平等という名のもとの不平等という「まやかし」と同じくソ連社会の宿痾《しゅくあ》であると見抜いたところだろう。すなわち、小林は、ソ連においては、表に現れる「平等という言葉」や「工業生産の数字」をあえて実体と見なす態度を採用して剝《む》き出しの現実を見ないようにするという、ジョージ・オーウェルのいう「二重思考」が社会全体を覆っているとわずか半月の滞在で看破したのである。

小林は同時に、ソ連が統制経済、計画経済を行いうるのは、その資源が無尽蔵であり、また、外国からの借款でも採算が取れると見越しているからであり、これを、資源に乏しく、加工貿易に頼らざるをえない日本に適用するには無理があるとも分析していた。

産業国営化の波に抗って

ところが、小林が昭和十一（一九三六）年四月に海外視察から帰国してみると、満洲事変以来の軍需景気の拡大にともなって、にわかに統制経済論が喧伝《けんでん》され、産業の国営化論が台頭してきていた。

これに対し、小林は、まず七月に「産業は国営にすべきか」という講演を行って反論し、ついで十一月には『次に来るもの』というタイトルの本を出版してアンチ統制経済の立場を鮮明に打ち出す。なかでも「日本よ何処へ」という論文は、日本の軍備拡張は「絶対に必要であり、軍備の充実がなければ仕事は出来ません」と軍拡路線を肯定してみせたうえで、その軍拡の財源を捻《ひね》りだすのは、統制経済ではなく、むしろ民営化だとして、現在国営化されて非能率で採算が悪くなっているセクターを利益構造の強いものに転換しなければならないと述べこんな議論を展開する。

そこで、軍備の負担に堪《た》へ得るには財政をドウすればよろしいか。（中略）それはほかでもない、官業の整理である。（「日本よ何処へ」『小林一三全集』第七巻）

小林が例として挙げているのはタバコの専売事業や国鉄である。たとえばタバコ専売は日清戦争後の国費を賄うために行われたが、それは税金を得るためだけであって、それによってタバコの売り上げが増加したというのではない。

官営ではこれを合理的廉価に製造して、さかんに海外に輸出して外国の金を日本にかき寄せるといふには甚だ不便であります。（「日本よ何処へ」）

また国鉄も日露戦争後に外債の担保が必要となったので国有化したまでで、国有化によって利益が上がっているからではない。

従って、これを大いに発達普及させ、国民生活を裨益《ひえき》するには、速《すみや》かに民営に移すべきであると思ひます。（「日本よ何処へ」）

さらには、電話事業も民営化すべきだと小林は主張する。

このように、小林がここで展開しているのは、軍拡のためには、じつは民営化で事業を黒字体質にしたほうが財源確保がより容易になるという徹底自由主義な理論なのだが、小林は大まじめなのである。

電話事業、鉄道事業、専売事業――これらの官営事業を挙げて民営に移し、政府筋の持株を売り放つことによって、新たに五十億からの財源を得、一方では民営による各種事業の振興を見ることになれば、まことに一挙両得と言へませう。（「日本よ何処へ」）

そして、小林が発表した、こうした内容の「新富国論」に対して寄せられた産業国営論を主張する読者からの次のような手紙を引き合いに出しながら、小林はこれに逐条的に反論を加えてゆく。

『産業を国営に移し、原料の仕入れ等を政府の手に統一し、なるべく無駄物は製造せず、国民の全部をあげて、国家の社長、支配人、技師、職工、事務員となし、健康なるものにおいては、一人の失業者、一人の遊民を出さざるやうに国民生活を保障し、就職、就業を按排《あんばい》調査し、国家の利害と国民大衆の利害を密着間隙《かんげき》なからしむれば、国民全体の幸福を得て、（後略）』（「日本よ何処へ」）

小林はお説まことに結構としながら、人間の利己心というものをどう処理するのかと問い、国営事業の欠点をこう指摘する。

国営事業の経営者はお役人である。役人にとっては、その事業の発展は、自分の所得と直接の関係がない。これに反して、民間事業家にとっては、その事業が発展すれば、それだけ自分の利益が増える。だから、彼等《ら》が、自分の事業を盛んにしよう、大きくしようとする努力は、一定の俸給で働く官吏とは較《くら》べものにならない。国営が民営に較べて、発展力伸張力のはなはだ劣るのは、この利己心、営利心といふ人間の本能から来る相違であるから何とも致し方がない。（中略）われわれは、まず第一に、国民の働く場所、働く仕事を増やすことを考へなければならない。産業の発展、拡張こそ日本の急務である。

産業国営は断じて『一人の失業者、一人の遊民なき社会』への道ではない。むしろその反対である。せっかく発展の途上にあるわが産業の躍進力を殺し、進取的発展力を窒息せしめるものである。（「日本よ何処へ」）

堂々たる民営化論であるが、じつは、これは、国営を一般的に否定する民営化論では決してなかったことに注目しなければならない。なんのことかといえば、小林がここで念頭に置いているのは、この時代の官僚機構で勢力を拡大しつつあった、いわゆる「革新官僚」、つまり、満洲国の建設においてソ連の計画経済を取り入れて成功を収めた岸信介や星野直樹らの統制経済派が、軍需産業のために安価な電力を供給するという目的で電力事業の国営化を図ってきたという事実なのである。

その証拠に、『次に来るもの』に収録された「来《きた》るべき電力事業経営」は次のように切り出されている。

ここ一両年軍需品工業の隆盛に伴ひ世の中の景気がよくなって、電気事業も大分恵まれて来るやうになりましたが、同時に、各方面から一つの問題が起りました。それは電力料金を廉《やす》くしろ、電気料金を廉くしなければ特殊工業は起らない、ことに重工業を盛大ならしめんとせば電力料が廉くなければ到底駄目であるといふ御註文である。（中略）さて、どうしたらば安く売り得るかといふ点を考へてみますと、結局、廉いものを新たにどんどん起して、今まで高くついてゐるその建設費を平均して、電力料を廉くする、これが第一。然《しか》らざれば配当金を制限して社内保留を多くし、原価の切下げを漸次に実行してゆくといふことが第二。も一つの案は会社の合同による整理と統制とにもとづく経費の節約、それによって原価を廉くしてゆくといふことが第二。以上三つの方法よりほかによい案はないであらうと思ひます。

これは、思いのほか重要なテクストである。というのも、ここに挙げられた三案のうち、第一案が小林らの経済人の信奉する自由主義経済、第三案が政府が推し進めようとしている統制経済であるとすると、第二案の「配当金を制限して社内保留を多くし、原価の切下げを漸次に実行してゆく」は両者の折衷案のように見えながら、その実、小林が志向する修正資本主義的な第三の道を暗示しているからである。

すなわち、小林は政府による統制経済には断固反対しながらも、もはや自由主義経済一本槍では社会の要請に応えるのは難しいと判断し、「新資本主義」という、日本社会の特殊性を生かした資本主義を提起しようとしていたのである。

そして、この新資本主義こそが、小林をして商工大臣就任を決意させた動機であるかもしれないのである。

第十四章　国政篇②　革新官僚の台頭と軍国化する日本

「新資本主義」とは何か

小林一三が、従来の自由主義経済から、一部に統制経済を採用した「新資本主義」への転換を視野に入れ始めたのは昭和十一（一九三六）年のことである。それが明らかになる資料として欧米視察後の同年十一月に刊行された『次に来るもの』を挙げることができるが、その主張はこの本に収録された論考でも発表時期によって微妙に異なっている。すなわち、時系列で初期と思われる「日本よ何処へ」においては自由主義経済擁護・統制経済排除だが、後の論考では部分的には統制経済やむなしの論調へと変化している。

たとえば、発表時期が不明ながら「日本よ何処へ」よりも後に書かれたと思われる「緊急動議」では、いつものように基本的に自由主義経済擁護・統制経済排除の論陣を張りながら、統制経済を部分的に取り入れた修正資本主義導入の可能性に触れている箇所がある。

しかしまた従前のやうに国民が協力して働いた富が国民の一部の資本家によって壟断《ろうだん》されたのでは、国民の生活と文化の向上に資すべきせっかくの富国策も、却《かえ》って欧米のごとき階級制度を準備することになってはいけない。

二　日本の特殊性と新資本主義の提唱

そこで私は、次に述べるやうにその実現の可能性を予約してゐるわが国特殊の社会事情を考慮に入れて、一つの新しき行き方を提唱したい。それは何かといへば利益の分配を公平にする組織です。即ち、すべての事業は民間に経営せしめるが、この事業に対してその所得に制限を加へ、企業配当を制限する。たとへば鉄道や電灯、瓦斯《ガス》等の公益事業、生命保険、銀行、信託会社等の公共事業に対してはその配当を七朱〔朱＝1パーセントのこと〕にするか八朱にするか、適当に制限する、それ以上の利益は従業員の幸福資金と国家への納付金にするといふ具合に、定款を変更して実行せしむるか、特別法律によって規定し、さらに製造工業や商事会社にもそれぞれ適当に制限を加へることによって資本家の取り前を抑制し、利益の分配を公平にする、かういふ新しい経済機構を作り出すことが目下の急務だと思ひます。

（「緊急動議」『小林一三全集』第七巻）

これは、近年でもフランス社会党のロカール派やピケティなどの経済学者が展開していることと基本的に同じで、格差是正のため考え出される基本的な経済政策だが、それでも民間の創意工夫を資本主義の第一原理とする小林にしては統制経済に大幅に譲歩した主張であるといえる。おそらく、昭和十一年の二・二六事件の背景となった格差拡大に対する民衆の反撥を考慮に入れたものと思われるが、それだけに小林の危機意識は、経済人にしては非常に強かったといえる。

根幹産業の国営化を認める理由

その危機意識がより鮮明なかたちで現れてきたのが、昭和十一（一九三六）年の講演「合理的経営の一路」である。これは昭和十（一九三五）年五月に行われた講演「電力事業経営の改革」を受けて、昭和十一年の三月以降になされた講演と思われるが、ここにおいて小林は「電力事業経営の改革」で主張した電力事業の新資本主義的改革（国営化あるいは公営化）という考えが、欧米視察旅行の一環としてソ連のドニエプル発電所とイギリスのグリッド・システムを視察した結果、統制主義の欠陥により意識的になり、むしろ、修正資本主義の基本としての根幹産業の国営化という理念を強固にしたとして、「電力事業経営の改革」の主要部分を引用してみせる。

『……即ち統制をしてうまくやれば電力料は相当に廉《やす》くなるといふこのめぐまれた水利国が、この水利事業を、今までのやうな利潤本位の企業会社で、旧式にとらはれて、昔のやうにやるべきものであらうか、或《あるひ》ひはまた、新しくこれからやるべき分は、統制して国家または各府県がやるべきものであるか、といふことを御研究になって戴きたいのであります』（「合理的経営の一路」『小林一三全集』第七巻）

そのあとで、昭和十一年四月に帰国するまで旅行中に練っていたアイデアとして、電力事業国営化しか方策はないとして、具体的にその方策を語っているのである。

それは電力事業をまづ国営にすること、そして産業に要する電力を原価で売ること、同時に電灯料は社会政策といふがごとき方針に捉はれず、わが国の電灯料は国民生活における各種物価の標準から見て断じて高くないから、その料金を引下げるかはりに、むしろ税金として国家の収入とする。たとへば一灯一ヶ年一円とすれば、全国五千万灯の取付灯に対して五千万円の収入は何等《なんら》の徴税費を要せずして国庫の収入になる、そのかはり電力は原価で売る。そこで全国の電気事業を国営のために買収するとして仮りに五十億円と見積って、四分利の公債を発行するとして、一ヶ年二億円の利払《りばらい》で十分である。原価で電力の供給を受けるために発達し繁昌するその需要家から受入れる税金はおそらくこの公債の利息二億円を賄《まかの》うて余りありで、このくらゐ簡単にしてウマイ仕事はない。帰国したらばこれを主張しようと、旅行中もしばしばこの話をして友人達の賛成を得たのでありました。（「合理的経営の一路」）

これを一見した現代の読者は、小林は自由主義経済論者から一転して国営論者に豹変したのかと驚くかもしれないが、その内容を吟味し、電力事業合理化という経営的観点からこれを眺めれば、民営第一主義者としての小林の論点は一貫しているのである。

すなわち、小林は、電力事業が他の産業のように「より良い商品」すなわち電力を需要家に「より安く」「より大量に」提供するという資本主義原理に忠実たりえないという厳しい事実を当事者として深く意識していたためか、まず、資本主義的改革の困難さを明らかにしようとして、三つの原因を挙げる。すなわち第一に水力発電のダム建設費が非常に高くつくこと、第二に他の電力会社から電力をかなり高く購入しているうえに、遠隔地から電力移送を行わなければならず、その間にロスが出ること、第三に需要家に電力を届けるための送電線や変電所の経費がかかることである。そして、この状態のままで行ったのではいくら経営努力したとしても電力会社が料金を引き下げることは難しいと結論するが、しかし、その反面、電力料が安価になることで産業に生まれるメリットは限りがないとも考える。要するに、電力料金の引き下げは日本の資本主義的発展にとって急務の問題なのである。

では、この難問に答えるにはどうしたらいいかといえば、それぞれの電力会社を地域ごとに合併させたうえで発電地点と需要家を最短距離で結ぶようにするしか方法がない。つまり、五大電力会社の合併と地域割だが、そうなると、利潤を上げることが第一の民有民営では不可能という結論とならざるをえない。ならばいっそ、原価で電力を産業に供給するシステムに変換したほうがいいということになる。こう考えて小林が下した最終結論が、電力事業を道路や港湾のような基礎インフラと見なして国営にするという国営化論なのである。この国営化論は、欧米視察前から小林の頭の中で練り上げられていたようである。

必ずしもその建設費に対する利潤のみを考へて事業化するといふことよりも、道路または港湾のごとく、一国産業の基礎工程に処し、必要欠くべからざる設備の一つとして考へて見る時代が来たのではないかと思はれます。(「合理的経営の一路」)

つまり、インフラのセクターは資本主義原理によらず、「百年の大計」的な国営事業とすべきであるが、それ以外のセクターはすべて民営にして効率化を図るという「より高度でより能率的な民有民営の促進」ともいうべき論理なのである。東京電燈を資本主義原理により見事に立て直しながら、なお電力事業の困難を自覚していた小林だけに、たんに統制経済という時流に乗ったとは思えない説得力のある発言であるといえる。

ところが、欧米視察旅行の途中、スペインからポルトガルに寄ろうとしていたとき、二・二六事件勃発の一報を受け、予定を繰り上げて帰国の途につき、日本に戻ってみると、皇道派壊滅により陸軍の統制派が政治の前面に出てくるようになったためか、予算方針においては、高橋是清《これきよ》蔵相の健全財政が一掃され、軍部の希望通りに、赤字国債が乱発される積極財政に転換していたのである。

かくなるうえは、電力事業国営化のための五〇億円の公債発行などは問題外となったと思い、小林はあえて国営化方針を訴えずにおいたが、そうしているうちに、昭和十二(一九三七)年三月に内閣調査局案として、電力事業の民有国営論なるものが、突如発表されるに至ったのである。

小林と革新官僚との相違点

では、小林の主張する電力事業国営化と急浮上した内閣調査局の電力事業民有国営論は、どこが違っていたのだろうか?

発端は、逓信《ていしん》省の革新官僚・奥村喜和男《きわお》が、二・二六事件以前の岡田啓介内閣時代に内閣調査局調査官として立案した「電力国策要旨」が、二・二六事件のあとを受けて成立した広田弘毅《こうき》内閣で復活したことにある。すなわち、奥村の「電力国策要旨」が逓信大臣として入閣した民政党議員・頼母木桂吉《たのもぎけいきち》の強力な後押しを受けて、昭和十一(一九三六)年十二月に閣議承認されたのである。これが、「頼母木案」と呼ばれる電力事業統制プランである。しかし、広田内閣が浜田国松議員の有名な「ハラキリ問答」で瓦解したため、「頼母木案」は林銑十郎《せんじゅうろう》内閣に持ち越され、内閣調査局案としてバージョンアップされて昭和十二（一九三七）年三月に発表されることとなる。

その内容は小林が構想していた電力事業国営化論とは似て非なるソ連型の官僚的電力統制であったため、小林ばかりか電力業界全体が激しく反撥した。小林は「合理的経営の一路」で「政府の原案は国家社会主義の一つの現はれであって、いろいろと数字の説明はありますけれど、結局は武士の商売の範囲を出でず」と激しく批判している。

林内閣が瓦解し、「内閣調査局案」は流産したかと思われたが、革新官僚はいささかも諦めてはいなかった。昭和十二年六月に第一次近衛内閣が成立すると、逓信大臣となった永井柳太郎《りゅうたろう》をダミーとしてうまく使い、電力業界の人間たちを交えた電力調査委員会を発足させて意見の調整を図ると見せかけ、一気に逆襲に出たのだ。この電力調査委員会において永井逓信大臣が国有国営、民有国営、民有民営といった学説に囚われることなく国家的な視野に立った統制を行うと言明していたため、小林たち電力業界人はすっかり安心していたのだが、やがてまんまと罠《わな》に嵌《は》まったことに気づく。

小委員会が出来、いつの間にか政府の原案なるものが出来上ったのでそれを拝見するに、結局これは容易ならぬことになった。この案でゆくと民有民営であるとか、或ひは民有国営であるとかいふ生《な》まやさしい問題ではない。これはやはり、昨年天下を騒がした頼母木案とその精神においては、ほとんど同じである。それ以上に惨酷《さんこく》の案である。ちょっとみると、表面はまことにうまく、おだやかに出来てをりますが、その内容は結局資本主義革新の前奏曲であることが明《あきら》かになりましたから、それで反対の態度をはじめて発表したのであります。

（「電力問題の背後」『小林一三全集』第七巻）

右は昭和十二年十二月に行われた講演の一節で、小林は五大電力の経営者たちが大和田悌二《おおわだていじ》という一人の若い電気局長に翻弄されて手もなくひねられたと慨嘆し、その原案というものを次のように要約している。少し長いが、革新という名を借りたソ連型統制経済による電力事業の制圧と小林が非難する意味がよくわかるので、あえて引用することにする。

その原案によりますと、かういふ風になってゐる。送電線と火力発電所を取上げる。なほそのほかに操作上必要なる火力発電所は、これも特殊会社へ移す。無論未開発のすべての水力水利権、これは当然特殊会社へ移してしまふ。かういふことであります。

さうすると、その特殊会社はどういふ会社であるかといふに、未開発の水利権を持ってゐるから、将来計画してゆくところの水力発電計画の全部と、それから送電線、さうして火力発電所、それを運転するために必要なる水力発電所は相当にありますから、この水力発電所も無論特殊会社へ提供せしめ、そこで、それがいくらぐらゐの資本になるかといふと、大体十億円くらゐの会社を作る。この特殊会社へ移すべき固定資産、すなはち各電力会社から現物出資として割取《かつしゅ》するその財産が、かれこれ七億か八億かあるだらうといふのであります。（中略）政府はこの特殊会社をどういふ風にして管理をするかといふと、総裁、副総裁は政

> 府がこれを任命する。さうして、理事といひますか取締役といひますか、候補者八名を選挙すると、その中から四名任命するのであります。政府の思ふ通りの人を任命するので、ほとんど官選と同じことになる。
>
> さうして仕事はどうかといふと、購入電力料は政府がこれを決める。売る方の電力料の値段も政府がこれを決める。発電計画も、すべて政府がこれを決める。さうして、その順序、金融等は、すべて政府がお世話をしてやる。かういふのであるから、この特殊会社はただ命令によって、政府の思ふやうに仕事をすればよいので、純然たる民有官営である。（「電力問題の背後」）

要するに、ここには、主に企画庁（後の企画院）に拠った革新官僚が戦中から戦後に至るまで日本を永続的に支配することになる「民有官営」システム、いわゆる「一九四〇年体制」の原型が示されており、これによって、明治に渋沢栄一らによって営々として築かれてきた日本の資本主義は、真綿で首を締められるようにして死に向かってゆくことになるのである。

当然のように、電力業界は激しく反撥し、小林は各所で講演を行って反対を叫んだが、昭和十三（一九三八）年一月には、原案は微調整しただけで第一次近衛内閣の内閣調査局により、電力国家統制法案として国会に提出されることになる。具体的には電力管理法案・日本発送電株式会社法案・電力管理に伴う社債処理に関する法案の三法である。ちなみに、日本発送電株式会社とは小林が講演の中で言及していた特殊会社のことである。

三法案は衆議院で、原案がいったん否決された後、修正案が可決、貴族院でさらに再修正されたものの、両院協議会で調整され、昭和十三年三月二十六日に成立。ほぼ同時期に国家総動員法も成立している。

小林が構想した国有化に伴う五〇億円の公債など起債されることもなく、五大電力会社の発電所、変電所、送電施設などは現物出資というかたちで日本発送電株式会社に、ほとんど対価が払われることもなく吸収されていった。事実上、国家による強制接収といえた。

この間、小林の盟友でありライバルでもあった東邦電力の松永安左ヱ門《やすざえもん》は各所で講演を行い、軍部の統制派に追随する内務省や逓信省の官僚を「人間のクズ」と罵倒したが、これが軍部の怒りを買ったため、企画院総裁だった鈴木貞一の助言に従って隠退することを決めた。

いっぽう、小林はというと、昭和十三年九月に日本発送電株式会社の設立委員に任命され、翌十四年、会社創立とともに理事に就任したが、それはほとんど名目上の役職にすぎず、自身が予想したように、実権は逓信省の革新官僚に握られ、経営手腕を振るう余地はほとんどなかった。

ただ、日本発送電株式会社はその名の通り、電力の発送セクターのみを担当する民有国営会社であり、各家庭や事業所への配電セクターは従来のように民営の電力会社に任されていた。よって、東京電燈もこの部門ではあいかわらず業務を続けており、社長としての仕事がなくなったわけではないが、しかし、こちらのセクターにおいても、国家統制の網は次第にきつくなり、やがて、太平洋戦争直前の昭和十六（一九四一）年八月には配電統制令が公布され、電力事業は一元的に国家の統制体制に入ることになる。

ペンで政府及び革新官僚に抗う

では、このように日中戦争長期化に伴い国家統制が強化され、実業家としての腕を振るう機会を失った小林は、昭和十二（一九三七）年後半から十五（一九四〇）年にかけての時期に、どのようにして身を処していたのだろうか？

『戦後はどうなるか』（昭和十三年七月刊）、『事変はどう片づくか』（昭和十四年七月刊）が上梓されたことからもわかるように、主に言論活動に精力を傾けていたのである。

しからば、その目的はなんだったのだろう？　『戦後はどうなるか』の冒頭に配された「資本主義強度の利用」（昭和十二年十二月発表）というエッセイの最初の言葉はその目的を端的に物語っている。

このままで果して戦時財政はうまくゆくだらうか。私は悲観論者である。政府当局は戦時財政計画に当り、当初からその方針が間違ってゐたと私は信じてゐる。（「資本主義強度の利用」『小林一三全集』第七巻）

すなわち、小林は、電力国家統制法案を皮切りに政府が次々に打ち出そうとしている戦時経済体制が、財界の資本主義的なマインドをまったく知らない革新官僚によって作られ実行されていく限り、その破綻は明らかであるとして、これを阻止するためにペンで政府方針と戦おうとして「俄《にわか》ジャーナリスト」となる道を選んだのである。

小林の主張は明らかである。

五〇億、一〇〇億という巨額の公債を起債してでも日中戦争を国家総動員体制で戦い抜こうと政府が考えるなら、資本主義の大きな力を正しく活用して「信用」を拡大するほかはないが、革新官僚の打ち出す方策はことごとく「信用」を収縮させることばかりであるから、ただちに、いわゆる「革新気分」を一掃させて「信用」の回復に努めなければならない。

小林は、革新官僚に見事にしてやられた電力事業を例にとって、信用クランチがいかにして起こっているかを説明しながら、革新派の統制財政や経済政策の矛盾を的確に指摘する。すなわち、昭和十二年当時の証券市場の規模は一五〇億円で、電力株はその約三分の一弱の四〇億円だったが、民有国営の革新政策が現れて以来、信用クランチが始まり、八分配当の優良電力株が五〇円そこそこにまで下落していたが、内閣調査局の提出した電力国家統制法案により、総株価四〇億円の電力会社から資産一〇億円の日本発送電株式会社が小林の予言通り、作られることになった。しかし、この会社に対する証券市場の評価は六、七億円にすぎないから、この経済政策をきっかけに統制が生保や肥料、砂糖などに拡大すると見た投資家が一斉に売りに出て、株式市場が大暴落したのは当然なのである。

電気事業関係だけでも何十億の信用を殺してしまひ、さらにこの革新不安気分が各方面に順次に波及すれば、日本全国の証券投資は勢ひ暴落する運命であるのをみては、財界破綻に導かれないとだれが保証し得よう。（中略）〔注：対するに、革新政策を一時棚上げにして財界を安心させたならば、〕四十億の電気事業投資は真の収益力を反映して直ちに六十億になり、同時に財界の不安気分は解消して信用は回復し、あらゆる投資物件何百億のものがこれまた何十億増加し、信用は何回も何回も回転して、五十億百億の公債消化はなんの苦労も要せず、税金も楽に入って、長期抗戦に要する戦費憂ふるに足らず、北支の経済開発また期して待つべ

し と信ずるものである。（中略）私は、資本主義の欠点を知り尽して、いかにこれを是正すべきかについては、むしろ革新論者の一人であることを自任してゐる。しかしながら、長期戦争を覚悟せねばならぬ現在においては、巨額の公債募集は断じて革新気分で出来るものではない。〔注：一部の革新派は〕戦時対策即革新断行といふがごとき態度をもって、財界を圧迫してゐるのである。しかしていはく、これ軍部の意向なりと。軍部を誣《し》ふるのなんぞそれ甚しきや、と言ひたいのである。（「資本主義強度の利用」）

昭和十二年には、まだこの程度の言論の自由は存在していたというのが驚きだが、それはそうとして、小林のこうした主張は、この時点では政治家を動かすことなく、財界人の繰り言としてそのまま葬りさられるかに見えたにちがいない。内閣は変われど、革新政策は一段とグレードをアップしていったからだ。

ところが、実際には、小林の「資本主義強度の利用」プランは、政府上層部、とりわけ近衛文《このえふみ》麿《まろ》のところには届いていたらしい。

というのも、昭和十五（一九四〇）年七月二十一日、日伊修交と両国間商議を目的とする、いわゆる遣伊経済使節団の一員としてイタリアでの任務を終えて帰国途中にあった小林は、大連《だいれん》発の吉林丸《きつりん》で門司《もじ》に向かっているとき、近衛文麿から「途中ヨリ飛行機ニテ至急オ帰リ願《ねがい》度《た》シ」という電報を受け取ったからである。

組閣準備中の第二次近衛内閣においては、革新派政策のゴリ押しによって行き詰まった日本経済を救う救世主として、小林の「新資本主義」に対する期待が高まりつつあったのである。

第十五章　国政篇③　大臣就任——戦時経済の救世主となれるか？

大臣就任前夜——なぜ訪伊使節団代表に選ばれたのか

小林一三が近衛文麿《このえふみまろ》からの電報を受け取ったのは、訪伊使節として使命を果たし、大連《だいれん》から吉《きつ》林《りん》丸に乗船して日本に向かいつつある昭和十五（一九四〇）年七月二十一日のことだった。

しかし、われわれとしては、この事実を扱う前に処理しておかなければならない問題がある。なにゆえに小林が訪伊使節団の代表としてイタリアに派遣されたかという疑問に答えておく必要があるのだ。というのも、これが小林の大臣就任という謎を解くヒントになりえるかもしれないからである。

小林が駐伊特命全権大使で団長の外交官・佐藤尚武《なおたけ》に次ぐ「政府代表」として訪伊使節団に選ばれたのは同年三月二十九日のことである。しかし、その抜擢の経緯について記した伝記はきわめて少ない。それもそのはず、小林自身にも選ばれた理由がよくわかっていなかったのである。小林がこの時期にしたためた『訪伊使節日記』の四月十三日の項を見ればその点は明らかである。

東京を出発せんとする当日の朝、土屋計左右《けいぞう》君から来状。

『貴下の訪伊代表に選任せられたるは陸軍省から公文による推選であり軍務局の支援であることを知つてゐるか、これは軍務局景山主計大佐殿の明言するところであり、必要ならばその公文の写しを見せてもよいとの話である』云々との注意を受けたが、土屋君がどういふ訳でわざ〳〵此《この》手紙をとゞけてくれたのか、一寸《ちよつと》思案したが判らない。その日の午後に、土屋君に遇《あ》つたところ、『十五分でもよい、一寸陸軍省へ挨拶に行つてはどうか、行くつもりならば同道して紹介してもよい』との話であつたが、時間がないのでお断りした。何故に、陸軍省は私を訪伊政府代表に推挙したのであらうか。(『日記』第一巻)

謎を解くヒントはこのテクストに隠されている。土屋計左右とは、第一ホテルおよび新京第一ホテルの社長を務めた財界人で、小林とは第一ホテルをつくるために相談に訪れて以来の仲である。よって、ここに土屋が登場するのは理にかなっている。

そこで、この土屋の経歴を当たってみると、満洲開発という線が浮上する。土屋は、満洲開発のためアメリカなどの中立国からの外資調達に奔走していた政財軍横断的グループである日本経済連盟会対外事務局(会長は東京電燈元会長・郷誠之助《ごうせいのすけ》、副会長は外交官の沢田節蔵《せつぞう》)と親しかったのだ。そうなると、陸軍からこのグループに加わっていた景山誠一主計大佐とコネクションがあったとしてもなんら不思議ではない。

この日本経済連盟会対外事務局は当初、日中戦争勃発によって困難となったアメリカの対満投資を復活させる目的で沢田の肝煎《きもい》りでつくられた組織だが、その一方で、第二次大戦勃発にもかかわらず中立を保っていたイタリアに打診を行う。対日・対満(北支を含む)投資をイタリアの政財界に呼びかける目的で、急遽《きゅうきょ》、元外務大臣の佐藤尚武を団長とする訪伊使節団を派遣することにしたのである。

景山と陸軍軍務局が小林の推輓《すいばん》にどの程度関与していたかは不明だが、あるいは陸軍内部にも革新官僚の推し進める統制経済に不満をもつ分子が存在し、それが小林を自由主義経済と統制経済の折衷派と見て工作を開始していたのかもしれない。

それはさておいても、日本経済連盟会対外事務局が関わっていたとすると、郷誠之助との関係から、小林の名前が使節団代表として急浮上したことは十分理解できる。

では、こうした降って湧いたような抜擢に小林はどう反応したのだろうか？

代表に選ばれた理由はわからぬながら、風雲急を告げるヨーロッパを自らの目で見てみたいとの思いは非常に強かったと思われる。東京電燈社長とはいえ、統制経済の進展により、経営手腕を振るう機会が少なくなっていたのだから、ある意味、渡りに船の申し出だったにちがいない。持ち前の好奇心が使節団代表というオファーを受け入れさせたのだ。

もう一つ、われわれが考慮に入れておかなければならないことがある。それは、昭和十五年の九月に締結される日独伊三国同盟のイメージでイタリアを眺めてしまうため、この時期のイタリアがまだどちらの陣営にも与《くみ》しておらず、戦争の趨勢が明らかになるまで日和見《ひよりみ》を決め込んでいたという事実が忘れられているということだ。日本の態度もこの時は中立だったのであり、「連合国対枢軸国」という構図は昭和十五年四月の段階ではまだ生まれていなかったのだ。日本とイタリアはともに、中立の第三極として経済的連携を深めようと模索していたのであり、使節団派遣の目的もそれに沿ったものだったのである。そのことは、「訪伊使節日記」の至るところに記されている。たとえば、四月十四日の日記には、上海《シャンハイ》で訪問した参謀長の井上成美《しげよし》海軍中将との会話で中立の難しさを議論したという記述の後、次のような言葉が続いている。

英仏の実力を一番能《よ》く認識してゐる伊太利《イタリー》自身が、どうしても、依然として中立を維持したい、其《その》中立を維持する為《た》めに、日本との親善を強調し、両国の堅い握手による背景を観板として、井上中将の所謂《いわゆる》『原則として中立を維持することは不可能である』ところの、其中立を維持せんとする手段の一つとして日本との親善策を計画するのではないだらうか。

しかしながら、その一方では、使節団が出発する前夜の四月九日には、ドイツがデンマーク、ノルウェーを侵略してこれを占領したというニュースが飛び込んできていた。さらに五月十日にはドイツがオランダ、ベルギーに侵攻し、フランス国境へと迫っているという知らせが届く。使節団がイタリア滞在中の五月末には、ドイツ軍がマジノ線を突破して英仏軍がダンケルクに閉じ込められたという続報が入る。そうなると俄に関心を呼ぶようになったのが蘭印《らんいん》（オランダ領東インド）、すなわち現在のインドネシアの処理である。というのも蘭印は日本が喉から手が出るほど欲しい石油の産出地帯であったからだ。日本はドイツに味方して火事場泥棒的に蘭印を影響下におくか、それとも中立国のアメリカやイタリアと提携して蘭印を共同管理にとどめるべきか、小林の日記には、二つの選択肢を前にした日本が取るべき方針が綴《つづ》られているが、小林も、まさか日本が前者を選択するとは思いもかけなかったのだろう。

戦局は、使節団がイタリア各地を歴訪してファシスト特有の派手な歓迎を受けている間にもどんどん変化し、六月上旬にはパリ陥落は必至という状況になってきた。すると、日和見を決め込んでいたムッソリーニがドイツ側に立って参戦を決意。かくて六月十日午後六時には英仏に対する宣戦布告演説がラジオを通してイタリア中に拡まったのである。

ヴェネチアのサン・マルコ広場でムッソリーニの演説を聞いた小林は、この日の日記にこう記している。

一同サロンに集まつて佐藤大使を囲み、既にイタリヤが参戦したる以上は、使節団一行の方針も亦自《またおのず》から変更善処する必要を語り、明日の計画を中止、直《ただち》にローマに帰り天羽大使と共に、其《その》善後策を講ずることに決定した。（中略）私は十五日ローマに帰り、榛名《はるな》丸が六月三十日頃に出発する、それ迄《まで》二週間あまりもあるので、真当に此《この》国の財政経済等の方面を調査して見たい、其調査の方法等大分腹案が出来て居るのでそれを楽《たのし》んで居つた。（中略）うんと勉強してやらうと楽《たのし》んだ甲斐もなく、私の空想は第一に伊太利《イタリー》参戦の発表にて失敗し、第二にそれが為めに一行急遽《きゅうきょ》帰国せざるべからざる事情に於て、すべての調査を放棄しなければならないので失敗した。何の為《た》めに伊太利に来たのか、考えてみると来たことが大失敗である（中略）伊太利の参戦につゞいて、米国はどうするだらう、同時に、日本はどうなるだらう。結局参戦しなくてはならない立場に運命づけられるかもしれない。ゑらい人が一人、あればよいと思ふ。日本を指導し得るゑらい人はないだらうか。

あるいはこの時に感じた空しさと心細さが、後に小林をして大臣就任要請を受諾せしめることになったのかもしれない。日本には「指導し得るゑらい人」が一人もいないのだから、機会が訪れれば自分が先頭に立って舵取りをしなければならないという思いに駆られたのだろうか？

政界進出の予兆

そうした政界進出の予兆は旅行中にもすでに現れていたようである。

一つはイタリアでの公式日程を終え、自由行動に移ろうとしていた六月十三日に、ローマの日本大使館に外務大臣からの電報が来ていると教えられたことである。実業界の希望もあり、蘭領東インド諸島に使節として出掛けてほしい旨の内容だったが、小林は、ドイツと英仏との戦争の行く末がはっきりしない以上、断るしかないと判断し、この提案には乗らないことを決めた。

もう一つはベルリン経由でシベリア鉄道に乗り、ハルピン、新京を経て大連に至り、日本に向けて船出しようとしていた時のことである。七月二十日の日記にはこうある。

大連を出発する時、大阪朝日の支局長が来て、私が近衛内閣の商工大臣に選抜せられるといふ評判であるが、何等かの交渉がありましたかといふ質問を受けたので、そういふ予感も何《な》んにもないことを返事した。船中へ、箱根富士屋ホテルに居る名取《なとり》〔和作《わさく》〕君からこういふ電報が来た。

御無事帰朝御目出度《おめでと》う　池田さんも昨日よりこゝに居る　今度の組閣は□□□なり　君の入閣説しきりなり

と氏は言ふ。

この文面から判断する限り、小林を近衛に推したのは第一次近衛改造内閣で大蔵大臣兼商工大臣を務めた池田成彬《しげあき》であったことがわかる。池田は、平沼騏一郎《きいちろう》内閣崩壊後に、西園寺公望《さいおんじきんもち》によって首相に推輓されたが、軍部の反対で組閣を断念。結局、このときは陸軍の推す阿部信行《のぶゆき》に大命が降下したが、池田が政権に一番近いところにいたことは確かで、もし池田成彬内閣が成立していたら、あるいは日本の運命も変わっていたかもしれない。その後も、池田は近衛の側近として意見を具申していたが、思想的には、統制経済派寄りの近衛とは異なり、自由主義経済派だった。

そこで、昭和十五年七月に近衛文麿に大命が降下し、組閣準備が行われると、池田は、統制派一辺倒になりかねない近衛を牽制するために、統制経済と自由主義経済の折衷を主張している小林を商工大臣に強く推したものと思われる。池田は東京電燈の立て直しで小林の力量を認識していたので、自分の代役として小林に白羽の矢を立てたのである。池田内閣成立に際しては強硬に反対した軍部も、小林が折衷派であるという点を考慮したのか、あえて反対を唱えなかった。あるいは、小林がジャーナリズムで展開した「新資本主義」を是とする景山大佐一派の影響力が働いたのかもしれない。

ちなみに名取和作とは時事新報社社長で、池田とも小林とも親しく、近衛との連絡係も務めた。その息子が、写真家の名取洋之助である。

一方、小林はというと、推薦が池田から出ていることを知ると、俄に政界進出への意欲を示し始めたようである。七月二十日の日記の続きにはこうある。

若《も》し私にお前は実際、何をやり度《た》いかと質問する先輩があるならば、電力の国策問題を解決したい立場から逓信《ていしん》大臣に、財政に理想を持つてゐる立場からは大蔵大臣ならば引受けてやつて見せる勇気を持つてゐるけれど、恐らく、世間は、もし存在するならば宣伝省が一番適任だといふ風に誤解するだらう。

かくて、本章の冒頭で記したように翌七月二十一日には近衛から公電が入ったため、小林は二十二日には福岡空港から羽田に着くとすぐに近衛と面談して入閣を承諾、午後十時から親任式に臨むこととなったのである。

強まる近衛内閣への疑念

では、第二次近衛内閣で小林は商工大臣として、実業界と同じように改革の辣腕《らつわん》を振るえたのか？

まず第一に指摘しなければならないのは、第二次近衛内閣の性格である。この内閣に課せられた使命は泥沼化した日中戦争を早期に終わらせることにあったはずである。国民の多くもそれを期待していた。ところが、打ち出された基本方針は、どれもこれも日中戦争を終結させるどころか、その反対を行くが如きものばかりであった。それもそのはず、いずれもヨーロッパにおけるナチス・ドイツの快進撃に幻惑された政治家（とりわけ松岡洋右《ようすけ》）と陸軍が「ヨーロッパにおける覇者はドイツ」と信じて、「バスに乗り遅れるな」の合言葉のもとにつくり出した政策だったのである。

すなわち、一つは、日中戦争を終わらせようと蔣介石率いる中国国民党軍を支援するための援《えん》蔣《しょう》ルートを通じて大量の武器援助を行っているアメリカ、イギリスに圧力をかけるためには、ドイツとイタリアの力を借りなければならないとする不思議な思考を働かせて、一時頓挫していた三国同盟締結のための日独交渉を水面下で活発化させたことである。

もう一つは、ドイツの支配下に入ったフランスとオランダがアジアに有する植民地（仏印《ふついん》と蘭印）への影響力拡大政策（いわゆる「南進政策」）が「大東亜新秩序建設」の美名のもとに展開されたことである。

どちらも、アメリカに圧力をかけるどころかいっそうその反撥を強めさせ、日本への強硬策を発動せしめる愚劣きわまる政策以外のなにものでもないが、内閣首脳、とりわけこの外交政策の推進役であった外相・松岡洋右はそう考えていなかったのである。

そのことは、『昭和天皇独白録』（文春文庫）で昭和天皇が語っている通りである。

同盟論者の趣旨は、ソ聯《れん》を抱きこんで、日独伊ソの同盟を以て英米に対抗し以て日本の対米発言権を有力ならしめんとするにあるが、一方独乙《ドイツ》の方から云はすれば、以て米国の対独参戦を牽制防止せんとするにあつたのである。（中略）日独同盟を結んでも米国は立たぬと云ふのが松岡の肚《はら》である。松岡は米国には国民の半数に及ぶ独乙種がゐるから之《これ》が時に応じて起《た》つと信んじて居た、吉田〔善吾、海相――引用者注〕は之を真に受けたのだ。

近衛第二次内閣の政策要綱は大変おかしな話だが、近衛、松岡、東条〔英機《ひでき》・陸相――原

注）、吉田の四人で組閣の機に已《すで》に定めて終《しま》つた。

吉田は海軍を代表して同盟論に賛成したのだが、内閣が発足すると間もなく、米国は軍備に着手し出した、之は内閣の予想に反した事で吉田は驚いた、そして心配の余り強度の神経衰弱にかゝり、自殺を企てたが止められて果さず後辞職した。

つまり、小林が商工大臣として入閣しても、内閣の基本政策は「近衛、松岡、東条、吉田の四人で組閣の機に已に定めて終つた」のだからなす術はなく、昭和十五年七月二十六日に「大東亜新秩序建設」をスローガンとする「基本国策要綱」が閣議決定されるさいにもこれに反対を唱えることさえできなかったのである。

それどころか、小林は商工大臣には不似合いな困難な職務を与えられて「大東亜新秩序建設」の一翼を担わされることになる。すなわち、蘭領印度特派使節の代表として八月三十日に東京を発って、バタビア（現・ジャカルタ）に向かうのである。この旅行の詳細は「蘭印使節日記」に詳しいが、しかし、これを読んでみると、「おいおい、使節代表がそんな懐疑的でいいのか？」と半畳を入れたくなるほどに、与えられた使命に対する疑念は深いのである。

バタビアへの船上にある九月五日の日記にははっきりとこう記されている。

我国としては、国の存立の必要から其《その》必要材料を、勢ひ蘭印に求めざるを得ない立場になつて、所謂《いわゆる》南進政策なるものが、俄かに、表面化したのであるが、此《この》日本の立場に対し、欧米各国はこれを理解しこれに同情し、これを支持する国は恐らく一ケ国もあるまいと思ふ。

しかし、こう思いながらも内閣から与えられた石油三〇〇万トン五ヵ年買付契約の使命を果たさなければならないので、小林は蘭印総督との困難な交渉に臨んだが、蘭印側はアメリカの強力なバックアップがあったためか、ノラリクラリと日本側の要求をかわし、最低限の回答しか用意しないよう努めた。そのため、いっこうに埒《らち》が明かないままにいたずらに時間が経過していったのである。

そうしているうちに、九月二十七日、夜遅くホテルに戻った時、小林は日独伊三国同盟が締結された事実を知った。小林は、この事実を頭に入れてその後の展開を、①アメリカが参戦しない場合、②アメリカが参戦する場合、③アメリカが参戦する前に日本が軍事行動を起こす場合、など幾通りにもシミュレーションしてみたが、結局、日本の本当の戦力を摑むことができないために結論は引き出せなかった。本当のことをいえば三国同盟を推し進めた近衛や松岡にさえ正確な日本の戦力はわかっていなかったのである。小林に予測が立つわけはなかった。

しかし、現実には、三国同盟の影響はただちに表れた。アメリカの意向を汲んだ蘭印総督は予想を上回る強気の回答をよこし、再交渉にもかかわらず、目標とする三〇〇万トンのうち、東京ですでに契約していた一五〇万トンに加えて七三万トンの上積みを得たにとどまったのである。

小林は十月三十一日、翌日、神戸港へ入港予定の船の中で近衛首相と松岡外相宛ての報告書を作成し、日本が蘭印に手を出したためにアメリカの参戦を招き、世界戦争を招来させたという国際非難を浴びないよう、万一強硬な手段に訴え出る場合でも、「世界をして日本の言ふ事は至極《しごく》尤《もっとも》だ、日本としては止《やむ》をえない立場だと納得せしむる方法を選ぶことがよいと思ふ」と進言したが、しかし、その本音はというと、十月十九日の日記に記された次のようなものだったのである。

私は英雄にもなれなければ外交官たるの資格は無いやうな気がする。（中略）此国《このくに》の物資は日本としてはどうしても自足自給する為《た》めに必要であるからと高飛車に出つゝある工作は、勿論《もちろん》日本としては不得止《やむをえない》事情と、国家百年の大計から私達使節が、通商協定だとか、日蘭会商だとか、共栄共存だとか、筋を立てゝ乗り出して来るのは、東亜共栄圏の大方針に基くものので、俯仰《ふぎょう》天地に愧《はじ》ずとは言ふものゝ、人情負けに気の弱い私なぞは、白々しい外交官的の態度はどうも不向《ふむき》のやうに思ふので閉口である。

続けて、小林は実業界に身を置いていたからこそ今日までやってこられたのであり、政界に身を置いたのは失敗だったのではないかと疑念を書き連ねている。

しかし、帰国後に待ち受けていた試練は予想をはるかに超えたものであり、以後、小林はことあるごとに自己の選択の誤りを痛感するはめになるのである。

第十六章　国政篇④　革新官僚との戦い

小林の逆鱗に触れた「経済新体制」

昭和十五（一九四〇）年十一月一日、蘭領印度（オランダ領東インド、現在のインドネシア）から戻った小林一三は神戸の土を踏むまもなく、新たな戦いの準備に取りかからなければならなかった。革新官僚の牙城である企画院が作成した「経済新体制」（正式名は「経済新体制確立要綱」）原案を完膚《かんぷ》無きまでに粉砕するための戦闘準備である。

ところで、これまで小林一三の伝記を何種類か読んだが、この「経済新体制」の原案なるものがなにゆえに小林の逆鱗に触れたのか、そのあたりがまったく解明されていないという印象を受けた。ほとんどの伝記は最も初期に書かれた三宅晴輝『小林一三伝』（東洋書館、一九五四年）に依拠しているようだが、三宅のこの伝記には原案そのものは取り上げられていない。昭和十五年九月頃の新聞に載った「経済新体制」原案の曖昧な要約があるだけで、次にそれに対するコメントが来る。すなわち、「大体、『指導者原理』の確立、経済と資本の分離、利潤の抑制など、ナチス流の経済統制思想をもって、日本の経済体制を再編成しようとするものであることだけは、一般世間からも想像されていた」としているが、「経済新体制」の原案については不明のままなのである。

では、他の小林一三伝はどうかというと、小島直記『鬼才縦横――小林一三の生涯』は、この箇所に関してはほとんど三宅の伝記の丸写しである。たとえば、右に引用した部分は「『指導者原理』を確立、『資本と経営』を分離、利潤抑制等、ナチスを真似した統制経済思想をもって日本の経済体制を再編成しようとしていることを世間も感づいていた」というように、テニヲハを入れ替えただけの代物で、それ以下のテクストも三宅の要約にすぎない。

というわけで、われわれとしては、企画院作成の「経済新体制確立要綱」原案がいかなるものであったかを突き止め、そして、それがどうして小林を激しく反撥させて、財界とともに、これを骨抜き法案となるよう抵抗を組織したのかを解明しなければならない。

まず、わかっていることからいくと、「経済新体制確立要綱」は昭和十五年七月十九日に企画院によって第一試案が作成され、これが九月十三日の第二試案を経て、九月二十八日に企画院原案となったこと、および、この原案は商工省との折衝によってさらに変更されて十月二十五日に修正案として関係閣僚に配布されたことである。これらのうち、九月二十八日原案と十月二十五日修正案は日本政治学会編『「近衛《このえ》新体制」の研究　年報政治学1972』(岩波書店)収録の中村隆英・原朗の論文「『経済新体制』」に、附録一、二として掲載されている。

ところで、企画院の試案が原案、修正案となる間、所管大臣の一人である小林は蘭印出張中であったから、第一、第二試案も修正案も企画院と商工省の革新官僚たちによってクーデター的に準備されたものといえた。

しかし、革新官僚による経済的クーデターといっても、現代の読者はなんのことかさっぱりわからないだろうから、ここでもう一度、革新官僚と「近衛新体制」と呼ばれた翼賛体制について簡単な説明を加えておく。

近衛新体制の源流「昭和研究会」

近衛新体制と呼ばれる翼賛体制の源流に位置するのが、昭和八（一九三三）年に近衛文麿《ふみまろ》のブレーンの一人だった後藤隆《りゅう》之《の》助《すけ》（一八八八～一九八四）が設立した「昭和研究会」にあることは衆目の一致するところである。

近衛と一高・京都帝国大学で同級だった後藤は学生時代に鎌倉の建長寺に参禅したとき、志賀直哉《なおや》の叔父である志賀直方《なおかた》と知り合い、卒業後、志賀が理事を務めていた大日本連合青年団に入り青年団運動に従事して農村問題に関わるようになった。

昭和七（一九三二）年に欧米視察の旅に出て、ベルリンではヒットラーの演説に耳を傾け、モスクワではレーニン廟に詣でるスターリンと接近遭遇、さらにアメリカではルーズヴェルトのニューディール政策に感銘を受ける。翌年、帰国すると、社会大衆党の亀井貫一郎《かんいちろう》と接触し、資本主義の行き過ぎから生まれる諸問題、とくに農村の貧困を研究する必要を痛感し、旧友近衛文麿と連絡をとってまず後藤隆之助事務所を設立、これを同年末に「昭和研究会」と改称して、政治・経済・文化・社会などの総合的研究会を組織する。当初から後藤のブレーンとして加わったのは政治学者の蠟山政道《ろうやままさみち》で、このコネでの自由主義経済学者（河合栄治郎、高橋亀吉《かめきち》）や農業経済学者（東畑《とうばた》精一、佐藤寛次《かんじ》）、それに多くの転向マルクス主義経済学者が、また後藤の社会大衆党コネで麻生久《あそうひさし》などの政治家が、おそらくは志賀直方コネで海軍から石川信吾、陸軍から鈴木貞一《ていいち》といった政治的軍人が、近衛コネで有馬頼寧《ありまよりやす》などの貴族院議員が参加し、さらに井川忠雄《いかわただお》などの革新官僚がこれに加わった。

昭和九（一九三四）年にはそのマニフェストである「昭和国策要綱」が蠟山政道の手で練り上げられたが、そこで三つのスローガンとして掲げられたのが「憲法の範囲内での国内改革」「既成政党反対」「反ファシズム」だったことからも推測がつくように、この段階では右とも左ともつかぬ中立的な研究団体だった。しかし、二・二六事件後に近衛待望論がにわかに高まったことから、「昭和研究会」に内在した「資本主義の行き過ぎに対する国家統制」「政党政治を超越する政治組織の待望」の二つの傾向が顕著になる。そして、このあたりから、総力戦体制を目指す陸海軍の統制派軍人と社会大衆党のポピュリスト的労働運動家、および日本経済の劇的な構造的転換を夢見る転向マルクス主義経済学者といったさまざまな潮流が、奇妙な同床異夢を見て「昭和研究会」になだれこみ、これを反ファシズムどころかプロト・ファシズムの推進母体へと変えてしまうのである。

この傾向に拍車を掛けたのが、意外なことに第一次近衛内閣発足の一ヵ月後に勃発した日中戦争であった。というのも、日中戦争は、反資本主義的統制経済と反政党政治という「昭和研究会」の二つの眼目に、「東洋民族解放」のために見返りを求めずに戦争を遂行するという「聖戦イデオロギー」を被せる形になり、二大主張がにわかに実現可能になるという幻想を「昭和研究会」の参加者に与えたからである。一言でいえば、「昭和研究会」から生まれた近衛新体制は、日中戦争で挫折するどころか、「東洋平和」の「新秩序」を作り出すための聖戦という国体イデオロギーの獲得により純化し、ファシズムそのものとなったのである。

理論的支柱・転向マルクス主義

では、日中戦争を機に日本型ファシズムの典型となった「昭和研究会」をイデオロギー的に領導したのは誰かというと、政治では蠟山政道の「東亜協同体論」、文化では哲学者・三木清《みききよし》の「近代の超克論」、経済では朝日新聞記者・笠信太郎《りゅうしんたろう》の「日本経済の再編成論」であったが、ここでは、焦点を経済セクターに絞ってその主張を概観してみよう。

まず、われわれが疑問に感じるのは、笠をはじめとする転向マルクス主義者たちが現代の基準からするとファッショ的としか見えない「昭和研究会」に加わり、近衛新秩序を積極的に肯定したのはなぜかということだが、それは次のような論理に基づいていたと思われる。すなわちマルクスのいうように高度工業資本主義国でのみ革命が「自動的に」達成されるとするならば、重工業を重視する軍部統制派の総力戦体制論は日本を農業国から先進工業国へと脱皮させて革命の準備段階を作り出す千載一遇のチャンスではないのか、というものである。

有馬学は『日本の歴史23　帝国の昭和』（講談社）において、大河内一男《おおこうちかずお》や風早八十二《かざはやそじ》らの転向マルクス主義者が一九三〇年代後半に著した著作を検証してその論理をこうまとめている。

> 農業部門の比重の高さと軽工業中心の産業構造は、日本社会の後進性の根拠そのものであった。しかしそのような遅れた産業構造は、戦時体制が否応なしに要求する重工業化の進行によって、根底から「再編成」されるのである。これは日本の社会構造そのものの後進性が、根底から覆るというのと同じだ。（中略）ここにわれわれは、近代化理論としての転向マル

クス主義といったものを想定して差し支えないのではなかろうか。

こうした「総力戦体制」を「日本の後進性を打破する構造改革」と見なす転向マルクス主義者の象徴的存在が笠信太郎であった。笠は「昭和研究会」で知り合った経済学者・有沢広巳《ありさわひろみ》が第二次人民戦線事件（教授グループ事件）で保釈中ゆえに名前を出せないことから、有沢が書いた第一稿をもとにジャーナリスト的なわかりやすい文体に落としこみ、『日本経済の再編成』と題して昭和十四（一九三九）年に単独名義で中央公論社から出版した。これが大きな反響を呼び、諸官庁に在籍していた転向マルクス主義者（いわゆる革新官僚）に俄然注目されるに至ったのである。では、『日本経済の再編成』で笠信太郎が展開した論理とはいかなるものであったのか？　源川真希『近衛新体制の思想と政治』（有志舎）はこれを次のように要約している。

経済新体制構想の理論的背景として重要な役割を果たした笠信太郎『日本経済の再編成』によれば、生産拡充、物価安定、財政整理などの当面する経済問題解決のため、利潤の統制が最も重要な政策として位置づけられていた。そのため配当制限、さらには経理公開が必要だとされる。また笠は、経済活動の原動力であるとみなされている個人の営利心を再解釈した。つまり高度に発展した企業組織において経済的活動は職能的に分化しており、経営者は資本の全面的支配から解放されることで、事業における創意の自由を確保しうる。また個々の従業員は営利心によって動いているのではなく、その職能的役割を果たすことに原動力を見出している。よって利潤第一主義を転換し、職能的活動を第一とする必要があるという。

経済新体制は、利潤獲得の自由や企業活動に国家が介入するというだけではなく、経済運営の秩序を根本的に変革しようという思想的背景を有するものであった。

ことほどさように『日本経済の再編成』は、予想に反してかなり根源的な問題を扱っている本であった。つまり、「人は利益のために働くと幸福にはなれないが、労働が気質にあっていておもしろいときには幸福になれる」とするフーリエ経由のマルクスの労働疎外論を踏まえており、この意味では「利潤第一主義を転換し、職能的活動を第一とする必要がある」という議論はいまでもある程度の有効性をもっているはずなのだ。事実、近衛新体制に関する最も包括的な本である『近衛新体制と大政翼賛会』（岩波書店）において著者の赤木須留喜は『日本経済の再編成』を「名著」と呼んではばからず、その骨子をこんなかたちに纏めている。

笠のこの著作に接して行くと、「統制」は必要であり、それには、国家が上から民間の企業を管理する形での統制と、それとは別に、統制が国家の「監督」によってではなく、国民の側の「自主」によって動くものとなる形とがあり、この後者があるべき統制の形であるというのである。

「ふーむ」と唸《うな》らざるをえない議論である。なぜか？　私見によれば、「国民の側の『自主』によって動く」統制こそまさしくファシズムの本質にほかならないからである。ファシズムが本物になるのは、上からの統制によるのではない。むしろ、下からの自主的な統制が働くことによって初めて本物となるのだ。それは、ファシズムを徹底的に分析したイアン・カーショーの『ヒトラー』（上・下、白水社）の次のような一節を参照すれば明らかである。

ヒトラーの個人支配は、下からの急進的なイニシアティヴを誘発し、ヒトラーがゆるく規定する目標と一致するかぎり、そうしたイニシアティヴを後押しした。（中略）「総統の意をくんで働く」ことにより、イニシアティヴが発揮され、圧力が生じ、法制化が進んだ。それらすべては、独裁者たるヒトラーが命ずるまでもなく、ヒトラーが目指すと考えられる方向と一致するように行われた。（石田勇治監修・川喜田敦子訳）

このように笠とその協力者は「昭和研究会」においてナチ・ドイツの経済構造を徹底研究し、いわばドイツにおいては自然発生的に起こった「下からの急進的なイニシアティヴ」を人為的に起こすにはどうしたらいいかと考察したあげくに、ナチの経済構造の独裁的性格に代えるに民間企業の自主的協同をもってするという結論に落ち着いたのであるが、これは「忖度《そんたく》」を国民性の一つにする日本人にはジャスト・フィットするものだった。

この意味で、『日本経済の再編成』は、もし天才的な純正ファシストというものが日本に存在していたとするなら、完璧なファシズム体制を築くために拳々服膺《けんけんふくよう》すべき最高の教科書となるはずのものであった。とくに、民間の自主的統制の重要性を強調した結論部分はまさに「ハウ・トゥー・ファシズム」の核心部分だった。

だが、現実には、幸か不幸か、そのような天才的な純正ファシストというものは戦前の日本には存在していなかった。というのも、『日本経済の再編成』に大いにインスパイアされた企画院の革新官僚（商工省の美濃部《みのべ》洋次、大蔵省の迫水久常《さこみずひさつね》、興亜院の毛里英於菟《もうりひでおと》）たちが陸軍統制派（秋《あき》永月三《ながつきぞう》陸軍大佐）と協力して昭和十五（一九四〇）年八月から九月にかけて作り上げた「経済新体制確立要綱」は、『日本経済の再編成』の核心ともいうべき民間企業の自主的協同という部分が見事に抜け落ち、「上からの統制」だけが突出した官僚統制プランになっていたからである。

「経済新体制確立要綱」を子細に検討した唯一の研究といえる前掲中村・原論文は、九月二十八日案は、革新官僚の支配欲が最も露骨に出たものとして、たんに「企業経営の公共性」や「経営者の公的人格」を強調するだけでなく、「必要ト認メタルトキ」の国営化、さらには企業を「生産ノ増強ヲ目途《めど》トスル計画的、技術的見地ヨリ分離結合シ再編成」する権利を政府に付与するもので、「企業自体に対する『官僚』の正面からの攻勢とうけとられても不思議のないものであった」としている。また、九月二十八日案は政府が指導者を任命する全産業統括の「最高経済組織」を頂点にしてピラミッド状に下に伸びていく上意下達組織を明示して、全産業が政府に統括される完璧な統制構造を示していた。そして、中村・原の論文は以上の分析からこう結論する。

かつて、笠が「自主統制」あるいは「一個の自己運行的なシステム」として構想した「経済新体制」は、みごとに政府の、政府のための、政府による「統制機構」として、換骨奪胎されてしまったのである。骨子は笠の発想を生かし、資本と経営の分離を看板にかかげつつ、経済界の主導権を完全に掌握しようとするのがこの内容であったとすれば、これは一種の傑作といってよいかもしれない。

この九月案が新聞などで報じられると、財界が激しく反撥した。中村・原論文によると、その反撥の理由は次のようなものであった。

企業の利潤動機を制限することは、「生産を阻害し危険である」。「真の事業経営は資本と経営が完全に相投合する場合に最大の能率を挙げうる」のであるから、資本と経営の分離は必要ない。重役が株式総会ではなく、国家の任免となるなら、創意は発揮できず、コストが度外視されるので非能率がまかり通り、「ひいては国全体の採算が悪化する」、云々。

こうした財界の猛反撥に驚いた近衛政権は企画院原案に商工省が手を加える形で大幅な修正を施し、ここに十月二十五日に修正案が策定されたのであるが、まさにこのタイミングで小林が蘭印から復命してきたのである。

激闘の末、緒戦を勝利す

では、この企画院案に対して、小林はどのように反応しただろうか？

一一月一〇日商工大臣小林一三は丸の内の日本工業倶楽部での関西経済人との懇談会の席上企画院案をはげしく批判し、役人の中に「赤」がいると公然と非難した。（伊藤隆『大政翼賛会への道――近衛新体制』講談社学術文庫）

この「赤」発言に激しく怒ったのが、商工次官で革新官僚の総帥といわれた岸信介《のぶすけ》である。岸は新聞でこれを知ると、「赤」とは自分のことかと小林に激しくねじ込んだため、大臣と次官が全面的に対立するという異常事態が発生したが、十二月に至って、小林と岸との両方と親しい高《たか》碕《さき》達之助や鮎川義介《よしすけ》の仲介で一応、仲直りとなった。しかし、翌十六（一九四一）年に入ると、企画院事件の責任を取らされた岸による陰険な反撃が起こるのであるが、これについては後述する。

それはさておき、小林は、中村・原論文に補論として付けられた「『財界攻勢』の一断面（小川平吉文書）」から察すると、この「赤」発言の前後から、立場を同じくする政友会幹部の小川平吉や金光庸夫《つねお》厚生相たちと連携し、自由主義経済学者である渡辺銕蔵《てつぞう》や、古典派エコノミストで観念右翼でもある山本勝市《かついち》などに情報をリークしながら、反対陣営を構築しようと努めていたようである。

そうした工作と根回しが成功したのが前年の十一月十二日に修正案協議のために開かれた経済閣僚懇談会である。というのも、この経済閣僚懇談会においては、小林一三商工相、村田省蔵逓信相、小川郷太郎《ごうたろう》鉄道相、金光庸夫厚生相などが企画院修正案に対して激しくかみつき、強力な反対論が唱えられたからである。十一月十五日、二十二日、二十六日、二十七日と続けて開かれた同懇談会においても容易に決定を見なかった。

やがて、反対の大合唱は政府内部から外部へと広がっていった。「第二次・第三次近衛内閣政治経済報告」を参照しながら、赤木須留喜は『近衛新体制と大政翼賛会』の注の中でこう述べている。

「翼賛会ハ赤ダ」という言葉を用いた右翼団体の翼賛会攻撃の「怪文書」が「横行」し、これを、「赤」とは直接的な関係のない官僚的統制を攻撃する手段にしたてる財界筋の反抗は鮮かで、とくにこの宣伝は多くの中小工業者小市民に「有効」であるばかりでなく、右翼の攻撃は、主として企画官庁の企画院第一部それも審議室に向けられた点で有効であった。とりわけ、経済新体制構想を審議する経済閣僚懇談会には、陸海軍大臣が出席しないということもあって、反攻は効果的であった。

その結果、十二月一日に開かれた経済閣僚懇談会では、小林商工相がまず修正案を作り、小川鉄道相がこれに補筆して十月二十五日案を完全に骨抜きにした修正案が作成されたのだが、今度は企画院とタッグを組んだ陸軍統制派から猛烈な巻き返しが起こり、経済閣僚懇談会の修正案はさらなる修正を受けることとなる。

すなわち、経済閣僚懇談会修正案が閣僚や内閣参議、大政翼賛会常任総務などに提示されると、軍部大臣などから修正案はあまりに財界の主張を容れすぎているという反論が起こり、十二月六日の閣議において、東条英機陸軍相から再修正が要求されたのである。その結果、六日に予定されていた経済閣僚懇談会は中止となり、経済閣僚と軍部との協議が重ねられたあげく、最終的に、小川鉄道相の東条再修正案に対する再々調整が行われて、ようやく両方の陣営で妥協が成立、七日午後の臨時閣議で「経済新体制確立要綱」は閣議決定を見たのである。ちなみに、この「経済新体制確立要綱」は『現代史資料43　国家総動員1　経済』(みすず書房)及び国立公文書館アジア歴史資料研究センターのウェブサイトで公開されている。

では、その内容はどうかというと、実質的には、経済閣僚陣営の全面勝利といえた。というのも、軍部大臣側の再修正は、高度国防国家体制の確立を経済新体制の目標とするという一項が加えられたこと、経済閣僚修正案にあった「経済計画」を「計画経済」に戻したこと、および指導者原理が強調されたことなどの三点に止《とど》まったからである。

懇談会案において大幅にその主張を認めさせた財界は、ここでやや精神的な意味で統制理念を強調する表現については妥協する態度を示したのである。（中村隆英・原朗「『経済新体制』」）

と、ここまでは小林商工相を中心とした経済閣僚懇談会側が圧倒的に優勢だったが、年が明けて昭和十六年に入ると、革新官僚と陸軍統制派は小林を格好の標的に選び、再度巻き返しに出る。そして、その過程において小林は「大臣落第」の憂き目を見ることになるのである。

第十七章　国政篇⑤　怪物次官・岸信介との仁義なき戦い

「商工大臣はお飾り」

小林一三は昭和十五（一九四〇）年七月に第二次近衛内閣の商工大臣に就任したとき、商工次官の岸信介《のぶすけ》がどんな人物であるかを知らなかった。それどころか、商工省がどんな役所であるか、さらにいえば役人というのがどんな人種であるかさえ理解していなかった。

対するに、商工次官の岸信介もまた、小林一三という新しい大臣がどんな人間なのかをまったく知らなかった。岸自身が『岸信介の回想』（岸信介・矢次《やつぎ》一夫・伊藤隆著、文春学藝ライブラリー）で、そう言っている。しかし、岸は商工大臣というものがどんなものかはよくわかっていた。なぜなら、「国家、それは私だ（朕は国家なり）」と言ったルイ十四世と同じく、岸は商工省は自分だと思い、大臣など傀儡《かいらい》にすぎないと見なしていたからである。そのことは岸自身が語る第二次近衛内閣における商工大臣誕生のエピソードから明らかである。

〔伯父である外相・松岡洋右《ようすけ》が〕お前が〔企画院総裁兼国務大臣になり〕商工省を今去ることができないというなら、近衛さんはお前を商工大臣にすると言っているという。私は企画院の方はすぐ断わったけれど、今度は少し考えさせてくれと言って、次の日に、いろいろ考えてみたが、自分がいま商工大臣になると、まるで抜身《ぬきみ》をひっさげて登場したような感じを財界はもつだろう。その当時はまだ本当の軍事体制ではなく、準軍事体制のような状況だから、まだ抜身を突きつけるのは早過ぎる。だから商工大臣は財界の人にして、自分は次官にとどまりたい、という話をした。

岸は同書の資料篇に収録された「断想録（全）。巣鴨獄中にて」（以下、「獄中手記」とする）でもほぼ同じことを証言しているが、そこではもっと露骨に商工大臣辞退の理由が開陳されている。

「私の商相就任は抜身の刀を振りまはすの感がある。刀は鞘《さや》に収めて置いた方がよろしいと思はれる。」と答へたのであつた。

つまり、革新官僚の中でもナンバーワンの切れ者と自負する岸は、自分が商工大臣に就任すれば、「抜身の刀」そのものが登場して財界の自由主義者たちに直接的な脅威と映るだろうから、「抜身の刀」である自分は商工次官として奥に控え、その「鞘」として、つまり隠れ蓑として任意の財界人を商工大臣に据えておくのが得策だと判断したというのである。事実、米内光政《よないみつまさ》内閣で藤原銀次郎が商工大臣を務めていたときには、この「鞘」と「抜身」の関係はうまくいっていたと岸は語っている。

藤原商相の下に相当思ふ儘《まま》に手腕を振《ふる》ひ得たる記憶の新《あらた》なること、及び未《いま》だ年少の事でもあり急いで大臣にならなくとも遠からず其《その》機会は来るものと確信せられたから、最少《もうすこ》し次官として実質的に自由に手腕を振つて見たかつたのである。(「獄中手記」)

要するに、「抜身」である自分が実質的な商工大臣であるのだから、「鞘」としての大臣に誰が座ろうと、そんなことは関係がないという心意気だったのである。そして、大臣打診を断った二日後に近衛に呼び出されて荻外荘《てきがいそう》に来るように言われたときには、近衛に直接、就任辞退の理由を述べたが、そのときに近衛からこう言われたのである。

公は「さうですか、判りました。然《しか》し私は実質的には貴方を商工大臣と思ひますから、其《そ》の積りでやつて下さい。」と云はれ、年若《としわか》の余としては感激せざるを得なかつた。続いて商工大臣には何人《なんぴと》を適当とするやと質問せられ、余の返事に躊躇《ちゅうちょ》して居ると、「小林一三君はどうですか。」と尋ねられた。小林氏は余の未知の人であり、世間では毀誉《きよ》半ばする人と思ふが、別に余としては意見のない旨を答へた。「それでは小林君の下で次官をやつて呉《く》れますか。」と云はれ、喜んでやる旨を答へると、「それでは商工大臣は小林君にしませう。」と決められた。(「獄中手記」)

このやりとりから判断するかぎり、商工大臣をお飾りと考えていた点では、岸ばかりではなく、近衛も同じだったということになる。では、小林と岸という、どう見ても合わない強烈な個性が初顔合わせをしたときには、それぞれがどのような対応をしたのか、非常に興味あるところだが、「獄中手記」にはこうある。

小林商相は就任後一週間もたゝぬ或日《ある》、余を大臣室に呼び入れ、「世間では余と君と喧嘩をすると云つて居るが、余は君とは喧嘩はしないよ。余は若い時から喧嘩は随分やつて来た。喧嘩して損したことは決してない喧嘩上手である。君と喧嘩して勝つて見た処《ところ》が、小林もい丶歳をして苦労人らしくもないと云はれるであらうし、負ければ何だといふことになり、何《いず》れにしても損ばかりで得のない喧嘩だから、そんな馬鹿なことはせぬよ。」との誠に予期しないことが云はれた。

しかし、この初顔合わせの後すぐに小林は蘭印に向けて出発してしまったのだから、喧嘩の起こりようはなかった。にわかに険悪な空気が立ち込めてきたのは、小林が十一月一日に帰国してからのことである。

岸の獄中記の続きを読むと、おおよそ次のようなことがしたためられている。すなわち、小林が帰任したので、岸が留守中の事務報告および企画院と商工省が合同で作成した経済新体制の原案説明をしようと大臣室に出向いたところ、大臣自ら考えるところがあるから説明は聞かぬという返事が返ってきたというのだ。この対応に岸は切れて、原案をどう扱うかは大臣の決定事項だが、事務局の説明を聞かないというのはどういうことかと強く抗議せざるをえなかった。また、経済閣僚懇談会が非公式に開かれたが、小林は守秘義務を盾に岸にはその内容を伝えなかった。

そうしているうちに、十一月十日の丸の内の日本工業倶楽部における小林の「アカ」発言問題が起こったのである。当然、岸は激しく反撥した。『岸信介の回想』にはこうある。

そこで私は小林さんのところにねじ込んだ。アカの思想とはどういうことだ。一私人小林一三がアカの思想だといわれようと何といわれようと問題はない。が、あなたは商工大臣だ。国務大臣として民間にそういう発言をされるとなるとこれは大変だ。一体アカの思想の根拠は何で、誰がアカなのか。あの決定をしたのがアカだというのなら、それは企画院でただでは納まりませんよ、とまあこういった具合です。

さすがは大臣をお飾りとしか見なしていない超大物次官だけのことはある。逆上するだけではなく、恫喝をきかせているところがすごい。実際、岸は星野直樹企画院総裁と連絡を取る一方、陸軍大臣の東条英機を動かして、前章で記したような修正を経済閣僚懇談会案に加え、いったん骨抜きにされた「経済新体制確立要綱」の基本精神を一部復活させ、後で再修正のきくような玉虫色に戻したのである。

この間、大臣と次官の大喧嘩は続いたままだった。それを見た両者の知人、すなわち満洲時代の岸の盟友である鮎川義介と、その鮎川の後任として満州重工業の総裁となった高碕《たかさき》達之助が連絡を取りあって仲介に入り、鮎川が高碕を東京に呼び寄せて両者の手打ちをセッティングしたのである。

十二月八日であつたと思ふが、余を大臣室に呼び、手を差し伸べて握手を求め、「もう君とのいきさつは綺麗に水に流し、何でも君の云ふ通りに盲判を押すよ。」とのことであつた。（「獄中手記」）

こうして和解がなったかに見えた両者の関係だが、実際には水面下で激しい暗闘が続いていたのである。

近衛首相の動揺と対立激化

一つは、小林の「アカ」発言でにわかに勢いづいた財界と政友会など既成政党、および「敵の敵は味方だ」の論理でこれと結びついた観念右翼の動きである。

旧政友会の長老であった小川平吉も一一月二二日に近衛に経済新体制案反対を書き送っただけでなく、経済新体制反対の論客であった山本勝市《かついち》とも相談し、政教社、黒龍会、愛国社などのいわゆる観念右翼と連携し、一二月一〇日には頭山満《とうやまみつる》、荒木貞夫、山本英輔《えいすけ》、四王天延孝《しおうてんのぶたか》、小笠原長生《ながなり》、井田磐楠《いわくす》、鵜沢総明《うざわふさあき》らと連名で意見書を近衛に手交した。（伊藤隆『大政翼賛会への道——近衛新体制』）

この動きによって激しく動揺したのが近衛首相その人である。なぜなら、近衛は、財界+既成政党＋観念右翼からなる反翼賛会派の持ち出した「翼賛会イコール幕府」論によって軌道修正を行う必要を感じ始めたからだ。では、この「翼賛会イコール幕府」論とはどのようなものなのか？

帝国憲法では天皇と国民の間には、輔弼《ほひつ》を規定された国務大臣、および協賛を規定された帝国議会以外には、政治的決定を行いうるような国家的制度は設置規定がない。しかるに、大政翼賛会という一国一党の政党の党首が同時に内閣首班となると、これは天皇と国民の間で統治者として権力を行使する機構、すなわち「幕府」となる。これは憲法違反であり、天皇大権を犯すことになるのではないか、というものである。

近衛はこの「翼賛会イコール幕府」論を持ち出されて動揺したばかりでなく、完全に腰砕けとなる。そのまぎれもない証拠は、近衛が十一月末から取り掛かった内閣改造である。近衛は革新派だった安井英二《えいじ》内相が辞意を漏らしたことをきっかけに観念右翼の頭目である平沼騏一郎《きいちろう》をまず十二月六日に無任所大臣として入閣させ、ついで十二月二十一日に安井に代えて内相に起用した。この平沼の内相起用で情勢は大きく変わるのである。というのも、平沼は小林の「アカ」発言を受けて、企画院の調査官に本当に共産主義者がいるのではないかと疑い、警察に内偵を命じたものと思われるからである。これは翌十六（一九四一）年一月にいわゆる企画院事件に発展し、和田博雄《ひろお》・勝間田《かつまた》清一《せいいち》・和田耕作などの高等官が逮捕されることになる。

これに対し、内務省の動きを察知した企画院の革新官僚は陸軍統制派と連携して反撃に転じる。その一連の動きは陸軍軍務局長・武藤章《あきら》のもとで軍務課員を務め、政界工作を担当すると同時に企画院事務官も兼任していた牧達夫が伊藤隆の日本近代史料研究会の求めに応じて語った『牧達夫氏談話速記録』収録の「軍の政治干与と国内情勢」によれば、次のようなものだった。

夫《そ》れは企画院作成の経済新体制案がどこからか既に民間に流布せられ、しかも共産主義だと批難せられていると言ふので憂慮した星野企画院総裁は武藤局長に対策を相談、両者より東条陸相に進言の上憲兵に依る捜査を行ったところ、前記の渡辺銕蔵《てつぞう》（博士）が〝赤〟だと非難した企画院の経済新体制案は実は小林商相より譲り受けたものだと申出《もうしで》た為遂に小林商相が取調べを受けるに至つたものである。

もっとも、この情報漏洩の件は小林が「注意」を受けただけで憲兵隊がそれ以上に踏み込むことはなかったらしいが、しかし、小林は間違いなくこれを岸次官の指示を受けた陸軍統制派の巻き返しと受け取った。

事実、この昭和十五（一九四〇）年暮れには、岸信介と小林の対立は陸軍統制派・軍務局長武藤章と観念右翼・平沼内相の対立へと発展し、それぞれが陸軍憲兵隊と内務省警視庁という「暴力装置」を使ってほとんど食うか食われるかの死闘を演じるという状態が現出していたのである。それは『岸信介の回想』に仲介役として立ち会った企画院委員・矢次一夫の証言からも明らかである。

企画院事件は狙いは新経済体制で、元兇は岸だというので、岸さんを引っ張ろうとする計画がたしかにあった。美濃部《みのべ》〔洋次〕、迫水《さこみず》〔久常《ひさつね》〕といった諸君が何かの口実で警視庁に呼ばれ、当時私は両君から話を聞いたけれども、私自身も狙われて、いつ引っ張られるかというところまでしばしばいった。もともとこれは陸軍の内紛とも関連するんです。武藤軍務局長対田中隆吉兵務局長、そして平沼内相のもとにいる橋本清吉警保局長対内閣にいる富田健治書記官長の大きな暗闘が昭和十五年に渦巻いた。

この文脈から判断すると、憲兵隊による小林の取り調べは岸信介・武藤章ラインからの先制攻撃であったということができる。これは小林にかなりの衝撃を与えたものと思われる。というのも、小林は平沼内相に相談をもちかけ、平沼から大臣なんだから商工省の人事は好きなようにやればいいというアドバイスを受けたからだ。平沼としては企画院事件の内偵が進んでいたこともあり、側面援助のつもりだったのだろう。

これに力を得た小林はまず岸の伯父である松岡外相に岸次官退任の要請を行い、埒《らち》が明かないとみるや、十二月二十三日に岸の自宅をいきなり訪問する。

十二月二十三日朝早く七時頃であつたと思ふが、突然商相が中野の自宅を訪ねられ、余は病床に在つたので妻が代つて面会した。すると筆紙を要求せられ、「君の辞表を貰《もら》ひに来た。すぐ出して貰ひたい。」と認《したた》めて寄越され余の進退に付《つい》ては十分に考慮した上で決したい旨を返事すると、更に「辞表が貰へるのですか、貰へないのですか」と平仮名と片仮名交りに乱暴に書かれた紙片が届けられた。「今は辞表は差し上げられません」とはつきりとお断りした。(「獄中手記」)

岸としては近衛から「実質的には貴方を商工大臣と思ひますから、其《そ》の積りでやって下さい」と言われた経緯があるので、近衛は自分の肩をもってくれるのではないかという期待があったから、おいそれと小林に辞表を提出するつもりはなかったのである。しかし、小林の岸邸訪問のニュースはまたたくまにマスコミに広がり、小林vs.岸の対立は反翼賛派vs.翼賛派の対立へとエスカレートしていった。岸としてもこれを黙視するわけにはいかなくなった。

余は近衛内閣成立の時の経緯もあることであるから、一応近衛首相の意中を確めて進退を決する考であつた。〔十二月〕二十七日であつたと記憶するが、電話で首相の意向を聞いた処《ところ》が「大臣と次官との衝突となれば、次官にやめて貰《もら》ふ外はありますまい」と極めて冷静に返事せられた。此《こ》の返事は余に取つては稍《やや》〻意外であつたけれども、別に職に恋々たる考《かんがえ》はなかつたからすぐに辞表を出す決意を堅めた。（「獄中手記」）

しかし、そのまますんなり辞表を出したのでは小林から「アカ」呼ばわりされたのを認めることになると考えた岸は、「誰か確かな政治家を立会人として立会はしめ、辞職の理由を明瞭ならしめ小林氏をして無責任なる放言を為さしめない様に工作し置く必要を認めた」（「獄中手記」）ので、翌日、秋田清《きよし》拓務大臣立ち会いのもと小林商工相に辞表を提出した。

小林としては、経済新体制要綱の骨抜きと並んで革新派の頭目である次官・岸の首を取ったのだから、全面的勝利といえた。気分よく、正月に池田の自宅に帰ると、記者団と会見し、翼賛体制阻止に成功したと怪気炎を上げた。

水面下で進行する小林大臣追い落とし工作

だが、翼賛体制の象徴的存在である岸を血祭りに上げられた陸軍統制派と革新官僚は黙ってはいなかった。ひそかに小林に対する反撃のチャンスを狙っていたのである。『牧達夫氏談話速記録』収録の「軍の政治干与と国内情勢」はこのあたりの経緯を生々しく暴露している。

何とか新官僚陣背後の親分的面目にかけても機を見て小林商相に反撃を加えなければならぬと言ふ感情が実際のところ軍務局当事者の脳裡を支配するに至ったからである。(勿論《もちろん》官僚側からの働きかけも相当強く作用していた)かくの如く軍と企画院とが折あらばと小林を狙っているうちに昭和十六年の新春第七十六議会を迎えた。さきに憲兵の取調べによる「機密漏洩」の件で経済新体制反対の巨頭小林商相をひっかけようとしたがその事自体は取上げるに値せずそのまゝになっていた所、今度の議会を好機とし再びそれを問題にして何とか追ひ打ちをかけようという事に軍務課内で内々の話が進んだ。

じつは、この新春第七十六議会では、例の「翼賛会イコール幕府」論を盾にした反翼賛会派の攻勢がすさまじく、近衛は防戦一方となって、反翼賛会派に大幅に譲歩せざるをえなくなっていた。しかし、その後もう一度揺り戻しがあって、大政翼賛会は一国一党の独裁政党どころか、むしろ内務官僚に乗っ取られたかたちになって、官僚独裁組織へと変質してゆくのである。

そんな中、二月に入ると、翼賛派の巻き返しの一環として、陸軍軍務局軍務課（具体的にいうと引用テクストの語り手である軍務課員・牧達夫）と企画院（矢次一夫）の合作による小林商工大臣追い落とし工作が開始されたのである。

（此《こ》の謀略は先《ま》づ内務班と矢次氏との間に相談が行われ次いで課長、局長も同意し阿南次官も諒解。）そこで愈々《いよいよ》之《こ》れを具体化すること、なりさきの小林に関する憲兵調書を軍務課に取り寄せ、此の書類の写しを内務班より当時軍務局に出入りしていた代議士小山亮《こやままこと》に手渡し、小山代議士をして議場に於いて過般の「機密漏洩」事件を質問せしめるといふ段取りを決めた。（「軍の政治干与と国内情勢」）

これまでの小林の伝記では漠然としか語られていなかった内幕が非常に具体的に語られていて驚くほかない。まさにこのような段取りを経て反小林の陰謀は準備されていったのである。

では、小山代議士による爆弾質問を受けた小林はこれにどう対処したのか？

どう対処していいかわからなかったというのが実情である。ビジネスにおいては即断果敢をもってした小林も、正直が悪徳となる政界においては自己の取るべき方針が定まらなかった。

そこで知人・友人に相談を持ちかけたところ、その議論は二つに割れた。

一つは知らぬ存ぜぬで押し切れというもので、旧政友会の政治家などがこの意見だった。小林の腹違いの弟で政友会の総務をしていた田辺七六はその代表である。

もう一つは松永安左《やすざ》ヱ門《もん》に代表される考えで、漏らす漏らさないの問題ではなく、大臣として政策を決定するに及んで友人たちの意見を参考に聞いただけのことに過ぎない、卑怯に知らぬ存ぜぬを通していると逆に追い詰められることになるというものである。
以下は、松永が『小林一三翁の追想』に寄せた「半世紀の友情」の一節である。

こうして二日も論議が続いたが、三日目には、小林君もはっきり態度を決めなければならない。その時、私が行き
「君、決心したか。はっきりやるがいいよ。」
と言うと、小林君も
「いや、それは私も君と同意見だ。大臣をやめるくらいなんでもない。卑怯未練に包み隠しはしないつもりだ。君の言う通りするよ。」
と言ったので、私も安心して帰った。

このように、もし小林が松永の忠告通りに、「友人に相談しましたが、それがどうかしましたか？　当たり前のことでしょう」と居直っておけば、それはそれで済んだのである。事実、小山代議士を使って小林追及の陰謀を画策した軍務局の牧達夫はこう回想している。

小山代議士は当方の意図を諒承して質問動議を引きうけ、某日議場に起《た》ったが単なる暴露的効果をあげたのみで固《もと》より小林商相にとり直接には致命的結末とはならなかったのである。
（「軍の政治干与と国内情勢」）

ところが、小林がいざ議会で答弁に立とうとすると、その直前に要らぬアドバイスをする者が現れたのである。松永の回想の続きを挙げよう。

小林君が議会の大臣室に行くと、政党幹部とか何とか、いわば旧式の連中が、どこまでも知らぬ存ぜぬでやり通せということになった。そういうことで、議会答弁も「知らぬ、存ぜぬ」で押し通した訳だが、私はその晩、夕刊を読んで、これはいかんと思ったけれど、もうしようがない。この答弁で、局面は一段と面倒くさくなり、「知らんと言っても証拠はいくらでもあるじゃないか……」と、遂に漏らしたということになってしまった。(松永安左ヱ門「半世紀の友情」)

この国会での小林追及に関して、岸は「獄中手記」の中で次のように記している。

当時小林氏及《および》其《その》身辺にては小山君の攻撃の背後には余のありし様に考へられたけれども、余は何等《なんら》の関係なかりしのみならず、当時は小山君とは未知の間柄であつた。小山君の攻撃は専ら憲兵隊の調書に拠つたものであつた。

岸はそらとぼけているが、小山を使った軍務局の陰謀は企画院の矢次と連携して行われ、しかも矢次は岸の懐刀《ふところがたな》で『岸信介の回想』の懇談の補佐役でもあったほどなのだから、岸が一切関与しておらず、まったく知らなかったということはありえない。少なくとも、矢次が岸に対して強い忖度《そんたく》を行ったことは確実である。

ただ、いずれにしても、旧政友会幹部たちの進言で知らぬ存ぜぬで通したことがあだになり、小林が窮地に追い込まれることになったことは確かである。なぜなら、翼賛派と反翼賛派との挟撃を受けた近衛は小林を切る決断をしたからであるが、これについては次章ということにしよう。

第十八章　国政篇⑥　小林、大臣を「落第」する

近衛文麿の計略

対英米戦争開始の一〇ヵ月前に開かれた昭和十六（一九四一）年初頭の第七十六帝国議会において一番の焦点になっていたのは、近衛《このえ》首相を間に挟んで繰り返された翼賛派と反翼賛派の激しい綱引きだった。両派の抗争は、小林一三が十五（一九四〇）年十一月一日に帰国した時点では、翼賛派有利だったが、小林の「アカ」発言をきっかけに財界自由主義派と観念右翼および政友会・鳩山派が呉越同舟《ごえつどうしゅう》の連合を組み、巻き返しを図った。なかでも観念右翼の主張する「翼賛会イコール幕府」論が近衛に与えた影響は大きかった。近衛は完全に腰砕けとなり、反翼賛派に譲歩する形で内閣改造を行ったので、政治情勢は大きく反翼賛派有利に傾き、翼賛派の勢いは退潮に向かったのである。

このとき起死回生を狙って翼賛派が仕組んだのが機密漏洩を理由にした小山亮《こやままこと》代議士による小林商工大臣弾劾演説（二月二十五日の決算委員会）だったが、小林追い落とし工作のシナリオライターであった陸軍軍務局軍務課員の牧達夫は、これは「単なる暴露的効果をあげたのみで固《もと》より小林商相にとり直接には致命的結末とはならなかった」（『牧達夫氏談話速記録』収録「軍の政治

干与と国内情勢」）と総括していた。小林の首を取れなかったからである。

それどころか、翼賛派にとって小林商工相は、依然として目の上のタンコブとして映っていたようである。牧は小林の踏ん張りを次のように評価している。

さて先に述べたように指導者原理を原則とする産業団体法といふ構想（経済新体制要綱が当時の経済閣僚によって骨抜きにされた埋合わせとして）は小林商相等の必死の反撃によって過ぐる第七十六議会には遂に上程されずに了《しま》ったが、併《しか》し構想そのものが断念されたわけではなかった。夫《そ》れどころか企画院の此《こ》の考え方は更に発展して『重要産業団体に関する勅令案要綱』（重要産業団体令）となって結実した。（「軍の政治干与と国内情勢」）

ちなみに、重要産業団体令が実際に勅令となったのは昭和十六年七月三十日のこと。国家総動員審議会で満場一致で可決されたのであるが、そのときには、小林はもう商工相の地位にはいなかった。四月四日に商工相を辞任していたからである。

では、この小林の辞任劇はどのようにして展開していったのか？

第七十六議会終了間際の三月中旬、近衛は、小林商工大臣が翼賛派の、また星野直樹企画院総裁が反翼賛派の、それぞれ攻撃の矢面に立ったことを重く見て、この二人を内閣から取り除かなければ次の帝国議会は乗り切れまいと考えたようだ。というのも、大日本帝国憲法の規定では、内閣総理大臣には大臣を罷免する権利は与えられていなかったので、総理大臣と対立する大臣を内閣から取り除くには、大臣に自分から辞任を申し出るように圧力をかけるか、さもなければ、後に松岡外相を外すために第三次近衛内閣が組閣されたときのように、いったん内閣総辞職をしてから再度、大命降下を受けて新内閣を発足させるしか道は残されていなかったのである。事実、このどちらの選択肢も取り得ず、閣議不一致により瓦解を見た内閣は少なくなかった。そこで、近衛は、とりあえず前者の方法でいくことにした。

戦前戦後を通じて『政界往来』を主宰していた木舎幾三郎《きやいくさぶろう》が『小林一三翁の追想』に寄稿した「『大臣落第記』前後」には、木舎が近衛に電話で呼び出されて首相官邸に出向いたときのエピソードが語られている。

二階応接室のドアを叩《たた》き、中にはいろうとすると、総理と風見《かざみ》〔章《あきら》〕法相とがひたいを寄せて密議中なので、遠慮してそのまま室外に出ようとすると、「イヤ、きみに用があるんだよ」と風見君が大きな声を張り上げてぼくを呼びとめた。そこでぼくもそのまま座につくと、近衛さんは非常に憂鬱そうな顔をして「実は小林君に辞職を願う話なんだがね…」と、先刻風見法相を使者として小林さんを訪ねさせた顚末《てんまつ》を語り「どうしても承知してくれないので弱っているんだが…」といわれる。横から風見君もその言葉を次いで「ぼくも一緒に辞めるからいいじゃないかといったんだが、爺さんなかなか頑固でウンといわないんだよ」と心から困ったような口吻《こうふん》で小林さんとの会見の模様を語り「ぼくはちょっと役所に行ってくるから…」と座を立ってしまった。近衛さんと二人きりになったので、改めて近衛さんの心境を訊くと「軍部からの圧迫で全く弱り切っているんだ」といって、何か妙案はないかという相談である。

この木舎幾三郎の証言から判明する事実は以下の通り。
①軍部が小林商工相を切れと近衛に圧力をかけている。
②風見法相を使者に立て、法相の辞任とセットで商工相の辞任を取り付けるよう近衛が依頼したが、小林の拒否に遭って引き返してきた。
③そこで木舎を呼び付けてなにか妙案はないかと持ちかけた。
①の「軍部」とは、陸軍軍務局長の武藤章、およびその配下の牧達夫のことと見て間違いない。三月五日付の海軍省の情報によれば、牧は次のように述べたという。

「本日総理ハ平沼〔騏一郎《きいちろう》〕内相ト会ウ由《よし》ナリ。改造モ小林商相、星野〔直樹〕総裁ヲ入レ替エタリトテ内閣ノ性格ハ変ラズ、現在ノ如ク平沼内相、柳川〔平助〕法相ヲ包容シアリテハ両頭トナリテハッキリセズ、寧《むし》ロ商相ガ止《や》メザル場合之《これ》ヲ理由トシ内閣総辞職シ近衛公ニ大命再降下ヲ頂クコトトシ、陸、海、外三相居残リ他ヲ更迭スル方法ヲ適策トスル様ニ思ウ」（伊藤隆『大政翼賛会への道――近衛新体制』）

事実、軍務局長の武藤章は、小林の辞任工作が難航していると見るや、海軍軍務局長の岡敬純《たかずみ》とともに三月二十四日に近衛を訪れ、内閣改造が「発展的改組たるべきことを希望する」（『大政翼賛会への道』）と申し入れている。
②の風見章は第一次近衛内閣の内閣書記官長で、第二次近衛内閣成立に当たっては、有馬頼寧《ありまよりやす》

と組んで近衛新体制運動を促進した翼賛派の中心人物として法相となったが、右の引用で「柳川法相」とある通り、前年の十五年十二月に法相を辞任している。とすると、②と③の間が実際には二、三ヵ月空いている可能性がある。木舎の記憶では、この期間が飛んでしまったのか、それとも近衛に近しい他の翼賛派閣僚と混同されたのか。

ともあれ、③の木舎の出番となったのであるが、木舎は『政界往来』で経済関係の五閣僚座談会を企て、小林の信頼を得ていたので、近衛としても、木舎が最適の使者と考えたのだろう。

大臣辞任劇の真相

では、木舎による小林辞任工作はどのように運んだのだろうか？　少し長くなるが、核心に触れる証言なので、中略なしで引用しておこう。

「一体このままで辞めさせるのは犬死も同様ではないかと思います。何か貴方に面目の立つような案でもないでしょうか」と尋ねると、〔近衛は〕「それなんだよ、ぼくは平生釟三郎《ひらおはちさぶろう》君〔日本製鉄社長〕と交替してもらい、特に内閣参議として引続き御苦労を願おうと思うんだがね」という話なので、「そんな小刀細工ではどうですかね。まあ当ってはみますが、ぼくには自信がありませんね」というより他になかった。「どうかひとつ怒らせないように話してみてくれ給え」といわれるので、その足で官邸からほど近い小林邸に訪ねて行くと、小林さんはぼくの用件は大体見透しておられたらしく「きみ、ぼくの辞職問題だろう」と先手を打って切り出されたのには、いささか参った。

そこで近衛さんから依頼されたことを述べて「実は貴下と平生氏とを交替してもらい、内閣参議として御苦労を…」といいだそうとすると、話がまだ終らないうちに、にわかに表情が硬《こわ》ばったと思うとトタンに「おれはそんなことは御免こうむるよ」と嚙《か》んで吐き出すように、キッパリと拒絶されてしまった。これ以上この件に触れることは、ますます翁を怒らすばかりだと思い「それでは近衛さんにそういっておきましょう」といって座を立つと「一体近衛さんも水臭いよ。そんな交換条件を持ち出すなんて、余り老人をバカにしてるじゃないか。そんなくだらん条件を出すよりも、卒直に辞めて欲しいといわれたらいいんだ。ぼくはいつでも辞めるよ」というのである。ぼくも再び座に戻って雑談をやっているうちに、翁の怒りも大分静まってきたらしいので「これはぼくの私案なのですが、貴族院に入ってはいただけませんでしょうか」というと、「きみ、老人に苦労させるようなことは、もう考えないで欲しい」と笑いながら答えられた。

その後段の話を土産に総理官邸に帰り、小林さんとの会見の模様を伝え、「どうでしょう、この問題が片づいたら改めて勅選議員に推薦願ったら…」というと「イヤ勅選を受けてくれるなら、これに越したことはない。それとなくもう一度内意を訊《き》いてくれまいか」とのことなので、再び小林邸に引返し「それでは無条件で辞表を頂戴することにすると、近衛さんもいっておられますから、御承知願います」というと「ああ、それならいいよ、ここで辞表を書こうか」とまでいいだされたので、「イヤそれは直接総理と話合われて渡して下さい」と留めたうえ「時に話は別ですが、勅選議員のことです。いずれ総理から話があると思いますが、御隠居後のことですからこれはお断りにならぬ方がよかろうと思いますねえ」というと

「きみ余計なことはするなよ」と笑いながら玄関にぼくを送って来られたので、ぼくもこの様子では「シメた」と思い、三度官邸に飛び、近衛さんに報告したのだった。

これがぼくの知る限りの『小林商相辞職の真相』だと確信しているわけである。（「『大臣落第記』前後」）

さて、問題はこの小林辞任劇に関する唯一とも思える証言をどう捉えるかである。というのも、小林は内閣参議との交換条件では辞任を拒否したが勅選議員とのバーターという条件を出されると嬉々としてこれに応じたと説く「小林俗物説」の評伝もまま存在するからである。たとえば小島直記の『鬼才縦横――小林一三の生涯』（ＰＨＰ研究所）はこの典型である。

こと志に反し、機密漏洩などという汚名で大臣の座から追放されたところではないか。男ならば、ここでトコトン喧嘩をつづけねばならぬところであろう。

政府の提供する新しい椅子など蹴飛ばしてこそ、自由経済人を自任する人間の心意気というべきではないか。

泥まみれで放り出されながら、なおも別の椅子にしがみつく――ここには、事大主義の臭気と、老人の妄執の影が強すぎる。

俗受けしそうな論調であり、事実、これを無批判に受け売りしている評伝も少なくない。しかし、本当に小林は勅選議員というエサに釣られて商工大臣辞任を受け入れたのだろうか？　それを知りたければ右に掲げた木舎の証言を時系列で箇条書きにしてみればいい。

①木舎は、内閣参議に就任するのと引き換えに商工大臣を辞任してもらいたいという近衛の考えを伝えに小林邸に赴く。

②小林は「ぼくの辞職問題だろう」と先手を打つ。

③木舎が近衛の意向を伝えると、話が終わらないうちから小林は「おれはそんなことは御免こうむるよ」ときっぱりと断る。

④木舎が近衛にその旨を伝えるとして辞去しようとすると、小林が「そんなくだらん条件を出すよりも、卒直に辞めて欲しいといわれたらいいんだ。ぼくはいつでも辞めるよ」というので、怒りが解けたと思った木舎が席に戻って再び雑談を始めた。

⑤雑談中、小林の怒りが収まったと見た木舎が、貴族院のことを匂わせると、小林は「きみ、老人に苦労させるようなことは、もう考えないで欲しい」と笑いながら答えたので、木舎は官邸へ取って返して会見の模様を伝えた。

以下は省略するが、重要なのは④と⑤の順序を混同しないことである。普通に読めば、④の段階で、小林の辞意が固まっていたことは明らかである。小林が怒ったのは、内閣参議就任との交換で辞任させようとした近衛の意図に対してであり、近衛がストレートに辞任だけを求めてくるなら、すんなりと辞任するつもりがあったのである。それは②の応対でも十分感じられる。辞任するつもりがなかったのに、勅選議員推薦というエサで辞任を決意したというのでは決してない。木舎は、勅選議員推薦という自分の提案に小林が乗ってきたと思ったので「シメた」と感じたようだが、実際には勅選議員推薦を持ち出さなくても小林は辞表を出したにちがいない。いわんや、小島直記のように「ここには、事大主義の臭気と、老人の妄執の影が強すぎる」と非難するのは見当違いであろう。

いずれにしろ、四月四日に近衛に辞表を提出したときの小林が心晴れやかな気分になっていたことは間違いない。ただし、それは、同日に貴族院議員に任ぜられたからというのではない。むしろ、辞表を出すことで別の戦いに打って出ることを考え、闘志を燃やしていたのである。なぜなら、小林は辞任から日をおかず、『中央公論』五月号に「大臣落第記」の連載を始めたからである。

「大臣落第記」という果敢な抵抗

「大臣落第記」は「私は吸入がどういふ訳か嫌いで困る」というエッセイ風の枕から始まる。五十何年かぶりで風邪に倒れ、病室に臥せっていると、松永安左ヱ門《やすざもん》を思わせる口の悪い友人のMAが訪ねてきて「お前なぞが大臣なぞになつて、嬉しがつてゐるから、機密漏洩だなぞと、こづき廻されて、ギユギユの眼に遭はされて居るなんて、実にいい気味だ」と心にもなく罵倒する。

小林は二月二十五日の決算委員会における小山議員の爆弾質問によるショックで風邪を引き、そのまま二一日間、病床にあったのだが、夢うつつの中で初めて病気にかかった十五歳のときの思い出が蘇ってきたりする。この書き出しから、議会での小林追及が進まなかったのは、小林がおそらくはインフルエンザにかかって議会に出席できなかったからだとわかる。

ナレーションは、訪れてくる友人たちの意見や激励の手紙などの紹介に移り、次いで「二六会」という実業家やジャーナリストたちの親睦団体の席で発せられた知人たちの意見がいくつか披露される。

一つは、商工省内の情勢がどういうもので、役人たちが考えている統制の方針はどんなものであるか、また、それに対応すべき方法は何か、軍部との関係はいかに、新聞記者に対する態度はいかになど、十分に考慮してから事を運ぶべきところなのに、何事も軽率にすぎるという意見である。かと思うと、事業会社の社長としての独裁ぶりをお役所でやるのはよろしくない、お役所にはお役所の習慣があり、官吏は官吏の性格があるのだから、それらの系統を理解する必要がある、自分だけ正直であればよいと考えるのは間違いである、理想や計画も結構だが、要はそれを実行できるよう注意することだと説く者もいる。

また、小林がもし大臣を辞めて一冊の本を書くとしたら、『経済新体制をめぐりて』か『革新陣営に直面して』か、それとも『大臣落第論』か『官吏の風格』か、どのタイトルが一番いいか、またどんなテーマから書くべきかなどと隣席のＳＡと筆談していると、その隣の別のメンバーがこれを見とがめて「書くことは断じてイケナイ、苟も大臣たるものが其職を去つて、それを取材として、硯筆を弄するに至つては、再び官吏として浮び出づることは不可能である。私達は、君が再び台閣に列して、今度こそは慎重準備の放列をしいて猛進すべき其将来を期待するものであるから、三文文学者のお仲間入は断然御免を蒙ることを決議しよう」と断言する。

しかし、小林はこうした意見を尊重しながらも筆をとって「大臣落第記」を書くという抵抗の道を選んだのだが、『中央公論』の連載は結局これ一回だけで打ち切りになった。

連載中止の顚末について、小林は、戦後に書いた「三つの人生——生きている自叙伝」（『私の人生観』所収）でこう述べている。

そこで〔辞職せざるをえなくなったために〕僕は大臣落第記というものを書いた。しかもその大臣落第記も、途中で止《や》めざるを得なくなつた。もつとその先を書こうと思つたら、そんなこと書くのはけしからんという声が大きく響いてきた訳なんだ。というのは、大臣になるということは、陛下の御信任ですぐに従三位になって、そして天恩の優渥《ゆうあく》なるを感謝しなければならない身分であるに拘《かかわ》らず、それに背いて天恩の優渥なる御命令に背いて辞職するなどはもつての外だ。いわば、恐懼《きょうく》おくあたわずといつて謹慎するのが本当だ。しかるに何だ、彼は大臣落第記を書いて、ジャーナリスチックに取扱うなんていうことはけしからんと宮内省あたりは大反対。そこで後は書いちやいかんというのでとうとう書かなくなつたのだ。

かくて、ジャーナリズムでリベンジという小林の目論見はあえなく潰《つい》え去ったのだが、それでも小林の信念は変わらなかった。そのことは引用の続きを読めば明らかである。

僕からいえば、僕の大臣落第記というのは、大臣大成功ということだと信じている。軍部に反対し、官僚に反対し、統制に反対している。

僕のこの信念は、今日この時勢が来たからいうんじやない。

まさに、その通りだろう。昭和十五（一九四〇）年から十六（一九四一）年にかけての激動の半年間、沈黙ないしはプライベートな日記をつけるという消極的な抵抗以外の手段で、はっきりと、誰の眼にも明らかな形で、「軍部に反対し、官僚に反対し、統制に反対し」た人間は、小林を除くと一人もいなかったのだから。「バスに乗り遅れるな」という「空気」に抗して果敢に立ち向かったのは、結局、小林ただ一人だったのである。

第三部　戦中・戦後

公職追放を解除され、喜びの句を
掲げて（1951年）

東京宝塚劇場 再開場　長男・冨佐雄氏
（左）、三男・米三氏（右）と（1955年）

梅田コマ・スタジアム舞台（1956年）

【小林一三語録③】

「淀川へ来て、遠くから阪急の電車が動いているのを見ると、やれやれよかったというような気持ちになるよ」（高石真五郎「「阪急電車が動いている」」）

「自分の後釜を早く養成しろ、そうすれば自分は一段上に昇り得るのだ」（岡部栄一「小林さんの思い出――天才か、努力の人か」）

第一章　戦中篇　筋金入りの自由主義者、戦時下を生きる

太平洋戦争開戦

昭和十六（一九四一）年十二月八日の対英米戦争開始のラジオ・ニュースを小林一三はどのような思いで聞いていたのだろうか？

残念ながら、この時期の日記は存在しない（あるいは公開されていない）ので、その心境は推測するしかないが、小林はアメリカの国力については十分すぎるほど知っていたし、アメリカ的自由主義経済のすさまじい底力を他の日本人の誰よりも深く認識していたから、日本が戦争に勝てるなどという考えはどこを叩いても湧いてこなかったにちがいない。それどころか、日本必敗の暗澹《あんたん》たる思いでニュースに接したと思われる。

おそらく、この日本必敗の思いは、商工大臣の辞任から四ヵ月後、昭和十六年七月二十八日に日本軍が南部仏印進駐に踏み切ったという知らせを受けたときから、ほとんど確信となっていたにちがいない。蘭印特派使節として交渉した際、オランダ当局の背後にいるアメリカの強硬な姿勢をいやというほど思い知らされていたので、南部仏印進駐に対抗してルーズベルト政権が即座に石油全面禁輸を打ち出すことは火を見るよりも明らかだったからである。

この意味では、南部仏印進駐を決めた第二次近衛内閣に小林が不在だったことは、日本にとって致命的だったといえる。軍事行動決定機関である大本営政府連絡懇談会に商工大臣は出席する権利を持ってはいなかったが、その前段階で、近衛がアメリカは北部仏印進駐と同じ無関心な反応を示すだろうと予想したのに対し、判断が甘すぎると忠告することくらいはできたはずなのである。

しかしながら、後の歴史の展開から見ると、南部仏印進駐以前に第二次近衛内閣を去っていたことは、小林にとって一つの「僥倖《ぎょうこう》」であった。第二次近衛内閣に居残り、第三次近衛内閣瓦解に続いて組閣された東条内閣に入閣などしていたら、戦犯として東京裁判に引き出されたことは間違いないところだからである。

とはいえ、開戦内閣である東条内閣に小林が入閣するということがありえたか否かということになると、その答えは九九％否であるといえる。小林が辞任した後の第二次近衛内閣と第三次近衛内閣においては急ピッチで統制経済が強化され、自由主義者・小林一三が出る幕はまったくなくなっていたからである。小林の辞任は自由主義経済最後の砦の陥落であったのだ。

統制下で追い込まれる小林の事業

事実、小林が手掛けた企業や団体は、宿敵・岸信介《のぶすけ》が東条内閣の商工大臣として対英米戦争開始と同時に強硬に推し進めた高度統制経済により、次々と解散・合併・活動停止に追い込まれていった。

時系列で行くと、開戦の翌年、昭和十七（一九四二）年三月三十一日には東京電燈株式会社が五六年の歴史を閉じて解散した。電力事業は聖戦遂行の名のもとに統制が早くから推し進められた分野で、革新官僚と陸軍統制派の推進するソ連型の「民有国営」路線に小林が激しく反撥し、徹底抗戦を試みたことは、第二部第十三章で詳述した通りである。小林は国営化をどのセクターでも認めない松永安左ヱ門《やすざもん》とは異なり、インフラ・セクター以外での民有民営化を堅持するという新自由主義路線だったが、結局、昭和十三（一九三八）年三月に電力管理法案、日本発送電株式会社法案、電力管理に伴う社債処理に関する法案が衆議院で可決されると、日本における発電事業は完全に統制経済に服することになるのである。

小林は昭和十五（一九四〇）年三月に東京電燈株式会社の社長を辞任し、日本発送電株式会社の理事に転じていたが、昭和十七年に至って、配電事業も完全に国家統制に組み入れられることとなり、東京電燈株式会社はここに解散と相成ったのである。

ついで、昭和十八（一九四三）年十月には、鉄道省から合併に関する正式な勧奨があり、小林の事業の中核であった阪急（阪神急行）電鉄が京阪電気鉄道株式会社と合併し、京阪神急行電鉄株式会社と改称する。勧奨とはいえは実質的な命令であり、抗しようもなかったのである。

阪急と同じように、いや阪急以上に小林が愛した宝塚少女歌劇団もまた、戦時下で変容を余儀なくされた。阪急電鉄株式会社編『75年のあゆみ（記述編）』には次のような記載がある。

昭和15年10月、人々に馴染まれてきた「宝塚少女歌劇団」の名を「宝塚歌劇団」と改め、農村・漁村・軍需工場などの慰問を目的として結成されていた「宝塚歌劇音楽奉仕隊」も「宝塚歌劇唱舞奉仕隊」に改称された。緊迫の度を加える時局を配慮してのことであった。（中略）昭和19年3月、宝塚大劇場、東京宝塚劇場が非常措置令によって閉鎖され、同年5月、宝塚大劇場は海軍に接収されることになった。

『逸翁自叙伝』の年譜には、このときの様子が次のように書き留められている。

〔三月〕四日、宝塚大劇場閉鎖の報に、未明より歌劇の観客が押しかけ、惜別の声の中《うち》に宝塚大劇場を閉鎖した。

劇場を失った宝塚歌劇団は、以後、「宝塚歌劇唱舞奉仕隊」として各地を慰問するか、あるいは女子挺身隊として工場に出勤することになるのである。

小林が宝塚と並んで手塩にかけた阪急ブレーブス（当時は阪急職業野球団）も、戦時下の運命を免れなかった。ブレーブスの所属する日本職業野球連盟（日本野球報国会と改名）は、主力選手が召集されてメンバーを揃えるのに苦労しつつも昭和十九年までリーグ戦を続行していたが、この年の半ばでついに中止に追い込まれたのである。

ブレーブスの本拠地である西宮球場はというと、プロ野球リーグ戦中止に伴い、金属回収強化策の一環としてスタンドを覆っていた鉄傘が解体され、球場としての使命をいったん終えることになる。

残ったのは映画だった

小林がつくった企業や団体の中で、戦時下で国家統制を受けながらも唯一活潑《かっぱつ》に活動を続けたのは、東宝の映画部門（東宝映画株式会社）だった。

映画業界は、昭和十四（一九三九）年十月に施行された映画法により統制が強化され、昭和十六（一九四一）年からは各社年間製作本数が四八本以内とされたことから、全体では製作縮小を余儀なくされた。しかし、その中で大作主義を打ち出した東宝の活躍はめざましく、収益の点でも映画の質でも業界のトップに踊り出た。

とくに話題を呼んだのが、満洲に大規模なロケーションを行った昭和十四年製作の『白蘭の歌』（渡辺邦男監督）で、長谷川一夫・李香蘭《りこうらん》のコンビは『支那の夜』（十五年、伏水修《ふしみおさむ》監督）、『熱砂の誓ひ』（十五年、渡辺邦男監督）と続けざまにヒットを飛ばし、李香蘭（本名・山口淑子《よしこ》）は戦時下最大のアイドルとなった。

映画が厳しい統制下でも製作を許されたのは戦意発揚に効果ありと判断されたためで、東宝も昭和十四年『上海陸戦隊』（熊谷久虎監督）、昭和十五年『海軍爆撃隊』（木村荘十二監督）など日中戦争に取材した戦争映画を製作したが、そうした一連の戦争映画の中でも名作と謳われたのは、昭和十七（一九四二）年十二月に真珠湾攻撃一周年を記念して封切られた『ハワイ・マレー沖海戦』（山本嘉次郎監督）である。

「ハワイ・マレー沖海戦」は、東宝映画が特殊技術の粋をこらして製作した超大作で、実物の海軍機が多数参加する大スペクタクル映画となり、会社創立以来空前の観客動員に成功した。(『東宝五十年史』)

ちなみに、この映画で特撮を担当したのが円谷《つぶらや》英二で、戦後、『ゴジラ』や「ウルトラマン」シリーズで展開される円谷プロの特撮技術は、この時期に国威発揚戦争映画によって培われたものである。

また、戦時下の東宝からは戦後映画を背負って立つ名監督・黒澤明がデビューを飾ったことも特筆すべきだろう。すなわち、黒澤明は『姿三四郎』(昭和十八年)でデビューすると、『一番美しく』『続姿三四郎』と着実にキャリアを重ねていって、戦後に『わが青春に悔なし』(昭和二十一年)で大きく花開いて東宝の看板監督となるのである。

昭和十九(一九四四)年十一月から米軍機による爆撃が本格化すると、映画の撮影が困難になったばかりか、映画館も焼夷弾の脅威にさらされるようになった。しかし、東宝系の直営館は堅牢な建築と防火設備の完備により、どこも奇跡的に焼失を免れた。戦後、東宝が映画会社の中で真っ先に復興の狼煙《のろし》を上げることができたのは、同業の中で最も被害が少なかったためである。

数奇者として隠遁する日々

このように、小林が手塩にかけて育てた企業や団体は、東宝を除くと戦時下の統制によって解体されたり活動停止に追い込まれたりしたので、小林の公式の活動は貴族院議員として本会議に出席するだけになったが、東条英機による独裁体制が強まるにつれて、それもまた「閑職」となるほかなかった。

では、戦時下において小林は終戦までの期間、何をしていたのだろうか？

五月山の雅俗山荘（現・小林一三記念館）にひきこもって、数奇者《すきしゃ》として茶道三昧、書画骨董三昧に明け暮れるかたわら、茶道の歴史についてもかなり詳しい研究を行っていたようである。

その成果は、戦後に出版された『雅俗三昧』、とりわけその中に収録された「大乗茶道記」に反映されているが、われわれが知りたいのはむしろこうした隠退生活に追い込まれたときの小林の心境なので、それを探してみたところ、辛うじて「呉城小景」という五月山（呉羽《くれは》の里）の移り変わりを描いたエッセイというのだろうか、その最後にこんな一文が見つかった。

私はこの町を第二の故郷として、やがて墳墓の地として永く眠るであらうところの我が山荘は、呉城の麓に、今や現代的洋館の生活も意の如くならず、瓦斯《ガス》電熱を停めて薪炭に転化、蕪村の俳句に有名な池田炭すらも、配給となって其《そ》の姿を見せず、四国あたりの移入炭に不自由を忍び、炉の胴炭には、庭内の李《すもも》の老樹を伐って自竈《じそう》にて焼き、茶園に霜を踏む、せうことなしの風流三昧、只《た》だ時局に鑑み、人後に落ちざらんやと、空元気を出しつつここに呉城小景をつづる。（『小林一三全集』第三巻）

これを額面通りに受け取ると、貴族院議員小林一三も、戦時下の国民一般と同じく耐乏生活を送っていたように思われる。

ただし、茶道三昧、骨董三昧を除いてという留保をつけなければならない。なぜなら、こうした戦時下においても数奇者たちは案外活潑に茶道活動に明け暮れていたからである。商工大臣辞任の後、対英米戦争開始までの間に小林が書いた「話の種」というエッセイにはこんな意外なことが書かれている。

同時に、この国家非常時に処するお茶に於ても偏在的に景気がよいから、さういふ社会は勢ひ派手になり、派手になると慎重味を欠いてお祭騒ぎになるのは誠に注意すべき事である。
（「話の種」『小林一三全集』第三巻）

察するに、この茶会の流行は、統制経済の進展で事業縮小を余儀なくされ、茶道具や骨董などのコレクションを手放さざるをえなくなった経済人がいる一方、戦時需要で金回りがよくなった一部の産業人がそれらを高値で買い取り、お披露目のために茶会を催していたという事実を物語っているのだろう。小林のような昔からの数奇者が眉をひそめるほど、ヌーヴォー・リッシュの茶会は活潑だったのである。

それどころか、茶道の流行は昭和十六年の開戦以後も続き、戦局の不利が明らかになった十八（一九四三）年でも上流階級においては茶会が頻繁に開かれていたのだ。しかし、当然ながら、これに対しては「時局柄、好ましいことではない」と、咎《とが》め立てする声もあった。そこで、茶人として、小林はこれらの非難にこう答えるのである。

然《しか》らばこれ等《ら》のお茶人に対して、時局柄、国家としては、どうすればよいか、どう取扱ふべきか――。（中略）此《こ》の種の上流社会の有閑階級や隠居仕事ならば、国家に害毒を及ぼさない限りは、問題にするに及ばない。自然の成行《なりゆき》に委《ま》かせて置くとしても、五十歩百歩の差であると思ふのである。（「大乗茶道記」『小林一三全集』第三巻）

しかし、昭和十九（一九四四）年に入り、戦局がさらに悪化すると、茶会に対する非難もまた高まってくる。小林もこれにはある程度の譲歩をせざるをえなくなる。

死ぬか活きるか決戦の最中だ、呑気さうにお茶でもあるまい、国民のすべてが血眼になって食ふや食はずの心構へで緊張してゐる時に、太平楽な、お茶に浮身をやつすとは何事だといふ非難を聞くと、これも亦《また》一理あると思ふ。（「大乗茶道記」）

とはいえ、こう認めつつも、小林の本心はやはり茶道擁護にある。

元来、人間生活には弾力性があり、静かに考へる時、猛然として進む時、其《そ》の起居動作を千篇一律に拘束することは却ってそこに無理が起るのであるから、他人に迷惑のかからないやうに、他に悪影響の波及しないやうに、只《た》だ自《みず》からを慰める反省的信念によって取扱ふ場合には、お茶に親しむその事が、働く為《た》めに休息が必要であると同一意味に於て、寧《むし》ろ時局柄、好ましき交遊と言ひ得るのである。（「大乗茶道記」）

しかし、さすがに戦時税制が導入されて茶道具や骨董品の売買が不活潑になると、従来のような茶会を開催することは難しくなるが、しかし、一九九一年に阪急電鉄から刊行された『小林一三日記』第二巻を繙《ひもと》くと、空襲の合間を縫うようにして、茶会が、さながら戦争に対する抵抗であるかの如くに各所で開かれていることがわかる。茶会はどうやら、小林のような実業人にとって戦争にまつわる情報や噂話の交換の場として機能していたらしい。小林はそうした茶会や貴族院の本会議などで収集した情報を日記に記しているので、敗戦直前に財界人や議員などがどんなことを考えていたかがわかって興味深い。

たとえば、ソ連への和平仲介工作が進む過程で、戦後の冷戦を見据えて、いっそ日本はソ連の陣営に加わるべきだとする日ソ連携論を唱える者が社会の上層部にさえ存在していた事実などが明かされている。しかし、与えられた枚数が少ないので、ここでは詳細に立ち入らず、昭和二十年に日本人が考えていたことを知るためには不可欠の資料の一つが、『小林一三日記』であるとだけ言っておこう。

「例外的日本人」の八月十五日

とはいえ、一つだけ日記から拾い出しておきたい記述がある。それは戦時下においても、小林がソ連型の統制経済の非効率に非を鳴らし続け、自由主義経済のみが国民生活を苦境から救うものだとはっきりと断言していることだ。具体的にいうと、玉音放送を聞く直前に書かれた八月十五日の日記には次のように記されている。少し長いが、小林の心境や思想を知るための資料としては決定的なものなので引用しておこう。

私が数年来主張して来た各項目を実行する事は、共産主義でなく、寧《むし》ろ資本主義の大修正による、働けば働き甲斐のある世界、国民のすべてが希望を持ち得る社会が出来るので、私としては、それを主張して来たものであるが、到底「出来ない相談」として一著述に残すより外に途はないと、あきらめて来たので、残念ながら、此《この》国も赤化の運命になるのではないだらうか。親ソ派の策動により、戦局の好転が、行はるゝのではないだらうかと、考えて居つたところ、此《この》連中の希望は全然裏切られ、ソ連は親ソ派の思ひもよらない行動に出《い》でゝ、突如として宣戦を布告する。

　原子爆弾の攻撃と相待《ママ》つて、こゝに、無条件降伏による平和到来が、本日正午の大詔渙《たいしょうかん》発《ぱつ》によつて、英米中心の自由主義に基く政治の形体によつて日本のゆくべき新しい途が開かれることになるとポツダム宣言によつて、小さい、貧しい国に蹴落さるゝとしても、やりやうによつて、国民としては赤になつて自由もなく、自治もないソビエツトの国民的生活のレベルに落込むよりも、どんなにか幸福であると考えることも出来ると思ふ。そうすれば日本としては、ソビエツトに裏切られ、背負投を喰ひ、裸体にされて追出されたやうなヒドイ目に遇《あ》つたことが、寧ろ天運で、鈍底《どんぞこ》に落込んで再び我国の栄えゆく目出度《めでた》い、かど出であるかもしれない。負惜しみでなく実際そういふ結果になるかもしれないと、天の未《いま》だ我国を見捨てざるを感謝するのである。

私は昭和二十（一九四五）年の日記を相当数読んできた人間であるが、このような「筋金入りの自由主義者」の心境をもって玉音放送に臨んだ例を寡聞にして知らない。これひとつをもっても、小林がいかに例外的な日本人であるかがわかるのである。

ただし、そんな小林でも、実際に玉音に接した直後の反応は多くの日本人と同じだったのである。日記の続きにはこうある。

●「詔勅」玉音を拝聴す。

正午、君が代の奏楽につゞいて陛下の御放送を謹聴し奉り、涙ほうだとして禁じ得ず。暫《しば》らく茫然として静坐するのみ。聖旨を奉じて国運を将来に開拓するこそ一億国民の義務であり祈願するところである。

ことほどさように、小林は、玉音放送を聞いてしばらくは「茫然として静坐するのみ」ではあったが、すぐに気を取り直し、もしもう一度政府の一員としてお呼びがかかれば、いつでも自分の立案した経済立て直し策を引っ提げて、「国運を将来に開拓する」ために貢献しようと、闘志満々で戦後を迎えたのである。

第二章　戦後篇①　自由経済を求め、二度目の大臣就任へ

大蔵大臣になりたい

これはよく言われることだが、昭和二十（一九四五）年八月十五日の玉音放送から数ヵ月の間、日本人はほぼ全員が茫然としており、とくに官僚は重要書類を焼却すること以外にはなすすべがなく、何をやったらいいかわからぬままに進駐軍が来るのをただ待っていた。事実、東久邇宮《ひがしくにのみや》稔彦《なるひこ》内閣が発足しても、官庁ではこれといった仕事をすることなく、いたずらに時間が過ぎていった。

その間、闇屋だけが統制経済が解けないのをいいことにこれ幸いと暴れまくり、その結果、確実にインフレは進行していった。食糧難は日を追うごとにひどくなり、流言蜚語《りゅうげんひご》が乱れとんだ。

そんな中で小林一三はどうしていたのだろう？

この時期ほど大蔵大臣になりたいと思ったことはなかったようである。なぜなら、大蔵大臣として実行可能なたった一つの方策を実施するなら、危機はただちに解消に向かうだろうと簡単に予測できたからである。すなわち、統制経済を実行可能なところから順次廃止して、自由経済に移行することである。『小林一三日記』第二巻の「我国の運命　三　昭和二十年八月二十三日～

昭和二十一年三月十二日」には、そうした自由主義者・小林の焦燥がよく語られている。

手始めはサツマイモだ、と小林は考えた。小林の計算によれば、サツマイモの全生産高は二六億貫目（九七億五〇〇〇万キログラム）だが、そのうち民間食料となっているのは三億だけで、残り二三億はアルコールとして飛行燃料に用いられていたのだから、これを自由販売にすれば、自動的に米やその他あらゆるものの闇値も下がるだろうというのである。小林は我慢しきれず、このアイデアを東久邇宮内閣の農林大臣に就任した千石興太郎《せんごくこうたろう》に手紙に綴って送ったが、提案は聞き入れられず、ブラックマーケット経済が進行するばかりで、統制経済はいっこうに解除されない。小林の苛立《いらだ》ちは募るばかりであった。

そうこうしているうちに、連合国軍最高司令官ダグラス・マッカーサーが八月三十日に厚木飛行場に降り立って日本の占領が開始され、宝塚新温泉や第一ホテルが連合国軍に接収されることとなった。戦争犯罪人が発表され、十月五日には東久邇宮内閣が総辞職、九日に幣原喜重郎《しではらきじゅうろう》内閣が成立した。小林はひそかに大蔵大臣として声がかかることを期待していたようであるが、池田成彬《しげあき》を介して就任を依頼されたのは、意外や戦災復興院総裁（国務大臣）であった。

小林はいったんこれを辞退したが、総理代行役の吉田茂《しげる》外務大臣と会談して自らの戦災復興プランを伝えるうちにどうしても断りきれなくなり、近衛文麿《このえふみまろ》からも引き受けろという手紙が届いたうえ、内閣法制局長官として幣原内閣のスポークスマンを務めていた楢橋渡《ならはしわたる》に直談判されてついに就任を受諾する。

こうして昭和二十年十一月五日から翌年の三月に公職追放令を受けて辞任するまで、小林は五ヵ月間、国務大臣兼戦災復興院総裁として難局に当たることになるのである。

立ちはだかる統制経済の壁

第一ホテルは接収されて宿泊できないので、戦前東宝が傘下に収めていた東京會館の一室を改装して住居を確保し、親任式をすませると翌日から執務を開始する。十月三十一日の『小林一三日記』にはこうある。

> 東京へ来て『政治の貧弱なる』源因が判つたやうな気がする。第一に食糧問題、第二に戦災民の救護、第三にインフレ防止の対策である。（中略）同時に速急に猛進すべき問題であるにも拘《かかわ》らず、どうしてもウマクゆかぬ様子だ。私の担当すべき戦災民の救護家屋の充実は、今日これから出社して直に着手するつもりだ。

とはいえ、戦災復興院は各省庁からの出向職員の寄せ集め組織で、官制から決めなければならない。事務所も幸ビル内に仮寓しての出発である。しかし、そんなことより小林が驚愕したのはGHQのクレーマー大佐との面談で知った日本の悲惨な現状だった。

私は国家崩壊の前夜であるやうに悲壮な感を抱くやうになつた。独り食糧問題のみではない、戦災者保護が向寒の時節に差迫つてゐるばかりではない。経済産業の根底が今や崩壊せんとして眉毛に火のつくやうに、足元から鳥が立つやうに、私は慄然として冷汗を覚ゑたのである。私達は此《この》大問題を如何《いか》に片付けるべく閣員の足なみをそろゑるであらうか。それには先《ま》づ第一に、大蔵大臣が毅然として綜合的に経済の新編成を断行し、国民をして、まだ気のつかざる間に、其《その》新編成によつて安心せしめ協力せしむることである。（『日記』十一月三日）

クレーマー大佐の話を聞いて、小林が戦慄したのは、戦災復興院に課せられた戦災民のための仮設家屋の建設の問題よりも、むしろ、破綻寸前にいる日本経済の現状だった。すなわち、大蔵省はGHQの意向を受けて、戦時利得者や上層階級を狙い撃ちにした財産税で九〇〇億円を手にすることで予算を確保する予定でいるが、小林はこうした資本主義の根幹を揺るがすような特別措置によって日本の経済体制そのものへの国民の不信感が高まり、取付け騒ぎが起こって銀行システムが破綻し、モラトリアムの悪夢が再現するのではないかと恐れたのである。つまり、財産税という強硬手段がパニックを引き起こし、ハイパーインフレが誘発されるのではないかという恐怖に捉えられたのだ。

若《も》し政府の財政革新案そのものが一般国民をして危疑を抱かしめ、其《その》革新を実行する前に経済産業のあらゆる機関が停止することありとせば如何《いかん》、（中略）各銀行が再び開店し得ざる難局に陥つて崩壊する、各会社は支離滅裂に倒産するであらう、すべてのものが無価値になる、財産税を取立てるべき財産そのものが消滅するであらう。（『日記』十一月三日）

しかし、それでも、大蔵省を始めとする省庁がGHQの指図を、ある意味、無条件、無批判的に実行するのであれば、アメリカ的合理主義に基づいてすべてが能率的に実行されるであろうから、それはそれで安全かもしれない。

だが、クレーマー大佐の話では、各省庁における役人のサボタージュが激しくて、食糧にしろ肥料にしろGHQの指令でもなかなか実行できないということである。小林はさもありなんと思った。つまり、戦時体制下で統制経済という究極の「うまみ」を味わってしまった役人たちは、マッカーサーの指令があろうとも既得権を手放そうとはしないのである。かくて、小林は仕事を始めたとたん激しく慨嘆することになる。


甘藷《かんしょ》にしても木材にしても生鮮食料等の自由販売は国民の要望するところ又闇議も撤廃に一致し、其《その》断行を明言しながらも何とか、かとか故障があつて実行し得ないのは官僚が実行を拒まんとする小刀細工であり、それを押しのけて責任を取らんとする勇気のある閣僚がないからだと思ふ。(『日記』十一月六日)

一言でいえば、戦前に岸信介《のぶすけ》を筆頭とする革新官僚が日本の官庁組織に布《し》いた統制経済が、敗戦という未曽有の事態が起こったにもかかわらず頑強に生き残って戦後の緊急事態への対応を拒んでいたのだ。小林は、今度は岸信介の残した体制と戦わざるをえなくなったのである。

事実、小林が戦災復興院総裁として真っ先に戦災民用仮設家屋の建設に取り組もうとして木材の調達を図ろうとしたときに、目の前に立ち塞がったのは統制経済の壁だった。

午後三時、建土協会の連中と第二回会談。結局誰がしても同じ事だ、木材統制をやめること、労働者に食糧の特配を行ふにあらざれば業者が引受けてくれないから駄目である。早く此《この》二つの問題を解決してほしいけれど、どういう訳か、イヤ、理由は明白だ、農林大臣が官僚に引きづられて、何とか、かんとか、これを解決し得ないからである。(『日記』十一月七日)

統制経済を撤廃しなければ戦災民のための仮設家屋の建設のような緊急案件でさえ先に進まないとわかっていても、統制経済にしがみつこうとする官僚たちの抵抗はなお頑強である。小林も毎日の日記に苛立ちを記さざるをえない。小林もい

食糧問題は聯合軍《れんごうぐん》司令部の助勢を得なければならないといふ事情があるから止《やむ》を得ないとしても、住宅問題は農林大臣に決断力がないから困る。下僚は、自分達の信念では統制をほどけば価格暴騰、木材産出大減、結局、復興は出来ないと主張してゐるそうだ。政治的に大臣の命令ならば兎《と》に角《かく》、自分の責任としては統制を解くといふ決心はないといふのだそうだ。何といふ間違つた解釈だらう。私は統制は解けば何程価格は上るであらう、然《しか》し木材は現在よりも数倍増加産出されて結局、相場も下落してくる。闇値からウンと下つてくるものと信じてゐる。(『日記』十一月十一日)

とはいえ、十一月十三日の日記には「十時閣議に於て、ヤツト、農林大臣が木材統制を解くことを明言された。そして地木統制会社が現在保有する材木千七、八万石を我々の手に渡すべきや

う取計つてくれる旨を断言せられたのでこんな嬉しいことはない」とあり、ようやく復興計画も開始できるメドが立ったように記されているが、しかし、実際には、その後も統制経済派の役人たちのサボタージュは続いていたようで、十一月十七日の日記には、相変わらず、こんな愚痴が書き留められている。

木材統制の解除、地木保有材の処置等もこれ又、官僚に引《ひき》づられて長引くのは実にやりきれない。此《この》越冬対策の政治的工作すらも理解が出来ない――といふよりも理解しても、国民がどんなに困つても自分達の立場に固執して大臣を苦しめてゐるのは実に大臣に対しては私はお気の毒に思ふのである。

その結果、小林は諸悪の根源は統制経済から自由経済への移行を図ろうとしない大蔵省当局の姿勢にあると思い定めるに至る。すなわち、戦災復興院総裁として実務に当たるほか、ひそかに幣原首相に提出する意見書の作成に取り掛かることになるのである。

近衛の突然の死

そのかたわらで、昭和二十年の秋から冬にかけて内閣や議会を支配していた陰鬱な空気を、小林は日記にこう書き留めている。

予算委員会も本会議も一般にだれ気味だ。財界政界軍閥等の戦争犯罪人が指名されてから、

何もかも、憂鬱気味で沈静の極《きわみ》と、意気銷沈《しょうちん》で不得止《やむをえぬ》こと、は言ひながら、なさけない事だ。(十二月四日)

実際、小林の周りからも池田成彬や近衛文麿が戦犯指名された。とくに近衛は日中戦争開戦時の首相として重罪が予想されたので、小林は心配し、近衛がGHQに出頭する前夜の十二月十五日に見舞いに訪れた。近衛は血色もよく健康そうな様子なので安心して帰宅したところ、翌日、服毒自殺の一報が届き、あわてて荻外荘《てきがいそう》に赴くことになる。

奥の日本座敷の書斎に白羽二重の蓐《しとね》に上向きになつて横《よこた》はつて永久の眠に入る、顔色蒼青《そうせい》たれ共《ども》、泰然として平素の面影を失はず。(中略)昨日正午公爵にお眼にかゝり、数十分お話を承はり御元気の御様子を拝して、今日しも幽明其《その》境を異にする夢の如き幻世を思ふ時、涙のにじみ出つるを禁じ得ないのである。(『日記』十二月十六日)

近衛は小林を政界に引き込んだ当事者であり、岸信介商工次官との対立や商工大臣辞任に至る経緯では、二人の間で確執はあったようだが、小林は常々その人格や見識には敬意を抱いていたから、自殺の衝撃は大きかったのである。

しかし、戦災復興院総裁としての激務が待っていたので、いつまでも近衛ショックに浸っているわけにもいかない。仮設住宅の建設は外郭団体の住宅営団と地方自治体に任せる方針にしていたものの、戦災の被害状況の確認は不可欠であり、勢い、地方への出張が多くなったが、戦後の混乱で列車はどれも超満員。現在のグリーン車に当たる二等車は進駐軍や戦勝国が優先使用していたため、戦災復興院総裁といえども三等車での移動を余儀なくされたのである。昭和二十一年一月一日に正月休暇で帰阪したさいの日記には、こんな三等車の車内状況が記されている。

途中、車内は立錐の余地なき間を、便所にゆく。婦人の泣声、小供には窓から大小便をさせる不潔極まる態度も実に止《やむ》を得ないものと同情しながらも、此《この》乗客の多数は闇の買出しの荷物が、お米やお藷《いも》が棚の上から通り路迄《まで》ギツシリ詰つてゐる有様を見ると、何よりも先《ま》づ政府が闇取引を根絶し得る政策を一日も早く実行しない結果であることに私達は此内閣の不徹底さに恐縮せざるを得ないのである。

予想外の公職追放

このように多大な労苦を伴いながら帰阪して、久しぶりに茶会を催そうとしていた一月四日の深夜、東京から電話が入った。マッカーサー司令部の命令で緊急閣議を開くから明朝四時の列車で東上せよという知らせである。

小林は帰阪する直前、十二月三十一日に、財産税と預金封鎖および新札発行を眼目とする大蔵省の財政計画と食糧管理案を根底から批判した意見書を書き上げ、一月三日には人を介して幣原首相に提出していたので、もしやその意見書がGHQに取り上げられるのではないかと期待した。ところが、案に相違して、閣議召集はGHQが発した公職追放令をめぐっての対応策協議だったのである。

今朝の新聞を汽車中で読んで、私の東上を促し来《きた》つたのはマツカーサー司令部が四日に発表した、官、政界の徹底粛正断行による戦時閣僚日政幹部等戦争に駆立てた人物を公職より追放、廿七団体の解散廃止、占領地特殊関係会社二十会社の責任者等々約千名を日本がポツダム宣言の諸条件を果す迄《まで》は公職或《あるい》は公の地位に就く資格を有せざること等画期的大指令を発したので、立候補資格剝奪勅任官以上は禁止といふが如き想像し得ざる大事件が突発したので現内閣内にも資格を失ふもの五、六名もあるかもしれない。政局重大危機に直面、総辞職か、改造か、いづれにしても臨時閣議が必要として俄《にわか》に呼出されたといふことがわかつた。(『日記』一月五日)

ただし、このときには、小林はよもや自分がその公職追放リストに含まれているとは思わなかったようである。自身がリストに載っている事実が明らかになるのはほぼ一ヵ月後の二月九日のことである。では、その一ヵ月の間に小林が何をしていたかというと、財産税、預金封鎖、新札発行という大蔵省の方針に徹底抗戦すべく、幣原首相に提出した意見書を閣議で検討するよう、孤軍奮闘していたのである。

しかし、いくら小林が頑張っても、あいかわらず暖簾《のれん》に腕押しの状態が続いていた。幣原首相がマッカーサーとの会談でいったんは総辞職に傾いたものの、結局は内閣改造でお茶を濁して現状維持路線に転換し、小林の意見書は真剣に討議されぬままに終わったからである。内閣改造は、楢橋渡が法制局長官から書記官長に横滑りし、事実上の「楢橋内閣」となったことを除くとあまり変わりばえしないものだった。

そこで、小林はこの「楢橋総理」を動かすべく、自ら起草した「新食糧管理法案」を手渡して閣議が大蔵省案と農林省案を可決しないよう試みるが、一月十八日農林省案と大蔵省案が閣議決定されたため、ついに辞職を決意する。この時はまだ大日本帝国憲法下だったから、国務大臣である小林があくまで拒めば閣議不一致ということで内閣は瓦解したはずである。だが、幣原首相が病気だったこともあり、小林は不賛成を貫くことを控えたのだ。しかし、「良心的に陛下に対しても、国民に対しても、安閑たり得ない」という理由で辞職は不可避と判断したのである。


大蔵省提案の新紙幣発行の前提としての貼紙案と、農林省案の供出米強要に伴ふ実行案と二つ共同時施行の目的を以て可決したが、私は不満足であるのみならずこれこそ事態を容易ならざる険悪に導くものとして到底現職に留り得ないものと心配してゐる。明朝九時吉田外務大臣を訪問して、辞表をお願《ねがい》するつもりである。（『日記』一月十八日）

ただし、小林が辞表を提出しようとしていたのは国務大臣としての職務であり、戦災復興院総裁としてではなかった。国務大臣として閣議で賛成に回ることは良心に悖《もと》るが、戦災復興院総裁としてはまだ残務整理があったから、次の総裁にバトンタッチしてから辞任という手順を踏もうと考えていたのである。

だが、幣原内閣には吉田茂外相と楢橋渡書記官長を除くと、理論と実行力を兼ね備えた実力者はいなかったから、首相は極力、辞表提出を見合わせるように懇願し、吉田も楢橋もこれにならいったので、小林はしかたなく閣議に出席しつづけたが、もはや心は、大臣を辞職して日本再建案をマスコミに問う方へと飛んでいた。そんなときにもたらされたのが、公職追放リストに自分が引っかかっているという知らせだった。

午後一時半臨時閣議、一月四日のマック追放令に基づく各方面のアウトが明白になつた。私も第二次近衛内閣時代蘭印使節として出張不在中、組織された翼賛政治会の顧問に閣僚連名の一員である結果、現職を引退することになるかもしれないト言ふのである。私としては此《この》機会に退却することは誠に好都合だと喜んでゐる。たゞ私が不在中に選任されたことであり、そのゝち少しもそういふ顧問であつたといふ事も知らない立場から、私は追放に引かゝらなくてすむといふ弁護説もあるが、私は少しも未練がないのみならず、まことにふさはしい引潮時で、こんな難有《ありがた》いことはないと思ふ、そして復興院をして理想的に若い人達にやらせる陣容を整えたいと思ふ。(『日記』二月九日)

かくて、小林の政治家としてのキャリアはここに終わりを告げた、と書きたいところだが、辞表はさらに一ヵ月受理されず、小林は三月九日まで内閣にとどまることになる。

その結果、小林は、はからずも、マッカーサー司令部の作成した新憲法案を突き付けられて右往左往を繰り返す幣原改造内閣末期の客観的目撃者となり、日本国憲法誕生についての貴重な証言を日記に残すことになるのだが、それはこの連載とは直接関係がないので、興味ある方には『小林一三日記』第二巻の昭和二十一年三月六日の項を参照していただくことにして、ここでは、公職追放で完全に無職の人となった小林が昭和二十一年三月十二日に記した次の言葉を拾って締めくくりに代えることにしよう。

昨日かぎりでお役所の仕事も終つて今朝からは、身軽な、責任のない勤先《つとめさき》のない無職の浪人としてのび〳〵と出来る丈《だけ》朝寝をしやうと思つてゐたが、サテ、そうなると、眼が早くさめて、平生通りの起床で、何もかもスラ〳〵と運ぶ。ゆつくり此《この》日誌を書く丈でも嬉しいのである。

公職追放中の、意外にも「元気一杯」の小林が十分に予測できるような一文ではあるまいか？

第三章　戦後篇②　東宝、分裂の危機

労組乗っ取りの「筋書」

公職追放の身となり、公務はおろか一切の民間企業の役職につくことを禁じられた小林一三は、昭和二十一（一九四六）年四月から完全な私人となったが、彼の指示を仰ごうと雅俗山荘を訪れる人々はあとを絶たなかった。なかでも、東宝関係者は頻繁に小林のもとを訪れていた。映画をプロパガンダのために使おうとしたＧＨＱの民間情報教育局（ＣＩＥ）の命令で結成された東宝の労働組合が日本共産党の影響下で強大となり、映画製作や経営にまで容喙《ようかい》するようになっていたからである。

とはいえ、東宝は小林の企業理念により、戦前からアメリカの映画会社をモデルにし、合理的な経営方針を採用していたから、戦後すぐに始まった労働組合の結成には好意的で、社長の大沢善夫《よしお》も、当初、結成された東宝従業員組合（通称、従組）の待遇改善要求には前向きの姿勢で応えていた。

だが、マスコミ企業における党勢拡大を第一とした日本共産党はコミンテルンの指令に基づいて東宝労組の乗っ取りを図り、これに半ば成功したのである。『東宝三十年史』は、共産党が日本映画演劇労働組合（日映演）を介して東宝を支配しようとした裏には民間情報教育局のデヴィッド・コンデの意思が働いていたとしてこう述べている。

それは当時アメリカ進駐軍とともに来日して、映画の製作指導と検閲の担当官であったコンデ氏であります。彼はアメリカ共産党員といわれ、つねに東宝撮影所の日本共産党員（伊藤、宮嶋、山田、安恵など）と会合し、映画産業における労働組合を共産党が支配するための組織大綱を協議し、そのなかに筋書どおり組合をはめこんでいったといわれます。その後、コンデ氏はアメリカに召還されましたが、もともと彼は地方新聞の一記者にすぎなかったということであります。

ソ連崩壊以前の「良識」でこれを読んだ人ならテクストは資本の側に立った完全な右派的言説であり、組合側を故意に貶《おとし》める陰謀史観に基づいていると感じたかもしれない。

しかし、ソ連崩壊によってコミンテルン資料解読が進んだうえ、アメリカ陸軍情報部通信諜報局（後のアメリカ国家安全保障局）が立ちあげたソビエト外交文書暗号解読プロジェクト（ヴェノナ計画）の文書が公開されたことにより、戦前からコミンテルンのエージェントがアメリカ政府中枢に相当に深く入り込んでいた事実が明らかになったいまは、『東宝三十年史』に述べられていることは「ほぼ事実」と見て差し支えないのである。

コミンテルンは民間情報教育局にも筋金入りの共産主義者を送り込んで、ＧＨＱの日本占領政策において大きな役割を果たしていたのである。つまり、敗戦直後の労働運動とりわけ東宝争議はコミンテルンの描いた「筋書」通りに運んだということなのだ。では、その「筋書」とはどのようなものだったのか？

まず、映画会社や新聞社などの情報発信系の企業において労使紛争を起こし、賃上げや待遇改善などの経営者側が呑めるような（つまり交渉可能な）項目を掲げつつ、同時に、生産管理、経営管理、収益管理といった条件も交渉のテーブルに置く。

次に、賃上げや待遇改善などの条件交渉が妥結し、組合が組合員に「闘争勝利」を宣伝できるようになると、本来の目的であった生産管理、経営管理、収益管理を経営側に呑ませようとするが、当然、そのときには経営側からの強い反発があり、共産党が裏で糸を引いているという非難がなされるから、これを「組合弾圧」と糾弾しつつ、経営側の言い分にも理があるとする非共産党組合員を裏切り者、内通者と非難して一元的な支配を確立する。その上で、争議の早期解決を焦る経営側の弱みに付け込んで、生産管理、経営管理、収益管理を労働協約に紛れ込ませて呑ませてしまうのである。そして、このシナリオが完成したら、生産物たる映画や放送それ自体を共産党のイデオロギーに忠実なものへと転換するのである。

以上が敗戦直後に多発したマスコミや映画産業でのストライキのシナリオだが、はたして小林一三は、手塩にかけて育てた東宝が共産党に乗っ取られるのを指をくわえて眺めていたのだろうか？　どうやら、そうではなかったようである。

ストライキとクーデター

東宝の第一次争議が山場に差しかかった昭和二十一（一九四六）年三月二十六日の日記にはこ

う書かれている。いささが長いが小林の対共産党戦略への洞察を示す重要なテクストなので引用しておこう。

●東宝の労働争議

東宝労働争議が破裂して、従業員の経営管理が実行されたといふので、寺本君と佐藤君三人にて熟議す。（中略）要するに共産党の大運動であり陰謀であり、総選挙前のデモストレーションであり、計画的に乗取策を強行し来《きた》るものと推定した。

これは単に東宝に限らない、京阪神急行電鉄にも襲迫するにきまつてゐる、（中略）京阪神の社長や重役達は存外此《この》争議を軽視してゐるやうだ。彼等の要求が合理的に解決すべき性質のものだといふが如く楽観してゐるのも困つたものだ。東宝の例を見ても、結局、合理的な解決なぞと言ふ問題は、初《はじめ》の間で、経営管理迄《まで》侵犯するにあらざれば満足しないにきまつてゐると思ふ。断乎として抗争する決心がなければ駄目だ、（中略）私など今日初めて事情を聞いて、早くもこれは容易ならざる大陰謀であることを洞察したのであるが、私の考《かんがえ》が間違つてゐるか、呑気な諸君達の気軽く考えてゐることが正しいか、四月上旬に於て必ず明白になると思ふのである。

さすがは骨の髄からの自由主義者・小林一三である。コミンテルンが日本共産党を介して繰り出した戦術を正しく認識している。

実際、東宝従業員組合（従組）は、小林の予想した通り、第一次争議において生産管理委員会を会社側に認めさせることに成功すると、次に企画審議会を創設し、争議終了後には、堂々と、プロパガンダ映画製作に乗り出したのである。戦後第一回メーデーの翌日に公開するために、わずか一〇日間で製作された『明日を創る人々』という作品がそれである。『東宝三十年史』は製作の経緯を次のように綴っている。

組合は、この闘争に勝った直後、前記コンデ氏の指導のもとに、しかも労働協約を利用して、会社の危険負担において、共産党映画『明日を創る人々』の製作を開始しました。

では、この『明日を創る人々』の出来栄えはどうだったのだろう。東宝争議をイデオロギー的観点からではなく、残された労使双方の資料の比較検討により、客観的に総括することを試みた井上雅雄『文化と闘争――東宝争議1946―1948』(新曜社)は、この作品について次のように書いている。

山本嘉次郎と山形雄策の共同脚本、山本嘉次郎、黒澤明、関川秀雄三名の共同監督によるこの作品は、しかし「労働争議の宣伝映画」〔注は省略〕などと評され、その結果「芸術的にも興行的にも成功した作品とは言え」ないというのが実態であった。

もっとも『明日を創る人々』がいくらひどい映画であっても、それが収益を挙げてくれれば東宝としても文句はなかったはずなのだが、やはり所詮はプロパガンダ映画、観客は完全にそっぽを向いてしまい、興行的にはこの時期に製作された作品の中で最低の観客動員を記録した。かくて、ただでさえ屋台骨が傾いていた東宝はさらなる危機に追い込まれることになる。

ところが、そんな危機など我関せずと、東宝従組は、昭和二十一年九月末に上部団体の日映演（さらには共産党傘下の産別会議）の方針に基づき、東宝に対して日映演と団体協約を締結するよう要求した。そして、これが会社側から拒否されると、十月十五日からストライキに突入したのである。これに対して、会社側の態度は弱気一辺倒だったといってよい。『東宝三十年史』は、この第二次争議の収拾について無念さをにじませながら、こう語っている。

東宝は日映演提出の労働協約案を訂正したものを用意して十一月十八日から組合と交渉に入り、同月三十日にいたって労働協約を締結、経済要求も統一要求も容れて、十二月三日に調印しました。（中略）しかし、これこそ日映演の思う壺《つぼ》で、組合の承認がなければ、会社は一切の人事を行なうことも、企画や製作を行なうこともできなくなりました。（中略）一方、日本共産党は、東宝撮影所を中心として公然入党申込所を設け、従業員の入党を勧誘するとともに、共産党員である従業員には有利な仕事を与え、党員でない者には全く仕事を与えない戦法を採りはじめたのであります。（中略）こうして、東宝撮影所は千二百人の従業員の中の約四分の一が正式党員となりこれに同調する者を加えると、撮影所における共産勢力は全従業員の約半数五百五十名の多きに達したのであります。

これこそ、戦後、東欧諸国で中核企業や政府機関が共産党に乗っ取られていったときの過程そのものである。

しかし、さすがに共産党のやり方が露骨すぎたのか、東宝の従業員の中にはこれに強く反発するものも出てくる。まず第二次争議の最中、営業部員二十余名が共産党勢力に叛旗を翻すと、大《おお》河内伝次郎《こうちでんじろう》を筆頭とする俳優十人（長谷川一夫、入江たか子、山田五十鈴、藤田進、黒川弥太郎、原節子、高峰秀子、山根寿子《ひさこ》、花井蘭子）が「十人旗の会」を結成して組合を離脱し、早撮りで知られていたスター監督の渡辺邦男もこれに同調した。東宝は、昭和二十二年三月に、これらの組合脱退者百数十人を東宝第二撮影所に収容し、東宝の子会社として新東宝映画製作所を発足させた。

ちょうどこの頃、東宝は、社長の大沢善夫以下の重役たちが公職追放に会い、重役陣が総退陣を余儀なくされたので、小林の異母弟である田辺加多丸が社長となって立て直しを図ることとなった。

田辺加多丸は、婿養子として小林家に入った小林の父・丹沢甚八が酒造家の田辺家に再縁して設けた四人の息子の一人である。帝国拳闘協会や東京拳闘連合会の会長を勤め、戦後、後楽園スタヂアムの社長となった兄の田辺宗英と混同されるが、加多丸は兄のような猛者ではなく、東京帝大法学部卒の日本勧業銀行の銀行員で、茶道を趣味としていた関係で、小林の家にはしばしば出入りしていた。

しからば、小林はこの田辺加多丸の手腕に期待していたのだろうか？　『日記』を読む限りではかなり不安を感じていたようである。『日記』にはこうある。

予定の如く田辺加多丸が社長になつて新内閣を組織するとせば、コレカラ必要なことは勇気である。（中略）苟《いやしく》も此《この》理想を裏切る分子、此会社組織を破壊せんとする反逆者が内部にあるものとせば、如何《いか》なる犠牲を払っても之《これ》を追出《おいだ》すべしである、田辺に此勇気があるだらうか。（『日記』昭和二十二年三月十日）

小林の田辺社長の手腕に対する不信感は日を追うごとに強まっていく。

田辺社長には決断力がなくて困る。（中略）騒動を起してもよい、早く赤の連中を追出す策を実行しなければ駄目だ。（『日記』十月四日）

そして、ついに田辺社長の優柔不断に業を煮やし、自ら東京に出向いて弟たちを集めて鳩首協議したらしい。

東宝方針実行の件にて七六、宗英、加多丸三君と熟談。（中略）第一労働組合と大衝突してストライキが起ればモツケの幸《さいわい》、喧嘩腰で猛進して、それを機会に興行を休んでも大改革立直しにあらざれば、結局は彼等にやられるから、コチラから進んで新規蒔直《まきなお》しの覚悟でテキパキと猛進せよ、結局、東宝の改革は第一組合の赤を追出すにあらざれば駄目だから――と新任当時から注意して居つたのであるが、グヅ〳〵してゐる間に現状の如き始末になつたのは如何《いか》にも残念である。が、然《しか》し、こゝで我々が協議決定した方針通りにやつてゆけば、それは中々《なかなか》猛烈な喧嘩になると思ふけれど、只《た》だ勇猛心を以て正しい主張は必ず勝つと

いふ信念を以て改革すればよいのであるから――彼の健康を祈るのみである。（『日記』十月十六日）

この時の四兄弟の鳩首協議の結果であるか否かはわからないが、田辺社長は、昭和二十二年十二月に「田辺クーデター」と呼ばれる驚くべき人事を断行した。すなわち、自らは会長に退いて、社長には元日本商工会議所専務理事で元衆議院議員の渡辺銕蔵《てつぞう》を招聘し、取締役にも強硬派を多く配したのである。

GHQによる強制執行

さて、小林の伝記を綴ってきたわれわれは、この渡辺銕蔵という名をどこかで目にしたことがあるような気がする。そう、戦前、商工大臣だった小林が企画院作成の経済新体制原案を「赤」の作文だと糾弾して、観念右翼を巻き込んで反撃に出たさいに渡辺銕蔵の名前が登場しているのである。すなわち、小林からリークされた企画院原案を読んで、「これは赤そのものだ」と断定し、観念右翼の急先鋒として原案批判を展開したのがほかならぬ渡辺銕蔵だったのである。陸軍統制派の軍務官僚として企画院と陸軍軍務局の連絡役をつとめていた牧達夫の残した『牧達夫氏談話速記録』には、既に引用したように、陸軍憲兵隊から取り調べを受けた渡辺がリーク元は小林だと白状したために調べが小林にまで及んだことが記されていた。

つまり、この一連の「赤」騒動を通じて小林は渡辺銕蔵との面識を得たものと思われるが、では渡辺銕蔵とはそもそもいかなる人物であったのか？

渡辺銕蔵は明治十八（一八八五）年に大阪に生まれ、東京帝国大学法科大学政治学科を首席卒業後、イギリス・ドイツ・ベルギーに留学、帰国後、母校に復帰し、経済学部設立の主要メンバーとなる。しかし、森戸辰男事件をきっかけにマルクス主義者の助教授たちと対立、昭和二（一九二七）年に東京帝大教授を辞任して東京商工会議所に入り、日本商工会議所設立と同時に専務理事となったが、これを辞すると「渡辺経済研究所」を設立し、右と左の統制経済を強く批判する論稿を多く発表した。日独伊三国同盟反対と対英米戦争反対の陣頭に立ち、戦争中は「戦争はやめるべきだ」と主張したため投獄されたこともある。反共の闘士だったばかりか、反ファシズムの闘士でもあるという気骨ある学者だったのである。渡辺は自伝『反戦反共四十年』（自由アジア社）でこう回想している。

十二月中旬になつて田辺社長が突然私に社長になって呉《く》れと言ひ出した。私は極力拒絶したのであるが、結局各方面の勧説と重役会の切望によつて社長を引受けることになつた。そして田辺加多丸君は会長に納まつた。此頃《このごろ》は東宝内部に共産党の跋扈《ばっこ》してをる有様が私にも可《か》成《な》りわかつて来たので、共産党と張り合はせるために私を社長に引張り出したものと感付いた。

また小林・田辺ラインが「共産党と張り合はせるために」東宝に送り込んだ重役の一人に馬淵威雄がいた。馬淵は、田辺と東大で同期で東京帝大教授の末弘厳太郎が会長をつとめていた中央労働委員会の第一部部長だったが、末弘に命じられて労務担当重役として東宝に入ったのである。

さらに、昭和二十三（一九四八）年四月から東宝砧《きぬた》撮影所長となった北岡寿逸《じゆいつ》もまた反共の闘士だった。東宝撮影所長には昭和二十二（一九四七）年十一月から後に小林の伝記を書くことになる三宅晴輝《せいき》が取締役兼務で就任していたが組合との交渉に疲れ果てて辞任したため、北岡寿逸が招請されたのである。

かくて、東宝の重役陣には小林・田辺ラインのコネにより、共産党と闘う強い意志をもった渡辺・馬淵・北岡という反共の猛者たちが勢揃いすることとなる。

東宝は、労働協約が昭和二十三年三月三十一日に切れるのを待って、四月八日、撮影所従業員二七〇名の解雇を組合に通告。これに応えて組合側は四月十七日から砧撮影所を占拠し、撮影機材等を管理し、所内いたるところにバリケードを築いて生産管理闘争に突入した。ここに日本の労働史上最大と呼ばれる東宝第三次争議が始まったのである。

『東宝三十年史』はこのときの撮影所の様子をこう描いている。

彼らは、会社の幾度かの立退き要求にも応ぜず、ついには、所内いたるところにバリケードを築き、陥し穴を設け、釘を打ちつけた板や、竹槍、石ころ、煉瓦、電球の類を準備し、また撮影所構内の周辺に電線をまきつけるなど、さながら暴動一揆の様相を呈してきました。その上、共産党員を隊長とする青年行動隊が組織され、所内は彼らの手によって完全に軍隊化されるとともに、裏切者の摘発、人民裁判などが行なわれ、次第に騒擾《そうじょう》一歩手前の状況となってきました。

これを見て会社側は占有解除を求める仮処分を申請。東京地裁は会社側の申請を認めて八月十三日に仮処分執行を決定し、翌日、執達吏を差し向けたが、入場を拒否されたため、東宝は仮処分の強制執行を要請した。

この事態を重く見たアメリカ第八軍は警視庁の要請に応じるかたちで応援部隊を急派することに決定。すでに、東西冷戦の激化により、共産党とGHQの蜜月は終わりを告げ、GHQは日本における共産革命を真剣に憂慮し始めていたのだ。

こうして昭和二十三年八月十九日早朝、キャンプ・ドレイクにいたアメリカ陸軍第一騎兵師団が司令官のウィリアム・チェイス少将に率いられて砧撮影所を包囲することとなったのである。このときの様子をイギリス占領軍機関紙『ビーコン』はつぎのように報じている。

米軍の示威運動はこの日早朝スタヂオの周辺に到着した六台のジープと騎兵銃をもったMPによってはじまった。つづいて一ケ分隊の歩兵と六台の装甲車が到着し、スタヂオ外側をあちこち哨戒した。そして間もなく三台の戦車がただちに表門に位置をしめた。日本警官隊の主力が到着したのは米軍が配置についてからずいぶん時間を経過してからであった。警官達は米国製のトラックにのり、ピストルをつけ、棒をもち、かいや、とびぐちを用意していた。（中略）攻撃の先鋒は表門にピッタリとつけられた改装した日本戦車であった。……内部、争議団に対して最後通牒が発せられると同時にこの改装戦車はエンヂンのうなりをたてて今にもバリケードを破かいせんものと身構えていた。警官隊の攻撃準備完了と共に第一騎兵師団のH・F・T・ホフマン准将は彼の従える米軍の指揮にたった。頭上の偵察機には当師団の最高司令官W・C・チェイス少将がのり全行動を統轄した。この圧倒的武力に対抗して争議団は隊伍を組み、最後通牒に十二分の時をのこして城をあけ渡したのであった。（法政大学大原社会問題研究所編『日本労働運動資料集成』第二巻、旬報社）

容共的だったGHQが促進した日本の労働組合運動が、反共に転じたGHQによって息の根をとめられた決定的な瞬間であった。

小林の日記は八月に入って風雲急を告げるベルリン封鎖とモスクワの四ヵ国会談についての記述が多く、当日の八月十九日の日記にも住友銀行社長やGHQのウィルソン少将と会ったことなどが記載されているだけで、東宝撮影所の強制執行については一行も触れられていない。

ただし、この日の日記の冒頭に掲げられた「烈日無風沙塵白《さじんしろし》『鶏頭は真紅青桐はうなだる、』即吟実景也、連日炎暑、閉口――」には、対共産党との戦いに勝利した満足感が滲み出ているといえなくはない。考えすぎだろうか？

第四章　戦後篇③　新東宝とのバトルを経て、社長復帰

飼い犬・新東宝にかまれる

戦後最大の労働争議と呼ばれた砧《きぬた》撮影所の第三次東宝争議は、昭和二十三（一九四八）年八月にアメリカ第八軍の出動で仮処分が執行され、十月にはなんとか解決を見たが、しかし、これで東宝が映画製作をめでたく再開できたのかといえば、じつはそうはならなかったのである。

ひとつは、仮処分で排除されたはずの共産党の活動家あるいはそのシンパがいつのまにか撮影所に舞い戻ってきて、撮影の妨害行為を続けたことである。

撮影所の反抗分子はあらゆる手段をもって製作を妨害し、製作にあたった所長以下のスタッフは、製作遂行のために、心身とも耐えがたい苦痛に堪え抜いたのであります。（『東宝三十年史』）

おかげで、昭和二十三年から二十四年にかけての東宝の製作本数は激減したが、東宝系の映画館で上映する映画の本数は確保しなければならない。そこでにわかに影響力を増してきたのが、

日映演（日本映画演劇労働組合）から脱退した組合員たちが作った映画製作会社・新東宝である。この時期に東宝に映画を供給して、経営を支えたのはこの新東宝であった。

だが、なんという皮肉か、本来なら前門の虎（共産党）に脅かされた東宝の窮地を救うはずの新東宝が、いつの間にか後門の狼に変貌していたのである。

東宝の心積もりでは、新東宝は別会社という形式は取っているものの、あくまでピンチヒッターにすぎなかった。

ところが、新東宝製作の作品がヒットを飛ばすことが少なくなかったので、東宝はピンチヒッターのはずの新東宝に次の打席も任せることにした。すなわち、無償提供していた第二撮影所と付属機械器具に加えて第三撮影所と付属機械器具まで新東宝に譲渡し、新東宝の製作した映画を独占的に配給する協定を締結したのである。

この協定の内容というのは、「(1)東宝は映画製作費を新東宝に前渡しすること、(2)東宝の得た映画配給収入は宣伝費とプリント費を天引きの上、その七五％を新東宝が、残り二五％を東宝が取得すること」（『東宝三十年史』）という、新東宝にとっては驚くほどの破格の好条件となっていた。それもそのはず、共産党との戦いの最中にあった東宝は、砧撮影所を放棄せざるをえなくなる事態を想定して、製作機能と資産を新東宝に移管する選択肢も視野に入れていたのである。

逆に共産党に勝利して製作を再開できるようになった暁には、当然、新東宝を映画供給のためのサブ・カンパニーに格下げし、ゆくゆくは東宝に吸収するつもりでいた。

一言でいえば、東宝は新東宝のことを自分の意のままに動く忠実な飼い犬だとばかり思い込んでいたのだが、やがて、この飼い犬にガブリと手を嚙まれることになる。

昭和二十三年十月東宝争議の終結後、東宝はただちに撮影所を再開すると同時に、新東宝に対して、その後の協力をもとめました。ところが、両社の製作すべき映画の本数、その配給方法などの点で意見の一致をみないうちに、新東宝より、⑴映画の製作はすべて新東宝に一任すること、⑵その製作活動を効果的なものにするために東宝撮影所（砧撮影所）を貸スタジオとして新東宝に提供すること、⑶新東宝はこれを一ヵ月壱千万円で借用すべきこと、などの申入れがありました。

その理由として、新東宝があげたのは、東宝は半年にわたる大争議の傷がまだなおっておらず、とうてい映画製作に堪えられるものでない、のみならず、東宝撮影所にはいまなお共産党員の一部が残っている、このような状態で東宝が映画製作を再開すれば、また元の杢阿《もくあ》弥《み》となることは目に見えている、というのでした。（『東宝三十年史』）

この「飼い犬の独立宣言」ともいうべき不遜な要求に対し、東宝の重役陣の意見は真っ二つに割れた。東宝は製作・配給・興行が一体となった総合的映画会社なのだから自ら製作を放棄するような愚は犯すべきではないとする正論に対し、撮影所に共産党員が巣くっている限り、製作は無理だから新東宝の提案を丸呑《くみ》みすべきだという意見も強かった。「反共の闘士」として送り込まれた渡辺銕蔵《てつぞう》社長は後者に与して、昭和二十四（一九四九）年三月の重役会議で自主製作の放棄を決めてしまう。東宝が新東宝の軍門に降ったのである。昭和二十四年の東宝の製作本数が五本なのに対し、新東宝のそれが三四本と突出しているのはこのためである。

これにより、東宝は配給・興行の専業となったが、しかし、新東宝製作の映画がいかに大ヒットしたとしても、東宝の取り分が二五％で新東宝のそれが七五％というのでは、配給すればするほど東宝は赤字に、新東宝は黒字になる構造となっている。新東宝は昭和二十四年六月には増資して資本金一億二〇〇〇万円の大会社になったが、その新東宝に東宝は赤字にあえぎながら協定通り毎月六〇〇〇万円（日建てで二〇〇万円）の無利子の前渡し金を提供せざるをえず、窮状は加速度的に深まっていった。『東宝三十年史』は飼い犬に嚙まれ放題になっている飼い主の悔しさを滲ませながら、こう書いている。

〔新東宝は〕赤子の手をねじるように、〔製作費を〕東宝から拉し去り、前渡金の引渡しが一日でも遅延すると、そのたびに、新東宝は自主配給をするぞ、といって東宝を恫喝しつづけたのであります。

以上は東宝の立場にたった東宝vs.新東宝の大バトルの解釈だが、しかし、後世の公平な「戦史家」からすると、東宝を意のままに引きずり回して降伏寸前まで追い込んだ新東宝の経営者の辣腕ぶりには感嘆せざるをえない。いったい、どのような人物が新東宝を経営していたのだろうか？

絶体絶命のピンチを救った「裏指導」

東宝争議の落とし子として産声をあげた新東宝が昭和二十三（一九四八）年四月に正式に「株

式会社新東宝」としてスタートしたとき、その初代社長となったのは東宝常務取締役から横滑りした佐生正三郎《さしょうしょうざぶろう》であった。佐生は戦前には、ユニヴァーサル東京支社で支配人トーマス・コクレンからフリーブッキング・システムなどの合理的な経営手法をたたき込まれ、後にパラマウントに移籍してからは「配給の神様」と呼ばれたほどの敏腕の配給マンであった。東宝創設とともに取締役として入社すると、たちまちのうちに東宝を大手映画会社に押し上げた。

では、営業畑の人であった佐生が製作会社である新東宝の経営をあえて引き受け、次に東宝に対して堂々の一騎打ちを挑んだのは、どのような戦略に基づくものだったのか？

佐生は、砧撮影所を共産党に押さえられて配給・興行会社として延命するしかなくなった東宝に対し、製作会社としての新東宝が絶対的に有利なポジションにあることを強く意識していた。どれほど無理難題を吹っかけても弱り目の東宝は条件を呑むだろう。もし東宝が製作を開始すると言い出したら、自主配給をするぞと脅す。たとえ、東宝が拒否して交渉が決裂したとしても、「配給の神様」と謳われた自分の営業手腕をもってすれば、東宝系列の映画館は雪崩《なだれ》を打つように新東宝系列に加わるだろう。場合によっては東宝を乗っ取ることすら可能かもしれない。佐生はそうした事態を見通して、東宝から製作費として吸い上げた金を社内留保し、ことあらば独自配給網を確立しようと考えていたのである。

後日「会社整理中立事件」の裁判過程においてわかったことですが、新東宝は貸借対照表には記載されない約四千万円の金額を別途に預金しており、この預金はその後さらに増加して実に九千万円にのぼっていたのであります。これは、いうまでもなく、新東宝が他日の独立を期し、その軍資金として蓄えていたものであります。東宝は、そんなこととも知らず、馬鹿正直にも、製作資金と思いこんで、苦しい金の工面をしながら、せっせと前渡金を送っていたわけであります。（『東宝三十年史』）

佐生が期していた独立の機会はすぐにやってきた。昭和二十四（一九四九）年の上半期から赤字に転落した東宝が、同年九月に臨時重役会議を開いて新東宝に好意的だった渡辺社長と三人の取締役を更迭し、新社長として米本卯吉を選んで（渡辺前社長は会長に）、新東宝に対して協定の見直しを迫ると同時に部課長のなかの非協力分子を一掃しようとしたのである。この機会を捉えて、新東宝は十一月に自主配給実施を宣言した。

米本社長は佐生氏にたいし再三再四にわたって翻意を促しましたが、新東宝はこれに応ぜず、ついに昭和二十四年十二月一日以降、新東宝の映画はいっさい東宝に引き渡さない旨を通告してきました。（『東宝三十年史』）

正月興行を控えていた東宝はあわてて仮処分の執行を司法当局に申請。かろうじて申請が受理されたので難を逃れたが、今度は、新東宝による配給部員の大量引き抜きが相次ぎ、東宝はいよいよ窮地に追い込まれた。資金は完全に底をつき、昭和二十五（一九五〇）年の三月には税金滞納で日劇、帝劇、有楽座、日比谷映画劇場の公売通告を東京都から受ける始末だった。では、こうした絶体絶命のピンチを東宝はどうやって凌《しの》いだのだろうか？

首脳部はどうにも解決策を見出せず、小林の「御聖断」を仰ぐほかはなかったようだ。『小林一三日記』の昭和二十四年十一月二十四日の記述を読むと、東宝への小林の「指導」は新東宝との対決が明らかになった時点からすでに始まっていたと見てよい。

午後三時大澤君とOS楼上にて会談。結局東宝は新東宝と分袂《ぶんぺい》、東宝は一時苦境に陥ること、思ふ。然《しか》し、一、二年辛棒《しんぼう》して、精算的整理を断行し、ヌルイお湯に這入《はい》つたつもりで再建して異分子や非宝塚連と分袂する方が幸福だと思ふ。渡辺旧社長が田辺の失政以上の無能ぶりと無成算と毎晩お酒を呑んでダラシナク、叛逆党に利用されたことは馬鹿〱しい話であるが又可愛そうにも思ふほど低能であるのにも驚いた。（『日記』昭和二十四年十一月二十四日）

小林は、米本社長だけでは心もとないと感じたのか、阪急（正式には京阪神急行電鉄）から太田《おおた》垣《がき》士郎を年末に重役として送り込み、東宝の大整理を担当させることにしたが、東宝にとってこの太田垣の存在は非常に大きかったようである。なぜなら、昭和二十五年の三月に訪れた絶体絶命のピンチをなんとか凌ぐことができたのも、太田垣を介して阪急から受け取った多額の融資があったからである。

このような劇的な破局も、米本社長、太田垣士郎、竹中藤右衛門、土屋計左右《けいぞう》の諸氏をはじめ各重役の異常な努力、とりわけ資金面における京阪神急行電鉄からの絶大な応援によって、からくも切り抜けることができました。(『東宝三十年史』)

しかしながら、こうした小林の「指導」が強まれば強まるほど、新東宝はそれを不快に思ってこれを排除しようとする。新東宝は小林が公職追放中であるにもかかわらず、東宝を裏からコントロールしているとしてGHQに訴えたのである。

〔大映の〕永田社長の話によれば、新東宝は私がパージであるに拘らず東宝の黒幕に居つて指導してゐるから追放違反だといつて告訴をしてゐる。(中略)私は追放を心得て居るから反則といふが如き行動はないと信じてゐる。(『日記』昭和二十五年二月二十三日)

とはいえ、さすがの佐生社長も小林が直接的に「指導」に乗り出したとあらば、落としどころを探らざるをえなくなる。かくて昭和二十五年三月二十日、東宝と新東宝の分袂を命じた小林の意を受けて米本東宝社長と佐生新東宝社長が頂上会談を行い、両社は完全な競争会社の関係に立つこととなったのである。

東宝を呑み込むつもりだった新東宝が東宝の系列を崩すに至らず、やがて危機を迎え、大蔵貢《みつぎ》が社長として登場してお色気路線に舵きりを行ったあげくに倒産の憂き目を見るのはまだ先の話である。

いっぽう、絶体絶命のピンチを小林の「裏指導」により辛うじて回避した東宝は、その後、V字回復に向かうのだが、しかし、もしこのとき、小林が「裏指導」のできるような状況になかったとしたら、果たして東宝の再生が可能になったかどうか？

というのも、東宝と新東宝との対立があらわになる直前の昭和二十四年四月二十三日、小林は第三次吉田内閣の運輸大臣・大屋晋三から親展の書状を受け取り、新たに発足する日本国有鉄道の総裁になるよう懇請され、追放解除の手続きを開始してほしい旨を告げられていたからである。

小林はいったんは息子の米三と相談して辞退を決めたものの、案件が吉田首相と財界総理の池田成彬《しげあき》から来ていることを察し、即答は避けることにした。結論は、五月十日に行われる大磯の吉田邸での会談に持ち越されることとなった。

では、会談の結果はどうなったのか？

> 大磯池田邸にゆく。吉田総理大臣本日の閣議を欠席されて来訪との事。（中略）池田翁恰《あたか》も議長として取さばくが如くに話合つた結果は、日本国有鉄道の総裁に就任せざるを得ざる立場になつた。（中略）それよりも老齢到底期待に添ふ能はざるを述べたけれど、早く死んでもよいではないかト言ふが如き冗談が飛出《とびだ》して、どうしてもお引受けをしなくてはならぬ運命になつたので閉口した。（『日記』昭和二十四年五月十日）

だが、正式な辞令も追放解除の知らせも届かず、宙ぶらりんの状態にあった五月二十九日、小林は新聞で国有鉄道総裁には下山定則が就任という記事を読むことになる。

> 今朝の新聞によれば私の追放解除は一寸《ちょっと》見込がないと見へて政府は、此《この》六月一日から発足

すべき日本国有鉄道総裁として、現在の運輸省次官下山定則氏にきまつたと発表した。（中略）従つて私の国有鉄道初代総裁のことも自然の成行まかせとして不相変《あいかわらず》田舎にお茶の生活をつゞける事が出来ると思ふ。（『日記』五月二十九日）

こうして国鉄初代総裁への就任はお流れとなったのだが、このとき、国鉄は東宝争議に等しい、いやそれ以上に激烈な労使対立に見舞われ、共産党vs.吉田内閣（正しくはGHQ）の暴力的抗争の最前線に位置していたから、もし「反共の闘士」どころか「国鉄民営化論者」である小林が国鉄に乗り込んでいたら、果たして、身に危険が迫らずに済んだかどうかは保証の限りではない。

事実、小林は昭和二十四年七月六日の日記にこう記すことになる。

今朝六時と七時の放送によれば下山総裁の死体は常磐線鉄橋の下に横たハつて居つたことを夜中一時頃発見したとの事。他殺か、自殺か、国鉄職員整理発表の折柄《おりから》、又共産党テロ行動が予告され流布されて居る折柄とて一入《ひとしお》憂慮されて来た。

政府計画通り私の追放が許されて六月一日初代総裁に就任して居つたとせば私が此《この》運命に陥入《おちい》つて居つたかも知れない。『何といふ運のよいことでせう』と病中の家内は述懐せられて、涙ぐんで同情した。実に然《しか》り、私なぞは下山氏より尚《なお》一層反感を受ける人柄に出来て居るから家内がそう思ふのも無理はないと思つた。下山氏死体解ボウの結果は多分に他殺との説である。

もし、追放解除がうまく運び、初代国鉄総裁となっていたら、小林は下山総裁の辿った運命を辿り、小林は東宝に対して「裏指導」を行うこともできなかったに違いない。その結果、新東宝問題が解決されぬまま、東宝は債務超過により倒産か清算の事態に追い込まれ、戦後の映画史を飾ることはなかっただろう。

運命は小林に強く味方したのである。

「立派な会社」をつくる

さて、時計を再び、東宝と新東宝が小林の「裏指導」により袂《たもと》を分かった昭和二十五(一九五〇)年の三月に戻し、ここから大急ぎで東宝の劇的な復活と、小林の社長復帰までを箇条書き風に見てゆくことにする。というのも、公職追放以来、教えを乞われればサジェスチョンは惜しまないという「裏指導」に甘んじていた小林が、昭和二十四年の暮れから、東宝の経営を任せていた歴代社長の無能さに業を煮やし、自らの意思を人事介入というかたちであらわにし、東宝の経営に積極的に加わるようになったからである。政治情勢もこれに味方した。

昭和二十五年五月、東宝は従業員一二〇〇名の整理を発表。組合は待ってましたとばかりにストライキを打つが、六月二十五日には金日成率いる北朝鮮軍が三十八度線を越えて怒濤の勢いで韓国に侵入し、朝鮮戦争が勃発、日本の赤化を恐れたGHQにより、八月には日本共産党東宝撮影所細胞に対して解散命令が下る。さらに九月にはGHQのエーミス労働課長の勧告によって映画界全体のレッドパージが行われ、東宝の共産党員解雇訴訟も勝訴に終わる。『東宝三十年史』は書いている。

これによって今や、五年にわたる苦闘も終り、東宝には一名の共産分子も同調者も非協力者も存在せず、共産化で天下に名を売った東宝もここに完全にその汚名を返上し、昔の明朗な東宝となることができたのであります。

朝鮮戦争の後方基地としての日本の産業に頼らざるをえなくなったアメリカは、GHQを通じて十月十三日、公職追放者一万人の追放を解除。大企業経営者や元大臣クラスの追放解除も目前に迫る。

東宝は、昭和二十五年九月に重役陣を一新し、米本卯吉が会長に退き、社長には小林の長男の冨佐雄《ふさお》が就任。「興行重点主義による企業再建、社内刷新、経営健全化、不良社員の淘汰」などの再建方針を打ち出す。

そして、翌年八月、ついに追放が解除され、小林は東宝の相談役に就任。翌月、小林冨佐雄が社長を辞任して代表取締役に横滑りするとほぼ同時に小林が取締役社長に就任。『東宝三十年史』は誇らかにこう記している。

「逸翁をお迎えするまでは」を合言葉に、東宝の禍根を一掃することに全力を傾倒してきた経営者ならびに従業員の労苦はここに結実したのであります。全従業員は歓呼してこの創設者を迎え、喜びをわかち合ったのであります。

いっぽう、小林はというと、後に『東宝二十年史抄』に収録された演説において七十八歳での経営復帰について、東宝は既に十分に再建の目的は達しているが、ただ重役たちの考えが一致せず内紛が絶えないことだけは改めなければならないとして、こんなふうに結んでいる。小林の事業観を要約したものなので長いが引用しよう。

私が出てまいりました理由は、（中略）撮影、営業というような仕事よりも、社員従業員の一致団結を促がし、その陣立てを立派なものにしたい、（中略）、笑って話ができるような重役陣をつくって、これならば少しも心配はないというような、そういう組織をつくりたい、そうすれば、明日にも私は退いてもよいのであります。（中略）会社を立派にすることが第一で、たとえ利益は少くとも、その会社は必ず隆盛になる。という理由は、会社が立派になり堅実になれば、そこに利益は必ずどしどし増加するもので、従来、映画事業がややもすれば儲けることにのみ専念して、目的のためには手段を選ばない、こういうやり方では駄目であります。

立派な会社、たしかに、小林がつくった阪急と東宝はこれにふさわしい会社である。

第五章　戦後篇④　天才実業者の後継者

秦豊吉という男

公職追放解除で東宝社長に復帰して一年、再建のメドがついたと感じたのか、小林一三は、昭和二十七（一九五二）年十月十六日、戦後初めての欧米視察の旅に出た。この視察旅行で特筆すべきは、随行に東宝取締役で帝国劇場社長の秦豊吉《はたとよきち》を指名したことである。

というのも、小林が秦というこの特異な重役を随行に指名した理由を調べてみると、最晩年の小林が何を考えていたのかがわかってくるからである。

秦豊吉は明治二十五（一八九二）年、東京は日本橋区新右衛門町に生薬問屋を営む秦専治の長男として生まれた。府立一中から第一高等学校、東京帝国大学法科大学と進み、三菱商事に入社するというエリートコースを歩んだ。ちなみに一高の同期には芥川龍之介、久米《くめ》正雄、それに渋沢秀雄、菊池寛がいた。後年、この友人関係が彼に文学・芸能関係のキャリアを開くことになる。

秦は語学の天才で帝大在学中にゲーテ『若きウェルテルの悩み』を翻訳したほどで、三菱商事入社後にベルリンに派遣されると、その語学力を生かしてドイツ人社会にコネを築いた。ドイツは政治的には混乱の時代だったが、表現派、バウハウス、新即物主義などの芸術運動が一斉に開花し、スペクタクル芸術も全盛を迎えていた。秦は一商社マンながら、折からのハイパー・インフレのおかげで高度に文化的な享楽生活を送ることができたのである。

六年半に及ぶ駐在員生活を終えて大正十五（一九二六）年に帰国・復命すると、激務の傍ら、新聞雑誌などに巧妙洒脱なエッセイを書きまくるようになる。エロ・グロ・ナンセンスを売り物にした雑誌が雨後の筍《たけのこ》のように誕生したので、ドイツ仕込みの性科学をバックにした秦のエッセイへの注文はひきも切らなかったのである。このときに用いた筆名が「丸木砂土」。いうまでもなく、サディズムの元祖マルキ・ド・サドのもじりである。

そのかたわら、秦は本名でレマルクの『西部戦線異状なし』を翻訳し、昭和四年に中央公論社から出版した。翻訳書としては異例のベストセラーとなったが、レマルクの反戦思想が当局の逆鱗に触れたらしく、警告が「丸木砂土」の著作にも及び始めた。三菱商事内でも批判が生まれてきたので、秦は退社を決意し、映画演劇への転身をはかることにした。

このとき頭に閃《ひらめ》いたのが一高・東京帝大と同期だった渋沢秀雄である。渋沢秀雄が『小林一三翁の追想』（小林一三翁追想録編纂委員会）に寄せた「鋭くて親切な先覚者」にはこんなエピソードが語られている。

たしか昭和五年ごろだったと思うが、学校友だちだった秦豊吉君が私のところへきて、演劇事業に没頭したいから、帝国劇場へ世話してくれないか、といった。私があの会社の役員だったからである。しかし帝劇は成績不振のため、松竹株式会社へ十年間小屋貸しすることにきまったばかりだった。そこで私は秦君にそのむねを告げ、劇場経営を希望するなら小林一三先生に紹介しようといって、後日、秦君を永田町へ連れていった。
それ以来、秦君も私も、よく永田町のお宅へ呼びだされた。そのころ東京宝塚劇場建設の夢をあたためておられた先生は、ときどき秦君に調査など命じられる。しかし会社ができるとき、秦君を使うかどうかには一言もふれられなかった。

ところが、秦自身の証言はこれと食い違っている。著書の『劇場二十年』（朝日新聞社）で秦は小林との出会いは『文藝春秋』での誌面インタビューだったと語っている。

昭和六年の秋であった。私は雑誌「文芸春秋」の座談会に招かれた。「小林一三氏にものを訊く会」というので、正客は東電社長小林一三、訊く方は菊池寛と私、芝公園の綺麗な料亭の座敷であった。（中略）菊池は「いや、有りがとうございます」と座談会は終ったが、これが私として小林先生を正面から見た最初である。

昭和六（一九三一）年秋に小林に初めて会ったというこの秦自身の言葉は渋沢秀雄の証言と矛盾する。しかし、これについては森彰英『行動する異端――秦豊吉と丸木砂土』が、秦が挙げている『文藝春秋』の座談会は昭和七年十月号で、座談会自体はこの年の八月に料亭「星ヶ丘」で行われた事実を調べ上げ、渋沢の証言は記憶違いによる誤記で、内実は次のようなものだったのではないかと推測している。すなわち、昭和六年に秦から小林への働きかけを依頼された渋沢は熟慮のあげく、同級生だった菊池寛に相談。菊池寛は『文藝春秋』の連続企画「物を訊く座談会」を利用して秦を小林に引き合わせようとした、と。

結論からいうと、この座談会での両者引き合わせは成功し、小林は秦という特異な性格の人間を高く買ったようである。その結果、秦は昭和八年に三菱商事を退社し、東京宝塚劇場（以下、東宝劇場）に支配人として入社するという段取りになったらしい。このときのことは渋沢の証言の続きで明らかである。

そのうち小林先生の頭の中で、東宝劇場設立の準備が煮つまったらしく、ある日先生は秦君と私を永田町に呼びよせ、いくらかあらたまった語調で秦君にこういわれた。

「人間にはだれにもクセがある。僕もクセが多すぎるとよく世間から言われる。しかし僕は僕のクセ通りに仕事をするから、うまくゆくのだと思っている。だから秦君も僕の会社へくる以上、僕は君を僕のクセ通りに働かせるから、君もそのつもりになってくれなくてはこまる。この点ハッキリいっておくよ。」（「鋭くて親切な先覚者」）

小林は秦の中にある強烈な自我と才能を見抜き、東宝劇場の仕事を任せられるのは秦しかいないと見抜いたのだが、しかし、こうした荒馬を乗りこなすのは容易ではないとも感じていたので、秦に小林式の強烈な「教育」を施そうと決意したのだろう。

世界一周視察旅行に送り出す

この小林式教育法は、まず才能への先行投資というかたちであらわれた。小林は秦を入社させる前の昭和八（一九三三）年五月、費用自分持ちでこのクセのある幹部候補生を三ヵ月の世界一周視察旅行に送り出したのである。では、こうした小林の強い期待に対して、秦は世界一周視察旅行でどのような答えを出したのか？　それは秦が六月五日付でベルリンから小林に宛てて出した報告書にはっきりと見て取ることができる。

秦はその中で、パリでは宝塚式のレビューは時代遅れになり、オペレッタが人気を博しているという意見をまず述べてからロンドンでは伝統的なバラエティーが有力であると指摘し、宝塚はいまのままのレビューでいいかもしれないが、それとは別に、日本的なオペレッタを上演できるような体制を整えておくべきだと結んでいる。しかし、こういいながらも、小林が育てた宝塚を批判していると解されるのを恐れたのか、もとよりオペレッタは宝塚が上演すべきものだから、自分としてはロンドンで見たようなノンストップ・バラエティーに挑戦したいと後の便で抱負を述べた。すると、帰国後の九月、小林から「『東宝バラエティー』設立ニ就テ」というタイプ打ちの手紙が届いた。

一、「東宝バラエティー」ヲ設立スル為《た》メニ必要ナル準備ヲ遂行シ、来年三月初公演ニ差支《さしつかえ》ナキヤウニスル事（『劇場二十年』）

なんと、小林は秦の具申を全面的に採用し、昭和九（一九三四）年元日こけら落とし予定の東宝劇場のプログラムを、宝塚公演以外の日程は秦がイメージしているバラエティーにすると伝えてきたばかりか、たとえ短期的には不評であろうとも、東宝劇場は将来においてもバラエティー中心で行くから、前宣伝を派手に行えと命じたのである。

もちろん、小林は秦の力量を信じていたが、スタッフは素人集団にするという方針であったため、最初は広告から場内配置まですべての面で遠隔操作を行うほかなかった。秦は「昭和の劇場訓」というエッセイで小林の指揮ぶりをこう描いている。


東電の社長室からは、赤い罫紙にペンの走り書の指図書が、毎日私のところに届けられた。私はそれを披《ひら》いてみるごとに、ビクビクした。

ところがこの赤い罫紙の内容を、ひとまとめにしてみると、小林一三の立派な劇場訓が出来上る。劇場訓ばかりではない。先生の思想、事業観、すべて入っている。

まず劇場の支配人というべきものが、奥まった事務室に入り込んでいるなぞは、最もいけない事の一つである。よく例にひかれるのは、汽車電車の発着時には、停車場の駅長たるものは必ずプラットフォームに立って、乗客を送り迎えるべきであり、劇場の支配人も同じように、客の出入りする時は必ず玄関に立って、これを送迎すべきである、というのが、きつい劇場訓の第一であった。(『劇場二十年』)

では、支配人・秦豊吉が全面的にプロデュースした東宝劇場の第一回バラエティー「さくら音頭」はどのような反響だったのだろうかというと、これが大不評。称賛の劇評は皆無で、酷評がほとんどだった。秦は批判の矢面に立たされた。

しからば、秦の方針を全面的に支持していた小林はどうしたのだろう。表立った批判は一切しなかったが、秦の暴走を抑える布石か、事実上の社長だった支配人・秦の上に専務取締役として吉岡重三郎を置いた。東宝劇場はバラエティーで行くという秦の方針それ自体は間違っていないと判断し、なお秦に任せるつもりではあったが、内部外部の批判が凄まじかったので、それを抑える必要を感じたのだろう。

では、防戦一方だったかというと、むしろその逆である。昭和十年（一九三五）に秦から再度、世界一周視察旅行の希望が出ると、これをあっさり許可し、やるんなら徹底的にやれという意思を表示した。しかし、そうはいうものの不安も残ったらしく、小林は昭和十年の九月に自分の目で欧米のスペクタクルシーンを見るべく生まれて初めての世界一周視察に旅だったのである。

日劇ステージ・ショウと帝劇ミュージカルス

それでは、二度目の海外視察から戻って秦は何を考えていたのか？　東宝劇場ではなく、東宝が傘下に収めた日劇で自分がやりたいと思っているステージ・ショーを始めたいと思っていたのである。きっかけはニューヨークのラジオシティ・ミュージックホールで見たザ・ロケッツによるライン・ダンスである。ショーと映画を組み合わせれば日劇を満員にできると確信したのだ。しかし、「日劇ステージ・ショウ」を創始したくても、これには大きな問題があった。宝塚との競合である。オペレッタの場合は、宝塚と競合しないという理由を付けることができたが、ステージ・ショーでは競合になりかねない。しかも当時はラジオシティ・ミュージックホールのザ・ロケッツなどだれも見たことはない。

もっと困ったことは、この案を宝塚の主宰者でもある小林社長に提案して、もしやいけないといわれた場合、私は何も出来ない。しかしこれをやることが、最もよいと覚え込んだ私である。そこで考えて、恰《あたか》も小林社長が、九月十二日横浜解纜《かいらん》の浅間《あさま》丸で、外遊の途に就かれるのを見送り、その三日後の九月十五日に、団員募集の新聞広告を発表した。その代り私としては、社長に対して、どうしてもお留守の間に、これを成功して、御覧に入れるというほかはない破目に進んで入ったのである。(『劇場二十年』)

これはひどい。関東軍まがいの独断専行である。さすがに周囲からは秦の暴走を危ぶむ声も出たが、専務取締役の吉岡は秦の力量をよほど信頼していたのか、完全に自由裁量に任せてくれた。しかし、小林が帰国すると、そうは行かなかった。

翌十一年四月、小林社長は帰朝した。すると五月十六日附で、突然に私は支配人という役を免ぜられた。長い会社員生活で初めてもらった解任の辞令書であるので、心の誡めとして今日まで保存しておいた。あとは一取締役に過ぎない。しかし日劇ショウというやりかけた仕事は、成功させなければならない。(『劇場二十年』)

このように、小林は秦の独断専行を支配人解任というかたちで懲戒したが、秦がやり始めた日劇のステージ・ショー自体には中止命令を出さなかった。おかげで秦は募集したダンシング・チームを鍛えあげ、九月に「日劇秋のおどり」のオープンにこぎつけることができたのである。

小林社長は、この時に初めて私の「日劇ショウ」を見物し、「一ヶ月続演せよ」と言われた。一年間肩身のせまい思いをし続け、人目を避けんばかりにしてきた日蔭の身の私として、こんなにうれしいことはなかった。(『劇場二十年』)

かくて、秦の日劇ステージ・ショウは軌道に乗り、東宝の経営にも貢献したので、秦は昭和十五(一九四〇)年十一月、晴れて株式会社東京宝塚劇場の社長に就任する。だが、この地位が戦後、逆目に出て、公職追放の憂き目に会うことになる。しかし、転んでもただでは起きない秦は、自由である身を最大限に使って、戦後史に残る重大事件の立役者となる。昭和二十二(一九四七)年一月に新宿・帝都座五階の小劇場で幕開けしたバラエティー『ヴィナスの誕生』で「額縁ショウ」と銘打って日本初のヌード・ショーをプロデュースしたのである。続けて同年八月には田村泰次郎《たいじろう》原作の『肉体の門』を劇団「空気座」に上演させ爆発的な観客動員を勝ち取ったのである。

ちなみに、ストリップといえば、昭和二十七(一九四七)年に日劇五階に開場したストリップ劇場「日劇ミュージックホール」も秦豊吉のプロデュースだと思い込んでいる人がいるようだが、こちらは秦ではなく、丸尾長顕《ちょうけん》が作り上げたものである。

丸尾長顕の『回想小林一三——素顔の人間像』(山猫書房)に、戦前、宝塚少女歌劇の図書館員を振り出しに、さまざまな形で小林に仕えた丸尾は、戦後、鎌倉で「鎌倉新文化会」という文化団体を組織していたが、昭和二十六年か二十七年に、小林の社長復帰にともない社長をしりぞいていた長男の小林冨佐雄《ふさお》に呼び出され、日劇五階にあった小劇場、俗にいう〝日劇小劇場〟のために高級なストリップの脚本を書いてみないかと言われた。日劇小劇場は、当時、ストリップ劇場になっていたのである。幸い、脚本は好評で第二弾も執筆した。すると小林冨佐雄から呼び出しを受け、こんな提案をされた。

「実は、この日劇小劇場は大変儲かっている。しかし、おやじはそれを嫌がって『俺は丸の内で女郎屋をやる気持はない』と、まあそんな言葉でこの劇場を忌避している。あの二度の脚本より更に高級にして、ストリップでないショーを初《マ》めて《マ》みないか」

この丸尾の間接証言から誤解が生まれるといけないので、断っておくと、小林はストリップ自体を否定していたわけでは決してない。むしろ、欧米にあるような観光客用のエレガントなストリップ・ティーズの劇場は是非ともこれをつくらなければならないと感じていた。その証拠に、戦後の日記には、錦糸町や築地のストリップ劇場を見学したという記述が散見される。しかし、いずれも下品なものばかりなので驚いたと記されている。小林が欲しかったのは、パリにあるような芸術的なストリップ劇場だったのであり、その方向で日劇小劇場を作り替えよと冨佐雄に命じていたのである。

そのことは丸尾にもわかっていたので、名称を「日劇ミュージックホール」と変えて、再スタートを切るに当たって、ストリップをやめ、上品なセミ・ヌードにとどめることにした。

ところが、エレガントなプログラムに変えて臨んだ昭和二十七（一九五二）年三月十五日のこけ落とし公演は見るも無残な不入りとあいなったので、丸尾は小林の承認を得て、ヌードを復活させる路線に切り替えた。とはいえ、下品なストリップは小林の忌み嫌うところなので、丸尾は一計を案じて、伊吹まり、ヒロセ元美、メリー松原というこの時代の三大人気ストリッパーを

「日劇ミュージックホール」の専属にしてストリッパーではなくヌード・ダンサーとして再プッシュすることにした。

いよいよ三人を加えてショーの蓋を開けてみると、案の定大好評で、それ以来観客数は急に増えてきた。(『回想小林一三』)

小林一三は丸尾に対して、こう言ったという。

「お前はやっとこれで、東宝の名誉を挽回してくれた。ひどいストリップから、芸術の世界へ一歩踏み込んだショーをやってくれた。だからもう以前のように儲からなくてよろしい。毎月百万円だけ利益のある劇場に育て上げてくれ」(『回想小林一三』)

この言葉は、『小林一三日記』の次のような記述からもしっかりと裏付けることができる。

ツバメ〔注:特急つばめ〕にて東上、定刻着京。東京会館にてフサオと共に夕飯、それから帝劇を一寸《ちょっと》のぞいて日劇五階ミユージツクホールを見る、大入満員也。此《この》MHも大分客足

がついて此分《このぶん》ならば予定の如く東京の名物として上京した人は必ず見物に来ることニューヨルクのラヂオシチーの如くなるだらうと思ふ。(『日記』昭和二十八年二月十八日)

パリの「クレージー・ホース」のような、女性客同伴もできる芸術的なヌード・バラエティーの劇場をつくるという小林の夢はこうして実現したのである。

閑話休題。話を秦豊吉に戻そう。

昭和二十五(一九五〇)年九月に秦は追放解除となり、東宝重役に復帰したが、新しく与えられたのは別会社となった帝国劇場の社長というポストだった。戦前には東宝劇場社長だったのだから、左遷人事といえなくもなかったが、秦はこの人事を自分の理想を実現するための千載一遇のチャンスと受け止めた。戦前には宝塚に遠慮して果たせなかった日本風オペレッタを「帝劇ミュージカルス」として実現しようと思い定めたのである。

かくて、越路吹雪《こしじふぶき》を主演にすえて古川ロッパを配した『モルガンお雪』で秦は復活の狼煙を上げる。昭和二十六(一九五一)年二月十一日の『小林一三日記』には次のように記されている。

午後五時半帝劇にゆく、帝劇コミツクオペラ第一回公演を見る。秦君の此《この》計画はウマクゆくと思ふ。

小林は遠くから秦の大胆な冒険を見守り、ひそかに激励していたのである。こうして秦は帝劇ミュージカルスに全身全霊で打ち込むことになるが、そんなときに世界一周視察旅行への随行命令が出たのである。

しかし、それにしてもなぜ、この時期に小林は秦に随行を命じたのだろうか？ という疑問が生じるのは当然である。

これを解くカギは出発当日の昭和二十七（一九五二）年十月十六日に綴られた日記の中にある。そこで小林は異母弟の田辺《たなべ》宗英が、小林亡き後に東宝混乱の原因になりそうだからと江東楽天地の会長の那波《なは》光正を排除しておけと要求してきたことについて、心境をこう綴っているのである。

私としては那波君にしろ、秦君にしろ、東宝陣営で苦労して来た人達は、余程《よほど》の失敗がない限り、どこ迄《まで》も面倒を見て更に〳〵大成せしめ度《た》いと考へてゐる。（中略）私が去れば東宝内閣はグラ〳〵するだらうと思つたらば大間違い、何時でも堅固な重役陣が出来ると信じてゐるからである。

この一節はわれわれがさきほど掲げた疑問の答えとなっている。すなわち、小林は自らの人生の最後の仕上げとなるような事業を完成するには、後継者は秦しかいないと考えたにちがいない。だからこそ、彼を随行に指名したのである。

ではいったい、小林最後の事業とはいったい何だったのだろうか？

第六章　戦後篇⑤　小林一三が遺したもの

小林家の三男二女

昭和二十七（一九五二）年の欧米視察旅行には秦豊吉と東京テアトル社長の吉岡定美（東宝の専務取締役で、後に東京テアトル会長をつとめた吉岡重三郎の娘婿）が随行したが、じつはもうひとり通訳・秘書として小林に同行した女性がいた。

次女で、サントリー（旧社名・壽屋）の創業者・鳥井信治郎の長男・鳥井吉太郎に嫁いだ春子である。春子は小林が最も愛した娘で、鳥井吉太郎との間に一男一女をもうけたが、小林が蘭印特使としてジャカルタに派遣されていた昭和十五（一九四〇）年九月に、夫に先立たれ、若くして未亡人となったのである。

このとき、小林は春子に二人の子供を連れて小林家に戻るよう勧めたが、春子はこの勧めに激怒、以後、父と娘はほとんど絶交状態になっていたのだ。しかし、それから一二年がたち、孫たちも成長したので、小林は父娘の和解を図るためもあり、あえて春子を旅行に同行させたのである。

昭和二十七年十一月十九日の『小林一三日記』には「昨夜は春子のことで睡《ねむ》られなかつた」と

いう記述がある。小林は手紙を航空便にするか普通便にするかで春子との間でトラブルがあったことを記し、自我の強すぎるこの最愛の娘への複雑な思いを綴っている。小林はまず妻のこうが春子はあんなに可愛がって育てたのに自分に対して冷たすぎるといつも不平を漏らしていると書いてから、こんなことを記しているのである。

今度の旅行で春子の心持がよくわかつた。彼女は若い身そらで主人を亡《うしな》ひ二人の幼児をかゝへて、おまけに男の子兄弟二人の面倒も見なければならない上に、老人のお父さんにもつかへなくてはならない。（中略）凡《およ》そ、此種《このしゅ》の女は、所謂《いわゆる》男まさりの後家サンと言はれる側の人間になつて、愛の泉とか、人情がないとか、やさしい女らしさが乏しいものである。私の春子も、此《この》『男まさりの後家さん』と言はれる方に、負けぬ気の女となつて仕舞つたから、可愛らしいところなぞ未塵《みじん》もないのは無理もないと、同情はするけれど、私は春子をして温順の愛の泉のあふるゝやうな、女にしたいと思つてゐる。

果たして、小林の計画はうまくいったのだろうか？　ひとつだけいえるのは、このプライベート・ジャーニーに近い欧米視察旅行のおかげで、ギクシャクしていた父娘関係がかなり改善され、小林は満足して旅を終えることができたということである。この意味で、旅行は大成功だったといえる。

ちなみに、春子は後に「鳥井家のゴッドマザー」と呼ばれる存在となり、平成二十二（二〇一〇）年に九十九歳で没するまで、鳥井家の家長のような役割を果たしていた。長男の鳥井信一郎は佐治敬三（吉太郎の弟）の跡を襲って、平成二（一九九〇）年に三代目サントリー社長に就任している。

さて、春子の話が出たので、参考までに小林の直系親族のことを簡単に記しておこう。

小林は妻のこうとの間に三男二女をもうけている。

長男の冨佐雄は東宝争議の後、昭和二十五（一九五〇）年九月から東宝社長をつとめたが、小林が翌年、追放解除になり社長に復帰したのに伴い、代表取締役に横滑りし、昭和三十（一九五五）年に小林が引退すると再び社長に就任した。その妻の冨士子は小林の三井銀行時代の上司で、箕面有馬《みのおありま》電気軌道の社長をつとめた平賀敏《さとし》の六女。

次男の辰郎《たつろう》は松岡汽船の松岡家に養子に入り、昭和三十二（一九五七）年からは阪急グループの総帥となり、昭和四十一（一九六六）年には東宝の代表取締役社長に就任した。辰郎の次男の松岡功《いさお》は第十一代東宝社長。その次男がテニスプレーヤーの松岡修造である。

三男の小林米三は阪急に入社し、昭和三十四（一九五九）年に京阪神急行電鉄の社長に就任。

長女のとめはパレスホテル社長の吉原政智に嫁いだ。

最後の欧米視察旅行で見たもの

さて、話を欧米視察旅行に戻すと、七十九歳の小林一三はこの最後の旅行で、アメリカ、とくにハリウッドの映画産業の劇的な転換を見て強い刺激を受けたようである。テレビはまだ未熟だが、いずれ安易な娯楽映画に取って代わると予測される。ハリウッドはそれを見越して、映画自体をスペクタクル化することを狙っている。シネラマやシネマスコープ、ヴィスタヴィジョンといった新機軸の登場がそれである。日本も当然、アメリカの後を追うことになり、一本立ての長期興行が普通になるだろう。しかし、日本には新時代の要求に応えられるような映画館が決定的に不足している。また演劇も大きな岐路に差しかかっている。ミニシアターが増えると予想される反面、ミュージカルやバラエティーなど大規模な音響装置を必要とするスペクタクル性の強い演劇が大衆のために求められるだろう。ならば、帰国後にただちにこれらの課題に取り組まなければならない。

こう結論した小林は、前社長（長男の小林冨佐雄）の時代から掲げていた「百館主義」つまり全国の主要都市の一等地にハイクオリティーの複合的映画館を建設する動きを強化・加速することにした。実際、この「百館主義」によって建設された映画館は昭和三十年代の映画の黄金時代を支えたばかりか、映画が斜陽産業になった後も不動産収入により東宝の経営を盤石なものにしたのである。すでに指摘したように、小林の企業戦略の第一は意外なことに「土地に投資しておけ」なのだ。

しかしながら、欧米視察旅行の真の成果は「百館主義」の確認ではなかった。小林が帰国後ただちに若々しい情熱をもって取り組もうと決意したのは、二〇年来温めていたある計画の完全なる遂行であった。『小林一三翁の追想』（小林一三翁追想録編纂委員会）の「序」は視察旅行後の小林の執念がどこに向かっていたかをはっきりと語っている。

〔昭和〕二十七年、齢《よわい》八十を迎えられた先生は、戦後の欧米視察に上られました。テレビと映画が主な研究対象でしたが、直接の土産《みやげ》となったものはシネラマでありません。円型劇場の夢も、この外遊中に具体的な形を整えて来たように見受けられます。三十年に東宝社長を辞せられた先生は、この円型劇場――コマ・スタジアム創設に心血を注がれました。先生が日本の演劇に対して抱かれた第三の夢こそ、このコマ劇場でした。第一の夢、それは西洋音階を基礎にして、歌とセリフと舞を組み合わせた新国民演劇で、これは宝塚歌劇として実現し、第二の夢は大劇場主義で、宝塚大劇場・東京宝塚劇場ほか多くの大劇場となりました。第三の夢として、光と舞台転換と立体音響とを自由自在に駆使できるコマ・スタジアムを建設するため、八十四翁が、寒風の中、工事現場に何時間となく佇《たたず》まれていた様は、明治・大正・昭和の三代にわたり、常に新しいものを切り拓《ひら》いていかれた一人の偉人の崇高な姿として、今も人々の心の中に生きております。

そう、テレビに負けない大スペクタクル空間としてのコマ・スタジアムの建設こそが最晩年の小林の見果てぬ夢だったのである。

ちなみに、新宿コマ・スタジアムの建設予定地となった新宿歌舞伎町は、戦後焼け野原となった新宿角筈《つのはず》一丁目の復興協力会会長・鈴木喜兵衛が持ち込んだ盛り場化計画を東京都戦災復興都市計画担当の石川栄耀《ひであき》が採用し、歌舞伎座移転を視野に入れた地区計画を練ったことから生まれた町である。石川は昭和二十五年に東京産業文化博覧会を開催し、その跡地に歌舞伎座移転をもくろんだが挫折。東宝がとりあえず跡地だけを購入していたのである。遠大な計画には一等地を買っておけという小林イズムのあらわれである。

一生の締めくくりとしてのコマ・スタジアム

コマのように回転する回り舞台を円形の客席が取り囲むことからコマ・スタジアムと命名されたこの大スペクタクル空間は、小林が一生追い続けた夢の到達点だった。そのことは『小林一三翁の追想』所収の「小林さんを追慕す」でダイヤモンド社会長の石山賢吉が証言しているところである。石山は、昭和十（一九三五）年頃に小林が建設した水泳プールを囲んだスタンドがそもそもの原点で、小林は戦時中の資材不足で実現不可能になったスタンド（スタジアム）劇場の夢を戦後の社長復帰とともに実現したとしてこう述べている。

〔日比谷映画劇場という〕真ん丸劇場を建設して、略《ほ》ぼ二十年の歳月が流れた。その間に、小林さんの真ん丸劇場に対する構想は成長した。

その結果、大阪と東京とに、一つずつ真ん丸劇場を建設された。

小林さんは、この劇場をコマ・スタジアムと名づけられた。（中略）プールのスタンドが、コマ劇場に成長するまで、二十年を要した。これは、思案のためではない。時勢が変化したためである。

時勢が変化しても、小林さんは、その構想を捨てず、成長させられた。そこに、小林さんの特長がある。

要するに小林さんは気の短いような、長いような人であった。

短いも、長いも、それは要するに、時勢を見るためであった。

かくして、小林さんは、理想と現実とを調和させられた。そこに、小林さんの事業家としての、偉大な特長があった。

コマ・スタジアムは結局、技術的制約から円形劇場ではなく半円形劇場となったが、これもまた石山のいうところの小林の「理想と現実」の調和としての事業だったのである。

ところで、当初小林は浅草と新宿と梅田に同時に三つのコマ・スタジアムを建設する予定でいた。浅草は江東楽天地が、新宿は東宝が、梅田は阪急がそれぞれコマ・スタジアムの建設と経営を担当する分担システムを構想していたが、そのうちに浅草を放棄して新宿と梅田の二つに絞り、昭和三十（一九五五）年にほぼ同時に着工し、翌年末に完成を目指したのである。

建設にさいして、小林が青写真を見ながら与えた指示は極めて具体的だった。阪急電鉄副社長の森薫は『小林一三翁の追想』中の「梅田コマ・スタジアム」でこう証言している。

青写真を拡げるだけで参ってしまう人もいますが、平面図なら大抵わかります。しかし立面図と併せて青写真を見て、出来上がる建築の各部を頭に画《えが》き出すことは、素人にはかなり難かしいものであります。殊にこの劇場のように、曲面もあり構造も複雑な場合は、設計者が図面にした場合、これを理解するだけでもとても難かしいものです。ところが翁はこの青写真が実によくおわかりで、重要な部分の寸法等も充分考慮し乍《なが》ら、必要なポイントはそれぞれ念を押されました。

このように、一生の締めくくりとして東西のコマ・スタジアム建設に心血を注いだ小林だが、では、完成したコマ・スタジアムの運営を誰に託そうと考えていたのかというと、意中の人は一人しかいなかった。欧米視察旅行の随行を命じた秦豊吉である。秦こそが小林が考えていた自己の理想の後継者であり、視察旅行はテストの一環だったにちがいない。

ところが、旅行から帰国後、秦は元気がなかった。帝劇ミュージカルスは低迷し、ヒットが生まれなくなっていた。政治風刺劇に転換を図るも失敗し、赤字が拡大した。この昭和二十八（一九五三）年から二十九（一九五四）年の秦について森彰英は『行動する異端——秦豊吉と丸木砂土』でこう描いている。

占領軍に接収されてアーニー・パイル劇場となっている東京宝塚劇場が、来春返還される目処《めど》がついた。これで宝塚歌劇の東京公演の場は確保される。また東宝の総帥・小林一三は円形ステージの建設に熱心で、新宿にコマのような回り舞台の劇場を実現させる計画を急がせていた。大衆演劇はそちらへ持って行くつもりである。そうなると、帝劇は、特に演劇専門にする必要性はなくなる。設備もかなり老朽化し、いずれは全面的改築が必要となるだろうから、しばらくは立体映画として評判のシネラマ専用の映画館で行くべしというプランが東宝社内でまとまった。

おまけに秦はこのころから体調不調に悩まされ、帝劇のシネラマ転換という知らせも昭和二十九年の八月に関節痛で入院している病院で受け取った。以後、健康は回復せず、昭和三十一（一九五六）年一月には胃癌と診断され、手術を受けたが七月五日、駿河台杏雲堂《きょううんどう》病院で息を引き取った。享年六十四。葬儀は社葬として行われた。渋沢秀雄は『小林一三翁の追想』に寄せた「鋭くて親切な先覚者」でこう書いている。

昭和三十一年の七月に秦君がなくなったときは、先生から次のような葉書をいただいた。

「……若い秦君が先にゆく、実に心細いデス。新宿コマの新舞台に秦君の活躍を期待して居った丈《だけ》に――頼りにしてゐますせ《ママ》」

コマ・スタジアムに残りの人生のすべてを賭けようとしている小林にとって、この秦の死去は大きな痛手だったが、同じころ、より大きな衝撃が小林を襲う。

最後の演説

昭和三十（一九五五）年の九月、小林は復配を土産に東宝社長の座を長男の小林冨佐雄に譲ったが、この冨佐雄が社長就任後一年もたたないうちに上顎癌で入院を余儀なくされたのである。小林の家族や重役たちは冨佐雄の容体が非常に悪いと判断し、小林に面会させないよう努めていたが、昭和三十一（一九五六）年十月十六日、小林は慶應病院に冨佐雄を見舞い、大きなショックを受ける。薬師寺管主の橋本凝胤《ぎょういん》は、合理主義者で宗教にほとんど興味をもっていなかった小林がこのショックで心境の変化を来したようだと語っている。

あの物に動じない翁がつくづく死を客観的に見られ、死とはどんなことか、実際死んだらどうなるのか、死に至る過程としての病気に対する色々のことを私に聞かれた。(「逸翁奇智」『小林一三翁の追想』)

しかし、外見的には、小林は打撃を受けたようなそぶりはまったく見せなかった。『小林一三日記』にも心の動揺を示すような記述は見舞い当日を含めていっさいない。

その代わりに頻繁に登場するのは、新宿コマ劇場と梅田コマ劇場の建設にかんする頻繁な打ち合わせである。二つとも突貫工事で、年末には開場を予定していたから忙しいのはわかるが、それにしても八十三歳の老人にしては驚異的なタフネスぶりである。おそらく、仕事に打ち込むことで、冨佐雄の病状への心配を紛らわそうとしたのだろう。とりわけ、新宿よりも先にオープンする梅田コマ劇場への鬼気迫る打ち込みぶりは、人生最後の仕事と思い定めた実業家の覚悟のほどを知らしむるものだった。森薫の「梅田コマ・スタジアム」はこのあたりをしっかりと描いている。

殊に忘れもしません、開場予定の前夜、工事と舞台稽古で全く戦場と化したもうもうたる埃《ほこり》の中で、客席の椅子に腰をおろされたまま夜更けるまで一言もおっしゃらず、帰ろうともされなかったのには全く恐縮いたしましたが、それでも予定の明朝九時までに必ず間にあわせますと申し上げ切れないその場の状況でありました。舞台稽古をする者も、機器の調整をする私ども技術者も、全く必死でありました。お蔭でご指示を受けた十一月十六日に修抜式、引きつづき招待披露も予定通り行ない得る状態にこぎつけ、一旦お帰り願った翁を早朝更《あら》めてお迎えすることが出来まして、せめてもの申訳《もうしわけ》がたったと、関係者一同ほっとした始末であります。このような状態であったにも拘《かか》わらず、当日は非常に喜んでいただきました。

こうして、梅田コマ劇場は無事に開場にこぎつけたが、小林としては三場の出し物には満足できなかったようで日記にいろいろと注文を書き付けている。

そして、休む暇もなく、十二月二十八日には新宿コマ劇場が開場する。こちらは実演ではなく、トッド・AO方式の映画『オクラホマ』だったからまだ余裕があったが、それでも八十三歳の老人とは思えない強行日程であった。心の支えとなったのは、冨佐雄の病状が手術の成功で持ち直したことだった。

翌日の十二月二十九日、小林は東宝の年忘れパーティーで最後の演説をする。その演説を東宝専務取締役の森岩雄が書き留めている。長くなるが、ヴィジョナリー・カンパニー東宝への小林の思いがよく出ているので、書き写しておこう。

「久しぶりに諸君に逢うことが出来てまことに喜ばしい。東宝の建て直しの仕事も、諸君の奮闘のおかげで追々《おいおい》に目鼻がついて来た。もう大丈夫というところまで来た。これは東宝だけの問題ではない。日本の建て直しにも深いつながりがあることだ。（中略）日本は大したものになる。それは私が保証します。諸君は安心してよい。ただそれには条件がある。それは国民全体が働くことだ。努力することだ。努力を惜しまなければ日本は実に立派な国になる。若い人はほんとうに仕合わせだ。働けば必ず仕合わせになれるにきまっているからである。（このあたりで翁は両手をはげしくうちふり、蠟の如き顔色は消えて紅潮し、目は強く輝いて見えた）このことは東宝の若い諸君にも同じことが言える。努力をする者は必ず報いられる。東宝は日本が立派になると共に必ず立派になる。諸君の仕事の範囲はひろくなり、諸君の腕の見せ場が多くなる。それと共に東宝は、東宝のために働く人に対して頼り甲斐のある会社になる。どこで働くより東宝で働くことが誇りであり、得であり、物心両様から報いられることが最も多いことを諸君はきっと知ることが出来るだろう。又、会社の経営者はそうしなければならないし、そんなことは訳なく出来ることだ。

今年はお骨折をどうもありがとう。これからもしっかりやって下さい。」（森岩雄「最後の演説」『小林一三翁の追想』）

この小林最後の演説は、日本がこれから高度成長に向かおうとしているまさにそのタイミングでなされたものであり、個人の幸福と会社の幸福と日本の幸福がなんの疑いもなく連動していた「幸せな日本の時代」特有の楽観主義に満ちていると半畳を入れることは容易である。また、人口増加を前提とした小林の企業モデルは人口減少時代には適応できないとする見方も一理あるだろう。

だが、基本的には、国民全員がそれぞれの持ち場で、創意工夫して努力して働けば、かならず報いられて幸せになれるような仕組みの会社を、企業家の一人一人が立ち上げていかないかぎり、「幸せな日本」は絶対に実現しないということだけは確かなのである。

この演説から二七日後の昭和三十二（一九五七）年一月二十五日午後十一時四十五分、小林一三は池田市の自宅で急性心臓性喘息のために世を去った。享年八十四。同日、正三位勲一等瑞宝章が贈られた。二十八日、池田雅俗山荘にて密葬。一月三十一日、宝塚大劇場にて、宝塚音楽学校葬（葬儀委員長・佐藤博夫）が三百数十人の宝塚歌劇団生徒のほか、各界の関係者三千数百人が参列して、遺言通り「音楽葬」でしめやかに執り行われた。

それから約九ヵ月後の十月一日、長男の東宝社長・小林冨佐雄が逝去。社長には長らく小林一三の秘書をつとめた清水雅が就任した。

翌年一月、清水社長は小林一三の没後一周忌に際し、故人の遺志を汲んで全社員に株式の分譲を発表した。「どこで働くより東宝で働くことが誇りであり、得であり、物心両様から報いられることが最も多い」会社にするために。

（了）

あとがき

本書のもとになる連載を『中央公論』で始めるきっかけとなったのは、『昭和怪優伝——帰ってきた昭和脇役名画館』（中公文庫）の打ち上げを兼ねて、解説を頂戴した俳優・川地民夫《かわちたみお》さんのいらっしゃる逗子に赴いた帰りの横須賀線の車中で、同書担当の菅龍典さんと交わした会話でした。

今年の二月に脳卒中で惜しくも亡くなられた川地民夫さんはそのときはまだとてもお元気で、御自身の経営するスナックに私たちを招いて日活や東映時代の思い出を語ってくださいましたが、そんな楽しい会話の余韻を残したまま乗り込んだ横須賀線で、私は酔いにまかせてその頃から凝っていた歴史人口学の話を菅龍典さんに語ったのです。

すると、菅さんは「日本にはそういう人口学的な発想を持った実業家はいなかったんですか？」と尋ねられたので、私は一瞬考えてから「小林一三だろうな。いや、小林以外にはいない」と答え、こんな説明をしたことをよく覚えています。

「人口学というのは二十年後、三十年後はおろか、五十年後、百年後の社会が正確に予見できる驚くべき学問なんだが、小林一三こそ、こうした観点から五十年後、百年後の人口を見越して、そこから逆算してビジネスを立ち上げた実業家だと思うよ。この意味で、人口が半減すると分かっている現在、どういうふうにビジネスを構想したらいいかという問題を考えるうえで、小林のやったことはいろいろとヒントになるんじゃないかな。つまり、結論から逆算して始まりを決めるというのはどんなことか、それがわかるということさ」

どうやら、菅さんはこの話になにか感じるものがあったらしく『中央公論』に連載をもちかけてくれたようです。

それから五年、二〇一八年も終わろうとしているいま、『中央公論』での三十九回の連載を経て、ようやく小林一三の評伝が一冊の本になりました。従来の小林一三伝では簡単に触れられるだけの後半生にもページを割いたためいささか長くなりましたが、その分、「考える人・小林一三」を正確に描きだすことができたのではないかと自負しています。

最後になりましたが、連載のきっかけをつくってくださったばかりか、単行本化のさいにもお世話いただいた中央公論新社文芸編集部の菅龍典さんに、また『中央公論』で連載を担当された吉田大作さんと山田有紀さんに心よりの感謝の言葉を伝えたいと思います。

さらに、ゲラの段階で目を通され、細部の誤りについて指摘していただいた「小林一三記念館」の仙海義之館長にもこの場を借りて、心から感謝したいと思います。

二〇一八年十一月十九日

鹿島　茂

本文に掲載されている参考資料リストは中央公論新社のウェブサイトでご覧いただけます。
（URL　http://www.chuko.co.jp/tanko/2018/12/005151.html）
また、小林一三についてもっと関心を深めたい方は、左記の記念館・美術館及びウェブサイトをご利用下さい。

小林一三が暮らした家が記念館に

○小林一三記念館　（大阪府池田市建石町七-十七　電話〇七二-七五一-三八六五）
五月山のふもとに建てた小林の自邸「雅俗山荘」を記念館に改造。
敷地内には当時の暮らしの様子のほか、彼の足跡を紹介する白梅館や、茶室。

小林一三が愛したコレクションを展示

○逸翁美術館　（大阪府池田市栄本町十二-二十七　電話〇七二-七五一-三八六五）
お茶の世界を通じて一三が収集した五千あまりの美術工芸品が所蔵された美術館。年に数回の企画展で展示が入れ替えられています。

小林一三や阪急、宝塚のことをもっと知りたい人へ

○池田文庫　（大阪府池田市栄本町十二-一　電話〇七二-七五一-三一八五）
一九一五年に宝塚新温泉内に一三が作った図書室が、一九三二年に宝塚文芸図書館に発展し、一九四九年、池田文庫として開館。阪急電鉄や宝塚歌劇団、東宝などの資料のほか、民俗芸能資料などを所蔵しています。

公益財団法人　阪急文化財団　ウェブサイト

○URL　http://www.hankyu-bunka.or.jp/

小林一三記念館

小林一三年譜（『逸翁自叙伝』などを参考に作成）

年号	西暦	年齢	出来事
明治6年	1873年	0歳	現在の山梨県韮崎市の商家「布屋」に生まれる
明治8年	1875年	2歳	祖父が立てた分家を家督相続
明治11年	1878年	5歳	公立小学韮崎学校へ入学
明治18年	1885年	12歳	私塾成器舎へ入塾
明治21年	1888年	15歳	慶應義塾へ入塾
明治23年	1890年	17歳	『山梨日日新聞』に小説「練絲痕」を連載する
明治26年	1893年	20歳	三井銀行入行、本店勤務。同年、同行大阪支店に転勤
明治30年	1897年	24歳	同行名古屋支店に転勤
明治32年	1899年	26歳	同行大阪支店に転勤。丹羽こうと結婚
明治34年	1901年	28歳	同行東京箱崎倉庫に転勤。長男冨佐雄誕生
明治35年	1902年	29歳	同行本店調査係検査主任となる
明治36年	1903年	30歳	長女・とめ誕生
明治37年	1904年	31歳	次男・辰郎誕生
明治40年	1907年	34歳	三井銀行退職。阪鶴鉄道会社の監査役となる。10月箕面有馬電気軌道創立、専務取締役に
明治42年	1909年	36歳	三男・米三誕生
明治43年	1910年	37歳	宝塚線、箕面線営業開始。池田室町銀住宅販売開始。箕面動物園開園
明治44年	1911年	38歳	宝塚新住宅温泉開業。次女春子誕生

大正2年	1913年	40歳	豊中運動場開場
大正3年	1914年	41歳	宝塚少女歌劇第一回公演
大正4年	1915年	42歳	豊中運動場「全国中等学校優勝野球大会」。『曽根崎艶話』を出版する。また、このころ茶道をまなびはじめる
大正7年	1918年	45歳	阪神急行電鉄と社名変更。宝塚少女歌劇、東京帝国劇場で初演。雑誌『歌劇』創刊
大正8年	1919年	46歳	宝塚音楽歌劇学校創立、校長に就任する
大正9年	1920年	47歳	神戸線、伊丹線の営業開始。梅田阪急ビル竣工、白木屋梅田出張店・阪急食堂開店
大正10年	1921年	48歳	西宝線の営業開始
大正14年	1925年	52歳	梅田阪急ビルに阪急マーケット開業
大正15年・昭和元年	1926年	53歳	西宝線を今津線と改称。宝塚ホテル開業
昭和2年	1927年	54歳	岸田辰彌『モン・パリ』初演。東京電燈取締役就任
昭和3年	1928年	55歳	東京電燈副社長就任
昭和4年	1929年	56歳	阪急百貨店開業。六甲山ホテル開業
昭和5年	1930年	57歳	宝塚会館開場
昭和8年	1933年	60歳	東京電燈社長就任
昭和9年	1934年	61歳	東京宝塚劇場・日比谷映画劇場開場。国鉄・阪急高架切り替え工事
昭和10年	1935年	62歳	1月宝塚大劇場火災、4月再開。欧米視察旅行
昭和11年	1936年	63歳	神戸線、神戸市内へ直通乗り入れ。神戸阪急ビル完成。梅田阪急ビル第4期増築、大阪阪急野球協会（のちの阪急ブレーブス）誕生。目蒲電鉄・東横電鉄取締役辞任
昭和12年	1937年	64歳	阪急西宮球場開場。東宝映画設立。朝鮮半島・中国北方視察旅行。5大電力会社代表として電力統制案提出。池田市に雅俗山荘が完成する

年号	西暦	年齢	出来事
昭和13年	1938年	65歳	宝塚少女歌劇、第一回ヨーロッパ公演。後楽園、帝劇・東京會舘、東京宝塚劇場の傘下に。第一ホテル開館。東京婦人会館創立
昭和14年	1939年	66歳	日本軽金属設立。日本発送電理事就任
昭和15年	1940年	67歳	4月「訪伊経済使節団」代表。7月「第二次近衛内閣」商工大臣。9月蘭領印度特派使節
昭和16年	1941年	68歳	商工大臣を辞任。「大臣落第記」を記す
昭和17年	1942年	69歳	関東配電創立、東京電燈解散
昭和18年	1943年	70歳	阪急・京阪が合併、京阪神急行電鉄となる。東京宝塚劇場・東宝映画が合併、東宝株式会社となる
昭和19年	1944年	71歳	東京宝塚劇場・日劇・帝劇、宝塚大劇場閉鎖
昭和20年	1945年	72歳	終戦。GHQ、宝塚大劇場を接収。のちに東京宝塚劇場も接収され、「アーニー・パイル劇場」と改称。戦災復興院総裁を拝命する
昭和21年	1946年	73歳	公職追放。復興院総裁を辞任。宝塚大劇場再開
昭和22年	1947年	74歳	阪急百貨店、京阪神急行電鉄から独立
昭和24年	1949年	76歳	京阪電気鉄道が分離発足。池田文庫開館
昭和26年	1951年	78歳	東宝の社長に再任。宝塚映画製作所設立
昭和27年	1952年	79歳	欧米視察旅行
昭和30年	1955年	82歳	東京宝塚劇場再開
昭和31年	1956年	83歳	梅田コマ、新宿コマ劇場開場
昭和32年	1957年	84歳	大阪・池田市内の自邸にて永眠する（1月25日）

初出　『中央公論』二〇一五年十月号から二〇一八年十二月号に「宝塚をつくった男・小林一三——人口学的発想の経営術」として連載されました。

装幀　中央公論新社デザイン室
カバー写真提供　齋藤栄二
本文写真提供　公益財団法人　阪急文化財団
図版製作　高木真木

鹿島茂

1949（昭和24）年、横浜に生まれる。東京大学大学院人文科学研究科博士課程修了。2008年より明治大学国際日本学部教授。20年、退任。専門は、十九世紀フランスの社会生活と文学。1991年『馬車が買いたい！』でサントリー学芸賞、96年『子供より古書が大事と思いたい』で講談社エッセイ賞、99年『愛書狂』でゲスナー賞、2000年『職業別パリ風俗』で読売文学賞、04年『成功する読書日記』で毎日書評賞を受賞。膨大な古書コレクションを有し、東京都港区に書斎スタジオ「NOEMA images STUDIO」を開設している。書評アーカイブWEBサイト「All REVIEWS」を主宰。

日本《にほん》が生《う》んだ偉大《いだい》なる経営《けいえい》イノベーター
小林一三《こばやしいちぞう》

2018年12月25日　初版発行
2023年6月30日　5版発行

著　者　鹿《か》島《しま》　茂《しげる》
発行者　安部順一
発行所　中央公論新社
〒100-8152　東京都千代田区大手町1-7-1
電話　販売 03-5299-1730　編集 03-5299-1740
URL https://www.chuko.co.jp/

ＤＴＰ　ハンズ・ミケ
印　刷　大日本印刷
製　本　大日本印刷

Published by CHUOKORON-SHINSHA, INC.
Printed in Japan　ISBN978-4-12-005151-7 C0023